Autor Christa Keller (Hrsg.) Markus Schmidt

Das unterdrückte Wissen im Westen

Die Veden in deutscher Sprache

Mainstream Edition

Bibliografische Information der Deutschen Nationalbibliothek:

Die Deutsche Nationalbibliothek verzeichnet diese Publikation in der Deutschen Nationalbibliografie; detaillierte bibliografische Daten sind im Internet über

http://dnb.d-nb.de abrufbar.

© 2017 Christa Keller, (Hrsg.) Markus Schmidt
Lektorat: Reinhard & Adelheid Blumenberg

Umschlagbild lizensiert by Mario Rank – Mysteryfacts Wien

TWENTYSIX – der Self-Publishing Verlag
Eine Kooperation zwischen der Verlagsgruppe
Random House GmbH und der Books on
Demand GmbH

Herstellung und Verlag:
BoD – Books on Demand, Norderstedt
ISBN: 978-3-7407-3119-9

Inhalt

	Vorwort	5
1	Ein bisschen mehr Freude	6
2	Wer oder was ist der Mensch	7
3	Das gesündeste Wort der Welt ist – Ja	28
4	Positives Denken, eine Lebensqualität	29
5	Gedanken von Problemen abziehen	43
6	Das Göttliche Prinzip des Denkens	46
7	Verschiedene Arten von Liebe	54
8	Das Führen einer guten Ehe und Familie	68
9	Die Bestimmung der Frau	78
10	Der innere Frieden	90
11	Chaos und Urknall	96
12	Die Wissenschaft forscht	99
13	Makrokosmos und Mikrokosmos	105
14	Evolution, das Gesetz der Weiterentwicklung	109
15	Die Entwicklung in der Schöpfung	112
16	Wie ist die Maya zu verstehen	117
17	Das Leben ist ewig	119
18	Wie geht man mit Tod – Trauer – Leid um	125
19	Falsch angewandte Worte	135
20	Der Unterschied von Logik und Intuition	146
21	Wie geht man mit dem Willen um	160
22	Konsequentes Verhalten in der Praxis	166
23	Der Glaube ist eine Kraft	170
24	Der Unterschied zwischen Gefühl und Liebe	174
25	Die zwei Arten von Wahrheit	179

26	Die Sinne richtig anwenden	182
27	Schuld und Sünde als Kasteiung	185
28	Richtig angewandte Hilfe	190
29	Die richtige Verantwortung	193
30	Geschichte der Wissenschaft	199
31	Die Lehre der Essener	202
32	Die Religion im Evolutionsprozeß	204
33	Veda–Veden–Vedanta, Urlehren der Menschheit	214
34	Die drei Gunas	218
35	Karma und Reinkarnation	236
36	Wer ist ein Meister	278
37	Askese	282
38	Gott ist in Allem	283
39	Verschiedene Arten der Meditation	293
40	Die Gnade ist außerhalb unserer Naturgesetze	311
41	Die Unterscheidungskraft in ihrer Bedeutung	313
42	Die vier Zeitalter im ständigen Wechsel	322
43	Die vier Kasten	325
44	Das Opfer – der Verzicht aus spiritueller Sicht	327
45	Haben Tiere eine Seele?	329
46	Spiritualität bedeutet kosmisches Erfassen	333
47	Gewahrsein und Bewußtsein	343
48	Non-Dualismus, monistische Denkweise	346
49	Was ist das Ich im Menschen	361
50	Übungsprogramme	364
	Anmerkungen	382

Vorwort

Jesus sagte: „Das Wort bindet, der Geist hält lebendig!" Lesen Sie bitte alles mit diesem Gedanken. Was gesagt und geschrieben wird, kann nützlich sein, aber auch das Gegenteil bewirken. Es liegt am Menschen selbst, das Gelesene richtig anzuwenden und durch Ausbildung der Intuition zu ermitteln und zu verstehen. Ich wünsche mir sehr, daß dieses Buch den Leser nicht nur informiert, sondern ihm auch einen entspannten Zustand vermitteln kann.

Christa Keller

„Das ist nicht nur Schrift, was du dir erhandelst. –
Es ist ein Zauber, der dein Wesen wandelt.
Du nimmst das Buch, Gott dich in seine Hände. – Am Anfang steht das Wort – die Tat steht am Ende!"

Will Vesper

Ein bisschen mehr Freude

Ein bisschen mehr Freude
und weniger Streit,
ein bisschen mehr Güte
und weniger Neid.
Ein bisschen mehr Liebe
und weniger Hass,
ein bisschen mehr Wahrheit –
das wäre was!

Statt so viel Unrast
ein bisschen mehr Ruh',
statt immer nur Ich
ein bisschen mehr Du,
statt Angst und Hemmung
ein bisschen mehr Mut
und Kraft zum Handeln –
das wäre gut!

In Trübsal und Dunkel
ein bisschen mehr Licht,
kein quälend Verlangen
ein froher Verzicht,
und viel mehr Blumen,
solange es geht,
nicht erst an Gräbern –
da blühn sie zu spät.

Rosegger

Wer oder was ist der Mensch

Haben Sie schon einmal über den Sinn des Lebens nachgedacht? Was befähigt uns eigentlich dazu, uns als Person wahrzunehmen?

„Ich denke, also bin ich!"
René Descartes

Wir sind schöpferische Wesen in unserer kleinen Welt. Denken ist eine schöpferische Kraft, welche die Fähigkeit hat, Materie zu bilden und sie sichtbar zu machen. So gesehen sind wir ein Ebenbild Gottes. Allerdings sind uns Begrenzungen auferlegt und Menschen können wir durch Gedanken nicht erschaffen, aber wir erschaffen unser eigenes Schicksal und beeinflussen das Schicksal der Welt. *Jeder Gedanke, jedes Wort bildet Schwingungen, es gibt nichts auf der ganzen Welt und im ganzen Kosmos, was nicht durch Schwingungen beeinflusst wird.* Jeder Gedanke ist eine lebendige fließende Energie = Schwingung, die eine Information beinhaltet. Jeder Gedanke lässt einen unhörbaren Ton entstehen, der zur Schwingung wird. Was wir auch tun – denken, sprechen, handeln – wird immer eine Reaktion hervorrufen, die das ganze Universum beeinflusst – positiv oder negativ –. Schwingungen formen nicht nur die eigene Person und gehen von ihr aus, sondern die ganze Welt, das ganze Universum, ja die ganze Schöpfung beruhen auf Schwingungen und sind voller Schwingungen.

„In der Physik gibt es keine Materie mehr im Sinne starrer, beharrender Teilchen, sondern ein Atom bedeutet **den Ort zusammengeballter Schwingungen**. So gibt es biologisch gesehen keine beharrende organische Form, die Träger des Lebensprozesses wäre, sondern nur *einen Strom des Geschehens,* der sich in scheinbaren Formen auswirkt. Nirgends in der Natur kennt man lebendige Substanzen, sondern nur lebende Systeme, bei denen das Ineinandergreifen die spezifische Systemgesetzlichkeit ist, in der die Einzelglieder bzw. die Einzelketten zueinander stehen!"

Neegard, Wissenschaftler

Wie baut sich die Entwicklung eines Menschen auf? **Die** Schwingungsgesetze sind das Grundlagenwissen auf dem spirituellen Weg. Eine neue Sicht der Wirklichkeit ist in unserer Zeit entstanden. Man kann heute wissenschaftlich nachweisen, *dass Denken Erschaffen ist* und das hat mit glauben müssen nichts mehr zu tun.

Die neueste Entdeckung heißt Neuron. Es ist kleiner als das Elektron, Proton und Neutron. Der Mensch sendet die meisten Neuronen aus, mehr als jedes andere Lebewesen. Der Mensch kann zur gleichen Zeit *hunderte von Millionen von Neuronen mit Ultrahochfrequenz* aussenden. Neuronen sind fähig, die anderen subatomaren Teilchen *zu instruieren,* welche Formationen sie annehmen müssen, um Atome und somit Materie zu bilden. Das, was der Mensch denkt, wird zu Instruktionen, womit die Neuronen Materie bilden. So ist jetzt beweisbar, dass Gedanken zur Materienbildung werden, die das eigene Schicksal **prägen.** *Gedanken sind fähig, physikalische Dinge zu erzeugen.* Zuerst ist da ein Gedanke, der sich wiederholt. Der Gedanke wird zur Einstellung und zum Wort. Die Einstellung führt zur Handlung. Die Handlung zeitigt Erfahrungen. Erfahrungen führen zu Wünschen. Wünsche und Handlungen bilden jetzt den Charakter im Positiven wie im Negativen. Der Charakter wird zum Schicksal und zur Lebenseinstellung.

Wird die Wut – jetzt in diesem Leben – nicht gestoppt, potenziert sich die Energie. Ein Mörder werden wir nicht in einem Leben, dazu braucht es mehrere Leben der Emotionen. Ebenso, um eine Mutter Teresa zu werden, brauchen wir viele Leben, in denen wir Liebe leben und zuletzt Liebe geworden sind. Dann kann man als Mutter Teresa reinkarnieren oder unter welchem Namen auch immer.

„Jeder Gedanke ist eine Mini-Schöpfung. Der Wert des Leidens liegt nicht im Leiden, sondern in der Veränderung, die es hervorbringt. Ein Vorleben, in dem man aggressiv war, führt zu unkontrollierter Wut!"

Joanne Klink, Wissenschaftlerin

In der Kausalität baut sich alles auf und ab. Es wird alles besser und besser oder schlechter und schlechter. Kein Blitz kommt aus dem heiteren Himmel. So ist es gut, wenn wir darauf achten, das Positive zu vermehren. Emotionen und Sinnlichkeiten sind ***nicht mehr steuerbare Gedanken, Worte, Gefühle und Handlungen.*** Sie abzubauen, ist eine kluge Entscheidung für jeden Menschen in seinem eigenen Interesse. Da wir des öfteren reinkarnieren, ist auch hier an Vorsorge zu denken. Die Eigenschaften, die wir heute haben, mit denen wir sterben, verdoppeln sich zuerst einmal im Jenseits und bei der Wiedergeburt noch einmal. Wir haben die Auswahl und können mit unserem Willensanteil frei entscheiden, wie wir unser Leben gestalten wollen. Wir sind hauptsächlich die Schöpfer unseres eigenen Schicksals, hier auf der Welt und im Jenseits. Überall herrscht das gleiche Prinzip. Diese Erkenntnisse haben mich selbst veranlasst, jetzt sofort nach den richtigen Lehren zu suchen, um sie zu erlernen, damit eine negative Weiterentwicklung gestoppt werden kann.

Zufall = zufallen: Ein Astronom kann das Erscheinen von Himmelskörpern und auch Sonnen- und Mondfinsternisse berechnen. Die klassische Physik sagt, dass sich alles *physische Ge-*

schehen nach einem Uhrwerksmodell abspielt, nach dem Kausalgesetz von Ursache und Wirkung. Man glaubt, durch Erkennen der Ursache immer vorhersagen zu können, welche Wirkung daraus entstehen müsse. Alles läuft in genau bestimmten Bahnen. In diesen Theorien gibt es keinen Platz mehr für einen *Zufall*, der ganz plötzlich aus dem Nichts entstanden ist. In der ganzen Schöpfung *herrscht Ordnung und nicht der Zufall*. Ebenso ist das Schicksal eines Menschen weder ungerecht noch zufällig.

„Zufall ist nur ein Name für ein noch unbekanntes Gesetz!"

Dr. Nawroky

Wäre unsere Bewusstheit ethisch und moralisch so entwickelt, dass unsere Gedanken und Handlungen positive Energien in das Magnetfeld Erde aussenden könnten, so würde dieses beginnen, die negativen Kräfte aufzulösen und die Bedingungen für wirklichen und dauerhaften Frieden, Gesundheit und Harmonie zu bilden. Wenn wir nicht aufhören, unserer Erde negative Gedankenschwingungen zu senden, hat auch das wohlgemeinte Recycling nicht den gewünschten und dringend benötigten Erfolg.

Was vielen noch nicht bewusst ist oder was wir uns nicht klar machen wollen, ist, dass unsere negativen Charaktereigenschaften – Hass, Neid, Gier, Zorn, Ego, Bindungen – Energien sind, die unsere Erde säuern und regelrecht verschmutzen. Denken wir nur an den allgemein üblichen Ausspruch: ***Ich bin sauer***. Auch dieser Ausspruch wird zu einem Kraftfeld, wirkt sich schöpferisch aus und wird zur sichtbaren Materie. Es ist ein negativer schöpferischer Akt. Wer sauer ist, hat auch Zorn und Wut in sich. Wie aber können *Wut und Zorn umgewandelt werden, ohne sie zu verdrängen?* Die Konsequenz wäre, die Persönlichkeitsentwicklung sowie die ethischen und moralischen Grundsätze voranzutreiben – ausgerichtet nach den Naturgesetzen und dem Jnana-Yoga = Erkenntnis-Lehre. Damit würden wir dazu beitragen, in die Erdatmosphäre heilende, liebende und entlastende Energieschwingungen einfließen zulassen. Der Mensch muss die **Gesetze der Schöpfung** erkennen lernen. Es ist sogar seine Pflicht, nach ihnen zu suchen, da ihm die Übersicht über die Zusammenhänge des ganzen kosmischen Geschehens fehlt. Aus dieser Unwissenheit heraus hat er falsche Einstellungen und Meinungen entwickelt. Dadurch entstehen falsche Richtlinien in der Gesetzgebung, in der Politik und auch in den Diskussionen jeglicher Art.

Doch alles, was der Mensch tut, entsteht letztendlich aus der Sehnsucht nach einem Glücksgefühl, nach Harmonie, nach einem Gefühl des inneren Friedens. Warum ist das so schwer zu erreichen oder festzuhalten? Hier ist die individuelle Entwicklung = der Bewusstheits--Grad des Menschen verantwortlich. Die menschliche Form ist erst ein Diamant, der noch geschliffen werden muß.

> „Was wir wissen, ist ein Tropfen, was wir nicht wissen, ist ein Ozean!"
> Isaak Newton

Da wir alle von starker Reizüberflutung beeinflusst werden, am Arbeitsplatz, in der Familie und auch in der Freizeit, sind unsere Nerven nicht die allerbesten. Doch gerade sie verlangen Ruhe, damit sie stark bleiben können. Ein gesunder Körper und Geist = Verstand funktionieren, ohne von seinem Besitzer wahrgenommen zu werden. Wird Schmerz und Leid empfunden, entsteht Beachtung und Wahrnehmung. Gleichmäßiges Atmen, Gemütsfrieden, Freude und Liebe im mentalen Bereich bekommt den Nerven sehr gut. Sie danken es uns mit Stabilität und Gelassenheit, mit Belastbarkeit im Alltag, mit Ausdauer und Geduld.

Die Atmung: Was Elektrizität ist, wurde noch nicht wissenschaftlich festgestellt, sondern nur soviel, dass sie eine Art Bewegung ist. Rhythmisches Atmen versetzt alle Moleküle des Körpers in eine gleichgerichtete Schwingung. Wenn der **Geist sich in Willen umsetzt,** geraten die Ströme in eine elektrizitätsähnliche Bewegung und die Nerven verhalten sich unter dieser Einwirkung polar. Dies ist der Beweis, daß der Wille sich in etwas der Elektrizität Ähnliches verwandelt, sobald er auf die Nervenstränge übertragen wird. Bei einer Harmonisierung aller Bewegungen des Körpers und der Atmung bildet der Geist eine riesenhafte Batterie von **Willenskraft.** Diese ist wiederum nötig, wollen wir konzentriert denken und handeln. Es gibt eine mathematische Beziehung zwischen der Atemgeschwindigkeit und den verschiedenen Bewusstheitsstadien. Bei starker Konzentration auf ein Ziel wird die Atmung ganz automatisch verlangsamt. Dagegen ist ein unregelmäßiger, schneller Atem immer ein Zeichen von negativer Gemütsbewegung. Erst durch verminderte Atmung sind wir imstande, die Gedanken zu disziplinieren, sie werden ruhiger und weniger und dadurch konzentrierter. *Konzentration benötigt Ruhe im Menschen.* Wir sind jedoch im Strudel der Überaktivität, fest davon überzeugt, keine Zeit für Ruheprinzipien – Übungen wie Autogenes Training oder Meditation – zu haben.

Wir gelangen zur inneren Ruhe durch Atemkontrolle, durch Konzentration und *durch Loslassen von der Flut unserer Gedanken und Erwartungen.* Wir sind viel zuviel in unseren Gedanken mit der Vergangenheit oder mit der Zukunft beschäftigt und haben keine Zeit mehr, das *Jetzt zu* bewältigen. Vorsorgeängste machen müde und depressiv, je nach Person auch aggressiv und gewalttätig. Wenn wir nachts schlafen, tun wir nichts anderes als die Atmung automatisch zu reduzieren. *Unsere Sinne und Gedanken ruhen* und jede Identifizierung mit uns selbst, der Welt und der ganzen Schöpfung ist nicht mehr vorhanden. Wenn wir schnell und unruhig atmen, fließt die Lebenskraft nach aussen und wird durch die Sinne vergeudet. Wenn wir bewusst oder unbewusst ganz langsam atmen, fließt die Lebenskraft nach innen. So angewandt, werden die Gehirnzellen und unser Körper aktiviert und wir fühlen uns frisch und munter. Wir können unser Energiefeld durch richtiges Atmen anheben und verstärken. Falsches Atmen wirkt behindernd, denn es vermindert das Einfließen von Lebensenergie in den Körper. FlachesAt-men, das sich *im mentalen Bereich* auswirkt, blockiert Wärme, Zärtlichkeit und Liebe im Menschen. *Im körperlichen Bereich* schwächt flaches Atmen die Muskeln, die das Zwerchfell betätigen, sodass sie nicht richtig benutzt werden können. Der Egoist atmet in der Regel zu hart. Der Schwache atmet meistens zu flach.

Hans Berger verdanken wir die Entdeckung der *Alpha- und Betawellen* und deren direkte Beziehung zur Bewusstheit, zur Bewusstheitsveränderung, was er im Jahre 1920 veröffentlichte. Er war ein deutscher Forscher, sein Hauptinteresse galt dem Nachweis der psychosomatischen Einheit des Menschen.
Im Beta-Bereich atmet der Mensch normalerweise 12–16 Mal in der Minute, wenn er in einem ausgeglichenen Zustand ist. Bei Ärger, Stress usw. erhöht sich die Atmung und wird unregelmäßig. Hauptsächlich Männer erhöhen ihre Atemgeschwindigkeit beim Beischlaf oft bis auf 32–35 Mal in der Minute. Was für ein enormer Energieaufwand nur, um in ein Wohlgefühl zu kommen. Es wird behauptet, daß die Männer aus diesem Grunde keine so lange Lebenserwartung haben wie die Frauen. Yogis sagen, dass der Mensch bei seiner Geburt eine gewisse Anzahl von Atemzügen mitbekommt, sind diese verbraucht, so ist auch die Lebensenergie verbraucht. Wäre das tatsächlich der Fall (Gegenbeweis liegt noch nicht vor), dann müssen wir mit unseren

Atemzügen verantwortlicher umgehen, wenn wir länger leben wollen. Durch Konzentration und verlangsamte Atmung, ca. 7 – 9 Mal in der Minute, befreien wir den Geist von Zeit- und Körpergefühl. Das nennt man dann den *Alpha-Bereich*. Diesen Zustand empfinden wir als wohltuend und erholsam. Wünsche und Neigungen, die uns für gewöhnlich beherrschen, sind dann nicht mehr zu empfinden. Dies wird zu einem Gefühl, in dem wir tiefen Frieden und Glück wahrnehmen können und das *danach* noch über längere Zeit weiter anhält.

"Ein Bericht von Dr. Alwan Bara vom 01. Februar 1947 New York. Er ist von der medizinisch-chirurgischen Fakultät der Universität in New York. Dort hat er eine örtliche Lungenrasttherapie eingerichtet, die vielen Tuberkulosekranken Genesung brachte. Der Aufenthalt in einer Druckausgleichskammer ermöglicht es dem Patienten, mit dem Atmen auszusetzen. Die Wirkung, die durch das Aussetzen der Atmung auf das zentrale Nervensystem ausgeübt wird, ist bemerkenswert. Die Bewegungsimpulse der willkürlichen Muskeln in den Extremitäten sind derart vermindert, dass der Patient stundenlang in der Kammer liegen kann, ohne seine Hände zu bewegen, ohne seine Stellung zu verändern. Sobald die willkürliche Atmung stillgelegt wird, haben die Patienten *kein Verlangen mehr zu rauchen* und auch solche nicht, die durchschnittlich zwei Päckchen Zigaretten pro Tag verbrauchten. In vielen Fällen ist die Entspannung derart, daß der Patient *nach keinerAbwechslung mehr verlangt*. Schon 1951 bestätigte Dr. Bara in aller Öffentlichkeit die Wirksamkeit seiner Behandlungsmethode, die, wie er sagte, nicht nur der Lunge, sondern dem ganzen Körper dient und auch *dem Geist Ruhe verschafft*. Er sagte weiter: Die Herztätigkeit wird um ein Drittel verlangsamt, der Patient hat *keine Sorgen mehr und kennt keine Langeweile."* Tests haben ergeben, daß während des Atemstillstandes auch das Denken auf-

hört. Die Zeit, in der ein Anhalten des Atems möglich ist, ist die Zeit, in der es leicht fällt, nicht mehr zu denken.

Durch tiefes Atmen, das heißt, durch Hochatmen bis zum Hals *baut man Entgramme ab*. Der Atem ist jenes Schwingungsrad, das jeden Teil des Körpers mit treibender Kraft versorgt und regelt. Ohne Disziplin und ohne Atemübungen ist eine Nervenstärke schwer zu erreichen.auch unsere Muskeln können wir dann wirklich entspannen, wenn wir aktiv sind. Sind wir bei der Entspannung nicht aktiv, werden wir lediglich vor uns *hin-dösen*. Dieses Dösen wird von einem Zusammenziehen verschiedener Muskeln begleitet sein. Wir müssen wachsam sein, jedoch in passiverArt. Passivität bedeutet nicht, inaktiv, müde oder enttäuscht zu sein, Mangel an Energie zu haben oder nichts zu tun. Passiv sein heißt, *das Ego und alle Erwartungen loszulassen*.

Das Autogene Training **bietet sich zum Üben an. *Es ist ein konzentriertes Loslassen in der Wachheit und hat mit Müdewerden nichts zu tun*.** Es ist trotz der Entspannung ein aktiver Vorgang. Wer dabei einschläft, hat sein Ziel verfehlt. Es ist am besten, wenn wir eine bequeme Sitzhaltung einnehmen. Der Körper muss gerade gehalten werden, sonst behindern wir das Rückenmark. Brust, Hals und Kopf müssen stets eine Linie bilden. Wir werden bemerken, daß es nach einiger Zeit des Übens so leicht fällt wie dasAtmen selbst. Zuerst entlassen wir den Willen und stellen uns bildhaft vor, daß mit jedem ***Einatmen*** Energie in uns einströmt, dass diese Lebenskraft durch den ganzen Körper fließt und alles mit neuer Lebensenergie versorgt und auflädt. Beim ***Ausatmen*** stellen wir uns bildhaft vor, dass alles Negative – körperlich wie gedanklich – Sorgen und Ängste, aus dem Körper herausfließt. Lenken wir die negativen Energien, welcher Art auch immer, *in das Göttliche Urlicht zurück und nicht in* *den Kosmos*, denn das wäre nur ein Ping-Pong-Spiel. Genug fließende Energie im Körper bedeutet Gesundheit für Geist, Nerven, Organe und alles, was mit dem Körper zu tun hat. Das Gesundheitsbewusstsein wird dadurch gestärkt, daß wir regelmäßig positive Suggestionen denken und programmieren. Zum Beispiel: „Gesundheit ist in meinem ganzen Körper und in all meinen Zentren. Giftstoffe bauen sich selbständig ab."

Die Unterbewusstheit wird diese Programmierung aufnehmen und speichern und sie mit der Zeit ganz automatisch bestätigen. Durch Vertrauen zu der eigenen inneren Stärke wächst die Widerstandskraft gegenüber den negativen Gedanken. Der Sorgegeist und auch schlechte Gewohnheiten werden abgebaut und harmonisiert. Selbstverständlich erfordert das Geduld und Ausdauer, es geht nicht von heute auf morgen. Wenn wir Probleme jeglicherArt beseitigen wollen oder müssen, nützt die Erkenntnis derselben allein nichts, sondern nur das Handeln. Die Kraft zur Tat, die der Mensch braucht, um eine Veränderung herbeizuführen, muss durch ständiges Üben erst entwickelt und aufgebaut werden.

„Der Schöpfer hat uns gesund erdacht.
Wir haben uns selbst krank gemacht!"
                                        Paracelsius

Der Mensch, der fähig ist, sich bewusst in Ruhe = Frieden zu versetzen – natürlich ohne Drogen–, entwickelt Kräfte, die ihn befähigen, seine Erkenntnisse – die ihm dienen und nicht schaden dürfen – auch in die Tat umzusetzen. Vielleicht denken Sie jetzt, ich gehe doch früh zu Bett und schlafe genügend oder ich halte regelmäßig einen kleinen Mittagsschlaf und dabei erhole ich mich ganz gut und komme auch zur Ruhe. Diese schlafende Ruhe meine ich aber nicht.Angestrebt wird die innere Ruhe, die in einer konzentrierten Entspannung, in der Wachheit erlebt wird. Diese erarbeitete Ruheschwingung hat eine ganz andere Qualität und *bewirkt eine intensive Speicherung in der Unterbewusstheit.* Im emotionalen Zustand können Probleme nur schwer, wenn überhaupt, gelöst werden. **Emotionen blockieren das Denkvermögen.**

Viele Menschen haben ihren Körper ziemlich gut unter Kontrolle. Für ihn wird auch einiges getan, wie sportliche Betätigung, Gymnastik, Wandern und Körperpflege in Richtung Schönheit. In alles wird viel Geld investiert. Doch ganz wenige Menschen haben es geschafft, ihren Geist unter Kontrolle zu bekommen und ihn zu lenken. In der Meditation erkennen wir sehr genau, dass *der Geist uns beherrscht,* er will einfach *nicht ruhig* werden. Auch hier müssen Trainingsprogramme eingesetzt werden, denn von allein tut er es nicht. *Inder Überwindung liegt die Stärke,* der Schwache muß seine Probleme im Ausleben bewältigen.

„Willst du den Körper heilen,
musst du erst die Seele heilen!"
Platon

Die Disziplin: *Die menschliche Gesellschaft* hat einen Zustand erreicht, wo man Besitz allein den Vorrang gewährt, Reichtum als einzige Tugend gilt, wo die Leidenschaft Mann und Frau verbindet – Liebe machen, es müsste heißen: Sex machen – und Unwahrheit zum Erfolg führt. Wenn der Genuss der Sinne als höchste Glückseligkeit gilt und äußere Formen mit wahrer Geistigkeit verwechselt werden, ist der Verfall der Menschenwürde vorprogrammiert. Das Abweichen von der Norm und der Verfall der Göttlichen Gesetze führt schließlich zu einer weltweiten Zerstörung des Geschaffenen. **Redlichkeit ist das Rückgrat und die Stärke aller menschlichen Beziehungen.** Welch ein großer Rückgang an Redlichkeit, ethischem Verhalten und Grundsätzen ist heute auf allen Ebenen des menschlichen Lebens festzustellen. Redlichkeit ist eine Tugend, ebenso wie Dankbarkeit und Liebe. Wir können es uns nicht mehr leisten, negative Gedanken und Charaktereigenschaften heranzubilden und sie auszuleben, sondern sie müssen durch analysierendes Denken geordnet und gelenkt werden, das heißt, in positive Einstellungen und Verhalten umgewandelt werden, das zu einem positiven Konzept führt.

Jesus lehrte uns *geistige Disziplin,* die zuerst vorhanden sein muss, damit wir uns über das Ausführen einer Tat erheben können. Wenn wir uns nur im körperlichen Daseinsbereich gedanklich aufhalten, werden wir auch nichts anderes hervorbringen. Es ist wichtig, dass wir uns den geistigen Bereichen zuwenden, denn **der Mensch ist verdichtete Geist-Energie.** Es ist wiederum eine Sache der Übung, die darauf hinausläuft, allmählich eine höhere Stufe des Menschseins zu erreichen, was vom Evolutionsgesetz sowieso in Bewegung gebracht wird. *Eine gute Erziehung ist* in der Regel nichts anderes als zu lernen, sich in widrigen Situationen diszipliniert und kultiviert zu verhalten. Im frühesten Stadium des Daseins werden wir erst einmal zu körperlichem Handeln erzogen. Yoga versucht dann durch Übungen Körper und Geist zu trainieren, das nennen wir dann Disziplinierung der Persönlichkeit. Vielen ist dieses Wort geradezu unangenehm. Doch Disziplin heißt lateinisch Ordnung.

„Wer mit dem Leben spielt, kommt nie zurecht, wer sich nicht selbst befiehlt, bleibt immer Knecht!"
Johann Wolfgang von Goethe

Die Zehn Gebote wurden hauptsächlich zur Disziplinierung des Menschen gelehrt, damit sein Erdenleben in mehr Harmonie verlaufen kann. Wir haben wenig Möglichkeiten, uns in den spirituellen, Göttlichen Bereich zu erheben, ohne Körper und Geist unter Kontrolle gebracht zu haben. Wer meint, sich restlos selbst bestimmen zu können, wird bald von seinen eigenen Wünschen und Antrieben beherrscht sein und sich tiefer versklaven als der, der sich von aussen bestimmen lässt. Hier um Göttliche Führung zu bitten ist nur empfehlenswert. Menschen, die sich nicht unterordnen und disziplinieren können, sind von ihrem eigenen Egoismus gefangen. Gerade sie behaupten aber, völlig frei zu sein, doch es ist nur eine scheinbare Freiheit. Frei-Sein bedeutet, frei zu sein von Abhängigkeit und die gewinnen wir erst durch Hinwendung an Höheres, durch Liebe zu Gott.

Ein Mensch, der sich keine Grenzen auferlegt, wird sich selbst schwer kennenlernen und *das Wahre Selbst nicht finden*. Sich selbst wahrzunehmen, wie man ist, ist schon eine Herausforderung für jedermann, da man sich mehr subjektiv als objektiv und neutral betrachtet. Jeder hat seine eigene Vorstellung von sich selbst, doch man kann sich als drei Persönlichkeiten wahrnehmen:

1. So, wie Sie mich sehen,
2. so, wie ich mich sehe,
3. so, wie ich wirklich bin.

Einige Menschen sagen bei Trainingsprogrammen der Meditation, sie seien jetzt ganz entspannt. Da aber Entspannung heute messbar ist, kann man anhand von Geräten nachweisen, dass sie oft nicht entspannt sind, sie meinen nur, entspannt zu sein. So ist es mit dem Glauben und den vielen *toten Ritualen,* die ausgeübt werden. Wer sagt, er habe einen starken Glauben an Gott und er meditiere täglich, er gehe jeden Tag auf einen Berg bei Wind und Wetter, um dort ein ganz bestimmtes Energiefeld zu nutzen, um es für sich und andere einzusetzen; er jedoch sein negatives Verhalten zu anderen und zu sich selbst nicht verändert, das heißt, mehr Menschlichkeit lebt und nicht auf seine Untugenden verzichten kann, der muß etwas falsch machen. Aus der Meditation dieses Menschen kann kein Kraftfeld entstehen.

Gehen wir in unserer Betrachtung ein Stück weiter. Der physische Körper eines Menschen besteht aus *fünf Grundelementen:* Äther, Luft, Feuer, Wasser und Erde. Im Ganzen besteht der Mensch aus *fünf Hüllen:*
* Die 1. Hülle ist der materielle Körper.
* Die 2. Hülle ist die Atmung, die 5 Sinne und vegetative Funktionen.
* Die 3. Hülle ist logisches Denkvermögen, Wünsche, Gefühle, Begierden, Intellekt und die Unterbewusstheit.
* Die 4. Hülle ist die höhere Intelligenz, die Intuition und das Unterscheidungsvermögen = buddhi.
* Die 5. Hülle ist das Wahre Selbst, die Glückseligkeit.

Die 1. bis 3. Hülle sind materieller Art. Die 4. und 5. Hülle sind spiritueller Art, die wir in der Meditation erreichen wollen.

Die Wachbewusstheit und die Unterbewusstheit: Der Mensch kann von der Weisheit, der Intelligenz, dem Geist, dem Intellekt und der Unterbewusstheit gelebt werden. Wenn Herz und Geist zu einer Einheit werden, ist der Mensch intelligent. Lebt er nach den Gesetzen Gottes, ist er weise. Haben wir dieses Ziel noch nicht erreicht, ist die Unterbewusstheit in seinem *autonomen Verhalten* stärker als der Wille und die Vernunft.

Die Wachbewusstheit kann vorübergehend abgeschaltet werden, zum Beispiel beim Schlaf, in der Narkose, in der Somnambul-Hypnose und im Tod.

Die Unterbewusstheit ist immer tätig, aufnahmefähig und abrufbar, nur im Tiefschlaf = *Delta-Bereich* nicht. Da atmen wir nur noch 2,5 Mal in der Minute und sind *ohne Gedanken und ohne Sinne, der Geist ruht.* In diesem Zustand sind wir traumlos. In der Narkose, wenn wir bewusstlos oder gestorben sind, hören wir bzw. unsere Unterbewusstheit alles, was gesprochen wird. Wir können nur nicht mehr mitreden. *Die Unterbewusstheit* kann durch Impulse, von außen und innen, durch Denken, Hören, Sehen und Fühlen autonome Handlungen und Gefühle entstehen lassen. Was *in der Unterbewusstheit* gespeichert ist, kann sich im Wachbewusstwerden sowie im Traum automatisch ausleben. Je schwächer ein Mensch in seiner Persönlichkeit ist, desto mehr wird er von der Natur autonom gelebt, gemäß seiner individuellen Schwingungen.

Ein Arzt sagte zum Beispiel während der Operation einer **Frau,** *hier ist nichts mehr zu machen.* Er bemerkte zwar, dass er sich irrte, korrigierte jedoch seine Aussage nicht. Die Frau wurde einfach nicht gesund, obwohl dem nichts entgegen stand. Der Arzt fragte die Patientin, ob sie einverstanden wäre, mittels Hypnose herauszubekommen, was ihr Gesundwerden verhindere. Sie gab ihr Einverständnis und bestätigte das, was der Arzt bei der Operation gesagt hatte. Für sie bedeutete dies, *sterben zu müssen.* Die Aussage des Arztes wurde gelöscht und die Frau wurde in kurzer Zeit gesund.

Autonome Energien, die *im täglichen Leben* belastend wirken können: Triebverhalten, Suchtverhalten, nennen wir auch das, was einen treibt, wie zum Beispiel Rauchen, Trinken, Spielen, abnormes Sexverhalten, Angst, Neid, Hass, Egoismus usw.

Autonome Energien, die nur *ab und zu* belastend wirken können: Zum Beispiel kann ein harmonischer Familienfilm im Fernsehen schmerzhaft das eigene disharmonische Familienverhältnis oder auch Einsamkeit bewusst werden lassen.

Autonome Energien, die *plötzlich* in einer entsprechenden Situation Körper und Geist erfassen können, nennen wir gern Neurosen. In der übersteigerten Form kann schon eine gedankliche

Vorstellung genügen, um sie auszulösen. Bei Angst vor Hunden kann schon der bloße Gedanke, einem Hund zu begegnen, eine negative Körperreaktion hervorrufen. Die Vorstellung, dass wir von einem unsympathischen Familienmitglied Besuch bekommen, kann je nach Grad der Abneigung sogar Körperkomplikationen einleiten.

Positive autonome Energien: Sie beinhalten Liebe, Freude, Bejahung und Gemütsfrieden. Tätigkeiten, bei denen diese Energien wirksam werden, kosten den Menschen nur wenig Kraft. Er bleibt frisch und tatkräftig bei allem, was er tut. So kann er die gesparten Energien für andere Zwecke nutzbringend anwenden, zum Beispiel für Ideen oder Lösungen zu finden für die Gesundheit. Ärzte sagen, daß Organe krank werden können, wenn sie nicht genügend mit Energie versorgt werden.

Negative autonome Energien: Sie beinhalten Abneigung, Angst und Unzufriedenheit. Jegliche Tätigkeit wird zur Last. Wir ermüden sehr rasch, sind missgelaunt und reizbar. *Wir fühlen uns überfordert.* Die dringend benötigte Energie wird dann im Schlaf gesucht, jedoch erfahrungsgemäß nicht immer gefunden. Schwere Träume behindern unsere Erholung. Aus diesem Grunde ist es besser, unsere negativen Gedanken im *Jetzt zu* überdenken und sie ins Positive umzuwandeln und sich durch Autogenes Training oder Meditation in einen Ruhezustand zu versetzen.

Der Mensch ist ein schöpferisches Wesen. Alles, was er denkt und tut, bildet seine gesamte Erscheinung und seinen Charakter. Dies wird zu seiner *Aura*, die nach aussen strahlt. Diese *Info-Schwingungs-Energie* teilt sich autonom und unbewusst den anderen Menschen mit. Sie beeinflusst das Geistfeld im Kosmos und somit das ganze Weltgeschehen. Jeder Einzelne von uns ist wichtig und ist dazu aufgerufen, positive Einstellungen, Rücksicht gegenüber allem, Geduld und Liebe zu entwickeln, denn er wird dadurch ganz persönlich zum Segen für Mensch, Tier, Pflanze und für die ganze Welt.

„Der individuelle Wille jedes Einzelnen ist
verantwortlich für das Wohl der Welt. Denn
die Welt ist nichts anderes als das geistige Bild
des Einzelnen!"
Sri Sathya Sai Baba

„Wir sind nicht nur verantwortlich für das, was wir
tun, sondern auch für das, was wir nicht tun!"
Voltaire

Geist = Gedanken: Wenn wir unsere Analyse noch weiter ausdehnen, kommen wir zwangsläufig zu der Frage, woher kommen die Gedanken, die den Geist und das Gehirn programmieren? Sie kommen aus der Unterbewusstheit, er ist der Urgrund. *Der Geist ist das Gefäß der Gedanken.* Wir sind in der Lage, mit den Gedanken das Geistfeld, das alles Materielle entstehen lässt, zu beeinflussen. Der Unterschied zwischen Geist und Materie besteht in der *Anzahl von Schwingungen.* Es besteht *kein Unterschied der Art, sondern des Grades.*

Albert Einstein erkannte es in einer Formel und er sagte:
„Es sind elektromagnetische Schwingungen aus
Atomen. Energie ist Masse – Masse ist Energie,
Energie erzeugt Materie – Materie ist Energie!"

Der Geist ist reflektierendes Bewusstsein: Es gibt einen ruhenden Geist = im Tiefschlaf und einen tätigen Geist. Es ist die Natur des Geistes umherzuwandern. Ein abirrender Geist ist Schwäche, die durch ständige Vergeudung seiner Kraft, in Form von Gedanken, entstanden ist. Bringen wir den Geist wieder dazu, die Vielfalt aufzulösen und sich nur auf einen Gedanken zu konzentrieren, behält er seine Energie und ist stark.

> „Die Ur-Energie, die einem Gedanken folgt
> – das Gesetz des Handelns in Bewegung bringt –
> ergibt Schicksal!"
>
> Christa Keller

Der Geist ist eine Verbindungs-Energie zwischen dem Wahren Selbst und dem Körper. Die Welt und alles, was daraus resultiert, entsteht aus dem Geist. Befindet er sich in der Wachbewusstheit oder im Traum, das heißt im materiellen Denken, ist die Welt vorhanden. Befindet sich der Mensch im Tiefschlaf oder im Sein, ist die Welt verschwunden. Der Geist lässt Trauer und Freude entstehen. Er ist fähig, selbst da, wo wir glücklich sein könnten, uns Angst und Schmerz empfinden zu lassen. Er geht in die Vergangenheit oder in die Zukunft, lenkt uns so vom Jetzt ab und lässt die jetzige positive Situation in Vergessenheit geraten. Es ist wichtig und nützlich, den Geist zu analysieren, zu lenken und zu beherrschen, *das Ergebnis ist Wohlgefühl*. Geisteskontrolle ist nicht einfach, aber durch *Ausdauer, Geduld und Beständigkeit* ist sie erlernbar. Das sind wichtige Tugenden auf dem Weg zur Persönlichkeitsentwicklung. Der Geist ist eine Mischung aus Wachsein und Schlafen, aus Nichtwissen und Wissen. Das Innere nennen wir Geist, das, was außen ist, Materie.

> „Alles, was lebt, ist Geist und alles, was stirbt, ist
> Materie. Alles, was im Geiste stirbt, ist Materie
> und alles, was in der Materie lebt, ist Geist!"
>
> Albert Einstein

Der Geist ist auch das Zentrum der Sinnestätigkeit und der Herr der Sinne. Der Körper ist entstanden aus den Sinnen. Wenn wir also unseren Geist beherrschen lernen, werden auch unsere Sinne automatisch unter Kontrolle gebracht.
Die Sinne können nicht Gut und Böse unterscheiden, das macht *die Intelligenz,* wenn sie angewandt wird.
Die Höhere Intelligenz ist eigentlich der Bewacher des Geistes. Sie ist fähig, den laufenden Vorgang der Gedanken und das Beurteilen von Gut und Böse zu unterscheiden.
Die Seele = *Atman* ist der Herr der Höheren Intelligenz, schläft sie jedoch, dann hat der unruhige und wankelmütige Geist alle Freiheiten. Ist die spirituelle Seele erwacht, wird sie den Geist überwachen und er kann nicht mehr so zügellos umherschweifen. Er wird wieder reiner und lebt nicht nur in stofflichen, materiellen Gefilden. Er bekommt plötzlich *Interesse an Idealen und sucht nach geistigen Werten.*

Jesus „Du lebst nicht von Brot allein!"

Geist und Ego sind ein und dasselbe: Wir verwechseln den Geist mit dem Verstand, doch dieser ist ein Teil des Geistes. Wenn das Göttliche Bewusstsein den Geist durchdringt, ist er rein und er begeht gute Taten und wir haben einen entwickelten Verstand. Ein Geist, der nicht mehr von der Höheren Intelligenz gelenkt wird, ist verschmutzt und er betätigt sich unheilvoll und wir haben einen unterentwickelten Verstand. Dann kann der Mensch sich nur noch von der sichtbaren Körperform her wahrnehmen und nicht mehr von seinem Göttlichen Ur-Sein. *Das ist unser Weltproblem Nr. 1.* Wenn wir das verändern könnten, so dass der Geist und der Verstand wieder weiß, dass er das Göttliche Ur-Sein ist, würden sich alle stofflichen Disharmonien auflösen müssen. Was der Geist erkennt und will, geschieht für das individuelle Sein und für das ganze Weltgeschehen. Zu welchem

Zeitpunkt es dann eingeordnet werden kann, müssen wir dem Zeitgott überlassen. Es ist eine traurige Tatsache, dass wir vergessen haben, wer wir sind und was uns lebt. Der Geist hat die Absicht und ein Verlangen danach, sich mit allem zu verschmelzen, mit dem er Kontakt bekommt. So ist er dauernd ruhelos und in Erregung. Er ist ein guter ausdauernder Arbeiter, immer bereit, zu informieren. Er berichtet hauptsächlich über das, *was die Persönlichkeit ist.* Ist sie negativ veranlagt, bringt er mehr negative Informationen und sie erlebt mehr negative Situationen. Ist die Person positiv veranlagt, ist es gerade umgekehrt.

„Was du bist, spricht lauter als das, was du sagst!"
Sprichwort

In einem Vortrag in Bonn sprach ich einmal von einem Geist, der gereinigt und kultiviert werden müsste, worauf ein Herr mich unterbrach und sagte, sein Geist sei rein und vollkommen. Ich verstand ihn sofort, denn er sprach vom Ewigen Geist = Gott, während ich den relativen Geist meinte. Seit dort ist Gott für mich nicht mehr Geist im üblichen Sprachgebrauch. Geist ist für uns auch alles, was unsichtbar und mental ist. Da es dauernd Missverständnisse mit dem Wort Geist gab, entschloss ich mich, Gott nicht mehr als Geist zu benennen, sondern als *liebende, ewige Licht-Energie.* So kommen wir der Wahrheit ebenfalls näher. Ein reiner Geist ist eine große Hilfe für das innere spirituelle Erwachen des Bewusstwerdens. Ein Heiliger ist ein Wesen, das seinen Geist und seine Gefühle bezwungen hat.

„Die Bestandteile des Ichs sind Körper und Geist. Wobei der Geist wiederum aus Gefühlen, Gedanken, Wahrnehmungen und Sinneskontakten besteht!"
Buddha

Die Menschen gehen zu Kursen und Vorträgen, sie lesen und hören sich vieles an und doch gibt es bei manchen Personen keine Veränderung in der Persönlichkeit. Warum? Weil sie ihre bisherige Einstellung nicht verändern. Sie leben mit ihren alten Meinungen und Mustern weiter. Sie lassen das Gehörte und Gelesene nicht in ihren Geist und in ihre Gewohnheiten eindringen, damit etwas Neues bewirkt werden kann. Jede Veränderung hat etwas mit Arbeit zu tun. Man muss die neuen Gedanken trainieren über Wochen und Monate, bis sie die *Unterbewusstheit erreicht haben*. Das Interesse an der Sache muss wach bleiben, bis wir bemerken, dass wir nach den neuen Lehren und Erkenntnissen handeln. ***Jetzt hat eine Veränderung in der Persönlichkeit stattgefunden.*** Einige Leute gehen nicht in Kurse, um etwas zu lernen, das ist nicht ihr inneres Drängen, sie gehen hin, um sich zu unterhalten. *Dann war es wunderschön* und sie sind eine Weile motiviert, doch ohne das Gehörte *jetzt zu üben,* bleibt alles beim alten, gewohnten Verhalten.

„Man soll nie vergessen, dass die Menschheit
lieber unterhalten als unterrichtet werden will!"
                                                    Knigge

Das gesündeste Wort der Welt ist – JA

JA! Sie müssen das Wort *JA* auf ein großes
Blatt Papier malen und an die Wand hängen,
damit das *JA* sich einprägen kann.

JA funktioniert so:
Denken Sie *JA*, wenn Sie etwas Unangenehmes tun
müssen, denn mit NEIN bleibt es unerledigt.

Denken Sie *JA*, wenn Sie Ärger haben.
NEIN macht es nur noch ärgerlicher und ist keine Lösung.

Denken Sie *JA*, wenn Migräne im Kopf tuckert.
Oh Gott, mein Kopf, löst die Migräne nicht.

Sagen Sie *JA* zur Fünf Ihres Kindes in der Schule,
zur verpassten Straßenbahn, zum Beinbruch im Urlaub,
denn mit NEIN und um des Himmels Willen können
Sie gar nichts retten und wieder ganz machen.

JA ist Medizin, besser als flüssige oder gepulverte.
JA hilft dauerhaft.

JA macht den Kreislauf heiter, das Herz fröhlich,
die Sorgen kleiner, das Leben wärmer.

JA müssen Sie üben und wenn Sie es richtig können,
sagen Sie es weiter.

JA

Quelle unbekannt

Positives Denken, eine Lebensqualität

„Wer nicht an sich selbst arbeiten will, an
dem wird gearbeitet!"
Christa Keller

Nach wissenschaftlichen Berichten empfängt das Gehirn 100 Milliarden Eindrücke pro Sekunde. Es werden ca. 5000 Signale pro Sekunde ausgesandt. Doch wir werden uns nur eines Millionstels der eigenen Signale bewusst. So verbleiben große Zonen des Gehirns verschwendet und ungenutzt. Sie werden *schweigende Bereiche* genannt. Daraus resultiert wieder die Behauptung, dass der Mensch nur 10 Prozent seiner Möglichkeiten nutzt. Wir können jedoch das Potential durch Training erhöhen. Unterhalb der Bewusstheits-Schwelle findet eine ständige aussersinnliche Kommunikation mit der Umwelt statt. 70 – 80 Prozent unserer negativen Gedanken *sind nicht unsere eigenen Gedanken.* Wir empfangen sie von ausserhalb, von Schwingungen aus dem Kosmos und von Menschen, die um uns herum leben. Es ist heute wichtiger denn je, Methoden zu üben, womit wir Schwingungen abschirmen können. Wenn wir durch ein Training die umfassenden, wirksamen und unbewussten Kräfte von uns fernhalten können, kommen wir in allen Lebenslagen besser zurecht. Am Anfang benötigen wir Suggestionen, die das negative Gefühl und die Gedanken umwandeln. Mit der Zeit lernen wir die Gesetze *des Loslassens* kennen, auch das Gebet und die Liebe zu Gott sind ein phantastischer Schutz im täglichen Leben.

„Nicht nur positives Denken und Handeln
beeinflussen Wohlbefinden und Gesundheit.
Es ist die innere Verbindung mit Gott!"
Paracelsus

Vergessen wir nicht den Humor, die Freude und das Lachen, die uns zu einer gesunden und starken Aura verhelfen, die dann negative Schwingungen von uns fern hält.

„Humor ist der Knopf, der verhindert, dass uns der Kragen platzt!"

Quelle unbekannt

Wenn wir beten oder programmieren und suggestiv Sätze sprechen, müssen wir mit dem Herzen und mit unserer ganzen Sehnsucht dabei sein. Wir müssen genaue Ziele angeben und keine vagen Vorstellungen aussenden, denn je genauer das Programm ausgearbeitet ist, desto genauer kann es sich verwirklichen. Die ganze Konzentration muss dann auf das Vorstellungsbild oder den Vorstellungsgedanken gelenkt werden. Nach der Übung muss der Erfüllungs-Wille = die Erwartung = dieAbsicht zum Ziel *freigegeben und absolut Gott unterstellt werden.* Wir müssen unseren Willen kundtun, je nach Dringlichkeit sogar fordernd, doch ihn dann loslassen, **Dein Wille geschehe.** Das ist die richtige Einstellung und das richtige Verhalten bei allem, was wir tun. Jedes Gebet, jede Programmierung oder ganz einfach *Sprechen mit Gott, wie es uns ums Herz ist,* hat erst die richtige Zugkraft, wenn wir am Ende mit **Amen oder Om** abschließen. Wenn wir einen Wunsch haben und aus diesem Grund programmieren, müssen wir auf unsere *eigenen Programme* *achten,* die in uns ablaufen. Wir wollen zum Beispiel aus Vernunft und Vorsorge mit dem Rauchen aufhören, doch die Einstellung, daß wir dann gar nichts mehr haben, was Freude macht, lässt die positive Programmierung nicht wirksam werden. Wir müssen nicht nur die Gewohnheit, *nicht mehr rauchen zu wollen,* verändern, sondern auch die Einstellung, **dass dann etwas fehlt.** Wir suchen einen neuen Lebenspartner und sprechen Suggestionssätze, doch wollen wir nach wie vor in verschiedenen Dingen frei bleiben und wollen nicht kochen, waschen oder finanziell für den anderen aufkommen. So werden die Suggestionen, einen neuen Partner zu finden, schwer wirksam werden können. Selbst das Zusammenleben kann mit einer solchen Einstellung Schwierigkeiten entstehen lassen, was sonst kein Thema wäre. Eine Partnerschaft *ist ein ganzes Gefüge,* es ist keine Verbindung, *die nur eigene Vorteile bringen darf.* Wir nehmen Medikamente, um gesund zu werden, mit dem Hintergedanken, sie könnten schaden. Wo ist da das Vertrauen, das *absolut notwendig ist,* um einen Erfolg zu garantieren?

Gebete und Suggestionen werden angewandt, um den Zweifel und die Angst sowie den mangelnden Glauben an einen Erfolg auszumerzen. Wir wollen *in der Unterbewusstheit* negative Einstellungen, Erfahrungen und Gewohnheiten umwandeln, indem wir so Vertrauen und Glauben *an den Erfolg* heranarbeiten. Kommen wir aber zu dem, was wir wollen, *nicht in das Vertrauen,* dann kann auch nichts wirksam werden. Wir müssen deshalb darauf achten, **ob** *das Vertrauen erzielt wird und nicht, ob die Dinge sich verändern.* Um das Ziel zu erreichen ist es wichtig, eine Sehnsucht danach zu haben, ins Vertrauen zu kommen, loszulassen, sich in Geduld zu üben und Denken, Sprechen und Handeln zu einer Einheit werden zu lassen. Ich wiederhole: Um das Verhalten und die alten Gewohnheiten verändern zu können, müssen auch die Einstellungen zu ihnen geändert werden, indem wir uns selbst analysieren, was wir soeben wieder gedacht haben. Zu dem, was wir wollen, **dürfen** *keine Gegen-Gedanken weiterlaufen.* Das muss geübt werden.

„Achte auf deine Gedanken, denn sie werden zu
deinen Wünschen. Achte auf deine Wünsche,
denn sie werden zu deinen Worten. Achte auf
deine Worte, denn sie werden zu deinem Schicksal!"

Aus dem Talmud

Positives Denken ist nicht, *die Situation zu unterschätzen,* das Negative zu verneinen oder nicht wahrnehmen zu wollen. *Positives Denken ist, bei widrigen Umständen stark zu bleiben und nicht an ihnen zu zerbrechen, sondern gelassen zu bleiben, um überlegt handeln zu können.* Man fühlt eine bejahende Kraft in sich, die Situation zu meistern und man ist voller Mut und Zuversicht. Mit positivem Denken können Tatkraft und Tugenden entstehen und gelebt werden. *Tugenden zu leben ist positives Denkverhalten.*

Um positiv und mutig zu werden, müssen wir keine emotionalen und tollkühnen Praktiken einsetzen, auch brauchen wir uns nicht vor den *Untugenden und Unterschieden der menschlichen Charaktere zu verschließen,* weil wir Vorurteile abbauen und positiv werden wollen. Doch wir erkennen erst dann alles besser, wenn wir selbst nicht mehr mit *Vorurteilen belastet sind* und wir brauchen diese nur aufzugeben. Wird man beleidigt, ist es gut zu denken, daß eine solche Beleidigung nichts am eigenen Wert, am *Atman,* sanskrit = göttlicher Lichtfunken, ändert. So werden die negativen Vorgänge, die jetzt im Inneren stattfinden, *umgewandelt* und leben nicht lange. Es wird eine andere Einstellung angenommen, welche die Gedanken und Gefühle umändert, zum Beispiel: das Bierglas ist nicht halbleer sondern halbvoll.

Der Weise lernt zuerst die Gesetze der Schöpfung kennen, dann befolgt er sie, dann werden seine Wünsche zum Willen. Der Wille wird zur Kraft, die sich mit der Liebe verbindet. So können sich dann die Dinge verwirklichen. *Das ist positives Sein.* Positiv sein bedeutet nicht nur, strahlend und glücklich durch den Tag zu schweben. Positives Sein geht in feinere und tiefer liegende Schwingungen = Energien, die es dann ermöglichen, andere Menschen glücklich zu machen, der ganzen Schöpfung mit Rücksicht und Achtung zu begegnen und sich um Bedürftige zu kümmern *mit Wort und Tat.* Es ist das Aufgeben der eigenen Wünsche und es ist ein Verzichten auf egoistische Ziele. Das alles zusammen macht einen positiven Menschen aus. Die bindungslose Liebe leben zu können, ist positives Leben = Sein. Wenn jemand Probleme hat, sind Sätze wie, nun mach dir mal keine Sorgen, es wird schon werden, keine große Hilfe oder eine positive Unterstützung.

Da Neigungen zu Gewohnheiten werden, lassen *zu viele* nicht befriedigte Wünsche Gewalt entstehen, zuerst im Denken und dann im Handeln. In Bereichen, in denen wir negativ denken und schwach sind, können niedere Schwingungen = Energiefelder uns leicht beeinflussen. So können triebhafte Menschen ihren eigenen negativen Energie-Anteilen **nicht mehr widerstehen** und werden regelrecht gezwungen, diese auszuleben. Da der eigene Wille noch nicht stark und ausgeprägt ist, dieses Naturgeschehen zu verhindern, können die von aussen kommenden Energien – die zu ihm in Resonanz stehen – einfließen und ihn ausfüllen. Er wird jetzt von den Naturgesetzen gelebt und ist ihnen – in seiner Schwäche – ausgeliefert.

Macht euch die Gesetze der Natur untertan! Warum wohl hat *Jesus* das gelehrt? Der heutige Mensch hat immer noch den Glauben, dass ihn das alles nichts angeht, dass er sich nicht darum kümmern muss, dass er nicht an sich arbeiten muss, ausser er kann damit Geld verdienen, und er glaubt, dass es sich hier um unnütze Lehren handelt. Wir müssen uns schleunigst bewusst machen, dass die wenigen wissenden Menschen, die über diese Dinge informiert sind, die Naturgewalten nicht aufhalten können, sondern die ganze Menschheit muss aufgeklärt werden, um dann tatkräftig daran mitarbeiten zu können. Wir müssen uns bemühen, die Natur = den Kosmos zu verstehen, denn dieser kann nicht analysierend denken. *Erführt nur aus* innerhalb seiner Gesetzmäßigkeit von Ursache und Wirkung. Sind wir in starken Bewusstheitsbereichen = positivem Sein, nehmen wir mehr stärkende Schwingungs-Energien auf. Passen wir uns den Gött-

lichen Gesetzen an, dann werden Gedanken entstehen, die aus der Einheit kommen und aus positiven Schwingungsfeldern. Es gibt in diesem Zeitalter zwei schwerwiegende Fehlverhalten des Menschen:
1. Die mangelnde Furcht = Respekt vor den Naturgesetzen,
2. die mangelnde Liebe zu Gott.

Wir unterliegen Zwängen und Gewohnheiten wie, alles wissen zu wollen, was auf der Welt – wie, wo und wann – passiert, auf Gebieten, die uns mehr belasten als entlasten und wo wir helfend nicht tätig werden können. *Wir sind informationssüchtig geworden.* Da wir meist über negative Dinge benachrichtigt werden, halten das auf die Dauer selbst ein gesunder Geist und gesunde Nerven nicht mehr aus. Würden wir den Informationsdrang in die geistigen Bereiche der Philosophie und des geistigen Yogas lenken, wäre das eine nützliche und zugleich nervenentlastende Tätigkeit und eine Tätigkeit, die den Menschen in einen friedvollen Gemütszustand führt. Informationen weiterzugeben wird dann zu einer Aufgabe, wenn *sie positiv sind und wenn wir durch sie helfend eingreifen können.*

Wir können eine Situation positiv oder negativ ansehen. Es kommt auf das Ziel und die Betrachtungsweise des Einzelnen an, was er schon ist oder noch werden will und es hängt von der Kraft und den Bewältigungsmöglichkeiten ab, die ihm offen stehen. Aus diesem Grund können zwei Menschen eine Situation unterschiedlich beurteilen. Wenn wir uns *noch nicht im Gemütsfrieden* befinden, sehen und erleben wir die Dinge *als negativ,* so lange bleibt das Leben ein Kampf. Doch kämpfen ist vom Prinzip her gesehen nichts Falsches, es kommt auf die Gedanken an, mit denen der Kampf geführt wird. Betrachten wir den Kampf von der positiven Seite, dann kämpfen wir mit der **Angst,** um sie loszuwerden, mit den **Gedanken,** um sie zu beruhigen, mit der **Feigheit,** um Mut zu gewinnen, mit den **Untugenden,** um Charakter zu bilden. Wir kämpfen für die Armen und Schwachen, für das Gute, um das Böse zu vernichten usw. Für das Positive zu kämpfen und sich einzusetzen macht stark, doch der Kampf darf *nie aus dem Ego heraus* geführt werden, sondern *mit dem Gedanken des Dienens und des Einsseins mit allem.*

Befindet sich der Mensch *im Gemütsfrieden,* kann er eine Situation *ganz klar und sachlich erkennen,* dann ist er ohne Emotionen, auch werden keine Gedanken verdrängt, denn sie beeinflussen nicht das Gemüt und das Denken. Er geht nicht in die Bewertung mit dem Ego und er hat keine Angst. Er stellt sachlich fest, was im Moment erlebt wird und was zu tun ist, jedoch ohne einen Gedankenl der Bewertung des Dafür- oder Dagegen-Seins. **Er handelt um des Handelns willen.** Es muss etwas getan werden, aber nicht aus Angst, Ego, Macht, Rache oder Hass. Er will nicht mehr zeigen, wer der Stärkere ist und *wer am längeren Hebel sitzt.* Das sind *alles Ego-Spiele.* Er handelt aus Liebe zum Prinzip, frei von negativen Gedanken und Gefühlen.

Kämpft man für das Prinzip, geht es nicht mehr um die eigenen Vorteile, daß man Recht bekommt und gewinnt. Man stellt *das Ego* zurück und kämpft für die Gerechtigkeit Gottes, indem alle Vorbereitungen getroffen und eingeleitet werden. Doch dann *übergibt man Gott den Ausgang* und nimmt das Resultat in aller Gelassenheit so an, wie es sich zeigt und endet.

„An der Selbstlosigkeit seines Tuns erkennt
man den Menschen, der den Gleichmut
der Absichtslosigkeit erlangt hat!"
                             Sri Sathya Sai Baba

Es gibt gläubige Menschen, die bei negativen Geschehnissen behaupten: Das will Gott. *Gott will nie etwas Negatives* und Er will nur, dass es allen Wesen gutgeht. Das Negative machen die Menschen schon selbst, in eigener Regie. Wenn der menschliche Geist eine Situation als negativ beurteilt, ist das seine Unwissenheit – *monistisch gesehen.*

Dual gesehen gibt es negative Situationen und Zustände, weil wir noch mit dem Gesetz der Kausalität verwoben sind. Doch wir dürfen uns nicht mit dem Negativen zufrieden geben und müssen uns bemühen, die Umstände zu verbessern, uns herauszuarbeiten mit der angemessenen Tatkraft und den Möglichkeiten, die auf der Gerechtigkeit basieren. Fatalistisch zu denken und zu handeln ist zwar leichter aber falsch. Es ist das *Tamas-Guna* = die Trägheit, die sich hier verwirklichen will. Wenn wir trotz negativer Umstände im positiven Denken oder – noch besser – im Gemütsfrieden bleiben können, fühlen wir uns frisch und munter. Angst, Zorn, Unentschlossenheit, Vor-Sorgen, Schuldgefühle und etwas vor sich herschieben kosten uns enorme Energien. Diese negativen Gedanken lähmen den ganzen Organismus und bremsen jede Unternehmungslust. Solange wir uns in einer Situation noch *betroffen fühlen,* sind wir mit dem Geist immer noch im Ego-Verhalten und nach aussen gerichtet und noch nicht im Gleichmut.

Wenn man durch den Geist sich seiner selbst bewusst wird und dieses Bewusstwerden – über die Vernunft – in das eigene *ich* zurückleitet, so nennt man diesen Zustand *Selbstbewusstheit.* In der Entwicklung der Persönlichkeit ist nicht nur positives Denken hilfreich und führt zu einer verstärkten Bewusstmachung der Liebe, sondern Wissen ist ebenfalls hilfreich und macht frei von Dogmen, Vorurteilen, falschen Einstellungen und Unwissenheit und lässt somit positive Energien entstehen. *Positiv sein* im Denken, Vertrauen im Herzen und zu wissen, dass es *in der Schöpfung keine Ungerechtigkeit gibt* und dass alles zu unserem Besten geschieht, *ist eine Teil-Verwirklichung der Einheit.* Angst und Zweifel, Gier und Hass ist eine Nichtanerkennung der Einheit.

Lernen wir doch, diese Schwingungs-Energie anzuwenden. Sie erfüllt sich dann, wenn wir neutral oder monistisch denken können und wenn wir in einer Situation *den Ausgang nicht mehr selbst bestimmen wollen.* Warum wollen wir einen Ausgang bestimmen? Um zu siegen, um keinen Verlust zu erleiden, um reich und gesund zu werden, um Anerkennung und Lob zu erhalten, oder wollen wir von Menschen oder Sachwerten etwas bekommen, damit wir uns glücklich fühlen können? Doch gerade, wenn wir einen Wunsch aufgegeben haben, erfüllt er sich wie von selbst. Dahinter steckt ein geistiges Prinzip, wie zum Beispiel, was wir wollen, müssen wir loslassen können und dürfen es *auf keinen Fall mehr anzuweifeln.* Kämen wir immer und regelmäßig in das Loslassen hinein, könnten wir theoretisch alles lösen. Doch manchmal stehen das Schicksal und die eigenen Programmierungen, die wir im Jenseits eingeleitet haben, dagegen, aber mit der Liebe zu Gott und durch Seine Segnungen können wir vieles wieder harmonisieren. Unsere Aufgabe ist es, bei negativen Umständen festzustellen, welchen mentalen Weg – müssen wir, können wir oder können wir nicht – einschlagen, um dann mit der Intelligenz auch selbst etwas in Bewegung zu bringen.

Der eine Mensch lebt mit der Vernunft und seinen positiven Einstellungen und der andere Mensch lebt mit seinen Gewohnheiten und negativen Verhaltensmustern. Das entscheidet letztendlich jeder selbst mit seiner Willens- und Wahlfreiheit. Doch jedes Wohlgefühl, das einmal erreicht wurde, strebt nach Wiederholung. Also werden wir Praktiken suchen, um diesen Zustand wieder zu erreichen. Mit der Zeit des Trainings werden dann die Erfolge zu positiven Erfahrungen. Die Erfahrungen werden zum Wissen und zur Gewohnheit. Gewohnheiten – positive wie negative – werden nicht vom Geist erzeugt, sondern vom Unterbewussten automatisch ausgelöst.

Wenn man autonome Programme in sich umarbeiten will, nennt man das *Bewusstheitstraining*. Es ist ein Training, das eine Bewusstheitsveränderung einleitet, die zu einer neuen *Charakter-Struktur* wird.

Veranlagungen eines positiven Charakters können wir bei genauer Betrachtung wie folgt wahrnehmen:
* Der Blick des Auges wird ruhig.
* Die Nervosität verschwindet.
* Ein Entschluss und ein Versprechen werden eingehalten.
* Die Einheit im Denken, Sprechen und Handeln wird sichtbar.

Jede gelebte Erkenntnis ist wie ein winziger Funken, der sich zu einem leuchtenden Lichtstrahl entwickelt und sich von Leben zu Leben verstärkt, bis er sich als Substanz verdichtet und sichtbar wird *als Eigenschaft,* **als Fähigkeit und als Charakter.** Was wir jetzt – im Bewusstwerden – erarbeiten, ist ein sich Vorbereiten für das kommende Leben, doch hat es auch Einwirkungen auf das *Hier und Jetzt,* um sich auswirkend zu entfalten. Es ist wichtig, dass wir das, was wir tun, mit dem Herzen tun. Wir können das Negative nicht vermeiden, indem wir versuchen, vor ihm zu fliehen, sondern indem wir uns darüber erheben.

„Was der Mensch Übles tut, das wird ihn überleben!"

Shakespeare

Die Kraft der Gedanken

Worte sind ausgesprochene Gedanken, doch das ist nicht immer so. Hinter den Worten, die wir aussprechen, stehen oft andere Gedanken. Wir sagen: Ich freue mich über Ihren Besuch, denken aber, wäre sie doch zu Hause geblieben. Wir sagen: Sie sind mir sehr sympathisch, denken aber das Gegenteil. Wir versprechen zu kommen und gehen trotzdem nicht hin usw. **Die Gedanken erzeugen gestaltende Schwingungsfelder.** Sind Gedanken mit den Worten nicht identisch, *so bilden die Gedanken die Schwingungsfelder und nicht die Worte.* Wenn Worte und Gebete in der Oberflächlichkeit ausgesprochen werden, sind sie so gut wie kraft- und wirkungslos. Worte, Suggestionen und Gebete, hinter denen Erfahrung und große Überzeugung stehen, sind *hochexplosive Gedanken-Schwingungen.* Sie können selbst hartnäckige Hindernisse beiseite räumen und Veränderungen bewirken. Sind *diese Energien* erst einmal ausgesprochen und weggesandt, ist es nicht gut, sie danach wieder anzuzweifeln, da dies die Lösung verhindern würde. Es ist wie bei einem Steckling, den man ständig wieder ausgräbt, um nachzusehen, ob er schon Wurzeln geschlagen hat, er wird eingehen.

Das kosmische Bewusstsein ist die gewaltigste Kraft, die es gibt. Sie ist viel stärker als unser Geist. Das bedeutet jedoch nicht, sich passiv und leichtgläubig zu verhalten. Das, was wir wollen, muss ausgesprochen werden und danach bitten wir die kosmische Kraft, es zu unterstützen. Erst, wenn wir gedanklich etwas in Bewegung gebracht haben, kann es Unterstützung erfahren. **Denken ist Handeln** und wo nicht gehandelt wird, kann auch nichts entstehen. *Hilf dir selbst, so hilft dir Gott.* Wir haben für den Erdenweg eine Konzentrations- und Willenskraft mitbekommen, um diese Fähigkeiten zu benutzen und sie nicht brachliegen zu lassen. Wir können sie mit dem gesunden Menschenverstand und der Vernunft wirksam anwenden.

Wir können Gebete und Suggestionen verschiedenartig ganz individuell einsetzen. Wollen wir anderen helfen, müssen die ausgesprochenen Worte der Veranlagung dieses anderen Menschen auch entsprechen. Wir können Gedanken *des Willens, der Gefühle und der Vernunft* aussenden. Da wir nicht jeden Tag gleich gestimmt sind, sind wir an einem Tag stärker, um über den Willen zu beten und an einem anderen Tag stärker, um über das Gefühl zu beten.

Wenden wir **den Willen** an, muss dieser von großer Entschlußkraft sein, sonst *verpufft* das Gebet.

Wenden wir **das Gefühl** an, muß es von echter Hingabe und Liebe sein, sonst ist das Gebet *wirkungslos*.

Wenden wir **die Vernunft** an, muß diese von tiefer Erkenntnis durchdrungen sein, sonst ist das Gebet *kraftlos*.

Wenn zu der Willenskraft noch die Vernunft dazu kommt, wird es eine ethische, moralische Programmierung oder ein Gebet werden, das die Erfolgschancen enorm erhöht.

Es ist ganz wichtig, seinen Typ herauszufinden. Ein intellektueller, **logisch denkender Mensch** spricht in der *Regel nicht auf Suggestionen an, wenn sie ihm unlogisch erscheinen* und er nicht von dem, was er sprechen muss, überzeugt ist. Er hat es am schwersten, wenn er programmieren oder in das Vertrauen zu seinem Gebet kommen will. Was ihm nicht logisch erscheint, zweifelt er an und kommt so in kein Vertrauen und in kein Loslassen. Der Zweifel ist bei ihm Dauergast, sein Geist sagt immer zu ihm *ja, aber*. Man könnte in diesem Fall sagen, er programmiert sich zu Tode und bleibt ohne Erfolg. Erst wenn man ihm bewusst machen kann, warum und wieso etwas funktioniert, auch wenn er es nicht sehen kann, aber die Kausalgesetze versteht, werden seine Gebete und Programmierungen wirksam werden.

Der Willensmensch muss seine Willenskraft stärken und an ihr festhalten, denn mit der Vorstellungskraft kommt er nicht weiter. Er müsste denken „*ich will gesund sein*" oder „*ich bin gesund*" und nicht, „ich stelle mir vor, gesund zu sein".

Bei einem Menschen, *der mit seinem Gefühl arbeitet,* wirken seine Vorstellungen erstaunlich schnell. Er benötigt keine logischen Erklärungen und keine logischen Vorstellungen wie der Willensmensch, um seine Gefühle sprechen zu lassen.

Wenn Wille, Vorstellung und Glauben in eine Richtung zusammenfließen, entsteht eine große Kraft, die sich verwirklichen kann. Wünschen wir uns ein Ergebnis zu schnell herbei, kann die Kraft des Vertrauens geschwächt werden. Also gehen wir immer mit Geduld undAusdauer an Programmierungen und Gebete heran. Jeder deprimierende oder glückliche Gedanke, jede Unruhe oder Stille lassen feine Rillen in den Gehirnzellen entstehen und verstärken somit die gelebte Energie *zu einer Veranlagung.* **Das, was wir ständig aussenden, wird durch die Bewusstheitsschwingungen zum menschlichen Charakter geprägt.** So üben wir einen bestimmten Einfluss auf andere Menschen, auf Dinge und auf uns selbst aus und dies kann von Menschen, die die nötige Sensitivität besitzen, deutlich wahrgenommen werden.

„Die Einbildung ist imstande, den materiellen
Nachweis zu projizieren!"
Sri Sathya Sai Baba

Da wir verschiedene Übungen ausführen können, möchte ich hier ein paar Denkanstöße vermitteln.
1. Schritt: Wir sprechen alle negativen Gedanken und Gefühle *laut aus,* solange bis der Geist schweigt und ihm nichts mehr einfällt. Wenn wir die Gedanken laut aussprechen, werden wir mindestens einen Tag nicht mehr von ihnen belästigt. Denken wir die Gedanken nur, ohne sie auszusprechen, überfallen sie uns den ganzen Tag bei jeder möglichen Gelegenheit und wir kommen

nicht zur Ruhe.

2. Schritt: Wir machen uns bewusst, daß wir ein Kind Gottes und an die göttliche Fülle und Allmacht angeschlossen sind. Wir machen uns bewusst, daß Gott, für alle Probleme, die wir haben, genug Lösungs-Ideen und Möglichkeiten besitzt, um sie aufzulösen. Da wir Seine Kinder sind, stehen uns Seine Segnungen als Göttliches Erbgut zu. Nun machen wir uns folgenden Satz bewusst: „Ich öffne mich für die in mir lebende Kraft der Liebe und empfange in tiefer Dankbarkeit jetzt alle Segnungen, die auf mich zufließen."

3. Schritt: Jetzt beginnen wir mit den Programmierungen oder mit dem Gebet wie zum Beispiel: *Durch Dich, Gott Vater in mir, bin ich in Harmonie usw.*

Diese drei Schritte müssen so lange angewendet werden, bis das Problem gelöst ist oder wir gut damit leben können. Am Anfang kann es sein, dass es jeden Tag mehrmals wiederholt werden muß, bis die Ruhephasen sich verlängern. Dann benötigen wir es nur noch einmal in der Woche, im Monat oder im Jahr. Die positiven Programmierungen und ein Gebet dürfen *nie mit einem negativen Gedanken oder Gefühl des Zweifels beendet werden.* Denn alle positiven aufgebauten Energien wären somit wieder gelöscht und unwirksam. Es muss so lange weiter programmiert werden, bis kein negativer Gedanke mehr wahrnehmbar ist. Im Moment ist ein negativer Gedanke so stark wie 100 positive Gedanken.

„Willst du die Welt verändern, dann verändere dein Denken!"

Albert Einstein

Gedanken von Problemen abziehen

Die Gedanken vom Problem abziehen und auf etwas anderes richten heisst, zu überleben, eine Situation zu meistern und sich nicht unterkriegen zu lassen. Ich denke da an einen Mann, der in die Geschichte eingegangen ist. Leider habe ich seinen Namen vergessen. Es war der Mann, der das Repetiergewehr erfunden hat. Er saß wegen rebellischen Verhaltens im Gefängnis, in Einzelhaft, in einem Loch, wo er sehr wenig Licht hatte und nur gebückt stehen konnte. Die meisten Insassen kamen aus dieser unmenschlichen Therapie nur wahnsinnig wieder heraus, so aber nicht unser Mann. Er beschäftigte sich in Gedanken den ganzen Tag mit seiner Erfindung, einem Gewehr, das schnell schoß, ohne es dauernd neu laden zu müssen. Da er nichts zum Aufschreiben hatte, ging er die einzelnen Punkte immer wieder in Gedanken durch, um nichts zu vergessen. Somit übersah er immer mehr, in welch schlechter Situation er sich eigentlich befand.

Jeder andere Mensch in seiner Lage hätte psychische Schäden in Form von Wutausbrüchen, Schreikrämpfen, völliger Lethargie und anderes mehr bekommen. Dieser Mann jedoch bewältigte seine traurige Situation bestens und kam psychisch gesund aus dem Kerker wieder heraus. Es ist ein krasses Beispiel, aber gerade deshalb werden die Zusammenhänge besser verstanden. Er hatte instinktiv das Richtige getan, nämlich sich nicht grüblerisch mit seiner Lage auseinanderzusetzen, sondern er war von seiner Idee, seiner Erfindung, selbst so fasziniert, daß er das *Darum-Herum total vergaß*.

Wenn wir dem Geist ganz bewusst eine Aufgabe erteilen, über schöne Erlebnisse oder über den Zukunftsplan einer Idee nachzudenken, kann er sich nicht gleichzeitig ängstigen und sorgen. Können wir die Situation im Jetzt nicht verändern, ist das kein Verdrängen von Tatsachen, sondern ein Bewältigen der Situation, so lange bis sie sich wieder zum Günstigen hin verändert hat.

Auch bieten sich noch andere Methoden an, indem wir uns die positive Lösung mit einem Vorstellungs-Bild oder mit Vorstellungs-Gedanken in ständiger Wiederholung einprägen. Wenn wir richtig meditieren können, ist dies die beste Methode, die angewandt werden kann. Nicht nur durch Nachdenken ist das **Lösen von Problemen** möglich, sondern auch dadurch, dass man nichts übertreibt oder sich in etwas hineinsteigert. Loslassen, einfach annehmen, was im Moment nicht zu ändern ist, zeitigt positive Lösungen. In den meisten Fällen muß diese Gedankenhaltung geübt werden, um sie dann im richtigen Moment anwenden zu können.

„Wenn ihr nicht wollt, dass die Welt und ihre
Reaktionen in euch haften, müsst ihr eure Wesensart
mit einigen Tropfen Unbekümmertheit einölen!"
Sri Sathya Sai Baba

Alles findet im Geiste statt. Der Geist kann stark machen, dass ein Mensch über eine Situation hinauswächst oder aber ihn schwächt und leiden lässt. Er kann ein Freund und Helfer sein, aber auch der größte Feind und Zerstörer. Die Intelligenz im Menschen muss den Geist überwachen und das Kommando übernehmen, sonst kann es sein, dass er macht, was er will. Was manche Menschen aber für Nachdenken halten, ist nur, dass sie ihre Vorurteile wieder neu ordnen und sortieren.
Der Geist ist eine ständig tätige Energie, die nur im Tiefschlaf ruht. Der Geist ist der Herr der Sinne und die Höhere Intelligenz ist der Herr des Geistes. Gedanken sind feine gestaltende Schwingungen. Sensible Menschen nehmen oft diese Gedankenschwingungen wahr und fühlen sich dann in jeglicher Umgebung wohl oder unwohl. Der Geist ist an allem interessiert und sucht Kontakte und Verbindungen, wodurch er immer unsteter wird. Durch Übungen der Konzentration wird er wie-

der unter Kontrolle gebracht. So wird er gestärkt und genau diese Stärke braucht er, um etwas zu ändern oder bewirken zu können. Auch um Ideen zu verwirklichen, brauchen wir die Kraft des Geistes in seiner ganzen Konzentrationsfähigkeit und das absolute Vertrauen an das Gelingen der Sache. So ausgerüstet, im festen Glauben = Vertrauen, können wir Berge versetzen. Wenn das auch nicht in der Vollkommenheit geschieht und nicht jederzeit, so geschieht es doch immer öfter und immer besser. Das ganze Unheil, aber auch die Lösung, geht vom Geiste aus. Jede Freude und jeder Schmerz sind Schöpfungsprodukte des Geistes und der Gedanken. Doch der Geist ist lenkbar und so können wir ihn zu *positiven Zielen und Meinungen* erziehen und ihn programmieren. Das ist wahrlich eine sinnvolle Aufgabe.

Ein Lehrsatz im geistigen Yoga lautet: ***Die Gedanken vom Problem abziehen und auf Gott lenken.*** Der reine Geist, der mit Liebe und Weisheit durchdrungen ist, wird vom Menschen als Glückseligkeit empfunden oder auch als Frieden.

"Ein chinesischer Bauer, dessen Pferd davon lief: Am Abend kamen die Nachbarn und bemitleideten ihn, weil er solches Pech hatte. Der Bauer sagte: „Kann sein." Am nächsten Tag kehrte das Pferd zurück und brachte sechs Wildpferde mit. Die Nachbarn kamen und riefen, welches Glück er hatte. Der Bauer sagte: „Kann sein." Am folgenden Tag versuchte sein Sohn, eines der wilden Pferde zu satteln und zureiten. Er wurde abgeworfen und brach sich ein Bein. Die Nachbarn bekundeten ihr Mitgefühl wegen seines Unglücks. Der Bauer sagte: „Kann sein." Am anderen Tag kamen Offiziere ins Dorf und zogen junge Männer als Rekruten für die Armee ein, aber der Sohn des Bauern wurde wegen seines gebrochenen Beines nicht genommen. Als die Nachbarn kamen und meinten, wie glücklich sich alles gewendet hätte, sagte der Bauer: Kann sein!"   Sri Sathya Sai Baba

Das Göttliche Prinzip des Denkens

Wenn wir an einer Krankheit leiden, uns in Hass und Eifersucht verzehren oder uns einsam und verlassen fühlen, wenn wir uns längere Zeit in einer Disharmonie und Depression befinden, überkommt uns der Wunsch nach Befreiung und nach Meisterung der Situation. Wir wollen aus diesem Dilemma heraus, manchmal um jeden Preis. Wir machen ernsthafte Anstrengungen, um nach einer Lösung zu suchen und fragen uns, ob das nicht alles ins Positive umgewandelt werden könnte. Das kann durch Nachdenken geschehen oder durch Finden von **geistigen Gesetzen des Prinzips,** das eine ganz andere Einstellung vertritt und lehrt als die, die ich bis dahin hatte und nur kannte. So erfuhr ich von *dem Göttlichen Prinzip des Denkens.*

Durch **die Weisheitslehren** stellte ich fest, dass ich mich von vielen Meinungen und Gewöhnungen verabschieden musste, wenn ich meine Probleme lösen wollte. Ich lernte, die Zusammenhänge zu verstehen und zu akzeptieren. Dabei musste ich erfahren, wie schwer das Umdenken ist, wie sehr ich in Denkgewohnheiten steckte, die ich einmal liebevoll, ein anderes Mal kampflustig verteidigte. Ich hörte auf, die Schuld nur den anderen oder Gott zuzuschreiben, denn die Erfahrung lehrte mich, dass so Probleme nicht gelöst werden konnten. Geläutert durch den Schmerz hatte ich das Bestreben, mich im positiven Sinne zu trainieren.

Das Prinzip ist eine Denkweise, die angewendet werden muss. **Der Glaube** ist das Mittel, welches das Prinzip erkennen und anwenden lässt.

Wenn etwas mit dem Willen und der Vernunft in oder ausserhalb von uns nicht zu ändern ist, der Verstand jedoch erkannt hat, dass wir uns in einem Fehlverhalten befinden, müssen wir nach den *Lehren des Prinzips* denken und vorgehen lernen, das heißt, sich *dem Prinzip* unterstellen. Wer nicht weiß, ob in dem Verhalten und in den Gewohnheiten etwas richtig oder falsch ist, was die Menschheit so denkt und zu *Menschen-Gesetzen* gemacht hat, dann ist es hilfreich, sich nach den Weisheitslehren, nach den Göttlichen Prinzipien zu orientieren und diese dann anzuwenden. Auch wenn Dinge getan werden müssen, die uns gar nicht gefallen, sagt uns die Logik, daß es das Beste wäre, jetzt die Göttlichen Prinzipien anzuwenden. *So wird das Prinzip zu einem Krückstock,* den wir so lange benutzen, bis wir wieder ohne Hilfe problemlos und selbstverständlich gehen können. Wir fügen uns einer Anordnung, von der wir wissen, dass sie richtig und bindungslos ist und auf der wieder aufgebaut werden kann. Es ist das Göttliche Prinzip, das die einzige Wahrheit ist. Gedanken, Worte und Handlungen werden nicht mehr nach dem eigenen Verstand und der eigenen Meinung ausgeführt, sondern richtet sich nach der Vorgabe des Prinzips, was so lange praktiziert wird, bis wir selbst zum *Es* geworden sind.

Ein Beispiel: Wenn ein Mensch mich ärgert und verbal angreift, wende ich *das Prinzip Denken* an, das sagt, *auch dieser Mensch ist Atman = ein Göttlicher Lichtfunken, schicke ihm Liebe und Frieden, sei auch du jetzt Liebe und Frieden.* Erkenne, dass seine negativen Eigenschaften vergängliche Strukturen und ohne jeglichen Wert sind. So fällt das Verzeihen viel leichter. Das wiederholte ich laut oder in Gedanken so lange, bis ich es als Gefühl der Liebe und des Friedens in mir spürte. Danach war ich ganz ausgeglichen und neutral, ich fühlte mich wohl und war entspannt. Keine nachtragenden Gedanken stiegen mehr in mir auf. *Das ist wirkliche Freiheit,* denn diese findet nur im Geiste statt.

Wenn wir Erfolg haben wollen, dann dürfen die Bemühungen nicht nur im *Kopf-Denken* stattfinden, es muss zur *Herzenssache* werden, wenn wir das Göttliche Prinzip des Denkens anwenden wollen. Noch schöner wäre es, ohne langes

Üben in den *Zustand des Seins*, in das selbstverständliche, richtige Denken und Handeln zu kommen. Auf dieser Ebene können dann eigene Erlebnisse erfahren werden und wir müssen nicht mehr glauben, was wir hören, lesen oder erzählt bekommen. Was wir selbst erfahren haben, *macht uns stark und stabilisiert das Durchhaltevermögen*, das wir bei unseren Übungen noch lange in Anspruch nehmen müssen.

Wir haben ein Ordnungssystem in der ganzen Schöpfung, so auch in uns. Unser Denken und Verhalten muss sich dieser Ordnung fügen, wenn wir harmonische Auswirkungen in unserem Leben erreichen wollen. Durch Beschreiten des *geistigen Yoga-Pfades* öffnen wir uns den **feinstofflichen Zentren** = den **Chakren**, so daß die Allkraft Gottes wirksam werden kann. Der Geist und die Gefühle kommen mit der Zeit zur Ruhe. Dadurch werden wir sensibler und erkenntnisfähiger für *alles Göttliche Sein in allem*.

Die Einstellung zur Sache ist wichtiger als die Sache selbst! Haben wir zu den neuen Erkenntnissen gefunden – auf dem Yoga-Pfad – und wenden sie auch an, kann dies zu umwerfenden, positiven Ergebnissen führen. Wir fühlen uns in eine andere Welt versetzt, die voller Kraft und Liebe ist. Sie hat überhaupt nichts mit Weltfremdheit oder beruflicher Untauglichkeit zu tun, was von Gegnern behauptet wird, die unwissend sind, was Yoga alles bewirken kann. Im Gegenteil, wir werden aktiver in der Pflichterfüllung und empfinden sie und die Arbeit als etwas Selbstverständliches.

Wie üben wir das Prinzip des Denkens noch? Stellen wir uns zwei Zimmer vor, die durch eine Tür miteinander verbunden sind. Im ersten Zimmer sind **die alten**, liebgewordenen, anerzogenen, oft sturen, dogmatischen und gewohnten Gedanken. Im zweiten Zimmer sind **die neuen**, freimachenden, nach Gerechtigkeit und Liebe ausgerichteten Gedanken. Zu Beginn der Anwendung pendeln wir dauernd hin und her. Wir befinden uns einmal ganz fest und stark in unserem zweiten Zimmer, plötzlich kehren wir wieder in das erste Zimmer zurück und werden wieder von den alten Gedanken und Gewohnheiten gelebt. So bedarf es also immer wieder neuer Anstrengungen und täglichen Übens und Wiederholens, bis die jetzigen *neuen Einstellungen* – die mit der Ausdauer der Liebe begleitet werden – ganz vertraut und selbstverständlich geworden sind. Es wird so lange trainiert, bis die alten Muster *in der Unterbewusstheit umgewandelt sind.* Ausdauernde Arbeit, gut, beginnen wir damit.

Wir sind danach erleichtert und befreit. Wir fühlen eine Freude und einen Gemütsfrieden in uns aufsteigen. Wir fühlen uns bestätigt, etwas bewältigt zu haben und immer mehr Erfolgserlebnisse stellen sich ein. Alles in allem stärkt es die Persönlichkeit. Es ist wahr und machbar, wir können uns verändern. Ich schreibe das aus diesem Grund, weil immer wieder behauptet wird, der Mensch könne sich nicht verändern. Das sind die Ausreden von trägen Menschen. Früher, wenn ich Probleme hatte, wartete ich hoffnungsvoll, dass die anderen sich ändern mögen oder dass vielleicht die Situation sich verändert. *Nichts verändert sich,* weder die Menschen noch die Situation. In der Regel wird alles peu à peu eher schlimmer als besser. *Ich muss mich verändern.* Veränderungen im Leben haben immer mit etwas Neuem im Denken, Sprechen und Handeln, mit Umgewöhnen in vielen Bereichen zu tun. Es ist aber ausser diesen Strapazen, die zu bewältigen sind, *eine Persönlichkeitsentwicklung* und im Endeffekt eine Bereicherung auf stofflicher wie spiritueller Ebene. Zugegeben, dies geht alles nicht so schnell, wie wir uns das wünschen, aber steter Tropfen höhlt den Stein.

Nehmen wir *Rückschläge gelassen und ohne Schuldgefühle* an. Die Devise lautet: Ausdauer, Geduld und Beständigkeit. Das sind wichtige Eigenschaften auf dem Weg, der uns dem Ziel näher bringt. Es ist wie eine neue Geburt, wie ein neues Leben. *Es ist ein neuer Anfang.* Die Begeisterung macht Höhenflüge und versucht nun, vielen Menschen das Göttliche Prinzip des Denkens mitzuteilen, was sich hinterher oft als sehr enttäuschend herausstellt. Es ist nicht nur mangelndes Verständnis, das auf mich zuströmte, sondern auch ganz massives Desinteresse. Ich wurde als abgehoben und als spleenig belächelt und ich fühlte mich unverstanden und schwach, aber auch angriffslustig und kämpferisch. Also wandte ich das geistige Prinzip des Denkens an und lernte damals schnell, meine weltbewegenden Einstellungen für mich zu behalten und *im Frieden zu mir selbst* das Prinzip des Denkens immer besser zu erlernen.

„Mäßigung im Temperament ist eine Tugend.
Mäßigung im Prinzip ein Laster.
Auch die Begeisterung muß ihre Grenzen
und frommer Eifer seine Ordnung haben!"
                                    Sri Sathya Sai Baba

Es ist ratsam, über eine Sache nicht zu sprechen, wenn man noch nicht sattelfest ist und man weder auf Fragen noch auf zynische Bemerkungen antworten kann. Also keine Propaganda mehr. Doch von Zeit zu Zeit fällt es mir heute noch schwer, den Mund zu halten und falsche, nicht durchdachte spirituelle Einstellungen über mich ergehen zu lassen. Die Menschen haben keine Ahnung von den Naturgesetzen und ihren Auswirkungen, wie sie *rückfließend auf sie selbst einwirken* und somit schicksalsbildend werden. Auch wissen sie leider nicht, daß sie mit ihren *Gesprächen über Misstände,* die sie gerne abstellen würden, genau diese Zustände *verstärken und heranbilden,* dass sie sich manifestieren müssen. Das ist schon ein Drama.

Unwissenheit ist unser größter Feind. Früher fühlte ich richtige körperliche Schmerzen, wenn ich ungewollt solchen Gesprächen zuhören musste. Ich benötigte dann längere Zeit, mitunter Stunden, bis ich diese Energien umgewandelt hatte, so dass sie nicht in mein Energiefeld einfließen und von mir Besitz ergreifen konnten. Auch fiel es mir sehr schwer, von Ideen und spirituellen Erlebnissen nicht sprechen zu dürfen, wovon mein Herz doch überlief.

Wende ich heute jedoch das Göttliche Prinzip des Denkens an, bin ich immer wieder überrascht, wie schnell es wirksam werden kann, so dass ich mich in wenigen Sekunden wieder wohl und ausgeglichen fühle. Ich war der Meinung, die negative Entwicklung in der Welt verbessern zu können und wollte durch Aufklärungsarbeit mithelfen und den Menschen in naturwissenschaftlichen und spirituellen Bereichen ein höheres Allgemeinwissen vermitteln. Damals hatte ich noch die Einstellung, dass, wenn die Menschen mehr über das Verhalten der Natur zum Menschen wüssten, alles besser werden würde. Zum Mithelfen motivierten mich folgende Zitate:

> „Die Frage ist heute, wie man die Menschen überzeugen kann, in ihr eigenes Überleben einzuwilligen!"
>
> Bertrand Russell

> „Wir leben in einem Zeitalter der Überarbeitung und der Unterbildung, in einem Zeitalter, in dem die Menschen so fleißig sind, daß sie verdummen!"
>
> Oskar Wilde

Heute weiß ich, daß nur wenige Menschen über den Sinn des Lebens informiert werden wollen, denn der Irrgedanke ist noch sehr groß, dass das nicht das Wichtigste im Leben sei. Sie halten oft alle anderen Dinge für notwendiger und für unaufschiebbar. Einige haben vor diesen Erkenntnissen Angst, wenn sie bemerken, daß ihre Eigenleistungen, *ihre Mithilfe,* gefordert wird, um an dem negativen Weltgeschehen etwas zu verbessern. Es wäre besser, wir würden freiwillig etwas dazu beitragen, als wenn die Naturgesetze den Wandel vollziehen. In der Zwischenzeit habe ich gelernt, daß viele helfende Ideen und Handlungen im Prinzip **Ego-Wünsche** sind. Helfen ist nicht so leicht, auch das muss gelernt werden. Ebenso muss man sich vor dem **Helfersyndrom** in Acht nehmen, das einen ganz schön vereinnahmen kann. Hilfe muss aus dem liebenden Herzen heraus entspringen und *ohne Absichten geschehen,* dann ist sie für alle Beteiligten ein positiver Gewinn.

„Gebe dem, der dich bittet!"
Bibel

Ich verstehe besser denn je, wenn die Meister lehren: Wacht auf aus eurem Traum. *Jesus* sagte: „Folge mir nach und *lass die Toten ihre Toten begraben."* Ich nahm diesen Satz immer wörtlich und war der Ansicht, daß es sich hier um einen Übersetzungsfehler handeln müsse. Nun bin ich aufgeklärt und weiß, wie es gemeint ist. Darüber in einem späteren Kapitel. Ich fand noch ein Zitat, das mich drängte, etwas zu tun.

„Im Zeitalter des Kali arbeiten sie wie die Esel
und haben für geistige Lehren nur wenig Zeit!"
Bhagavad Gita

Fassen wir zusammen: Mithelfen heißt auch, *die Umkehr in sich zu bewirken,* sich im Sinne der Schöpfung in einen aufgeklärten, liebenden und mitfühlenden Menschen zu verändern. So werden sich auch der Kosmos und die Natur erholen, in dem Maße und in der Geschwindigkeit, wie jeder Einzelne von uns es *in sich bewirken kann.* Gedanken sind schöpferische Kräfte des Erschaffens und wirken nach dem Gesetz von Ursache und Wirkung. Bis wir wieder so denken und handeln können, wie es nach der Göttlichen Planung gedacht ist, müssen wir *das Göttliche Prinzip des Denkens* zugrunde legen und nach diesen gesellschaftlichen Regeln unsere Handlungen ausrichten.

„Regeln sind so lange notwendig, bis alle Mitglieder die spirituelle Einheit in allem erkennen. Wenn sie unfähig werden, Schaden zu verursachen oder den Moralkodex zu verletzen, werden Regeln überflüssig!"
Sri Sathya Sai Baba

Das Beispiel unten zeigt, was die Anwendung vom Göttlichen Prinzip des Denkens bewirken kann. Wir verlieren dadurch die Angst und die Schwäche, in die wir situationsbedingt kommen können.

„Tödliche Angst: Ein Mönch begegnete auf seiner Wanderschaft dem Cholera-Engel, der soeben aus einem Dorf kam. „Wieviele hast du getötet?", fragte der Mönch. „Nur zehn," gab der Engel zur Antwort. Nun wusste aber jeder, dass es in jenem Dorf mehr als hundert Todesopfer gegeben hatte. Erklärend fügte der Cholera-Engel hinzu: „Ich selbst habe nur zehn getötet. Die anderen starben aus Angst."
Der Mensch ist in Wahrheit die Verkörperung des unsterblichen Selbst. Wovor könnte er sich fürchten? Wer seine wahre Natur erkannt hat, wird keine Verzagtheit und Schwäche in sich aufkommen lassen!"
Chinna Katha, Sai Baba erzählt

Verschiedene Arten von Liebe

„Haß gellt, Furcht jammert, Betrug posaunt,
nur die Liebe singt ein Wiegenlied!"

                                    Quelle unbekannt

Es gibt unterschiedliche Manifestationen der Liebe, die auch verschieden benannt werden.
Die Ego-Liebe, welche selbstsüchtig und begehrend sein kann.
Die Bhakti-Liebe, welche hilfsbereit ist und die ihre Hingabe auf Gott oder auf einen Meister ausrichtet.
Die Prema-Liebe, die reine selbstlose Liebe, welche *ohne den Makel der Bindung* ist.

Ist die Liebe im Schwinden auf der Welt? Entstehen deshalb immer mehr Disharmonien wie Krieg, Krankheit, Einsamkeit und Armut? Viele Menschen stöhnen ständig über ihre selbstverständlichen Pflichten, die sie als Mensch aufgetragen bekommen haben und die sie in Liebe und mit Freude ausführen müssen. Doch sie leben ihre Pflichten teils mit Widerwillen und Verdruss, launisch und desinteressiert, kraftlos und verkrampft. Das Wort *Arbeit* ist fast schon ein Schimpfwort geworden. Viele Leute wollen zwar reich werden, aber bitte ohne Arbeit. Doch solche Einstellungen werden zu Tatsachen, Faulheit und Trägheit haben Verlust und Leid im Gepäck. Bei diesem Denken wird sich die Arbeitsmöglichkeit immer mehr zurückziehen, das heißt, es wird immer weniger Arbeit geben.

„Lernen wir zunächst das zu lieben, was wir
tun müssen, dann werden wir eines Tages das
tun können, was wir lieben!"

                                    Quelle unbekannt

Jeder Mensch, aber auch jedes Tier, sehnt sich nach Liebe und diese hat noch zwei kraftvolle Geschwister. Die eine heißt *Freude* und die andere heißt *Lachen*. Alle drei besitzen viele Energien der Ausdauer und Geduld. Liebe leben heißt, Tugenden anwenden. Die Liebe in uns, die entwickelt ist, ist ein Kraftfeld, ein Gesundbrunnen für Körper und Geist. Auch die ***Jiva-Seele*** = Individualität profitiert von ihr. In der ***Bhakti-Liebe*** sind keine Gewalt, keine Oberflächlichkeit, keine Angst und keine negativen Gedanken mehr. Im Gegenteil, diese Liebe hat eine hohe Schwingung und ist ein hohes ***Energiefeld der Fülle***, wie Ausdauer, Kreativität, Feingefühl, Gerechtigkeit, Wahrheit, Taktgefühl, Intuition mit Lösungen aller Art, Verständnis für die Einheit aller Dinge und des Friedens. Sie ist die Krönung aller menschlichen Gefühle und ist in Wirklichkeit ***Mensch-Sein***. Wenn wir die Liebe von ihren positiven Eigenschaften her betrachten, ist sie ein Sammelbegriff von Freude, Vernunft, Pflichtbewusstsein, Ordnung, Treue, Hilfsbereitschaft, Standhaftigkeit, Opferbereitschaft, Verzeihen, Vergeben usw. Der Mensch muss für die Entwicklung dieser Liebe Zeit haben und an ihr arbeiten, denn sie ist auch der Schlüssel für das Glück in dieser Welt.

Warum sind wir unglücklich?
„Die Tatsache ist, daß wir nicht zu leben wissen
und wir wissen nicht zu leben, weil wir nicht
zu lieben wissen!"
                                                                Christa Keller

Wir betrachten die Liebe gewöhnlich als Beziehung zwischen zwei Menschen oder als Zuneigung, die ein Mensch materiellen Gegenständen gegenüber empfindet. Manche Personen sehen in der Liebe das, was einen Menschen schlechthin mit der materiellen Welt verbindet. Diese Liebe wird so zu einer äußerlichen und oberflächlichen Annehmlichkeit, die zwischen Menschen und der Welt besteht. Liebe, die wir Menschen gegenüber hegen, ist meistens nur ein Begehren – zu oder für etwas. Begehren ist ein Produkt der Sinne und des Geistes. Die echte Liebe ist eine reine Herzenssache und frei von allem Begehren. Sie fordert nichts und sie schadet niemendem. Der Sex wird immer noch für einen Liebesbeweis gehalten und ist heute oft ausschlaggebend für eine Heirat. Besitzt ein Mensch von diesen Äusserlichkeiten etwas, sind wir schnell dabei, *ihn zu lieben*. Liebe, die auf Äusserlichkeiten Wert legt, fordert dies und das *als Beweis der Liebe*. Sie kennt jedoch keinen Verzicht. In Wirklichkeit steckt Egoismus, Eigenliebe und Selbstsucht dahinter. Wie können wir etwas als Liebe betrachten, was nur den eigenen Interessen dient?

„Die Ego-Liebe ist wie das Wetter,
man kann sich nicht auf sie verlassen!"
Christa Keller

Baut die Liebe jedoch auf positiven Eigenschaften und Charakter auf, so ist sie stabil und von langer Dauer und hält ein Leben lang. Liebe ist kein Gegenstand, den wir jemandem leihen oder den wir uns von jemandem ausleihen können. Liebe ist heilig, vollkommen und rein, sie darf keine Spur von Selbstsucht enthalten. Wahre Liebe kommt aus dem Herzen und sucht nach inneren Werten. Wenn wir auf eine fordernde Liebe eingehen und ihr dienen, hat das wenig mit Liebe zu tun. Meistens geschieht es aus Schwäche, Abhängigkeit, Angst und Täuschung. Der heutige Mensch hat vergessen, was Liebe ist und hält das, was er begehrt, für Liebe. *Die Ego-Liebe* brennt nur so lange, wie sie etwas bekommt. Sie ist eine kleinliche, sehr schwache Liebe. Bei der kleinsten Kleinigkeit, bei Nicht-Erfüllung ihrer Erwartung geht ihr die Luft aus wie dem Feuer der Sauerstoff. Sie kommt und geht in ihrer *Unbeständigkeit und Launenhaftigkeit.* Wir halten oft ein Verhalten für einen Liebesbeweis, das aber gar keiner ist, weder von uns selbst noch von anderen. Die wahre Liebe ist auf Anhieb schwer erkennbar. Um sie zu erkennen, braucht es seine Zeit. Was wir eigentlich lieben, ist das *Mein*, das, was uns gehört. Wir lieben die Personen, die uns ehren und achten, die uns verwöhnen und glücklich machen. Am meisten hören wir Redewendungen wie die folgenden und fallen auch noch auf sie herein:

* Wenn du mich liebst, dann darf ich rauchen.
* Wenn du mich liebst, erfüllst du mir diesen Wunsch, was auch immer.
* Du liebst mich nicht, deshalb bekomme ich auch keinen Kuss.
* Weil du mich nicht liebst, gehst du nicht mit mir aus.
* Du liebst mich nicht, deshalb läufst du immer mit deinen dreckigen Schuhen durch die Wohnung.
* Wenn Du mich lieben würdest, würdest du auch ab und zu mein Auto waschen, die Kinder hüten, mit dem Hund Gassi gehen usw.

Nach solchen Forderungen fühlen wir uns schuldig und wollen uns nicht unterstellen lassen, daß wir nicht lieben. Also tun wir Dinge, die wir gar nicht wollen und ärgern uns hinterher darüber. Doch dies hat alles nichts mit Liebe zutun, es sind vielmehr Erpressungsversuche. Manche Eltern lieben die Kinder mehr, die erfolgreich oder hübsch, die gut lernen und folgsam sind. Auch das ist Ego-Liebe.

Ich könnte noch viele Beispiele anführen: Bei einer Beerdigungsgesellschaft wollte eine Frau rauchen. Sie wusste jedoch, daß die Gastgeberin (meine Bekannte) Nichtraucherin ist. Da sie keinen Aschenbecher fand, quälte sie sich eine halbe Stunde herum, soll sie oder soll sie nicht rauchen. Die ganze Zeit über beobachtete ich sie schon bei ihrem Kampf. Plötzlich sprach sie meine Bekannte an und sagte, *wenn Du mich liebst, dann darf ich jetzt rauchen.* Sie bekam daraufhin *sofort* einen Behälter für ihre Zigarettenasche, doch es lag jetzt eine starke Spannung in der Luft. Als die Gesellschaft gegangen war, platzte meine Bekannte voller Wut mit dem Satz heraus, was hätte ich denn machen können, ich will ja nicht unliebenswürdig sein. Ich antwortete ihr, du hättest das Verlangen einfach umdrehen müssen und sagen, wenn du mich liebst, dann rauchst du jetzt nicht. Wer liebt hier mehr? Inzwischen habe ich diese Spielchen durchschaut und falle nicht mehr auf sie herein. Im Gegenteil, es macht mir manchmal Spaß, den Spieß umzudrehen und die überraschten Gesichter zu sehen.

Liebe ist nicht, Situationen, Geschehnisse stillschweigend zu ertragen. Das richtige Wort zur rechten Zeit kann ein Lernprozess für das Leben sein. Es gibt im geistigen Yoga genug Hinweise, wie das Zusammenleben mit den Menschen und der Schöpfung gelebt werden muß. Liebe und Freude sind in jedem Menschen, ja in jedem Atom des Körpers vorhanden. Wecken wir dieses Kraftfeld auf. Wir dürfen uns dieser Energie nur voll bewußt werden und dann täglich üben:
 * Durch Dich Vater in mir bin ich Liebe und Freude!
 * Ich bin lebendige, liebende Lichtenergie!
 * Ich liebe und achte mich und alles, was ist!
 * Ich liebe alle Menschen, alle Wesen und alles, was ist!

Wir senden diese starken Gedankenschwingungen bewusst durch uns selbst. Anschließend, wenn wir von dieser Liebe ganz durchdrungen sind, senden wir sie in die Atmosphäre. Das ist schöpferisches Verhalten für uns selbst, für alle und alles, was in dieser Welt lebt. **Lieben wir uns selbst und alles, was ist** *und es wird zu unserer eigenen Harmonie werden.* Liebe ist Licht und Licht ist immer stärker als Finsternis. Zünden wir das Licht der

Liebe an, das in uns lebt, *Es* wartet darauf, entdeckt zu werden.

Unser Geist ist eine kraftvolle Energie und freut sich, positive Gedanken denken zu dürfen. Doch der Geist ist bei vielen Personen mehr mit negativem Denken beschäftigt und muss jetzt umprogrammiert und neu angeleitet werden. Wir werden ihn so lange informieren mit den geistigen Gesetzen des Prinzips, was er zu denken hat, bis der Geist *unseren Willen in die Tat umsetzt.* Mit liebender Ausdauer werden wir das Ziel erreichen. Über negative Dinge zu schimpfen ergibt keine positiven Resultate. Senden wir lieber an alle Wesen liebende Lichtschwingungen aus und es werden von selbst positive Veränderungen eintreten. Stellen wir uns vor, wenn das täglich viele Menschen tun würden, welch ein riesiges morphogenetisches (grch., gestaltend, formend) Feld der Liebe in allen Bereichen dadurch entstehen würde. Ist das nicht eine wunderbare Idee und fühlen wir uns nicht allein schon dadurch voller Harmonie und liebender Kraft? Setzen wir also ganz bewusst diese Idee in Handlung um. Opfern wir täglich ein paar Minuten – gedanklich – *für dieses hohe Ideal.*

Denken ist Erschaffen. Sehr wichtig bei dieser Übung ist, danach die Handlung, den Wunsch freizugeben, das heißt, keine Resultate zu erwarten. Wenn es geschieht, ist es gut, wenn es nicht geschieht, ist es auch gut. So bindungslos zu bleiben, heißt, frei zu sein von Erwartung. *Wir tun die Handlung um der Handlung willen,* nicht, um etwas erreichen zu wollen. In der Freigabe haben die Gedankenschwingungen die größte Kraft, sich zu verwirklichen und nicht, wenn wir sie dauernd beobachten, ob etwas wahrnehmbar wird.

Die bindungslose, allumfassende Liebe ist eine Energie, die frei von Polarität ist. Sie wirkt heilend auf unser Gemüt und unser Ego, so dass die Überempfindlichkeit gegenüber der eigenen Person nachlässt, und das Selbstwertgefühl ist wieder eine selbstverständliche Eigenschaft von uns. *Geduld und Freude* werden fühlbar und die Liebe *ohne Ego-Arroganz* zeitigt einen positiven Charakter. Hilfsbereitschaft und Fürsorge, Vernunft und menschliche Wärme stellen sich ganz von selbst ein und das Gewissen ist wieder so stark hörbar, dass wir *Es* nicht nur hören, sondern, dass wir auch danach handeln.

Spalding schreibt in *Leben und Lehren der Meister:* „Liebe ist ein Wort, das in seiner Vibrations-Einwirkung dem Wort Gott sehr nahe kommt und man kennt tausende von Fällen an Heilungen, die durchAnwendung dieses Wortes erzielt worden sind. Jede bekannte Krankheit unterwirft sich der Macht der Liebe." Das Wort *Gott* ist das höchste messbare Wort und hat ein Vibrationsmaß von 180 Billionen Ausschlägen in der Sekunde.

„Wir müssen die Menschen in ihre Willens- und Wahlfreiheit freigeben!"

Christa Keller

Die Liebe kann verzeihen und vergeben. Sie dient in erster Linie der Person, die sie anwendet, sie fühlt sich entspannt und befreit. Das heißt nicht, dass die Fehler bagatellisiert werden dürfen, noch werden die Fehler des anderen dadurch aufgelöst. Es heißt, *man hört auf, anzuklagen und aufzurechnen,* man löst sich freiwillig aus den *bindenden, weiterführenden Karma-Schwingungen,* so dass sie sich nicht auf die nächsten Leben übertragen können. Wer will sich noch einmal mit einem Menschen treffen, von dem er geschädigt wurde? Da Hass aber bindet, ist das Wiedersehen vorprogrammiert. In der Bindung = Verhaftung liegt alles Leiden. Alles, was wir geben, was und wem wir es geben, *geben wir nur uns selbst.* Die allumfassende Liebe ist unbeteiligtes Sein, ist Loslassen von Zorn und Rache, auch von Schuldzuweisungen und Nachtragen. Im Gemüt bindungslos zu werden, führt zur Auflösung der Reinkarnation.

„Ich will dir den Schlüssel des Himmelreichs geben: Alles, was du auf Erden binden wirst, wird auch im Himmel gebunden sein! Alles, was du auf Erden lösen wirst, wird auch im Himmel gelöst sein!"
Markus Evangelium

Erkennen wir die allumfassende Liebe als unser **Wahres Ich,** als unser **Wahres Selbst,** nehmen wir das Leben in aller Gemütsruhe an, was natürlich trainiert werden muss. Es fallen keine Meister vom Himmel. – Doch jetzt, wo ich diesen Satz schreibe, wird mir bewusst, dass dies eine relative Wahrheit ist. Es fallen eben doch Meister vom Himmel. Viele Heilige, ganz besonders *Avatare, sanskrit* = Herabkunft, kommen aus so hohen Ebenen der Reinheit, was wir unter Himmel oder Paradies verstehen. Sie kommen nicht über den Weg der Evolution zu uns und sie kommen freiwillig.

Ein jeder ist zur Liebe fähig und deshalb kann sie geübt werden:
* Schieben Sie ihr Leid und Unglück nicht Menschen oder Umständen zu.
* Üben Sie positive Grundsätze.
* Stellen Sie göttliche Prinzipien auf, an die Sie sich halten können.
* Hören Sie auf, Dinge zu beurteilen, ohne Wissen und Erfahrung.
* Beruhigen Sie Ihren Geist und Ihre Gefühle, bauen Sie Emotionen ab.
* Halten Sie Ihre fünf Sinne unter Kontrolle.
* Durchschauen Sie Ihr Ego und bauen Sie es ab.
* Denken, Sprechen und Handeln müssen eine

Einheit werden.
* Üben Sie sich in Freundlichkeit und Aufmerksamkeit.
* Lieben und achten Sie sich selbst.
* Lieben und achten Sie die ganze Schöpfung.
* Lieben Sie Gott.
* Beten Sie und sprechen Sie regelmäßige Programmierungen.
* Üben Sie sich in Dankbarkeit.
* Seien Sie hilfsbereit zu Ihrem Nächsten.

Christa Keller

„Wo Glauben ist, da ist Liebe.
Wo Liebe ist, da ist Wahrheit.
Wo Wahrheit ist, da ist Frieden.
Wo Frieden ist, da ist Gott!"

Sri Sathya Sai Baba

Die Liebe ist nicht nur von harmonischen Gefühlen abhängig, die wir in der Kindheit bekamen – oder auch nicht –, sie kann über positive Eigenschaften trainiert und erlernt werden. Wer gefühlskalt und ohne Liebe ist, der übt sich in Wahrheit, rechtschaffenem Handeln, Frieden und Gewaltlosigkeit und die Liebe wird sich auch im Gefühl einstellen. Er fängt mit *der Eigenschaft an, die ihm am leichtesten fällt* und übt sie so lange, bis er den Erfolg in sich selbst erfährt. Ein Wohlbefinden, das einmal erreicht wurde, drängt nach Wiederholung. Durch öfteres Wiederholen entstehen Erfahrungen. Positive Erfahrungen führen uns in die Beständigkeit. Beständigkeit entwickelt Charakter. Positiver Charakter beinhaltet Treue. Treue ist Liebe. Liebe ist Gott. Wenn wir unsere Liebe auf die Welt richten, entstehen Bindungen. Wenn wir unsere Liebe auf Gott richten, entsteht Hingabe und Loslösung.

Wahre Liebe ist zärtlich und geduldig. Sie interessiert sich für die Interessen des anderen und weniger für die eigenen. Alle Pflichten lösen sich auf und werden zur Selbstverständlichkeit. Sie werden nicht mehr als Last empfunden. Ich bin die Liebe selbst, wenn ich keine Angst habe. **Liebe schließt ein, sie schließt nicht aus.** *Ich bin die Liebe,* so wie ich groß oder klein bin. Dies ist ein **Ist-Zustand.** Die Liebe wird oft falsch verstanden und gelebt. Liebe leben heißt nicht, zu allem Ja und Amen zu sagen, heißt nicht, *Dinge zu erdulden und zu erleiden, die ungerecht und lieblos sind.* Jede Liebe, die sich auf den Körper bezieht, hat eine Spur von Selbstsucht in sich. Sexualität ist eine erworbene Gewohnheit. *Sex ist Energie.* Liebe ist ein Zustand des Seins. **Sex ist blind. Liebe ist weise.**

„Individuelle Liebe ist wie ein Lampenlicht im Zimmer. Menschliche Liebe ist wie Mondlicht. Gottes Liebe ist wie Sonnenlicht!"
Sri Sathya Sai Baba

Wir sprechen von *der Liebe, die hörig ist.* Hier wird **das Wort Liebe missbraucht.** *So* wie wir viele Wörter falsch anwenden und sie allmählich ihren wahren Sinn und ihre Kraft verlieren. Die Sinnhaftigkeit von diesem Wort wird dadurch verwässert und wir geben uns mit immer weniger Qualität zufrieden. Hörigkeit hat nichts mit Liebe zutun. Es ist richtiger, wenn wir in diesem Zusammenhang das Wort Liebe nicht mehr anwenden. Wir können sagen, ich bin diesem Menschen hörig, aber nicht, ich bin ihm aus Liebe hörig. Man ist ihm aus Schwäche hörig. Die Schwächen heißen: Gewöhnung, Angst, Abhängigkeit, Trieb, mangelnder Mut, Stolz usw.
Demütig wird man nicht durch Demütigungen, indem man sie aushält, im Gegenteil, es führt zu Aggressivität oder zu Depression. **Die starke Liebe wehrt sich** dagegen, sie lässt sich nicht misshandeln, in welcher Form das auch immer geschieht.

Es ist *die Schwäche, die hinnimmt und erträgt* und dann noch behauptet, daß es aus Liebe geschähe. Es gibt gestörte Kinder, nur durch Frauen, die sich von ihren Männern demütigen lassen, ohne sich zur Wehr zu setzen. Das ist keine Lösung. Liebe ist Stärke. Hörigkeit ist Schwäche.

Man sagt mir immer wieder: „Ich ertrage es schon." *Es ist aber ein Ertragen, das mit Leiden verbunden ist.* Doch das hat weder etwas mit der langmütigen Liebe zutun, noch werden wir dadurch gute Menschen. *Wirkliches Ertragen* in der bindungslosen Liebe ist *frei von Leiden,* weil diese Liebe frei ist von An-haftung zum Ego und somit nicht mehr *im Gefühl beleidigt* und gedemütigt werden kann. In dieser Liebe leben zu können, ist die wahre Freiheit. Wir brauchen wohl einige Leben, um dieses zu üben. Doch wenn wir sie nur einige Minuten *im Jetzt* anwenden können, ist das der Himmel auf Erden.

Einige Personen halten es für Liebe, egoistisches Verhalten und Benehmen ihrer Mitmenschen hinzunehmen, sie leiden sich krank und glauben, dadurch weiterzukommen. Nach dem Spruch: *Wen Gott liebt, den züchtigt Er.* Gott züchtigt niemanden, *Er* ist bindungslose Liebe = Prema. In Wahrheit haben wir keinen Mut, Konsequenzen zu ziehen. Auch wenn wir keine Lösung sehen, gibt es doch einen Ausweg. Wenden wir uns an Gott und bitten Ihn um Stärke und um sichtbare Lösungen. Nach meinen Erfahrungen geschieht immer etwas, wenn ich mich vertrauensvoll unter den Göttlichen Schutz stelle.

> „Die Liebe liegt im Verzeihen und nicht
> im Erdulden von Fehlverhalten!"
> Christa Keller

Dass es keinen strafenden Gott gibt, war meine größte Erkenntnis und die größte Erleichterung in meinem Leben. Dieses Wissen führte mich wieder zu Gott zurück. Gott ist ohne Eigenschaften. Er ist weder strafend noch rächend. Er ist nur Liebe, Liebe, Liebe. *Liebe ist Fülle.* Fülle in jeder Form, die wir uns vorstellen können.

Die Göttliche Liebe steht über dem Gesetz der Kausalität. Üben wir immer mehr, die *bindungslose Liebe = Prema zu* verwirklichen, wenn auch in kleinen Schritten, indem wir uns bildhaft vorstellen, wie sie uns einhüllt und durchdringt, wie sie immer größer wird, an Ausdehnung zunimmt und dann die ganze Schöpfung durchströmt. Ihre Farbe ist *rosa. Diese Prema-Liebe ist frei von Absicht und Erwartung, frei von sichtbaren Ergebnissen.* Sie gibt in ihrer Unendlichkeit und fordert nichts zurück, deshalb ist sie ungebunden und frei. Die Liebe, die frei vom Ego-Verhalten ist, wird auch andere mit Kraft und Freude erfüllen. Liebe zu leben, *Liebe zu sein,* ist das Zauberwort, wobei wir selbst in der ganzen Fülle bleiben und frei von Eigenschaften sind, die etwas bewirken wollen. Die wahre Liebe hat kein Ende, sie wird nie schwächer, nie weniger. Je mehr wir von ihr geben, desto kraftvoller kommt sie zurück, und dem Nachschub sind keine Grenzen gesetzt. Durch die Kraft liebender Gedanken, die wir aussenden, können wir leicht positive Schwingungen und Zustände in der Welt und für die darauf lebenden Wesen bewirken, und wir tun *das alles ohne Absicht.* Es ist erhebend, *das zu wissen,* also packen wir es an.

„Geduld ist die erste, wichtigste Tugend. Damit ist
aber nicht die gewöhnliche Geduld gemeint. Es ist
die Geduld, mit der du alles mit Liebe vergiltst,
was auch immer man dir gegeben haben mag. Ob
es ein Kompliment oder eine Beleidigung ist,
deine immer gleiche Reaktion ist Liebe!"
Sri Sathya Sai Baba

Die Liebe in ihrer Auswirkung!

Hier negativ ausgedrückt: *Hier positiv ausgedrückt:*

Pflicht ohne Liebe macht verdrießlich.	Mit Liebe erfüllte Pflicht macht glücklich.
Verantwortung ohne Liebe macht rücksichtslos.	Mit Liebe getragene Verantwortung macht rücksichtsvoll.
Gerechtigkeit ohne Liebe macht hart.	Mit Liebe geübte Gerechtigkeit macht sanftmütig.
Wahrheit ohne Liebe macht kritisch.	Mit Liebe vertretene Wahrheit macht wohlwollend.
Erziehung ohne Liebe macht widerspenstig.	Mit Liebe durchgeführte Erziehung macht harmonisch.
Klugheit ohne Liebe macht gerissen.	Mit Liebe angewandte Klugheit macht aufrichtig.
Freundlichkeit ohne Liebe macht heuchlerisch.	Mit Liebe geäusserte Freundlichkeit macht wahrhaftig.
Ordnung ohne Liebe macht kleinlich.	Mit Liebe gestaltete Ordnung macht großzügig.
Sachkenntnis ohne Liebe macht rechthaberisch.	Mit Liebe angewandte Sachkenntnis macht nachgiebig.
Macht ohne Liebe macht gewalttätig.	Mit Liebe ausgeübte Macht macht gewaltlos.
Ehre ohne Liebe macht	Mit Liebe getragene Ehre macht

heuchlerisch.	demütig.
Besitz ohne Liebe macht geizig.	Mit Liebe verwalteter Besitz macht freigiebig.
Glaube ohne Liebe macht fanatisch.	Mit Liebe gelebter Glaube macht tolerant.
Wehe denen, die an der Liebe geizen. Sie tragen Schuld daran, dass die Welt schließlich an Selbstvergiftung zugrunde geht.	Wohl denen, die alles mit Liebe tun, Sie bewirken, dass die Welt erstrahlen kann in der Manifestation eines **Neuen, Goldenen Zeitalters.**

J. Hassani

„Der Sinn des Lebens ist, in der Liebe zu wachsen, die Liebe auszudrücken und mit Gott, der Liebe = Prema ist, eins zu werden. Dies wird am besten durch Dienen erzielt!"

Sri Sathya Sai Baba

Das Führen einer guten Ehe und Familie

Die Ehe ist das Resultat einer Entscheidung für die Zweisamkeit. Wir entschließen uns, zusammenzuleben und zusammenzugehören. Diese Entscheidung hat nicht nur etwas mit Liebe zu tun, sondern sie ist auch ein Versprechen, füreinander da zu sein, in guten und in schlechten Tagen für den anderen zu sorgen, *ihm auf dem Weg der individuellen Entwicklung beizustehen und ihn zu unterstützen*. Es ist ein Vertrag, der Verlässlichkeit garantiert und den wir aus Ego-Gründen nicht einfach wieder auflösen können.

Wenn ein Mensch arbeitslos wird, regen sich die Mitmenschen darüber auf, gehen sogar mit ihm auf die Straße, um zu protestieren und erklären sich mit ihm solidarisch. Ganz anders ist es bei einer Ehetrennung. Nehmen wir den Fall der Gütertrennung, da steht ein Mensch – meist eine Frau – mit 50 Jahren auf der Straße, *mit nichts*. Darüber regt sich niemand auf. Kein Wunder, dass heute so viele Frauen nach einem Arbeitsplatz streben und ihn auch in der Ehe behalten wollen, da sie ja niemandem mehr trauen können, daß das Versprechen der Fürsorge ein Leben lang eingehalten wird. Wir nehmen die vielen Scheidungen mit einem Achselzucken als selbstverständlich und unabänderlich hin und bemerken nicht, dass sich die große Qualität der Familienzusammengehörigkeit verabschiedet und eine enorme Stabilität, die ein Volk stärkt, sich auflöst. Viele Kinder erleben in frühen Jahren einen familiären und – oft damit verbunden – wirtschaftlichen Zusammenbruch, auch ohne Krieg, *nur durch Oberflächlichkeit und Verlust an menschlichen Werten*.

Da einige Menschen nur oberflächliche Dinge an ihrem zukünftigen Partner lieben, ist diese oberflächliche Ego-Liebe bald wieder verpufft und sie suchen nach einem Grund, um die Ehe wieder verlassen zu können. Und sie haben die Einstellung, dass mit dem Satz *ich liebe dich nicht mehr* alles gerechtfertigt und gelöst ist. Spirituell gesehen ist das eine ganz falsche Einstellung und eine falsche Lösung, doch *Reisende soll man nicht aufhalten.* Was nun? **Die Veden lehren,** dass wir einen Ehepartner nur verlassen dürfen, wenn er untreu ist, denn die Gemeinsamkeit ist hiermit beendet. Dies ist zunächst einmal eine Richtschnur und doch muss sie noch individuell betrachtet und analysiert werden.

Eine gute Ehe führen zu können ist eine Charaktersache und es ist eine höhere Gradentwicklung auf dem Evolutionsweg. Doch sind Bemühungen, das Bewusstwerden zu entfalten und die Unwissenheit abzustreifen in jeder Gradentwicklung des Menschen gefordert. Viele Menschen wollen heiraten und tun es auch, aber dann wollen sie für das Eheleben keinen Zipfel ihrer Ego-Wünsche opfern. Es gibt Personen, die nur rücksichtsvoll und verlässlich sein können, solange sie verliebt sind und irgendwelche Vorteile innerhalb der Familie genießen. Ein Ehemann sagte bei der Trennung zu seiner Frau, er hätte sich schon längst von ihr getrennt, wenn es die finanzielle Situation ermöglicht hätte. Er war auf die Arbeitskraft seiner Frau angewiesen und hoffte und wartete auf eine günstige Gelegenheit für sich selbst, sich absetzen zu können. Welchen Schaden sein Zögern für die ganze Familie angerichtet hat, war ihm gleichgültig. Es gibt Menschen, die sich wie Tiere benehmen. Sie kommen und gehen, wie es ihnen gefällt. *Sie tun immer das, was ihnen am meisten Lust bereitet.*

Wir müssen uns darüber bewusst werden, dass, solange der Mensch aus seiner oberflächlichen, egoistischen und unwissenden Bewusstheit nicht herausfindet, die Ehe-Verhältnisse sich nicht verbessern werden. Oberflächliche Menschen, die ein sehr starkes Ego-Verhalten besitzen, können keine gleichbleibenden Gefühle über längere Zeit leben und bewahren. Ihre Einstellungen unterliegen einem dauernden und raschen Wechsel. Der beständige Mensch hat schon mehr Ausdauer in seinem Energiefeld heranentwickelt und ist diesem Wechsel der Gefühle und der Einstellungen nicht mehr ausgeliefert. Es fällt ihm nicht schwer, treu zu sein und in der beständigen Liebe zu bleiben. Er liebt nicht heute dies und morgen etwas anderes. Er kommt gar nicht auf die Idee, ein Versprechen nicht einzuhalten oder es zu bereuen.

Wir gehen noch an unserer eigenen Oberflächlichkeit kaputt. Wir erkennen immer noch nicht, dass, wenn wir glücklich sein wollen, dies nur mit einem guten Charakter zu erreichen ist. Was ist ein guter Charakter? Wahrheit, Gewaltlosigkeit, Ausdauer, Geduld, Ethik, Moral, Fürsorge, Rücksichtnahme, Opferbereitschaft, Pflichterfüllung, Fröhlichkeit, Liebe und Selbstwertgefühl. Diese positiven Eigenschaften = Tugenden sind ohne Liebe zu Gott dann noch auf dem Evolutionsweg zu erreichen, indem wir immer wieder reinkarnieren, bis sie verwirklicht sind. Durch die Liebe und das Vertrauen zu Gott sitzen wir wie in einem Düsenflugzeug, das schnell und mühelos dem Ziel entgegenfliegt und uns auf dieseArt viele negative, schicksalhafte Leben erspart. Doch jedem das seine.

Wir rechtfertigen immer mehr das Zusammenleben von jungen Menschen, ohne dass sie verheiratet sind. Wir haben jedoch vergessen, daß in früheren Jahrtausenden ein mündliches Versprechen genauso verbindlich und unabänderlich eingehalten wurde wie heute schriftliche Verträge und Versprechen. Wollen wir nicht mehr heiraten, weil wir uns selbst nicht mehr zutrauen, ein Leben lang ein Versprechen halten zu können? Oder weil wir uns leichter der Verantwortung entziehen können und die Einstellung haben, noch eine vermeintliche, scheinbare Freiheit zu haben? Wer die Ehe als Verbund der Unfreiheit betrachtet, ist nicht unfrei, sondern unreif. Diesen Personen fehlt es noch an menschlichen Beständigkeitswerten. Eine harmonische Familie zuhaben, ist wie der Himmel auf Erden und wir müssen für ihren Erhalt und ihre Stabilität kämpfen. Auch wenn wir es uns aus finanziellen Gründen erlauben können, getrennt zu leben, dürfen wir nicht so leicht aufgeben und weggehen, nur weil das heute Mode geworden ist und wir so beraten werden. Denken wir an die Kinder, die bestimmt von der Trennung der Eltern nicht begeistert sind, denn sie lieben meistens beide Eltern gleich stark.

In einer intakten Familie entwickelt sich ein psychisch gesunder und den Lebensaufgaben gewachsener Mensch leichter und selbstverständlicher als in einer geschiedenen Ehe. Wenn wir immer weniger ein harmonisches Familienleben gestalten können, wäre es besser, eine Zeitlang keine Kinder mehr zu bekommen, bis wir es wieder durch Entwicklung gelernt haben. Es ist schon traurig genug, einen Elternteil durch den Tod zu verlieren; doch der Psycho-Terror zwischen den Eltern vor, während und nach einer Scheidung ist psychisch oft auch nicht leichter zu verkraften. Eine stabile Familie ist ein Ort der Kraft, des Wohlgefühls, des Geborgenseins und der Sicherheit. *Die Familie ist die kleinste Einheit,* die in Schwierigkeiten zusammenhält und verlässlich ist.

Die Familie muss – auch in der Rechtsprechung – wieder mehr vom Staat und der Gesellschaft gestützt und gefördert werden. Eine Familie hat eine viel wichtigere Aufgabe zu erfüllen, als im Allgemeinen angenommen wird. Sie ist von großer Bedeutung und hat weltbewegenden Einfluss auf die Schwingungsfelder im Kosmos.

So intakt und harmonisch eine Familie ist, so ist ein Volk.
So intakt und harmonisch ein Volk ist, so ist das ganze Land.
So intakt und harmonisch ein Land ist, so ist die ganze Weltbevölkerung.

Die Liebe in der Ehe muss eine Herzenssache sein und sich nicht von der Sexualität bestimmen lassen. *Die Herzensliebe* liebt das Wesen, die positiven Eigenschaften und den Charakter im Menschen, mit dem sie sich vereint, und wenn zu dieser Liebe noch die Pflichterfüllung Selbstverständlichkeit wird, *ist sie genial*. Sie leidet nicht unter der Ehe oder unter der Familie, denn diese Liebe ist so erfüllend für das Herz und das Gefühl, dass sie unglücklich ist, wenn sie mit den Familienmitgliedern nicht zusammen sein kann, denn es fehlt dann eine Kraft der Gemeinsamkeit, auf die sie sich verlassen kann. Die Liebe, die zu einer Einheit geworden ist, bei der wir *kein Gefesselt sein* oder eine Bindung verspüren. Es ist *die bindungslose Liebe,* die frei ist von Wollen und Fordern, die frei ist vom Ego-Denken und Ego-Fühlen. Sie ist stark im Vertrauen zu sich selbst und deshalb ist sie auch stark im Vertrauen zu anderen Menschen. *Sie kann verzichten, ohne zu leiden*. Leider wird diese Qualität der Liebe immer seltener.

„Der einzige Sinn der Reinkarnation ist die
Kreuzigung des Egos auf dem Altar des Mitgefühls
und das wird am besten durch Dienen erreicht!"
                                                       Sri Sathya Sai Baba

Einige Menschen glauben zu lieben, wenn sie einen Körper schön finden, wenn ihnen *etwas Neues* begegnet. Viele Ehepartner, Männer und Frauen, gehen heutzutage fremd, denn sie brauchen in ihrem mangelnden Selbstwertgefühl und in ihrem Ego-Verhalten dauernd neue Dinge und Menschen. Sie wollen immer etwas anderes als das, was sie bereits haben, auch wenn das, was sie haben, *von bester Qualität* ist. Alles Gleichbleibende langweilt sie, sie haben noch keine Beständigkeit und Ausdauer in sich und sind stets ruhelos. Sie lieben mit den Sinnen und nicht mit dem Herzen.

Da jeder Mensch andere Gewohnheiten, Erziehung, Bildung und Eigenschaften besitzt, eben anders ist als das, woran man gewöhnt ist, wird der Andersgeartete zu einem begehrenswerten Objekt. So nebenbei mal etwas Neues, hat so seine Reize und ist in vielen Bereichen motivierend. Sind wir verliebt, fühlen wir uns plötzlich voller Tatkraft und Energie. Wir sind jedoch in vieles verliebt, in ein *neuesAuto,* in ein *neues* Haus, Schmuck, Beruf und ganz besonders in *neue* unbekannte Menschen. Es sind nicht die Dinge oder die Menschen, in die wir verliebt sind, es ist zunächst einmal das Neue. Wird sich das Objekt nicht so bewähren und bestätigen, wie wir es anfänglich empfanden, ist das *Verliebtsein* bald beendet. Wir sind enttäuscht und die Ernüchterung tritt ein. Wenn es sich dabei um Menschen handelt, können sich daraus schwerwiegende Folgen ergeben.

Mit Liebe hat das alles nichts zutun. Es ist ein unreifes, emotionales Verhalten und selten wollen wir uns bei solchen *Affären* von unserer Familie trennen. Es ist eine irrige Meinung, dass das *Verliebtsein* – in eine fremde Person – uns überfällt und wir nichts dagegen un können, dass es nicht die Familie betrifft, dass wir alles im Griff haben und dass wir tun und lassen können, was wir wollen. *Doch die Gier und das Neue machen abhängig.* Es ist eine starke bindende Kraft, bis auch hier Gewöhnung eingetreten ist und die Begeisterung nachlässt. Die animierenden Energien sind verbraucht, bis eine neue Person, ein neuer Reiz, ein neues Spiel alles von Neuem beginnen lässt. In Wirklichkeit sind Unbeständigkeit und Untreue eine Belastung sowie eine enorme Anspannung für den Menschen, der diese Eigenschaften hat und sie werden zeitweise nur durch viel Aktivität überspielt. Kommt der Betreffende ins Nachdenken, so fühlt er sich meist leer und unglücklich. Das Glück liegt nicht in der Vielfalt, sondern in der Einheit, in der Beständigkeit, das vermittelt Ruhe und Zufriedenheit.

Untreue gibt es in vielen Bereichen, zum Beispiel in den Geschäftsbeziehungen, in den Freundschaften, in der Ehe, zu den Eltern, zu den Kindern und zu den Tieren. *Die Untreue* kann nicht einhalten, was sie verspricht, sie ist unzuverlässig. Sie rechtfertigt sich, indem sie behauptet, wenn das oder jenes besser oder anders gewesen wäre, wäre sie nicht untreu geworden. So werden dem Betrogenen auch noch **Schuldgefühle eingeredet,** doch die Schuld liegt nicht beim Betrogenen, sondern beim Betrüger. Untreue ist Betrug, ganz gleich auf welchem Gebiet sie sich auslebt. **Der treue Mensch** wird – durch Fehler seines Partners – nicht untreu. Das sind nur Ausreden der Schwäche und der Labilität des Charakters. Der Betrogene braucht aus diesem Grund keine *Schuldgefühle zu* haben und sich schon *gar nicht zu rechtfertigen,* aber genauso verhält er sich.

Die wahre, tiefe Liebe ist treu, denn sie kann schon **monistisch** denken und handeln und sie hat die Täuschung der Vielfalt überwunden. Wo im *Monismus = Einheit* gedacht, gelebt und geliebt werden kann, sind Frieden, Harmonie und Glück eine Selbstverständlichkeit. Solange wir noch in der Vielfalt nach diesen Eigenschaften suchen, werden wir immer wieder Enttäuschungen erleben. Doch die Familie und die Ehe sind das beste Übungsfeld, um Tugenden und Einheitsverhalten zu trainieren. Um die Einheit kommen wir nicht herum, weil es keine Vielfalt gibt, diese ist nur eine Täuschung, welche die Maya produziert.

Wer einmal verstanden hat, dass in den meisten Beziehungen nicht der Mensch, auch das Neue **nicht geliebt, sondern nur begehrt wird,** weil es die Abwechslung ist, die gesucht wird, wird sich in Zukunft anders entscheiden. Die Familie bleibt im Endeffekt doch vorrangig. Es ist sehr deprimierend, nur als Lust-Objekt, als sogenannter Bei-Partner mit **Ab-und-Zu-Verwendung** behandelt zu werden und doch wird das immer wieder dummerweise für die Liebe gehalten.

Was wir denken und fühlen, warum wir es denken und fühlen, muss immer wieder analysiert werden, bis wir zu uns selbst so *feinfühlig und selbstlos geworden sind,* dass wir uns in der ganzen Wahrheit und Genauigkeit wahrnehmen können. Bevor wir andere Personen und Situationen in der Wahrheit erkennen können, müssen wir zuerst uns selbst erkennen und annehmen.

Wir belügen nicht nur andere Leute, sondern wir belügen auch uns selbst. Wir sind uns gegenüber unehrlich und wollen die Wahrheit nicht sehen.

Was richtiges und falsches Verhalten ist, *das lehren die Veden und nach diesem Vorbild und Prinzip* müssen wir uns jetzt selbst analysieren. Am schwersten festzustellen ist, ob *die Gefühle* richtig oder falsch sind. Doch mit der Zeit lernen wir dieses ebenfalls. Gehen wir einmal von der Sympathie aus, die ganz verschieden sein kann, wenn wir an den Freund, an die Mutter, an den Vater, an den Ehepartner, an die Kinder und an die Tiere denken. Sympathie hat unterschiedliche Frequenzen. Der eine empfindet sie als Liebe oder Harmonie, Vertrautheit oder Verlässlichkeit, der andere als Gier oder Ego: *Ich will haben.* Echte Freundschaften zwischen Mann und Frau sind ganz selten und können nur in der Reinheit – frei von sexuellen Neigungen – zu einer Qualität werden. Wir halten Verliebtsein oft für die Liebe selbst. Da die sexuelle Triebhaftigkeit in diesem Zeitalter hoch im Kurs steht, ist es nur ein kleiner Schritt aus einem harmonischen Gefühl, aus einer Sympathie heraus, dem Partner untreu zu werden.

Es gibt heute Männer, die sind wie die Skorpione, *die stechen müssen,* weil es ihre Natur ist. Es ist keine Frage des Willens. Einige Männer müssen geil werden, oft wollen sie es in Wirklichkeit gar nicht sein. Es ist ihr autonomer Naturanteil, der wirksam wird und gesteuert werden muss. Hier unterscheidet sich der Mensch vom Tier. Das Tier hat keine Unterscheidungsfähigkeit und keine erkennende Bewusstheit, aber der Mensch. Eben *das* macht ihn zur **Krönung der Schöpfung.** Wendet der Mensch diese Fähigkeit nicht an, ist er nur ein höher entwickeltes Tier. Da einige Frauen ihre moralische Stärke in Bezug auf Treue verloren haben, ist untreues Verhalten an der Tagesordnung und alles geht ganz leicht und schnell, was dann als *frei sein* angesehen und als solches beurteilt wird.

Bei der wahren Herzensliebe gibt es nur Entweder-Oder. Je vielfältiger wir meinen, in eheähnlichen Verbindungen lieben zu können, desto mehr bedeutet das nur eine Art von Quantität. Es ist niemals Qualität. Mit dem Herzen können wir viele Liebesempfindungen haben zu den Eltern, den Kindern, dem Ehepartner, den Freunden, den Mitarbeitern im Geschäft und den Tieren. Alles ist Liebe, doch wir empfinden sie unterschiedlich, auch wenn es mit dem Herzen geschieht.

Sex hat nichts mit Liebe zu tun, *es ist ein Tätigkeitssinn,* der beherrscht und gelenkt werden muß. Wie nachteilig sich der Sex mit verschiedenen Partnern auf das Energiefeld und den Körper des Menschen auswirken kann, jetzt und in späteren Leben, darauf möchte ich nicht näher eingehen. Ich will nur soviel bewusst machen, dass der treue Partner ebenfalls Nachteile hat, wenn er sich weiterhin mit dem untreuen Partner sexuell verbindet. Ob er von der Untreue weiß oder nicht, spielt keine Rolle. Alles ist eine Einheit und *mit Intelligenzmustern verbunden,* die alles aufzeichnen. So ist mitgegangen gleich mitgefangen. So gesehen, wird es *zur Pflicht, treu zu sein,* um andere Menschen nicht zu schädigen. Körperliche Schäden werden lange Zeit, wenn überhaupt in diesem Leben, nicht sichtbar oder wahrgenommen, doch im feinstofflichen Körper, in der Aura und in den Chakren wirken sie sich bei allen Beteiligten schneller aus. Ganz besonders dann, wenn dauernder, jahrelanger Partnerwechsel stattfindet. Bedenken wir aber, einmal ist kein Mal und vieles kann durch richtiges Verhalten wieder in Ordnung gebracht werden. Man darf auch hier nicht mit Kanonen auf Spatzen schießen.

Die Ehe ist eine Vereinigung von zwei Menschen mit dem spirituellen Ziel, Selbstlosigkeit und Selbstkontrolle zu erlernen. Um das schädliche Ego absterben zu lassen, werden Mann und Frau in der Ehe zusammengeführt. So kann gelernt werden, sich einander anzupassen, um das Ego abzubauen. Wir sehen also, dass die Ehe eine wichtige spirituelle Gemeinsamkeit ist und ein

Übungsfeld, um die Sinne zu kultivieren und sie von Selbstsucht und Sinnlichkeiten zu befreien. Wir üben in der Ehe höhere Eigenschaften wie tätige Liebe, Verständnis, Mitgefühl, Opferbereitschaft und Verzicht zu entwickeln. Deshalb ist der Ehebruch der größte Feind der Ehe, denn er lässt sie zerbrechen und beraubt den Menschen so der Gelegenheit, Siege über seine niedere Natur zu erreichen.

Wer in eine Partnerschaft einbricht – auch in Geschäftspartnerschaften – schafft sich reichlich negatives Karma. Beherrschung und Verzicht sind nicht umsonst als Tugenden bekannt. Wir wollen doch immer wissen, wie negative Schicksale entstehen können und wie sie zu verhindern sind, durch Tugenden, Reinheit, Liebe und durch Einheit.

Der Monismus ist deshalb keine überflüssige, nicht anwendbare Philosophie, sondern *eine Notwendigkeit,* um negatives Karma zu verhindern. Er muss in allen Bereichen angewandt werden, wie zum Beispiel im Sport, in der Freundschaft, Familie, Hausgemeinschaft, Glaubenslehre usw. Wir sind wie kleine Kinder, die hinfallen = negatives Schicksal, und es nicht wollen und weinen – jedoch aufpassen = Weisheitslehren suchen und anwenden, das wollen wir auch nicht.

Die Trägheit = Tamas-Guna, sanskrit, im Menschen ist in diesem *Eisernen Zeitalter* so groß, dass der Mensch sich,– trotz vieler Probleme,– immer wieder zur Untätigkeit entschließt, anstatt nach den Ur-Weisheitslehren = Veden zu suchen, die seine Probleme lösen, um sich dann mit aller Kraft dem Leben zu stellen.

„Das eigene Glück darf nicht auf dem Leid eines anderen errichtet werden!"
Christa Keller

Die Frau ohne Beruf

Ohne Beruf, so stand es im Pass,
mir wurden bald die Augen nass,
ohne Beruf, war da zu lesen,
und sie war doch das nützlichste Wesen.
Nur für andere zu sinnen und zu sorgen,
war ihr Beruf vom frühen Morgen,
bis in die Tiefe der kargen Nacht,
nur für deren Wohl bedacht.
Gattin, Mutter und Hausfrau zu sein,
schließt das nicht alle Berufe ein?
Als Koch von allen Lieblingsspeisen,
als Packer, wenn es geht auf Reisen,
als Chirurg, wenn ein Dorn sich im Finger versplittert,
Schiedsmann bei Kämpfen erbost und erbittert.
Färber von alten Mänteln und Röcken,
Finanzgenie, wenn sich der Mantel soll strecken.
Als Lexikon, das sicher alles soll wissen,
als Flickfrau, wenn Strümpfe und Kleider zerrissen.
Als Märchenerzählerin ohne Ermüden,
als Hüterin von des Hauses Frieden.
Als Puppendoktor, als Dekorateur,
als Gärtner, Konditor, als Friseur.
Unzählige Titel könnte ich noch sagen,
doch soll sich der Drucker nicht länger plagen,
von Frauen, die Gott zum Segen schuf,
und das nennt dann die Welt *ohne Beruf!*

Quelle unbekannt

Die Bestimmung der Frau

Wir Frauen müssen uns darüber im klaren sein, was wir mit der Emanzipation erreichen wollen, welche ganz konkreten Ziele wir damit anstreben, um sie auch in Harmonie zu erreichen. Was wollen wir, unser Ansehen stärken? Gleiche Bezahlung wie die Männer erhalten? Gleichberechtigung in der Ehe, auch, wenn wir nicht außer Haus arbeiten gehen?

Nach langer, weltweiter Unterdrückungszeit der Frauen erheben sie sich seit einiger Zeit aus ihrem Dornröschenschlaf. Sie sind reifer, selbstbewusster und zielstrebiger geworden. Die Frau von heute hat eigene Interessen, die sie verwirklichen will und hat das absolute *Bestimmtwerden* über. Die Männer sind immer dominanter geworden und haben jetzt den Bogen überspannt. Man muss eben alles in der Mäßigung lassen. Die bequeme Zeit für den Mann dürfte vorbei sein und doch bin ich immer noch dafür, daß der Mann in der Familie das Sagen behält, denn viele Köche verderben den Brei. Wenn das aber nicht in Harmonie und Gerechtigkeit im Partnerschaftsdenken geschehen kann, muss der Mann vorübergehend dieser Dominanz enthoben werden, bis er wieder erkannt hat, daß ganz besonders die Ehe eine gleichberechtigte Partnerschaft in allen Bereichen und in jeder Hinsicht ist.

Auf unserem Weg der Emanzipation müssen wir in erster Linie *Frau bleiben* und dürfen uns auf keinen Fall maskuline Eigenschaften in Form von Härte, Brutalität und Gewalt aneignen. Davon hat der Mann genug und muß jetzt daran arbeiten, sie wieder loszuwerden. Die Frau hat ein ausgeprägteres Gefühls- und Empfindungsleben und ist mit mehr Intuition ausgestattet. Sie muss diese positive Eigenschaft auch behalten und verteidigen. Gefühl und Intuition, richtig angewandt, sind etwas sehr Nützliches, das noch weiter entwickelt werden kann. Wir müssen uns vor Augen halten, daß es nicht unser Interesse sein darf, uns typisch männlichen Verhaltensmustern zu nähern, sondern *das gesellschaftsfähig zu* machen, *wie wir Frauen denken und fühlen.* Wir müssen unsere Weiblichkeit lieben und sie leben.

Die Welt akzeptiert mehr das, was der Mann denkt und für richtig hält. Uns Frauen hält man vor, wir seien unlogisch bzw. wir könnten überhaupt nicht logisch denken, *wie wenn das ein Privileg des Mannes wäre.* Ich kenne viele Frauen, die sehr logisch denken und ein diszipliniertes Leben führen. Ein Mann zu sein, ist nicht einAttribut des oben Genannten. Eine Frau zu sein, ist nicht gleichbedeutend mit Versagen. Man sagt zwar, wenn ei-

acht hat, *sie hat ihren Mann gestanden,* als wenn die Frau kein Durchhaltevermögen besäße. Sie kann zum Beispiel viel besser mit Schmerzen umgehen. Man witzelt ja, daß, wenn die Männer Kinder bekommen müßten, die Menschheit bald aussterben würde. Wozu Frauen fähig sind und was sie leisten können, darüber brauchen wir nicht länger zu diskutieren. Dies ist auch nicht mehr umstritten, sondern längst anerkannt. Doch die Gesellschaft verinnerlicht diese Erkenntnis nur schleppend.

Was wir Frauen in unserem Verhalten nicht anwenden dürfen, ist schlechtes, kaltes, egoistisches Benehmen. Das ist ganz bestimmt falsch verstandene Emanzipation. Wir müssen uns ganz tief bewusst werden, daß die weiblichen Veranlagungen, wie das Taktgefühl, das Einfühlungsvermögen, das Vergeben, die Rücksichtnahme, das Nachgeben usw. positive Eigenschaften sind und erhalten bleiben müssen. Würde unser Gefühlsleben immer mehr abnehmen, hätte das gravierende Auswirkungen auf die Gene. Wenn die *Yang-Energie* in beiden Geschlechtern die Oberhand bekäme, wäre hier das Gleichgewicht der Natur gestört, was wir nach unserem heutigen Wissen verhindern müssen.

Wenn wir den männlichen Ausspruch hören: *Du mit deinem Gefühl,* so beinhaltet das doch eine Abwertung. In uns Frauen steigt der Gedanke des Minderwertigseins auf oder hat sich schon in unserer Unterbewusstheit als überflüssiger Unsinn eingenistet. Die Folge ist, dass wir den Kopf einziehen und uns schlecht fühlen. Der Mann hat wieder einmal mit seinem reinen Verstandesdenken die Oberhand behalten.Also was tun wir nun, der ewigen Diskriminierung leid? Wir Frauen versuchen jetzt, dem Manne gleich zu werden. Wir beginnen langsam aber stetig, unsere frauliche Persönlichkeit zu verdrängen oder abzutöten, anstatt sie zu verteidigen und **uns im Guten ganz allmählich durchzusetzen**. Wenn wir uns durch unseren Emanzipationsdrang wie die Männer entwickeln, haben wir die Sinnhaf-tigkeit der Frau verloren. Zuerst passen wir uns dem Äußerlichen an. Wir kleiden uns bewusst männlich, so dass wir erst beim zweiten Hinsehen als Frau erkannt werden. Wir trimmen uns sportlich und bräunen unsere Haut. Braun sein ist männlich, weiß sein ist weiblich.

Wir gehen in unserer Selbstverwirklichung so auf, dass wir unsere Familie vernachlässigen. Wir besuchen Wochenend- und Abendkurse und trimmen unseren Intellekt. Wir lernen überflüssiges Zeug und meinen dann, der Weisheit ein bisschen näher gerückt zu sein, was unser Selbstwertgefühl natürlich unwahrscheinlich stärkt. Die anderen Menschen lassen wir jetzt ein bisschen auflaufen oder im Regen stehen. Der Haussegen fängt an, schief zu hängen. In der Ehe sind wir nicht mehr Partner, sondern entwickeln uns zum Gegner. DieArroganz wird gerade bei Frauen gesellschaftsfähig. Diese Verhaltensweisen scheinen für viele Frauen unwahrscheinlich erstrebenswert zu sein, denn sie halten *dies* für eine Entwicklung. Nur, dass sie nicht mehr richtig Frau sind, das haben sie in ihrer Entwicklung zur Emanzipation noch nicht bemerkt.

Die Emanzipation der Frau begann mit dem Kampf, gleichberechtigt im Beruf und in den Verdienstmöglichkeiten zu werden. GleicheArbeit, gleicher Lohn. In der Zwischenzeit hat sich noch eine andere Kampfrichtung gebildet, **der Geschlechter-**

kampf, Frau gegen Mann, Mann gegen Frau. Jeder will der Bessere, Klügere, Qualifiziertere sein und die Führung übernehmen. Männer stemmen sich immer noch gegen den Aufstieg der Frau. Frauen sind oft aus reiner Opposition gegen den Vorschlag des Mannes und nicht aus logischen Gründen, im Beruf, in der Partnerschaft und in der Ehe. Die Devise heißt, sich durchzusetzen, koste es was es wolle. Emanzipieren heißt nicht, männlich zu werden. Es ist das Ziel, Frau zu werden, hinter dem zu stehen mit dem ganzen Selbstwertgefühl, was die Frau ausmacht. Das Frau-Sein absolut lieben, mit all den Pflichten und Rechten, die wir als Frauen in Anspruch nehmen können, die uns nach ethischen und moralischen Gesetzen zustehen.

„Wollt ihr wissen, was sich ziemt, so fragt
bei edlen Frauen an!"
Johann Wolfgang von Goethe

Frau und Mann sind nur scheinbar gegensätzlich. Jeder hat seine ganz bestimmteAufgabe hier im Leben zu erfüllen, die sich nach den Ureigenschaften des Frau-Seins und nach den Ureigenschaften des Mann-Seins ausrichtet. Wir müssen hier in der Erfüllung unterschiedlicher Pflichten ein Ganzes bilden, zur Einheit werden im körperlichen, im gedanklichen und im psychischen Bereich. Der Mann setzt sein Durchsetzungsvermögen und seine körperliche Kraft ein. Die Frau setzt ihr Feingefühl und ihre Sanftmut ein. Mann und Frau müssen sich gegenseitig ergänzen und nicht bekriegen oder nach einer Entwicklungsform streben, die dem Mann oder der Frau nicht entspricht. Sonst haben wir bald einen Einheitstyp, der weder Frau noch Mann in Körper, Gemüt und Geist ist.

Mann wie Frau haben nach kosmischem Plan ganz bestimmte Pflichten und Verhaltensmuster zugeteilt bekommen, damit das harmonische Zusammenleben garantiert ist.Aus dieser phantastischen Planung brechen wir nun wegen unserer *Unwissenheit* aus und fangen an, alles auf den Kopf zu stellen. Wenn es uns von der Naturwissenschaft her möglich wäre, würde bestimmt auch schon der Mann Kinder bekommen. Ich warte hier schon lange auf den weiblichen Ausspruch: Warum sollen nur wir Frauen gebären?

Der Mann sowie die politischen Führer haben die Frau zu achten und zu respektieren, das ist ein Zeichen wirklicher Kultur. Es ist gut, wenn der Mann die Eigenschaften der Frau anerkennt und diese liebt und sie darüber hinaus als gleichwertigen Partner akzeptiert. Dasselbe muss auch für die Frau gültig sein. In Wirklichkeit ist es aber unsere Meinung, dass der Frau etwas fehlt, was sie noch zu lernen hat. Zum Beispiel ist sie zu ängstlich, geht nicht genug Risiken ein oder sie ist zu moralisch. Ebenso besteht die Einstellung, daß dem Mann etwas fehlt, zum Beispiel, dass er sich mehr sagen lassen und mehr Sanftmut besitzen muss. Wir wollen die Frau männlicher und den Mann fraulicher machen. Dabei ist es viel besser, die Frau weiblicher sein zu lassen und den Mann Mann sein zu lassen. *Das ist wahre Emanzipation,* denn es betrifft beide Geschlechter. Einige Männer versuchten bis jetzt, ihren Willen und ihre Einstellung der Frau, dem schwachen Geschlecht, aufzuzwingen. Wenn nötig, auch mit Geschrei und Gewalt. Ist das die Wahrheit, wollen wir Frauen jetzt so werden? Ich sage nein. Wir werden trotz Emanzipation von ganzem Herzen Frau bleiben im Beruf und in der Familie. Die großeAufgabe der Frau ist es, aus Kindern liebenswerte und charaktervolle Menschen zu machen, sie liebevoll und mit Geduld zu erziehen. Doch dazu benötigen wir unsere ganze Weiblichkeit.

Je männlicher Frauen werden, je mehr sie im Alltag Kämpfe ausfechten und ihre *Yin-Anteile* zurückgehen, desto mehr Kinder werden geboren, die schwer erziehbar sind und zu Gewalt und Emotionen neigen. Die Liebe in den Menschen wird abnehmen und die Grausamkeit zunehmen.

Die ganze Schöpfung ist auf einer Bipolarität aufgebaut. Die Chinesen nennen das Yin und Yang. *Die Yang-Energie ist männlich.* Yang-Handlung ist auf das *Ich* bezogen, Ego-Handlung, *ist Nein*, fordernd, aggressiv, wettbewerbsorientiert und analytisch. Sie ist die starke schöpferische Tatkraft, der klare rationelle Intellekt. *Die Yin-Energie ist weiblich.* Yin-Handlung ist auf das *Wir* bezogen und erfolgt im Einklang mit der Natur. Wir-Handlung *ist Ja*, bewahrend, empfangend, kooperativ, intuitiv, nach Synthese strebend. Sie ist die stille, nachdenkliche Ruhe, die intuitive Denkweise.

„Die Passivität der Weisen ist tausendmal aktiver als
die gewöhnliche Aktivität. Die Passivität verdient
unsere Achtung, da sie schöpferisch ist!"
        Sri Ramana Maharshi

Es gibt natürlich Männer, die haben zuviel Yin-Energie, es sind dann schwache Männer. Es gibt Frauen, die haben zuviel Yang-Energie, es sind dann starke Frauen. Wenn eine Frau sich durchsetzen muss, erzeugt sie zwangsläufig Yang. Sie sagen jetzt bestimmt, Stärke ist doch gut. Das lehre ich auch, doch wir müssen aber alle stark werden und Persönlichkeit bilden, Männer wie Frauen. Nicht durch Emotionen und Rücksichtslosigkeit, sondern, wir müssen **stark werden in der Bewusstheit, was der Mensch ist.** Wir müssen stark werden im Charakter und in der bindungslosen Liebe.

„Das beste Schönheitsmittel für die Frau
ist ihre Tugend!"
        Sri Sathya Sai Baba

Der Satz, *du handelst wie eine Frau*, im negativen Sinne ausgesprochen, darf uns nicht mehr stören. Im Gegenteil, wir müssen es noch bestätigen und antworten: *Ja, ich handle wie eine Frau*, denn das bin ich auch in letzter Konsequenz. Liebe Frauen, wenn Sie meinen, sich wie ein Mann verhalten zu müssen, um gut oder anerkannt zu werden, dann starten Sie in eine falsche Richtung.

„Wenn die Frauen eines Landes glücklich, gesund und heilig sind, dann werden die Männer des Landes mutig, ehrlich und glücklich sein.
Die Frau spielt bei der Unterstützung der Moral im persönlichen und gesellschaftlichen Bereich eine entscheidende Rolle!"
Sri Sathya Sai Baba

Der geistige Yoga lehrt, wenn die Eigenschaft – *das Rajo-Guna* = Leidenschaftlichkeit, die Überaktivität, das emotionale Verhalten der Frau akzeptiert wird, wird es das Ende der Weiblichkeit zeitigen. Die Frauen sind für die Moral und das spirituelle Wachstum innerhalb ihrer Familie verantwortlich, so dass es sich weltweit ausbreiten kann. *Vivekananda* sagte, als sich eine Frau bei ihm über ihren untreuen Mann beklagte, „dass, wenn die Frauen ihre moralischen Werte leben würden – was ihre Pflicht sei – es keine untreuen Ehemänner mehr gäbe."

„Keine Strafe ist für eine Frau größer als ein Mann, auf den sie sich nicht verlassen kann!"
Stephan von Stepski

Kommen wir nun zu einer anderen Betrachtungsweise: Einige Frauen sagen, *ich bin nur Hausfrau* und das oft mit viel Minderwertigkeitsgefühl in der Stimme. Doch diese Einstellungen haben die Frauen nicht von ihren Männern übernommen. Oh nein, es kommt aus den Reihen unseres eigenen Geschlechts. Sie kennen vielleicht auch die motivierenden Sätze wie: Was, du bist noch zu Hause am Herd, fällt dir deine Wohnungsdecke noch nicht auf den Kopf? Du musst doch zugeben, dass du zu Hause total verblödest in diesem Einerlei. Was hast du eigentlich von deinem Leben? Immer nur waschen, kochen, bügeln, putzen und Kinder erziehen, das kann dich doch nicht wirklich ausfüllen. Ich kenne noch einen anderen Satz, der immer zieht. Was, du bist noch von deinem Mann abhängig und musst *ihn* um Geld bitten. Das nagt enorm an den Hausfrauen, so dass jetzt schon fast jede Frau gewillt ist, sich in das Berufsleben zu stürzen. So erzeugen Frauen bei Frauen ganz langsam Unzufriedenheit und Minderwertigkeitsgefühle und diese wachsen und wachsen. Wollen wir jetzt diese Frauen unter die Lupe nehmen und ihre Beweggründe einmal analysieren, die unsere Hausarbeit so vermiesen und schlecht machen möchten.

Es sind oft Frauen, die aus finanziellen Gründen gar nicht arbeiten gehen müssten, um ihren Lebensstandard zu verbessern, sondern Frauen, die alles haben, aber immer noch mehr wollen. Die aus Langeweile nicht wissen, was sie tun sollen und die *Hausarbeit als etwas Unwürdiges ansehen* und dieser entfliehen wollen. Jetzt werden ihre Geschlechtsgenossinnen motiviert, indem man sie gegen die Hausarbeit aufhetzt, ihnen deutlich klar macht, was für ein nichtiges Leben sie doch führen. Sie gehen lieber auswärts arbeiten, als schreiende Kinder zu erziehen, das ein viel intensiveres Arbeiten ist als anderswo eine Tätigkeit auszuüben. Der Gedanke, dass wir für all die Mühen, die wir haben, noch nicht einmal bezahlt werden, geschweige denn, ein Dankeschön erhalten, macht es schon verlockend, eigenes Geld verdienen zu wollen. Wir Frauen sind in der Gesellschaft nur dann etwas wert, wenn wir auswärts arbeiten und viel Geld verdienen, *wenn wir unseren Mann stehen.*

Doch dieses darf eben nicht um jeden Preis sein, nur weil es heute so Mode ist. Es muss reiflich erwogen werden, wofür wir uns entscheiden wollen. Es ist oft ein Hinwerfen der häuslichen Aufgaben, ein *Sichentziehenwollen* von der Verantwortung, die wir bei der Eheschließung eingegangen sind. Dazu ist jede Ausrede und jede Rechtfertigung gern willkommen. Keiner wird gezwungen, eine Familie zu gründen. Haben wir uns aber dazu entschlossen, müssen wir all die daraus entstehenden Konsequenzen annehmen. Familie bedeutet in jedem Falle, Verantwortung zu übernehmen und zu tragen. Ich habe jetzt alles ein bisschen übertrieben. Aber Übertreibungen wecken auf, damit sie uns zum Nachdenken führen.

Es gibt Männer, die nach solchen gut verdienenden, selbständigen Frauen suchen, um sich selbst aus der Verantwortung zu entlassen. Die Gesellschaft hält diesen Wandel im System auch noch für richtig. Denken wir jetzt nicht an die Ausnahmen, *die ihre Berechtigung haben,* sondern an den Missbrauch, der immer mehr als Recht angesehen wird. Es ist ganz unwesentlich geworden und es wird auch selten erwähnt, dass sich viele Kinder vernachlässigt fühlen, da sich niemand richtig um sie kümmert und wir keine Zeit für sie haben. Emanzipation ist alles. Jeder pocht auf sein Recht und sein ***Ich-will-Programm.*** Wenn man fragt, wie machen Sie das mit ihren Kindern, bekommt man oft zur Antwort: Oh, das ist kein Problem, meine Kinder sind selbständig erzogen, sie fühlen sich nicht allein und ihnen ist es nie langweilig. Durch das Ego-Interesse des Einzelnen wird nicht mehr darüber nachgedacht, welche Auswirkungen die eigenen Wünsche und Taten bei den anderen bewirken, mit denen wir zusammenleben.

Es gibt heute Frauen, die sich zwar ein Kind wünschen, aber keinen Lebenspartner möchten und auch nicht heiraten wollen. Das ist für das Kind ***vom kosmischen Prinzip her*** jedoch nicht förderlich. Eine Psychologin, die sich mit den ***Aura-Farben*** beschäftigt, schrieb, daß eine Frau, die geboren hat, zwei Jahre lang eine *bläulich-violette Aura* und der dazugehörige Mann – nicht ein Mann, der Vaterstelle vertritt – zwei Jahre lang eine *rote Aura* hat. Sie behauptet, daß ein Kind nur dann psychisch gesund aufwachsen kann und im erwachsenen Alter sehr belastbar sein wird, wenn es sich regelmäßig in diesen zwei Farben der Aura-Ausstrahlung befindet. Da die Aura heute durch Geräte sichtbar gemacht werden kann, ist es keine Sache des Glaubens mehr und jeder Zweifel erübrigt sich.

Lea Sanders, eine amerikanische Professorin, die aurasichtig ist und Schwingungen im Menschen wahrnehmen kann, sagte aus, dass, wenn ein Mann ein Kind hat, es in seinem Energiefeld gespeichert ist, *ob er darüber informiert ist oder nicht. Die kosmische universelle Allwissenheit,* die in jedem Atom vorhanden ist, speichert ganz selbständig die *individuelle Persönlichkeit* mit allem, was sie gedacht, gesagt und getan hat, unabhängig davon, was in ihrer erkennenden Bewusstheit angekommen ist oder nicht. So gesehen ist sie aus spiritueller Sicht für alles verantwortlich. Dadurch entsteht für die Persönlichkeit – nach den Sittlichkeits-Gesetzen – ganz autonom eine positive oder negative Speicherung in ihrem feinstofflichen Energiefeld.

Dharma, sanskrit = Ordnung, Gesetz, Gottes Gebot, Verhaltensregeln zur Selbstdisziplin, Rechtschaffenheit, Gerechtigkeit, Moral, Tugendhaftigkeit und Verpflichtungen des Menschen. Wir haben nicht nur Gesetze der Ordnung in der Natur, sondern wir haben auch Gesetze der Ordnung im zwischenmenschlichen Verhalten, um die Harmonie im Kosmos und im Leben der Menschen zu garantieren. Was einige Menschen nicht mehr wissen, ist, dass sie *Natur* sind und dass Mensch und Natur nicht voneinander getrennte Wesen sind. Sie unterstehen dem gleichen Prinzip der Ordnung. Der Mensch besteht insgesamt aus drei Anteilen: *Gott, Mensch und Natur.*

Fehler im menschlichen Verhalten führen zu Veränderungen in der Atmosphäre, Veränderungen in der Natur führen zu Problemen im menschlichen Leben. Es ist ein Kreislauf. Weil wir uns dieser Ordnung nicht mehr bewusst sind, brauchen wir uns auch nicht zu wundern, dass alles aus den Rudern läuft.

Was wir für moderne Entwicklung im menschlichen Miteinander halten, wendet sich oft gegen *das Schöpfungsprinzip*. Wir sprechen von veralteten Einstellungen, doch nicht alles, was neu und modern ist, ist auch richtig, hierzu ist die Unterscheidungsfähigkeit gefragt, die sagt: Das Schöpfungsprinzip ***ändert sich nie*** und kann deshalb auch nicht veraltet sein. *Es* war schon immer so, *Es* ist jetzt so und *Es* wird immer so bleiben.

Fassen wir noch einmal zusammen: **Der Mann** ist von den Polargesetzen her *das anschaffende Prinzip* und vertritt die Kraft und das Risiko. ***Die Frau ist das erhaltende und bewahrende Prinzip*** und vertritt die Ethik, Moral und die spirituelle Entwicklung in der Gesellschaft. Deshalb strebt sie auch nach mehr Sicherheit in ihrem Leben und nicht aus Gründen der Bequemlichkeit, der Angst oder der finanziellen Absicherung. ***Das Erhalten- und Bewahrenwollen ist ihre Ur-Natur.*** Schwache Frauen werden negative Situationen natürlich verstärkt empfinden und mehr Forderungen stellen. Eine solch übersteigerte Schwäche kann jedoch im nächsten Leben zu einem Geschlechts-Wechsel führen, um den Ausgleich und die Mitte in der Persönlichkeit wieder herzustellen. Durch diese Information ist jetzt bestimmt jedem besser bewusst geworden, was wir alles auf den Kopf gestellt haben und was zu tun ist, um das Öko-System zu erhalten.

Alle Frauen, die diese Schrift lesen, rufe ich auf, Frau zu bleiben! Alle Männer, die diese Schrift lesen, rufe ich auf, Mann zu bleiben!

„Die Ehre und die Herrlichkeit eines Landes
liegen in den Händen der Frau!"
Sri Sathya Sai Baba

Der innere Frieden

„Ein bisschen mehr Friede und weniger Streit
Ein bisschen mehr Güte und weniger Neid
Ein bisschen mehr Wahrheit immerdar
Und viel mehr Hilfe bei Gefahr.
Ein bisschen mehr „Wir" und weniger „Ich"
Ein bisschen mehr Kraft, nicht so zimperlich
Und viel mehr Blumen während des Lebens,
Denn auf den Gräbern sind sie vergebens!"

E. Dresel

Ich habe eine ganz sachliche Frage: Wer fühlt sich als moderner Mensch? Was die Technik betrifft, haben wir in den letzten 100 Jahren Enormes erzielt. Nach der Erfindung des Stroms haben wir in sehr kurzer Zeit erreicht, auf dem Mond zu landen. Jetzt könnte man sagen, daß – an dem rapiden Aufschwung gemessen – die weitere Entwicklung der Technik nur noch so *dahintröpfelt*. In der Naturwissenschaft werden weltbewegende Entdeckungen seltener. Da der Mensch aber immer nach etwas sucht – es ist fast wie ein innerer Zwang –, hat er jetzt etwas Neues entdeckt, *sich selbst zu erforschen*.

Außen am Tempel von Delphi steht: „Erkenne dich selbst!"
Im Tempel steht: „Damit du Gott erkennst!"

C i c e r o

Sind Sie im sich Selbst-Erforschen auch ein moderner Mensch? Oder haben Sie noch total veraltete Ansichten von sich? Nach den neuesten wissenschaftlichen Erkenntnissen sendet jede Zelle Licht aus. Jedes Atom besteht zu 99,999% aus Licht. Durch Nachforschen sind immer mehr Wissenschaftler zu diesen Aussagen gekommen, so auch der Psychoanalytiker **Wilhelm**

Reich im 20. Jahrhundert. Er nennt es **Orgon-Energie**.

Der Mensch ist ein Lichtwesen, Licht, das so schnell rotiert, daß es sichtbare Materie bildet. Der Mensch ist lebendiges Bewusstsein, er ist **Licht-Bewusstsein**. Von diesem Wissen ausgehend müssen wir nun neue Wege beschreiten. Die Persönlichkeitsentwicklung und das Bewusstheitstraining rücken jetzt immer stärker in den Vordergrund. „Mensch erkenne dich selbst" sind Schlagwörter, die wir überall hören und lesen. Aber wozu das alles? Ist es nur Mode geworden oder ist es wieder ein neuer Entwicklungsschub, ein Bewusstwerden – was schon immer so war –, dem der Mensch in keinem Zeitalter ausweichen kann?

Man sagt zwar: „Geld ist nicht alles, aber ohne Geld ist alles nichts." Ich möchte hierzu sagen: *„Geld und Gesundheit sind nicht alles, aber ohne Zufriedenheit ist alles nichts."* Der Mensch sucht nach Zufriedenheit, nach innerem Frieden, nach Harmonie mehr denn je. Manche ganz bewusst, andere wieder unbewusst. Der Mensch hat erkannt, dass er nicht durch viel Geld, auch nicht durch Gesundheit zur Ruhe findet, sondern nur dann, wenn alles mit der inneren Zufriedenheit konform geht. Wonach der Mensch auch streben mag, sei es Gesundheit, Reichtum oder Unabhängigkeit, er sucht eigentlich in seinem Innersten nach Zufriedenheit. Er kann sich gut vorstellen, dass er glücklich wäre, wenn er sie besäße.

Zufrieden werden wir erst dann, wenn wir zum **Wahren Selbst** gefunden haben. Diese Erkenntnis muss jetzt trainiert werden, damit sie zur Erfahrung wird, die dann individuell kürzere oder längere Zeit anhält. Diese Erfahrungen werden zur inneren Stärke. Wer das **Wahre Selbst** – das in der Form Mensch ja wirklich ist – in sich liebt, in sich achtet und annimmt, sich eben besser kennt, wird sich dadurch ständig weiterentwickeln. Aus dieser Stärke heraus fühlt der Mensch sich jetzt häufiger und längere Zeit im Frieden oder ist friedvoller. Das spirituelle

Wissen über sich selbst wird zur inneren Sicherheit und zur Harmonie.

Werden wir erfolgreich, nicht nur, was das Äussere und die Versorgung betrifft, sondern auch, was die Zufriedenheit angeht. Wir werden erkennen, daß wirtschaftlicher Erfolg allein keinen inneren Frieden bringt. Das Leben ist aber erst dann rundum harmonisch, wenn wir beides haben, Geld = Versorgung und Zufriedenheit = innere Ruhe. Zufriedenheit kann erreicht werden bei jeglicherArbeit und Leistung, die von uns verlangt wird. *Das ist Leben aus der Mitte.* Alles andere kann sich in Stress, Habgier oderAngst auswirken, was der Gesundheit und dem Körper, der aus Lichtzellen der Liebe und Harmonie besteht, nicht förderlich ist.

Zufriedenheit ist nicht nur eine positive Eigenschaft, die wir haben können oder nicht, sondern sie ist *eine Notwendigkeit* für ein gesundes Leben, sowie der Treibstoff eine Notwendigkeit für ein Gerät ist, das wir starten wollen und welches dann gut funktionieren soll. Inzwischen ist wissenschaftlich bewiesen, dass zufriedene Menschen weitaus weniger anfällig für Krankheiten und Unfälle sind und das Gebete die Abwehrkräfte erhöhen. Frieden entsteht aus einem ausgewogenen Gemüt, das frei ist von Emotionen, negativem Denken und dauernd anhaltenden Wünschen nach Steigerung – zu was auch immer–. Zufriedenheit ist eine Sache der Vernunft, der positiven Eigenschaften, der sittlich kontrollierten Wünsche und der Verantwortungsbewusstheit. Wer aus der Mitte leben will, benötigt auch genaue Informationen über sich selbst. Dafür können Tests und Analysen sowie wirksame Trainingsprogramme angewandt werden. Denn das Bewusstwerden in der genaueren Betrachtung – von sich selbst – lässt Zufriedenheit entstehen.

OhneAnalyse keine Entwicklung. Was wir zunächst im Kopf beginnen und wiederholt üben, kann eines Tages zur Herzenssache werden. Wir üben Erkenntnisfähigkeit und Unterscheidungsvermögen, die frei machen von Zwängen, Vorurteilen, Schuldgefühlen, Unwissenheit und Dogmen jeglicher Art, die bindend auf unser Gemüt = Gefühl einwirken. Wo die Gefühle in Aufruhr sind, kann weder Frieden entstehen noch verweilen, er macht sich ganz leise und rasch aus dem Staub.

Eigenanalyse von Wünschen:
* Was wünschen Sie sich für die Arbeit, Freizeit, Familie?
* Welchen Gewinn haben Sie von diesen Wünschen?
* Nützen diese Wünsche nur Ihnen alleine etwas? * Wem nützen diese Wünsche noch (Familie, Umwelt usw.)?
* Wem schaden diese Wünsche?
* Was müssten Sie für die Verwirklichung dieser Wünsche tun oder aufgeben?
* Lohnt sich die Verwirklichung dieser Wünsche dann noch?

Ein zufriedener Mensch hat gute Nerven, er findet zu einem tiefen Schlaf, sein Immunsystem ist gestärkt und stabil und somit steht der besseren Gesundheit nichts im Wege. Unzufriedenheit, Streit, Nörgelei, Hass, Neid, Kritiksucht, Demütigungen und Interesselosigkeit schwächen ganz erheblich das Immunsystem. Da wir jetzt mehr denn je mit Umweltschäden zu leben haben, kann der moderne Mensch sich die negativen Gedanken immer weniger leisten. Die Persönlichkeit muss geschult, gestärkt, diszipliniert und mit Zufriedenheit ausgerüstet werden, um *den Anforderungen der heutigen Zeit* gerecht zu werden. Wir benötigen eine umfangreichere und ganz andere Schulung für den Menschen als noch vor 50 Jahren. Die schnelle Entwicklung und die dauernden Veränderungen in vielen Bereichen machen den Menschen nervös und unzufrieden. Er fühlt sich immer öfter den geforderten Leistungen nicht mehr gewachsen. Also müssen wir mehr Übungen ausführen, die uns zu innerem Gleichmut und Frieden führen. Dann sind wir wieder nervenstark und können alle Aufgaben besser ausführen.

„Zufrieden sein ist große Kunst,
zufrieden scheinen bloßer Dunst,
zufrieden werden großes Glück,
zufrieden bleiben Meisterstück!"
Quelle unbekannt

Bis jetzt wurde hauptsächlich das Ego des Menschen geschult und getrimmt. Diese Art von **Nur-Entwicklung und Eigensucht** ist überholt und veraltet. Wir lernen jetzt, *miteinander auszukommen und zu leben,* freiwillig Verantwortung zu übernehmen und die allumfassende Liebe zu kultivieren. Wir werden lernen, daß Zufriedenheit auch durch Verzicht zu erfahren ist. Was in diesem Sinne bisher als Schwäche und überflüssig angesehen wurde, muss jetzt von weither zurückgeholt und angewandt werden. Dazu gehört, daß das Einfühlungsvermögen und die Rücksichtnahme wieder besser entwickelt, das heißt, sensibilisiert werden. *Einfühlungsvermögen zu haben bedeutet, daß man die Auswirkungen, die entstehen können, vorher bedenkt.* Das muss in allen Bereichen wieder geschehen, sei es im Beruf, in der Familie, in der Religion und in der Weltpolitik. Wir benötigen nicht unbedingt vorherige Erfahrungswerte, um Folgeerscheinungen zu erkennen. Einfühlungsvermögen wird durch Liebe, Ethik, Moral und **Nachdenken** erreicht.

Der Mensch hat vergessen, dass er eins ist mit allen Menschen, mit allen Wesen und mit dem ganzen Universum. Nur das Nachdenken über diese Tatsache kann zum Frieden im Einzelnen, in der Gesellschaft und in der ganzen Welt führen. Alle anderen Anstrengungen führen nicht zu den gewünschten Erfolgen. Auch das Anhäufen von Waffen und Atombomben kann keinen Frieden in der Welt garantieren, sondern nur das Entfernen von Gier und Hass, welche im Herzen des Menschen wuchern. Stattdessen müssen starke, widerstandsfähige Stecklinge der Liebe ins Herz eingepflanzt werden.

> „Es gibt Heuchler, die von Frieden reden und Krieg planen. Eure Aufgabe ist es, sie zu entlarven und sie zum normalen tugendhaften Verhalten zurückzuerziehen!"
> Sri Sathya Sai Baba

Frieden in sich zu fühlen ist das erfüllendste Gefühl, das wir auf Erden erreichen können. Es ist so beglückend, daß wir es nicht mehr verlieren wollen. Es lohnt sich deshalb jede Minute, die wir mit Nachdenken über den Frieden verbringen. Danach bitten wir um Segnung, daß wir das, worüber wir nachgedacht haben, erhalten und anwenden, *es leben können*. Gott ist ewiger Frieden. Haben wir doch ein wenig Sehnsucht nach ihm und dann werden wir auf dieser Welt ein harmonisches Leben führen können. Frieden bedeutet, frei zu sein von üblen Neigungen jeder Art im Sprechen, Denken und Handeln. Es bedeutet, Gleichmut und Brüderlichkeit zu empfinden.

> „In der Tat finden wir, daß je mehr eine kultivierte Vernunft sich mit der Absicht auf den Genuss des Lebens ergibt, desto weiter der Mensch von der wahren Zufriedenheit abkomme!"
> Immanuel Kant

Chaos und Urknall

Es gab und gibt in der Schöpfung *kein Chaos, aber einen Urknall.* Alles ist Gott und alles, was entsteht und sichtbar wird, ist die Ausdehnung der Göttlichen Vollkommenheit.

Die Amöbe = Einzeller = Wechseltierchen ist ein vollkommenes Wesen in seiner Grad-Entwicklung und hat durch das Bewusstsein, das es in sich trägt, *schöpferische Energien.* Diese müssen sich selbständig nach dem Gesetz, wonach es angetreten ist, entfalten. Das Bewusstsein trägt eine Information *der Fülle* in sich und das Gesetz der Ausdehnung, damit Fülle entstehen kann, Fülle in jeder Hinsicht. Die Fülle lässt eine Vielfalt von Formen = Materien-Bildung und die Fülle der Erkenntnisfähigkeit der Bewusstheit = Spirituelle Bildung entstehen. Wenn die Bewusstheit im Menschen voll entfaltet ist, kann er sich als Göttliches Sein erkennen. Das ist eine *Fülle in spiritueller Hinsicht.* Hat der Mensch viele Fähigkeiten, Geld und Gesundheit, dann ist es eine *Fülle in materieller Hinsicht.*

Das Atom ist in seiner Grad-Entwicklung vollkommen. Da alles einen weiblichen und einen männlichen Aspekt hat, ist das Elektron die linke Seite des Atoms und der weibliche Aspekt. Das Proton ist die rechte Seite des Atoms und der männliche Aspekt. Wenn beide zusammenkommen, bildet sich das Atom. Da eines aus dem anderen entsteht, bilden sich immer größere Gruppen und Verbände. Elementarteilchen verbinden sich zu Atomen und Atome verbinden sich zu Molekülen. Zellen verbinden sich zu Zellverbänden und fügen sich zu Organen zusammen. Organe zu Körpern, Körper zu Gruppen und Gruppen zu Sozialverbänden. Das gleiche geschieht im Weltall und in der ganzen Schöpfung. Diese Welt ist nichts anderes als die Ausbreitung von Atomen. Weil die Atome sich unterschiedlich miteinander verbinden, ist in diesem Universum eine Vielfalt von Formen entstanden. Ebenso sind die fünf Elemente, aus denen diese Welt besteht, eine Folge der atomaren Verbindung. Es ist das Göttliche Sein = das Prinzip = die Naturgesetze, die alles in vollkommener Harmonie geschehen lassen mit dem Ziel, zum vollkommenen Bewußtsein zu werden. **Da ist ein Chaos unmöglich.** Was wir unter Chaos verstehen, ist in Wirklichkeit eine noch nicht bis ins Kleinste erforschte und erkannte Ordnung.

Die Wissenschaft brauchte ungefähr tausend Jahre, um zu beweisen, daß das Atom die Grundlage der ganzen Welt ist. *Prahlada,* der vor tausenden von Jahren lebte, sagte: „Das Göttliche Prinzip ist sowohl im Mikrokosmos als auch im Makrokosmos gegenwärtig." Das **Hubble-Teleskop** in Amerika hat das jetzt bewiesen. Es sagt aus, daß es eine Art Intelligenz gäbe, aus der das Universum gemacht ist und die Ausdehnung des Universums steuere. Man kann heute beweisen, daß in allem ein universelles Bewusstsein existiert.

Da die ganze Schöpfung auf einem Traum Gottes beruht, ist sie so gesehen nur relativ wirklich und in diesem Traum *entfaltet jedes Schöpfungsteilchen sein eigenes individuelles Leben* in seiner eigenen Vielfalt, um sich mit anderen Teilchen zusammenzuschließen und zu einer immer größeren Gesamtstruktur zu werden. Nichts will individuell bleiben. Alles entsteht aus dem einen Prinzip, dehnt sich aus und entfaltet sich zu einer Vielfalt, um wieder mit anderen zu verschmelzen und *Eins zu werden.* Das Meer lässt die Welle – scheinbare Individualität – entstehen. Diese dehnt sich aus, wird größer und bildet Schaumkrönchen, um dann wieder ins Meer zurückzufließen und mit ihm Eins zu werden.

Aus diesem Grunde – da alles Einheit ist – kann der Mensch mit seiner Willens- und Wahlfreiheit nicht tun und lassen, was er will. Für ihn sind *gesellschaftliche Gesetze* **miterschaffen** worden. Die Gesetze der Moral und der Ethik, der Liebe und der Rücksichtnahme sind nicht vom Menschen erfunden worden, sondern es sind Göttliche Richtlinien, die heilige Menschen empfangen haben, um sie weiterzugeben (die Zehn Gebote, Moses). Es ist die Pflicht des Menschen, sie einzuhalten und zu respektieren, wenn er seinen Verfall und Untergang nicht einleiten will. Es ist eine wirkliche Tragödie, daß der Mensch dies nicht mehr weiß und nicht mehr verstehen will.

Die gesamte Menschheit ist eine Seilschaft, ein Verband und wenn einer stürzt, ist das nicht so gefährlich. Wenn aber immer mehr stürzen, ziehen sie die anderen mit in den Abgrund. Es ist reine Augenwischerei zu meinen, daß die guten Menschen dieser Seilschaft nicht auch mit abstürzen, daß sie verschont bleiben. Es regnet über die Bösen und die Guten. Die Seilschaft der rechtschaffenen Menschen muß sich vermehren und tatkräftig an dieser Entfaltung mitarbeiten. Wenn wir die Kraft und die Treue in der Erfüllung kleiner Pflichten besitzen, werden wir auch schwierige Entschlüsse ausführen und festhalten können, die für die Erhaltung der Menschheit erforderlich sind

Der Ur-Knall, wonach die Wissenschaft forscht, geschah nicht durch die Idee oder den Wunsch Gottes nach Ausdehnung, sondern aus folgenden Gründen: Zu Anbeginn herrschte nur die Dunkelheit im Universum. Durch Zusammenfügung von Atomen entstand eine feste Materienbildung, also eine sehr hohe Dichte, was wiederum viel Hitze erzeugte. Deswegen explodierte diese feste Materie ganz plötzlich in kleinere Stücke – ***mit einem großen Knall*** – die sich überall hin ausbreiteten. Aus dieser Ur-Explosion ging das ***Pranava = OM*** als Klang hervor, der nun die ganze Schöpfung durchdringt. Dieser kosmische Ur-Klang ging aus den subtilsten atomaren Teilchen hervor. Ohne Atome = anu, sanskrit keine Materie. Der atomare Prozess ist ein heiliger Prozess.

"Die gesamte Welt ist die Manifestation des Atoms.
Raum und Klang sind Ausdrucksformen des Atoms!"
Sri Sathya Sai Baba

Die Wissenschaft forscht

Die Naturwissenschaften haben in den letzten Jahrzehnten Riesenschritte nach vorn getan, ohne dass die Menschen in der Welt viel Neues erfahren haben oder es im Schulunterricht Fuß gefasst hätte. Das Ziel der Naturwissenschaft ist es, dass jeder Mensch, zu jeder Tageszeit, an jedem Ort der Erde ein Experiment nachvollziehen kann und müsste dann, wenn es richtig und objektiv wäre, immer und überall dasselbe Ergebnis zeitigen.

„Die Methode der Naturwissenschaft ist die
Austreibung der Geister aus der Natur!"
René Descartes

Wenn man das ein bisschen moderner übersetzt, ist damit gemeint, dass die Widersprüche innerhalb der Naturwissenschaft eliminiert werden müssten. Erst dann ist irgend etwas als wissenschaftlich bewiesen, wenn es keine Widersprüche mehr enthält und das zu allen Zeiten. So wie *die Wissenschaft* das Ziel hat, dass bei gleichem Forschen von einem Objekt, bei allen Forschern und überall auf der Welt auch das gleiche Ergebnis herauskommt, wäre es wunderschön, wenn wir das in puncto *Glaubenslehren* auch anstreben würden. Was jederzeit vom Prinzip her machbar wäre, können die Menschen anscheinend nicht nachvollziehen. Wenn alle Religionen das Gleiche lehren würden, was ihnen gemeinsam zugrunde liegt, nämlich *liebe deinen Nächsten*, wären wir schon einen großen Schritt *dem Weltfrieden* näher gekommen. Wenn wir das unterrichten würden, was uns verbindet und nicht, was uns trennt, gäbe es bald keine Konfessionskriege mehr. Die Heiligen und Meister *aller Zeiten* lehrten immer dasselbe und sind nicht unterschiedlicher Meinung bis zum heutigen Tage. Die Unterschiede entstehen durch ihre egoistischen Nachfolger. Die Menschen wollen nicht, daß sich etwas widersprüchlich verhält. Wir wollen es nicht in der Familie oder im Freundeskreis, nicht am Arbeitsplatz oder in der Politik, nicht in der Wissenschaft und auch nicht in den Glaubenslehren. Wir lieben fest verlässliche und beständige Dinge.

Eine Schülerin sagte einmal zu mir: Wissen Sie, wenn ich mehrere Bücher lese, weiß ich zuletzt nicht mehr, wer recht hat. Was der eine bejaht, das verneint der andere, und wenn ich das alles noch mit meiner Einstellung vergleiche, ist es mir, als würde ich den Boden unter meinen Füßen verlieren. Ich komme oft nicht zu einer neuen Erkenntnis, sondern nur zu einer neuen Unruhe in mir. So ist es mir früher auch ergangen, doch Ur-Weisheiten machen unterscheidungsfähig und ruhig.

Die Wissenschaft forscht, analysiert und ist auf der Suche nach *dem einen Prinzip,* nach einer **grundlegenden Kraft und** so reduziert sie die anderen Kräfte und Energien immer mehr und mehr, um ihr Ziel zu erreichen.

Die Physik ist dann an ihrem Ziel angekommen, wenn es nichts mehr zu teilen und zu verkleinern gibt, wenn sie *die letzte Einheit* gefunden hat.

Die Philosophie lehrt, wenn wir *die Einheit finden,* hören alle Erörterungen auf. In der Einheit herrscht die Vollkommenheit und ist vollkommener Frieden. Der Name dieser Lehre ist *Advaita.* Diese uralte Lehre stimmt sowohl mit der heutigen Physik als auch mit der Moral der modernen Forschung überein.

Alle Dinge können auf ein einziges Element reduziert werden, die als unzählbare Teilchen im Universum zerstreut sind. Sie antworten auf Schwingungseinflüsse und alles geschieht in einem absoluten, vollkommenen Gleichgewicht. Die Naturwissenschaft sagt, *dass es keine einzelnen Teile in der Schöpfung gibt. Alles gehört zu einem in sich abgeschlossenen Ganzen, denn das Wesen aller Naturgesetze ist die Gesamtübereinstimmung.* Gesetz im wissenschaftlichen Sinne heißt, dass die Teile von Ganzheiten dem einen Gesetz, *dem einen*

Prinzip gehorchen müssen. Gesetz heißt, dass sie ohne das geringste Zuviel oder Zuwenig an ihre Stelle passen. In diesem wunderbaren Naturspiel gibt es *kein Konkurrenzdenken, keinen Wettbewerb und kein Bekämpfen* des anderen. Die Naturgesetze sind nicht nur statisch, wie man lange der Meinung war, sie sind auch dynamisch.

„Der Kosmos ist täglich neu!"

Albert Einstein

"Das **Tao** = **Weg** lehrt, dass *Jenes und Dieses aufhören müssen,* als Gegensätze angesehen zu werden". In Wirklichkeit ist es wie bei einer Geldmünze, die eine Vorder- und eine Rückseite hat. Niemand kommt auf den Gedanken, dass dieses Gegensätze sind. *Es ist eine Münze, eine Einheit.* Ich kann hier nicht über die ganzen neuesten, naturwissenschaftlichen Ergebnisse berichten, aber eines wurde mir ganz klar. Es ist *das gleiche Wissen,* das **die Advaita-Philosophie** = *Non-Dualismus* = *Monismus* lehrt, sie sind deckungsgleich.

Vor vielen tausenden von Jahren *waren Glaubenslehre und Naturwissenschaft eine Einheitslehre.* Sie wurden weder getrennt gelehrt noch bekämpften sie sich gegenseitig. Ich denke da an den Kampf von Galilei mit der Kirche = Papst. Die Glaubenslehren müssen das lehren, was sich heute mit den Erfahrungswerten der Wissenschaft vereinbaren lässt. Man ist gut beraten, wenn man dieses Ziel so schnell wie möglich wieder anstrebt.

„Der Strom der Erkenntnis bewegt sich auf eine nicht mechanische Wirklichkeit zu. Das Universum mutet immer mehr wie ein großer Gedanke und nicht mehr wie ein großer Mechanismus an!"

Sir James Jeans, Wissenschaftler

Der heutige Mensch will das, was er glauben soll, erklärt haben.

Das ist auch richtig so. Wir haben ja unser Gehirn zum Nachdenken bekommen. Doch es gibt immer noch sehr viel Leichtgläubigkeit unter den Menschen, speziell bei Glaubenslehren. Ich kann Ihnen nur empfehlen, glauben Sie nicht alles, nicht den Obrigkeiten oder den Menschen, die Titel tragen und auch nicht den *sogenannten* Heiligen. *Heilige sind eine Rarität* und wir müssen lange suchen, bis wir *Einen* von Ihnen finden. Also selber denken, nachforschen und ausprobieren.

> „Forschen bedeutet, Mut zur Wahrheit, logische Anwendung des Verstandes, Befreien von Vorurteilen und doktrinärem (grch. an einer Lehrmeinung festhalten, wirklichkeitsfremd) Verhalten, Aufgeschlossenheit und geistige Bereitschaft zur Erweiterung des objektiven und subjektiven Erfahrungsschatzes sowie Schulung und kritische Anwendung der mentalen Sinnesorgane!"
>
> Albert Einstein

Die höhere, moderne Physik ist zu der Erkenntnis gekommen, daß Materie Energie und Energie Licht ist. Die Wissenschaftler, die mit der Zeit Philosophen werden, haben die Materie und Energie als Gedanken erklärt. Dadurch wird die Wissenschaft idealistisch und jetzt versucht sie, die materielle Welt aus der Sicht des nichtmateriellen Prinzips zu erklären und sie macht sensationelle Entdeckungen. Je tiefer sie mit ihrer Forschung in die Materie eindringt, desto mehr erfährt sie, daß *alles eine Einheit ist und in allem ein unsterbliches Bewusstsein lebt*.

Ich bin begeistert, daß sich die Wissenschaft mit Riesenschritten in Richtung Mystik bewegt. Ich frage mich, ob sie das weiß? *Albert Einstein* und *Max Planck* waren die Pioniere, die diesen Weg erst einmal freigelegt haben, damit ihre Nachfolger leichter auf ihm wandern können.

„Materie an sich gibt es nicht, es gibt nur den
belebenden, unsichtbaren unsterblichen Geist
als Urgrund der Materie!"
Max Planck

Die Holographie ist eine dreidimensionale Fotografie, die mit einem Laserstrahl hergestellt wird. Wenn eine solche Fotoplatte in viele einzelne Stücke zerbricht, kann man feststellen, daß jedes der einzelnen Stücke *das vollständige Abbild* des fotografierten Gegenstandes aufweist. *Die Welt ist ein holographisches Universum* und in allem ist ein Bewusstsein. Der Geist in jedem Menschen ist ein Bruchstück des universellen Geistes.

Ein Wissenschaftler (Name unbekannt), schrieb: „Obwohl es den Anschein hat, als existiere jeder Mensch getrennt und unabhängig von den anderen, sind wir alle mit *Intelligenzmustern verbunden,* die den ganzen Kosmos beherrschen. Unser Körper ist Teil eines universellen Körpers und unser Geist ein Fragment des universellen Geistes!"

Die Schöpfung findet zunächst auf der Ebene des Göttlichen Geistes statt und wird von dort in die Welt der Sinne projiziert, die aber – auf dieser Ebene der geringereren Bedeutung – nur ein Spiegelbild von der größeren Wirklichkeit ist, in der sie ihren Ursprung hat. Wir brechen auf zu neuen Ufern. Es wird kein Stein auf dem anderen bleiben. Das meiste von dem, was wir bis jetzt geglaubt haben, was der Kosmos und die Schöpfung ist und was *der Sinn des Lebens bedeutet,* müssen wir aufgeben, umdenken und neu erlernen. Wir geben aber unsere falschen Einstellungen deshalb nicht auf, nur weil die Glaubenslehren oder der geistige Yoga es schon tausende von Jahren lehrt, sondern weil die Wissenschaft jetzt immer mehr diese alten Lehren der Einheit *aus dem Glauben müssen* herausholt und sie bestätigt. Wir kommen um diese neuen Erkenntnisse nicht mehr herum. Die Welt und alles, was in ihr beweglich und unbeweglich lebt, *ist ein Organismus*. Doch nicht nur diese Welt, sondern die ganze Schöpfung, die sichtbare und unsichtbare, ist ein Organismus.

Gott ist im Vormarsch, sich der Menschheit wieder bewusst zu machen. Diese neue Erkenntnis ist wie *eine neue Geburt*, die in *ein kosmisches Bewusstwerden hineinführt* wird. Ein Wendepunkt in der Geschichte und im menschlichen Denken ist erreicht und es ist das interessanteste Zeitalter in den letzten Jahrtausenden. Die Liebe Gottes sendet ihre Energien der Weisheit aus, um den leidenden Planeten Erde und die darauf lebende menschliche Rasse zu transformieren. Die Gewalt und die Ungerechtigkeit in allen Ebenen wird sich auflösen müssen, um der Harmonie in allen Lebensbereichen Platz zu machen, so dass sie wieder hergestellt und gefestigt werden kann. Und da fragen wir noch, was Gott gegen all dieses Sodom und Gomorrha auf dieser Welt unternimmt? *Er tut schon etwas.* Beschleunigen wir diesen Vorgang durch tätige Nächstenliebe und Selbst-Meisterung.

So wie sich die Wissenschaft und Technik entwickelt und in diesem Zeitalter der Fortschritt sich mit Riesenschritten vollzieht, wird es wichtig darüber nachzudenken, wie der Mensch diesen Fortschritt überlebt. Wenn wir nicht die Demut und die Nächstenliebe im gleichen Umfang mitentwickeln, wird der Mensch zu seiner eigenen Bedrohung werden. Die Wissenschaft muss sich der Ethik und der Moral unterordnen und nicht umgekehrt, sonst wird sie eine große Gefahr für die Menschheit werden.

„Das Verhältnis der Wissenschaft zur Natur gleicht
dem des arroganten Mannes zu seinem Diener!"

Paramahansa Yogananda

Makrokosmos und Mikrokosmos

Das große ordnende Prinzip = die Verkörperung der Liebe Gottes ist so intelligent, daß der Makrokosmos = die Schöpfung reibungslos abläuft.
Die Individualität ist abhängig von der Universalität. Ist der Mikrokosmos nicht in der Liebe, wird der Makrokosmos disharmonisch.

Es ist natürlich schwer, unter dem Einfluss der Dualität und des Wechsels die Höchste Wahrheit zu erkennen. Die Fähigkeit, die große Ordnung, welche den Makrokosmos und den Mikrokosmos durchzieht, zu erfassen, ist einAspekt des rationalen Verstandes. Jede Wahrnehmung von Strukturen, von Gesetzen ist eine Wahrnehmung der Ordnung. Dynamische Strukturen sind Energiebündel. Sie bilden stabile nukleare, atomare und molekulare Strukturen, welche die Materie aufbauen. Es hat denAnschein, als bestünde die Materie aus einer festen, materiellen Substanz, aus Teilchen. Die Quantentheorie hat uns jedoch eine andere Anschauung vermittelt. Sie hat gezeigt, dass Teilchen keine isolierten Materie-Teilchen sind, sondern Wahrscheinlichkeitsstrukturen in einem kosmischen Gewebe, die untrennbar mit ihm verknüpft sind. Der Makrokosmos ist ein kosmisches Gewebe, das lebt. Der Makrokosmos = das Universelle und der Mikrokosmos = das Individuelle entstehen alle aus der Einen Wahrheit, aus dem Einen Prinzip. Deshalb kann sich niemand dieser wichtigen Aufgabe *des Miteinander* entziehen. Das Problem ist jedoch, dass die meisten Menschen dieser Welt diese Bewusstheit noch nicht haben und wenn sie sie haben, dann müssen sie dies im Alltag umsetzen.

Auf dieser Welt leben wir in **unterschiedlichen Reifestufen = Grad-Entwicklungen** zusammen. Das verschafft uns durch unsere Mitmenschen eine reiche Auswahl an Erlebnismöglichkeiten wie nirgendwo in anderen Sphären. Dadurch lernen wir schneller, aber es kostet auch Nerven. Lernen heißt erkennen, dass wir eine individuelle sowie eine universelle Aufgabe und Verpflichtung haben, die bewältigt werden muss. Jeder ist für sich verantwortlich und hat die Pflicht, sich freiwillig weiterzuentwickeln. Gleichzeitig steht er auch in Verbindung mit dem ganzen kosmischen Geschehen. Man darf sich nichts in seiner Individualität wünschen, was dem Universalen widerspricht. Ein Volk darf nicht den Wald abholzen, weil es Brennholz benötigt, und dadurch das Öko-System negativ beeinflussen. Das soll nur ein Beispiel sein für das, was ich sagen will.

Dieser Lernprozess fängt mit der Rücksichtnahme in der Familie an, die schon eine Kleinstform der Einheit vom universellen Sein darstellt. Es ist ein gutes Übungsfeld, das Für- und Miteinander zu trainieren. Ein Mensch allein, ohne seine Mitmenschen, könnte nicht viel Sinnvolles vollbringen. Wir haben heute die Einstellung, dass wir die anderen nicht brauchen, man ist selbständig und jeder will unabhängig sein. Doch jeder ist eine Zelle, ein Rädchen im großen Getriebe, und leistet so – bewusst oder unbewusst – seinen Beitrag zum reibungslosen Ablauf. Versuchen wir aus dieser gesamten Verantwortung auszusteigen, kommt, wie wir sagen, Sand ins Getriebe.

Unsere Generation ist die erste, die die große Erkenntnis, *dass die Menschheit ein Organismus ist*, wirklich begreifen kann und wird. Jeder von uns ist eine Zelle im großen Universum und damit in die ganze Schöpfung einbezogen. Die Schöpfung ist *der Makrokosmos*, die Wesen sind *der Mikrokosmos*. Wir stehen an der Schwelle *einer Bewusstheits-Entfaltung und -Veränderung*, einem Quantensprung ähnlich, der uns aus der Begrenzung der Selbstbewusstheit der Individualität zum kosmischen Bewusstsein der Universalität führt.

In einem gesunden Organismus, in einer gesunden Gesellschaft, sind beide Tendenzen, Mikrokosmos sowie Makrokosmos, ausgeglichen und man ist sich voll bewusst, dass das eine das andere benötigt, wenn alles harmonisch funktionieren soll. Je weniger Ego-Verhalten wir leben und je weniger negatives Karma entsteht, desto mehr fühlen wir uns in dieser Gesamtheit wohl. So wie die Biene die Blüte benötigt, braucht die Blüte die Biene. Es fehlt uns noch an Verlangen nach dem ewigem Wissen – aus der Sicht des ganzheitlichen Denkens. Wann sehen wir, was in der Natur geschieht, wann erkennen wir, dass die Natur und der Mensch eine Einheit sind?

Es sind nicht nur die Abgase der Autos, der Flugzeuge, der Industrie und die atomaren Energien, die der Welt Schaden zufügen. Es ist vielmehr *die Unmoral der Menschheit* im Denken, Sprechen und Handeln, *die Naturkatastrophen, Kriege und Krankheiten* entstehen lässt. Der Mensch muss sich im Denken gravierend ändern, wenn er mithelfen will, die Harmonie der Natur wieder herzustellen.

Da die Weltsituation, von aussen betrachtet, so negativ und verrückt ist, berechtigt es uns zu der Behauptung, dass es *eine apokalyptische Wende in der Bewusstheit des Menschen geben wird*. Es ist jedoch falsch, auf Negatives zu warten, welches von Hellsehern prognostiziert wird. Ein Zusammenbruch wird kommen, aber warum muss dabei die Menschheit untergehen? Der Untergang kommt im menschlichen Denken, da wird kein Stein auf dem anderen bleiben. Was gestern noch vermeintlich als wahr erschien, ist heute überholt. Jeder von uns muss seine Einstellungen zur Schöpfung, zur Natur und zum Menschen vollkommen ändern.

Ich glaube nicht, daß wir Menschen es in unserer *Trägheit* alleine schaffen werden. Wir bringen in zehn Jahren nicht einmal wichtige Umweltgesetze vom Tisch. Wo keine Liebe vorhanden und das Herz erkaltet ist, bleiben nur noch lebende Tote zurück. Der Mensch handelt dann nur noch nach Lust-Gewinn und Laune, in völliger Missachtung der Göttlichen Naturgesetze, der Moral und der Ethik und vergisst total, dass er früher oder später den Preis dafür bezahlen muss. Bei dieser Disharmonie, die wir jetzt in hohem Maße überall sehen und hören können, wäre es gut, *Gott um Hilfe zu bitten.* Viele betende Menschen in der ganzen Welt werden die Liebe und Gerechtigkeit immer wieder stützen, damit ein Wandel eingeleitet werden kann. Es ist die Unwissenheit über das holographische Geschehen und die Abneigung zu Gott, *die das Ego-Verhalten stärkt* und die Rechtschaffenheit verschwinden lässt. Es ist die bedingungslose Liebe, die die Tugenden verstärkt und entfaltet und nicht nur erlerntes Wissen, das einseitig nur für den Lebensunterhalt dient.

Die neuesten Erkenntnisse der Wissenschaft sind im Grunde altes Wissen der Weisen und Heiligen aller Zeiten. Nur wird es jetzt *endlich* jedem interessierten Menschen zugänglich gemacht und das auch noch auf beweisbare Art. Die Wissenschaft hat viel Nützliches geleistet, doch trotz alledem dürfen wir nicht blauäugig sein gegenüber manchem großen Unfug, zu dem die Wissenschaft noch beiträgt.

Wir beginnen, unsere wahre Menschlichkeit zu erkennen und zu erlangen. Eine interessante *Zeit, jetzt zu leben.* Natürlich sind Umbrüche nicht gerade bequeme Lebensabschnitte, doch mit Bequemlichkeit ist noch nie etwas Wichtiges erreicht worden. Es ist viel leichter, den Weg des geringsten Widerstandes zu gehen, doch dies ist der Weg der Trägheit. Vieles wird hinweggefegt und neue Initiativen ergriffen werden, um die Dämmerung *des Goldenen Zeitalters* und die Geburt der neuen Menschheit zu ermöglichen.

„Die Unterscheidung zwischen Vergangenheit,
Gegenwart und Zukunft ist nur eine Illusion,
wenn auch eine dauerhafte!"
Albert Einstein

Evolution, das Gesetz der Weiterentwicklung

Das Leben ordnet sich zu immer komplexeren Formen. Es entwickelt sich von der Amöbe hin zur Pflanze, zum Tier und im Menschen entfaltet es sich zum Bewusstwerden = Bewusstheit. In all diesen Erweiterungsprozessen ist es *das höchste Bewusstsein = das universelle Bewusstsein,* das schrittweise seine verborgene Weisheit manifestiert und offenbart. *Das ist Evolution.*

„Evolution ist das Hervorbringen, das Entfalten oder das Enthüllen dessen, was die sich entwickelnde Wesenheit im Kern ihres Wesens schon ist!"

G. von Purucker

"*Rupert Sheldrake* ist ein englischer Biologe und der Erfinder von den morphogenetischen Feldern, grch. = gestaltbildend, formgebend. Es sind unsichtbare, organisierende Strukturen und sie enthalten *gesammelte Informationen* über alles Vergangene, Geschichte und Evolution. Sie sind wichtige Bestandteile bei der Erklärung *des Evolutionsprozesses.*

Wendet man Sheldrakes Theorie auf die Entwicklung höherer Bewusstheitsstufen an, so läßt sich voraussagen, dass das morphogenetische Feld für eine höheres Bewusstwerden in dem gleichen Maße wächst wie der einzelne Mensch seine eigene Bewusstheit erhöht oder erweitert. Somit wird es für andere Vertreter einfacher, sich in der gleichen Richtung zu entfalten. Die Gesellschaft gewinnt an Impulsen – in Richtung Erleuchtung –. Auf diesem Prinzip basieren Erfindungen, künstlerische Ideen und philosophische Entwicklungen. Friedensmeditationen oder gemeinsames Beten für eine Sache können zu einer *Initialzündung* werden und somit das Verhalten im Menschen und das Verhalten des Kosmos verändern helfen. Alles, was der Mensch denkt und tut, lässt Schwingungsenergien entstehen, die sich in morphogenetischen Feldern sammeln. Sind diese Felder voll, entladen sie sich und kehren – gestaltbildend – zum Absender und zu dessen Gattung zurück. *Was du säst, das wirst du ernten.* Wir haben ein individuelles morphogenetisches Feld in uns und es gibt ein universales morphogenetisches Feld in der Atmosphäre. So bildet jeder sein eigenes Schicksal und auch das Schicksal der Menschheit heran.

Der 100. Affe: Ein Forscherteam beobachtete einmal das Verhalten einer Affenherde auf einer japanischen Insel. Man fütterte die Affen mit Süßkartoffeln, was ihnen zunächst nicht besonders gefiel, da die Früchte sandig waren. Da kam ein Tier auf die Idee, seine Kartoffeln zu waschen. Einige andere, die es beobachteten, *äfften das Verfahren nach.* Nach und nach wuschen immer mehr Affen ihre Kartoffeln. Jetzt geschah das Unglaubliche. *Als der 100. Affe der Herde* seine Kartoffeln wusch, fingen auch Affen auf anderen Inseln plötzlich mit dieser Prozedur an, obwohl zwischen den Tieren keine Verbindung bestand.

Diese Tatsache wird als Indiz für die Existenz eines morphogenetischen Feldes angesehen, in dem Formbild und Verhaltensmuster von Organismen gespeichert sind, die dann in einer Art *Resonanzverfahren* diese Muster auf andere Vertreter der gleichen Art übertragen können und zwar umso genauer, je ähnlicher sich zwei Individuen der gleichen Art sind. Je mehr Vertreter der Art das Verhaltensmuster bereits gebildet haben, desto eher können gleiche Muster spontan an verschiedenen Stellen in der Welt gleichzeitig auftreten. Voraussetzung ist, dass sie irgendwo bei genügend vielen Repräsentanten schon vorhanden sind. Der 100. Affe ist seitdem zum Motto für die Möglichkeit geworden, *Denkmuster durch Übernahme* – bei einer bestimmten Minderheit der Menschen – *kaskadenartig auf die Mehrheit zu übertragen."*

Die Erkenntnis von Rupert Sheldrake müsste dringend in den Schulen gelehrt werden. Wir wüssten dann ganz genau, wohin die Menschheit steuert, warum sie immer kränker wird am Körper und das Burnout-Syndrom in der Psyche sich ausdehnt und warum extreme Gewalttaten zunehmen usw. Mit diesem Wissen würden wir eine ganz andere Gesetzgebung und viele Meinungsveränderungen in der Politik entwickeln.

Ilya Prigogine, Biochemiker, fand folgendes heraus: „Eine einzelne Strömung, die ihre Kraft mit der anderen Strömung verbindet, kann stark genug werden, das ganze Muster umzuordnen. Der Weg, den sie in diesem instabilen Zustand wählt, ist *unvorhersagbar, spontan und schöpferisch. So* kann ein Durchbruch zu einer neuen Ordnung geschehen. Hier übertritt der lebende Organismus die Schwelle zwischen dem Vorherbestimmten und der Selbstbestimmung."

Ein Durchbruch kann sowohl positiv als auch negativ sein. Es kommt darauf an, was die ganze Menschheit in der Mehrheit denkt und fühlt. Da ich schon die Gunas = Eigenschaftslehre des geistigen Yogas kannte, war die Entdeckung der morphogenetischen Felder für mich nichts Neues. Sie wirkte ergänzend und erklärte mir noch so manches, was ich in dieser Genauigkeit bis dahin noch nicht verstanden hatte. Mir wurde immer deutlicher bewußt, was *eine* Schöpfung und *eine* Menschheit bedeuten und welche Konsequenzen das für die ganze Welt und die Menschen zeitigen wird.

„Der Mensch wird geboren und für eine
Zeitspanne wird ihm das Leben gegeben,
damit er das Wissen um sein Eins-Sein mit
dem Unendlichen – Absoluten erwerben kann!"
                                        Sri Sathya Sai Baba

Die Entwicklung in der Schöpfung

Die Schöpfung ist so durchdacht – besser gesagt – so geträumt, dass jede Individualität wieder **Eins werden muss mit Gott**. Wenn ein Wesen durch den Evolutionsweg zu der Form Mensch herangereift ist, beginnt erst die eigentliche Menschwerdung. Mit der erkennenden Bewusstheit, das der Mensch jetzt hat, wird der Intellekt immer weiter entwickelt. Der Mensch wird von Leben zu Leben besser denken und kombinieren lernen. Er wird strategisch vorgehen und immer mehr Nutzwerkzeuge erfinden, die, wie er meint, sein Leben erleichtern helfen sollen. Je weiter sich der Intellekt entwickelt, desto kreativer wird der Mensch und seine Wünsche nehmen in diesem Maße zu. Heute ist es dem Menschen gelungen, auf dem Mond zu landen und er hat erfahren, dass alles ein holographisches Universum ist.

Der Intellekt ist nur eine Energie, die sich im Menschen weiterentwickeln muss. Die andere Energie ist **die Liebe,** die sich im Menschen zum Charakter entfalten, ausdehnen und an Kraft gewinnen muss. So wie man mit dem Intellekt das Denken, Sprechen und Kombinieren schulen kann, so kann man über das Herz die Liebe, die Achtsamkeit und die Zufriedenheit schulen. Wenn dann Herz und Geist zusammenfinden und eine Einheit bilden, wird die Intelligenz sichtbar. **Die höhere Intelligenz hat Ideale,** Rücksichtnahme, Liebe und Selbstlosigkeit im Gepäck, die durch das Wesen Mensch gelebt werden können. Jetzt ist das Wesen in seiner Form und in seinem Geist zum Menschen herangereift. Es wird für jedes lebende Wesen zu einem Wohlempfinden werden, wenn es so einem Menschen begegnet und in seiner Nähe oder in seiner Ausstrahlung sein darf. **Mensch werden und es zu sein ist ein hohes Ziel,** das von jedem Wesen erreicht werden muss. Wie viele Reinkarnationen der Einzelne dafür benötigt, ist individuell und das Resultat seiner Willens- und Wahlfreiheit überlassen

Zu Beginn des Menschwerdens werden *die Pflichten* nur ungern und oberflächlich ausgeübt. Doch irgendwann in einem Leben werden sie zur Gewohnheit und der Mensch sträubt sich nicht mehr gegen seine Pflichten. Jetzt hält er vieles für seine Pflicht und wird sie im Übereifer erfüllen wollen. Er mischt sich in alles ein, will vieles übernehmen und selbst tun. Er kann dabei in seiner Pflichterfüllung sehr aufdringlich werden. Mit der Zeit im Laufe seiner Reinkarnationen schleift sich das jedoch wieder ab und er wird ruhiger. Er kommt in die Mäßigung und tut seine Pflicht *selbstverständlich, selbstlos, in aller Ruhe und ohne viel Aufwand davon zu machen.*

Jetzt werden Energien frei und der Mensch entwickelt das Mitgefühl, die Eigenschaft *der hingebenden Liebe.* Durch die mitfühlende Liebe lernt der Mensch mehr Achtsamkeit und Rücksicht zu allen anderen Wesen wie Mensch, Tier und Natur. Er beginnt, Hilfswerke zu gründen und betätigt sich in sozialen Bereichen. Er interessiert sich für Glaubenslehren.

Wird er jetzt achtsam gegenüber dem, was er denkt, *tut und spricht,* werden Gefühle, Gedanken, Worte und Handlungen analysiert, überwacht und je nachdem umgewandelt. Es ist der Weg, sich in der Achtsamkeit zu schulen. Zuerst wird an der Wahrheitsfindung *an sich selbst* gearbeitet, indem der Mensch das begreift, was er denkt und fühlt. Dann wird er mit der nötigen Feinfühligkeit in tiefere Schwingungsschichten vordringen, um die Wahrheit zu erkennen.

Baba schrieb: „Die Heiligen sind auch nicht mehr das, was sie waren." Begehen wir jetzt nicht den Fehler der Beurteilung, dass ein Wesen, ein Mensch oder ein Heiliger auch in Erregung sein muss, nur weil er laut und befehlend spricht, schreit oder zornig aussieht. Auch im Gemütsfrieden können wir solch ein Verhalten rhetorisch, verbal wie ein Schauspieler darstellen, ohne dass wir von unserem eigenen Schauspiel gefühlsmäßig erfasst werden. *Avatare, die keine Eigenschaften mehr besit-*

zen, sind alle sehr gute Schauspieler in der negativen Darstellung von Eigenschaften, da Sie ja solche nicht mehr empfinden können.

Der Mensch registriert in seinem Ego-Verhalten schnell, was ihm gut tut, ihm Vorteile und Gewinn bringt, *was er will.* Deshalb lässt er sich hauptsächlich vom *Egoismus* und von der Dumpfheit beherrschen und tut nicht viel für andere Wesen, oft nicht einmal etwas für sich selbst. Er macht selten etwas freiwillig und handelt hauptsächlich, wenn für ihn dabei Vorteile entstehen, sei es nur eine Anerkennung in der Öffentlichkeit, die vielleicht mehr Macht oder dergleichen in Aussicht stellt.

Beginnt der Mensch jedoch über sein Denken, Sprechen und Handeln nachzudenken, ob sein Tun niemandem schadet, *beginnt der spirituelle Weg.* Er entwickelt Ideale und sucht nach Erklärungen zu seinem Leben, zu der Schöpfung und dem Sinn des Lebens. Der Mensch ist jetzt im Laufe seiner Reinkarnationen so weit entwickelt, daß er die Rückbindung zu Gott *nicht mehr allein* dem Evolutionsgesetz überlässt, sondern er arbeitet tatkräftig mit, mit seiner erkennenden, analysierenden Bewusstheit und mit seiner Liebe zu Gott. In diesem Entwicklungsgrad wird dem Menschen das Göttliche Sein immer öfter offenbart und er wird sich im Gemütsfrieden und in bindungslosen Handlungen wiederfinden. Hier läuft alles wie von selbst und es werden viele Eigenschaften wie zum Beispiel Unterscheidungsvermögen, Achtsamkeit und Pflichtgefühl nicht mehr benötigt. Die Eigenschaften sind selbsttätige Aspekte geworden und müssen nicht mehr überwacht werden.

Solange wir auf dieser Welt leben und ein Teil von ihr sind, haben wir unsere Pflichten zu erfüllen, die Gesetze einzuhalten und wir dürfen nicht von ihnen abweichen. Aber trotz alledem dürfen wir nicht die Eindrücke der Welt in uns einfließen lassen und die Fassung verlieren, wenn wir Unrecht sehen, sondern bei allen Geschehnissen frei und unberührt bleiben. So können wir mit ganzer Kraft und in der allumfassenden Liebe positive, regulierende Gedanken-Schwingungen aussenden. Welche Schritte haben wir unternommen, um aus der Versklavung der Sinne wirklich herauszukommen?

Wenn wir von der *Zeit-Lehre* in anderen Welten = Jenseitswelten von Entwicklungsunterschieden zu unserer Welt ausgehen, wissen wir inzwischen – auch aus der Raumfahrtforschung und nicht nur aus den spirituellen Lehren, dass es andere Zeitberechnungen gibt. Im feinstofflichen Bereich - wo wir nach dem Tode hingehen – sind 100 Jahre auf Erden nur noch drei Tage. Alles läuft etwas schneller ab.

„Sich von diesem *drei Tage* währenden
Jahrmarkt blenden zu lassen, ist töricht!"
                              Sri Sathya Sai Baba

Unter welchem Gesichtspunkt betrachten wir die Schöpfung und den Menschen? Was ist unsere Einstellung zum Sinn des Lebens?

Die Schöpfung ist ein Göttliches Spiel. Spielen wir es und lernen wir die Spielregeln kennen, die dieses Spiel hat. Wenn alles in uns verfeinert, veredelt und glänzend geworden ist, sind wir viel empfänglicher für die Gnade und Segnungen und es kommen die Fähigkeiten der Inspiration und der Erleuchtung dazu. Überall, wo wir hingehen werden, wandeln wir im Lichte Gottes. Wir werden mit der Liebe und der Weisheit im Herzen, die unendlich und unbegrenzt ist und die alles einschließt, unser Leben gestalten. Jetzt ist unser Leben ein Spiel des kosmischen Bewusstseins geworden.

Das kosmische Bewusstsein ist das Bewusstsein in allem, was wir Schöpfung nennen. Es ist ein intensives Erkennen und Bewusstwerden der Göttlichen Liebe, die in allem Sichtbaren und Unsichtbaren vorhanden ist. Diese Liebe ist in der Natur, in der Sonne, in dem Meer, in den Menschen, in allen Dingen, welche das physische Universum ausmachen. Wir können dieses Göttliche, kosmische Bewusstsein überall als fürsorgliche, alles verbindende Einheits-Energie erkennen. Wenn wir soweit sind, daß uns das gelingt, dann haben wir ein ungeheures Schauen, das die Zusammenhänge offenbart. Mit dieser Einstellung werden wir unser Leben fest in den Griff bekommen. Dann haben Schmerz und Freude keinen so großen Einfluss mehr auf unser Gemüt. Das Böse hört auf, uns *übersteigert zu belasten* und das Unglücklichsein nimmt in Vielem ab. Wir werden hier als kosmisch denkende Wesen leben und dann auch in unseren geschäftlichen Aufgaben mehr Erfolg haben. Wir werden mit mehr Verantwortung und Achtsamkeit an unsere Arbeitsgebiete herangehen und dadurch ein besserer Arzt, Schriftsteller, Künstler, Priester, Arbeiter oder Geschäftsmann sein. Wir werden wirklich liebende Väter und Mütter sein und *richtig gute Bürger in dieser Welt.*

Das Gemüt in uns darf nicht mehr länger die Lebenseinstellung bestimmen, sondern das Bewusstwerden, *was der Sinn des Lebens und der Schöpfung ist,* dann werden alle positiven Fähigkeiten im Menschen aktiv werden. Wir können ein Leben leben, in dem es den inneren Kräften gestattet wird, uns zu durchströmen. *Der kosmisch entwickelte, denkende Mensch ist für den absoluten Frieden in der ganzen Welt.*

„Geduld ist unsere erste Lektion, die wir unbedingt
erlernen müssen, aber nicht jene dumpfe Langsamkeit
der Furchtsamen und Skeptiker, die gelangweilte
Gleichgültigkeit der Überdrüssigen und Faulen,
sondern eine Geduld voll ruhiger, gesammelter Kraft,
die sich auf die Stunde der schnellen, großen Schläge
wachend vorbereitet, davon wenige genügen, das
Schicksal zu verwandeln!"

Sri Aurobindo

Wie ist die Maya zu verstehen

Maya, sanskrit = Illusion, Schöpferkraft, das schöpferische Prinzip. Die Maya ist das schöpferische Prinzip, das den allerersten Wunsch äussert, vieles zu sein. *Dieser Ur-Wunsch dehnt sich im Universum aus.* Sie ist die Ur-Illusion der zugrundeliegenden Unwissenheit. Sie ist die Illusion, die das Unwirkliche = das Relative, als das Wirkliche, als wahre Realität ansieht. Sie ist eine Mischung aus Tatsache und Täuschung. Die Täuschung ist die Vielfalt, die Tatsache ist die Einheit = Gott. Diese kosmische Illusion gehört letztlich zu Gott und kann nicht durch eigene Anstrengung überwunden werden, *dazu benötigen wir die Gnade Gottes* oder die Hilfe eines Meisters.

Ein Meister lehrt uns, die Gesetze zu verstehen, damit wir über unsere Unwissenheit hinauswachsen können, um Gott in seiner Unendlichkeit und Allumfassenheit zu erkennen. Er lehrt uns, Gott zu verehren, zu achten und zu lieben, um aus dem Gesetz von Ursache und Wirkung herauszukommen. Jeder, der uns dieses Prinzip erklärt und uns darauf aufmerksam macht, muss unserer Wertschätzung und Achtung in Wort und Tat gewiss sein. Die Maya macht uns glauben, daß alle Formen individuell und voneinander getrennt lebend sind, um die eine formlose Wahrheit zu verbergen. Die Maya verhüllt die Wirklichkeit, um das Unwirkliche zu planen. Sie ist keine hässliche Sache, die von irgendwo anders herbeigekommen ist. Die Maya ist eine charakteristische Eigenschaft des Geistes.

„Ich bin der Gebieter, der die Maya regiert, sie ist
lediglich Mein Gewand, das Ich durch Meinen
Willen schuf und um Mich herum drapierte!"
                              Sri Sathya Sai Baba

Die Maya hat unterschiedliche Energien: Die eine erzeugt

das Ego und die Beharrlichkeit, die andere erzeugt Zuneigung und Abneigung = Anziehung und Abstoßung. Verlangen wir nach Glück, entsteht Zuneigung. Wollen wir Unglück beseitigen, entsteht Abneigung. Beides sind Energien der Maya. Die vedischen Schriften erklären, dass das physische Weltall dem Gesetz der Maya unterstellt ist. Wir nennen es *das Dualitäts- und Relativitätsprinzip.*

Die Maya hat zwei Aspekte:
Avidya = Nichterkenntnis
Vidya = Erkenntnis

Newtons Bewegungsgesetz ist das Gesetz der Maya:
„Jede Kraft erzeugt eine gleich große Gegenkraft. Eine einzelne Kraft gibt es nicht; alle Kräfte erscheinen paarweise, sind gleich groß und entgegengesetzt gerichtet!"

Der Mensch besitzt die Intelligenz, *die Maya zu überwinden* und sich seiner Macht über die kosmische Ordnung bewusst zu werden. Die Gedankenwelt = der Geist ist das schöpferische Prinzip der Maya. Die Maya zu meistern bedeutet zu wissen, dass es keine Individualität und keine Vielfalt gibt, sondern dass alles universelles Sein = Gott ist. Wenn wir sie auch nicht so schnell überwinden können, so können wir ihr doch Widerstand leisten.

„In Maya geboren, in Maya entstanden, ist es die Mission des Menschen, die Maya zu meistern!"
Sri Sathya Sai Baba

Das Leben ist ewig

Ständig sind wir, ohne es bewusst wahrzunehmen, von verschiedensten Schwingungen und Wellen umgeben. Sie fließen in uns ein und es fließen Schwingungen aus uns heraus. Wir sind Empfänger und Sender gleichzeitig. Es geschehen dauernd Dinge, die wir mit dem Auge nicht sehen, mit den Ohren nicht hören und mit dem Gefühl nicht wahrnehmen können. Es wäre deshalb sehr intolerant zu leugnen, daß es Wirklichkeiten gibt, die jenseits unserer Sinne existieren. Es gibt viele Sonnensysteme, die wir nicht kennen und viele Lokas = Jenseits-Welten, die uns noch nicht oder nicht mehr bewusst sind. Doch allein schon, dass wir dieses Wort kennen und aussprechen, ist ein Garant ihrer Existenzen.

Es gibt Menschen, die zeigen wollen, wie realistisch sie sind und die erklären, mit dem Tod sei alles aus und vorbei. Es sei ja noch keiner zurückgekehrt, was wiederum nur für sie Gültigkeit hat, weil sie daran glauben. Diese Personen sind eben noch niemandem begegnet, der seine Vorleben kennt, was ich von mir nicht behaupten kann. Ich kenne inzwischen viele Leute, die ihre Vorleben kennen. Ich selbst bin zurückgekehrt und kenne einige meiner Vorleben durch Traumerlebnisse und von Rückführungen, die ich aus lauter Neugierde geschehen ließ. Menschen, die sich nicht mit dem Tod und dem Weiterleben beschäftigen, tun es nicht aus Desinteresse am Tod, sondern aus Angst davor und aus Intoleranz. Wir müssen unsere Einstellungen drastisch ändern, wir können nicht Unsichtbares als etwas Unbegreifliches oder Unnatürliches ansehen. Es entbehrt nicht nur jeder Berechtigung, sondern auch jeder Logik und ist kleinliches Denken.

„Lass dir durch Angst keine Ratschläge erteilen!"
Christa Keller

Die Verhaltensforscher und Evolutionswissenschaftler betrachten und erforschen nur die Körper-Formen, ob es sich um eine Blume, ein Tier oder einen Menschen handelt. Aber wir sind nicht nur diese Körper, sie sind relativ. Keine Körperform kann entstehen und dann sichtbar leben, wenn *das Wahre Selbst = der Christusfunke = die Atma-Seele* nicht in dieser Körperform wäre. Es ist *diese allwissende, göttliche Geistenergie,* die alles bewirkt, die Entstehung der Form, das Erhalten der Form und das Auflösen der Form. Die Körper-Form selbst ist unintelligent. Die Form mit dem Inhalt gleichzusetzen ist so falsch, als wenn man behaupten würde, das Auto und der Fahrer wären ein und dieselbe Person. Die Auto-Form ist unintelligent, sie kann sich nur bewegen durch die intelligente Fahrer-Seele in ihr.

Ebenso ist es mit der Form des Menschen. *Beim Sterben bleibt die Form hier.* Die menschliche Individualität mit dem Wahren Sein geht hinaus in andere Welten, Daseinsbereiche, gemäß der jeweiligen Grad-Entwicklung oder des jeweiligen Bewusstheitsstandes. Das, was die Person in diesem Leben erreicht hat, wird seine kommenden Leben bestimmen. Jede sichtbare Form, die wir als festgefügte Substanz betrachten, ist in Wirklichkeit verdichtetes Licht, das eine Form angenommen hat. Es ist wissenschaftlich erwiesen, daß ein unaufhörlicher Wechselprozess in Gang ist, der Licht in Teilchen und Teilchen in Licht verwandelt. Die ganze Schöpfung ist ein fortlaufender Verdichtungsvorgang, der eine Weile existiert, sich wieder auflöst, um sich wieder zu einer anderen Form zu verdichten.

Gott ist Licht und Licht ist Leben und Leben ist ewig und ewig ist nur Gott. "Wir sind nicht ein Nichts, in Sünde geboren und unbedeutend." Dieses Denken verursacht bei vielen Menschen Angst vor dem Tod. Dabei sind wir *unsterbliches Leben, wir sind liebende, göttliche Lichtfunken,* die ihre wahre Identität vergessen haben. Doch jetzt wissen wir wieder, was wir sind. Was hält uns nun davon ab, **uns Göttlich zu verhalten?**

„Die Atma-Seele lebt in allen Körperformen
das Leben der Ewigkeit!"

Christa Keller

Es gibt keinen Tod, was wir darunter verstehen. Wir leben irgendwo in anderen Welten, in anderen Daseins-Formen und mit anderen Namen weiter. Reinkarnieren wir wieder auf die Erde, bekommen wir einen neuen Namen, ein etwas anderes Aussehen, vielleicht wechseln wir gerade wieder einmal das Geschlecht, um in unserem Bewusstwerden weiterzukommen. Wenn wir schon sehr viele Reinkarnationen hinter uns haben, sind wir auch in allen Kulturen gewesen und hatten schon alle Hautfarben und Rassen kennengelernt. Wir waren schon des öfteren reich und arm, krank und gesund, arbeitsam und faul, lernwillig und lernunwillig, hatten viele Kinder und auch keine, gute und schlechte Eltern und Ehen. Wir lebten in Kriegs- und Friedenszeiten. Wir haben fast jedes Schicksal, das man sich denken kann, durchlebt. Es ist nur die Frage, was haben wir in all diesen Leben an spirituellem Wissen erlernt?

Die Menschen, die als scheintot galten und wieder in dieses Leben zurückgekehrt sind, erzählten von einem tiefen Wissen. Ein Wissen über Ursachen und deren Verflechtungen, die die Welt in ihrem Gefüge zusammenhält. Es wurde ihnen von Jenseitigen gesagt, dass dieses Wissen das Wichtigste sei, auch schon hier auf Erden. Wir erlernen in der heutigen Zeit fast ausschließlich das, was zum Körper und dessen Erhaltung dient. Das spirituelle Wissen, das Auskunft gibt, was Leben überhaupt bedeutet und **welche Folgen Nichtwissen nach sich zieht,** ist mit der Lehre des einmaligen Lebens und den Auswirkungen des Eisernen Zeitalters = Kali-Yuga verloren gegangen. Das Wissen über das Leben nach dem Tod und dessen Lebensbereiche gilt heute als unnötig. Geglaubt wird sowieso nur das, was die Wissenschaft nachweisen kann. Wenn wir nur einen Urlaub ins Ausland planen, kaufen wir alle möglichen Informationen über das Land und die Leute. Einige Reisende erlernen sogar die Sprache ihres Urlaubslandes. Was für ein Aufwand für vielleicht nur drei Wochen im Jahr. Wir halten das für wichtig und nennen es: "vorbereitet sein". Sind wir für den wichtigeren Teil in unserem Leben – der zeitlich ja viel länger ist – für das Leben nach dem Tode vorbereitet? Der Tod ist zwar nur eine Geburt in eine andere Welt, doch müssen wir uns auch für diese Reise rechtzeitig und ausreichend informieren. Das, was wir hier für richtig und wichtig halten, ist ebenso richtig und wichtig für die Jenseits-Welten. Es ist ja nicht so, dass das Jenseits für jedermann nur Freudvolles zu bieten hat, selbst das Sterben muss gelernt sein.

Hätten wir zum Tod eine selbstverständliche Einstellung und würde uns diese Welt und was nach unserem Tod mit unseren Angehörigen und unserem Besitz passiert, nicht mehr interessieren, würden sich unsere Energien der Individualität beim Sterben **schneller vom Körper lösen können.** *So* wäre mancher Todeskampf unnötig. Doch *das Ego und die Angst* vor dem Tod, das Ungewisse, was uns danach passiert, hält die individuelle Seins-Form als Schwingungs-Energie im Körper fest. Dadurch entsteht ein ganz langsamer Lösungsprozess, so dass wir noch mehrere Tage **nach dem Tod schmerzempfindlich sind.** Auch das Weinen an einem Sterbebett, das der Sterbende selbst wie Hagelkörner auf seinem Körper empfindet, macht das Sterben für ihn schwerer. Wer wünscht sich schon einen langen Todeskampf – niemand. Sterben wir jedoch mit Freude auf die neue Zukunft, lösen sich die Energien der Persönlichkeit sehr schnell vom Körper und wir haben danach keine Schmerzempfindlichkeit mehr. Der Ausspruch von *Jesus, "man darf den*

Toten die Knochen nicht brechen," macht nachdenklich. Es wäre auf alle Fälle ratsam, bei Obduktionen usw. den toten Körper zu narkotisieren, um ihn schmerzunempfindlich zu machen.

„Sterben heißt für mich, woanders problemlos weiterzuleben!"
Christa Keller

Natürlich rechtfertigt das keinen Selbstmord. Es geht darum, dass wir, wenn die Zeit gekommen ist, gerne fortgehen, um die hiesige Welt in eine andere Welt einzutauschen. Wo auch immer wir nach dem Tod hingehen werden, werden wir Bekannte und Verwandte treffen, die uns einmal lieb waren. Sich mit dem Tod zu beschäftigen heißt in Wirklichkeit, *das Leben kennenzulernen*. Sterben ist die natürlichste Sache im Wechselspiel der Evolution. Es ist ein dauernder Wandel, ein Kommen und Gehen, wie auf einem Bahnhof. Es ist das Ego, das diesen Wechsel bei sich und anderen nicht will und deshalb leidet. Es ist auf keinen Fall die Liebe, die leidet. Die wahre Liebe ist frei von Bindungen und somit *Leid-los*. Der eine geht früher, der andere später. Es passt aber immer und in jedem Fall, in seinen auf ihn zugeschnittenen, individuellen Entwicklungsplan hinein. In der Schöpfung gibt es weder Willkür noch Zufall. Die meisten Todesursachen sowie die Todeszeit sind in eigener Regie entstanden.

„Aus dem wiederholten Todes- und Wiedergeburts-Prozess erwächst das Gefühl, dass das Leben beständiger Wandel ist, dass es ein Prozess ist und es keinen Sinn hat, sich an spezifische Ziele zu klammern. Der Mensch verliert das Gefühl der Getrenntheit, er glaubt nicht mehr an eine feste Materie, sondern denkt an Energiemuster!"
Grof, Wissenschaftler

Wir sind unsterblich von unserer Ursubstanz her. Was eine Umwandlung erfährt, was wir Tod nennen, betrifft nur unsere Formen und Namen. Es ist so, als würden wir die Kleider wechseln und neue anziehen. Neue Kleider hat doch jeder gerne. Es liegt an jeder Persönlichkeit selbst, wie oft sie ihre Kleider wechselt, wie oft sie reinkarnieren will. Wenn der Mensch immer und immer wiedergeboren wird, dann ist das weder eine Planung noch eine Strafe Gottes. Die immer wiederkehrende Wiedergeburt ist aus seiner eigenen Willensfreiheit entstanden, die er falsch angewendet hat. Viel eigene Willensfreiheit tut dem Menschen in diesem Zeitalter nicht gut, wie man überall in der Welt feststellen kann. Wir brauchen auch immer mehr Gesetze, um die Ordnung zu erhalten. Gesetze sind jedoch Begrenzungen, aber ohne sie kämen wir in diesem Zeitalter nicht mehr aus. Wir suchen und streben nicht nach den Naturgesetzen und deren Einhaltung, weil wir immer noch Natur und Mensch als etwas voneinander Getrenntes betrachten. Dabei könnten wir jederzeit *unseren eigenen Willen stärken,* so dass wir endlich aus diesem Wechsel von Tod und Geburt herauskommen. Das schnellste Fahrzeug dafür ist die Liebe zu Gott und die *Sehnsucht nach Ihm,* um mit Ihm in der Einheit zu verschmelzen. *Jeder von uns ist das ewige Leben selbst!*

„Die Gesamtheit der Welt ist für die Seele da
und nicht die Seele für die Welt!"

Sri Sankhya

Wie geht man mit Tod – Trauer – Leid um

Sich mit dem Tod auseinanderzusetzen und darüber nachzudenken, ist keine Frage des Alters, sondern der Vernunft. *Wenn wir gestorben sind,* bleiben wir die gleiche Persönlichkeit wie jetzt, nur mit einem nicht so verdichteten Körper. Wenn wir im Alter gestorben sind, sehen wir im Jenseits ungefähr wie 35 – 40 Jahre aus. Daher kommen auch dieAussagen von Menschen, die scheintot waren, dass sie ihre Angehörigen zuerst gar nicht richtig erkannt haben.

Wir sind im Jenseits weder klüger noch entwickelter, können aber Fragen stellen zu dem, was uns interessiert und bekommen diese dann sofort beantwortet. Es gibt genügend Bereiche, wo wir etwas lernen können, ganz nach unserer individuellen Entwicklung und nach unseren Wünschen. Im Jenseits gibt es unzählige Lokas = Welten. Wir werden nach Fähigkeiten, Neigungen, Tugenden und Untugenden ausgewählt und zugeordnet. Jeder Mensch geht in den Bereich ein, der zu seiner Gradentwicklung und zu seinen Fähigkeiten passt, zum Beispiel: Musiker zu Musikern, Ärzte zu Ärzten, Politiker zu Politikern, Lehrer zu Lehrern, Ungläubige zu Ungläubigen, Gläubige zu Gläubigen, Mörder zu Mördern, Diebe zu Dieben, Zornige zu Zornigen, Sanftmütige zu sanftmütigen Menschen usw.

Sterben wir im Hass und in der Antipathie zu Personen und Dingen, wird das im Jenseits so weitergehen. Der Hass in der *dortigen Seins-Schwingung* ist viel schwerer zu ertragen als hier auf Erden. Wir können ihn weder abreagieren noch befriedigen und wir empfinden alle Gefühle im Jenseits **um das Siebenfache stärker** als hier. Jedes Leid hat einen Ursprung, zum Beispiel die Erwartungshaltung, die Angst, die Schwäche, die Unwissenheit und die unbefriedigten Wünsche.

Sind wir auf der Erde nicht aufgeschlossen und lernwillig, verstricken wir uns in falsche Vorstellungsmuster, fehlt uns Einsicht und Toleranz, dann ist es im Jenseits ebenso. Es gibt von **Sehern = Rishis** viele Aussagen über das Jenseits und alle weisen sie darauf hin, wie wichtig es ist, *hier* die nötigen Gedankenschritte einzuleiten, sich in den Gefühlen und Gedanken zu disziplinieren, die Einheit aller Dinge zu erkennen und die Liebe zu kultivieren.

"Es war einmal ein Bettler, der nach seinem Tod in den Himmel einging. Als der Bettler dies bemerkte, sagte er zu seinem Begleiter: „Ich bin hier am falschen Ort. Ich habe mein ganzes Leben lang nicht gearbeitet und war faul. Ich war mehr betrunken als nüchtern." Darauf antwortete sein Begleiter: „Du hattest auch schlechte Augen und bekamst eine Brille geschenkt. Diese Brille hast du aber an einen anderen Bettler weitergeschenkt, weil dieser noch schlechter sah als du, erinnerst du dich?" „Ja," antwortete der Bettler, „das war so." „Siehst du," sagte sein Begleiter, „für diese gute Tat hast du den Himmel verdient. Du bist am richtigen Ort."

>„Alles, was hier ist, ist auch dort, was dort ist,
>dasselbe ist auch hier. Wer das Hier als etwas
>anderes ansieht, trifft Tod nach dem Tode. Nur im
>Geiste lässt sich das begreifen und dann gibt es
>hier keinen Unterschied. Von Tod zu Tod geht,
>wer meint, dass hier ein Unterschied bestände!"
>   Katha Upanishad

Anscheinend leidet die Menschheit gerne und lernt, wie er richtig trauert, daß Trauer sein muss und dass es ohne Leid nicht geht. Wir rechtfertigen Trauer, Angst und Leid, als wenn es ein Schöpfungsgesetz von Gott wäre.

Angst, lat. = Enge. Es gibt *keine berechtigte Angst und Leiden müsste nicht sein*. Diese negativen Energien sind Produkte des Geistes, die den Menschen schwächen. Das Leid entsteht und lebt *nur* im polaren Denken und bei zu wenig Gottvertrauen. Es gibt jedoch Situationen, wo das absolute Gottvertrauen bewirkt, dass wir eine Zeitlang monistisch denken können, wo es kein Leiden und Sterben gibt. Der degenerierte Geist schafft negative Vorstellungsbilder und Befürchtungen herbei, die uns ängstigen und leiden lassen. Starke Menschen widersprechen solchen Gedankenenergien und verlieren somit ihre Angst. Schwache Menschen unterwerfen sich diesen Energien, lassen sie zu und bekommen so immer mehr Angst.

Wir haben genügend Vorbilder in der Geschichte und in allen Zeitaltern von Menschen, die weder Angst noch übermäßig gelitten haben. Wir nennen sie tapfer, weise oder heilig. Es gibt auf jeden Fall Beweise genug dafür, dass es machbar ist, sich aus der Angst und der Trauer herauszuholen. Nach diesen Vorbildern müssen wir uns orientieren und nicht an Menschen mit einer *Gradentwicklung,* die im jetzigen Zeitalter sehr schwach ist. Wenn wir ständig nur das betrachten und als richtig erklären, was nicht vollkommen ist, werden wir schwer zur Vollkommenheit gelangen. Wir haben ein fast *unüberwindbares Vorurteil,* das meint, der Mensch könne keine Vollkommenheit erreichen, das sei nur den Heiligen möglich oder *Gottes Sohn.* Warum lehrte Jesus dann, *„ihr müsst vollkommen werden wie der Vater im Himmel!"* Glauben wir, dass Jesus etwas lehrte, das nicht möglich ist, das falsch ist? Er muss es für möglich gehalten haben, *wir glauben es nicht.* Warum wollen wir es nicht glauben?

Wir haben lieberAngst und leiden und das muss jetzt eine Berechtigung bekommen, sonst könnten wir es als falsch beurteilen. Um hier vorzubeugen, werden die Angst, die Trauer und das Leid in allen möglichen Schulungen und Diskussionen besprochen, wie sie gemildert werden können, aber keiner glaubt an ihre Auflösung und die absolute Bewältigung. Würden wir die Auflösung nicht anzweifeln, kämen wir vielleicht ins Nachdenken, dass unsere Einstellungen falsch sein könnten. Es käme wahrscheinlich einer Revolution gleich, wenn das, was wir bis jetzt von ganzem Herzen geglaubt und vertreten, verteidigt und gelebt haben, nicht mehr wahr wäre. Käme ein Mensch zu uns mit diesen alten, wieder neu entdeckten Einstellungen und Lehren, die besagen, dass Angst und Leid *falsch gelebte Gedanken-Energien sind,* würde er sofort auf Ablehnung und Antipathie stoßen. Wir müssen ihm zuhören – uns weiter informieren – und dann lange, lange Zeit darüber nachdenken, ob diesen Lehren nicht doch *die Wahrheit zugrunde liegt.* **Es ist die Lehre der Vedanta** = Nicht-Dualität = Monismus.

Die Angst, das Leid und die Trauer sind im Ego, im individuellen Empfinden verankert. Es gibt viele Möglichkeiten, Leid und Trauer auszuleben. Wir leiden, weil das **Ego,** *die Persönlichkeit* sich verletzt und beleidigt fühlt. Wir leiden aus **Gier,** etwas nicht zu haben oder zu bekommen, was ein anderer hat oder vom Gesellschaftsniveau her vorhanden ist. Doch:

„Auch auf dem höchsten Thron sitzt man
nur auf seinem eigenen Hintern!"

Michele de Montaigne

Wir leiden bei **Geldverlust,** bei jeglichem Sachverlust. Wir leiden, weil **die Kinder** aus dem Haus gehen und wegziehen. Wir leiden bei einer **Scheidung,** ganz besonders intensiv der verlassene oder der betrogene Ehepartner. Wir leiden bei **Krankheit, Armut** und **Einsamkeit.** Beim Tod eines Menschen leiden wir auch. Da nennen wir es **Trauer.** Wenn wir aus Ego- und Sachgründen leiden, bekommen wir zu hören, dass es falsch sei und wir werden aufgefordert, unser *Selbstmitleid* aufzugeben. Doch bei der Trauer um einen verstorbenen Menschen scheint es etwas ganz anderes zu sein. Leiden und trauern wir um ein verstorbenes Tier, ist das einigen Menschen unverständlich, da es sich ja *nur* um ein Tier handelt. Ist das Leiden doch nicht so richtig und selbstverständlich? Wir messen mit unterschiedlichen Maßen. Vom Prinzip her ist alles gleich, entweder wir trauern, leiden und sind ängstlich oder nicht. Alle drei Eigenschaften werden vom Geist und vom Ego gesteuert und gefördert.

Ich möchte vorausschicken, dass ich das, was ich jetzt schreibe, auch noch nicht in der Vollkommenheit leben kann. Aber ich bemühe mich ständig, immer mehr nach diesen Weisheitslehren zu leben und *rechtfertige nicht mehr meine Fehler,* die ich zweifelsohne noch begehe. Ich weiß bei meinem Verhalten ganz genau, dass ich die Situation im Moment nicht anders bewältigen kann, als sie auszuleben. Doch ich weiß auch ganz genau, dass es ein falsches, schwaches Verhalten ist. Wenn wir unsere Fehler erkennen, die wir noch begehen, sie aber *nicht mehr verteidigen,* indem wir *sie rechtfertigen,* sind wir der Vollkommenheit und dem richtigen Verhalten zu den Naturgesetzen ein großes Stück näher gerückt. Nun kann die Bewusstheitsent-wicklung ungestört heranreifen. Suchen wir nach der Wahrheit.

„Ihr werdet die Wahrheit erkennen und
die Wahrheit wird euch frei machen!"
Jesus Christus

Wer Angst hat und leidet, will immer etwas haben oder verändern, positiv oder negativ *um seinetwillen.* Heilige und Weise wollen nichts mehr haben oder etwas verändern um *ihretwillen,* deshalb haben Angst, Leid und Trauer keine Gewalt mehr über sie. Sie sind deshalb nicht gefühlsarm oder fühlen sich von allen Aufgaben und Pflichten entbunden. Nein, sie befinden sich mit und in allem was sie tun, in einem *neutralen Gemütsfrieden,* in der bindungslosen Liebe zu Gott. Sie leben uns vor, was möglich ist und wie wir *glückliche Lebewesen* sein könnten. Angst, Leid und Trauer sind *gewalttätige Energien,* die unsere Unwissenheit und das Nicht-geübt-sein – Dinge zu bewältigen – zulassen. Andererseits dürfen sie nicht verdrängt werden und es ist gut, sie zu betrachten, sie zu analysieren, sie zuzugeben und je nachdem sie kurz auszuleben, bis wir durch Bewusstheitsentwicklung und Erfahrung, durch den geistigen Weg in der Freiheit angekommen sind. Freiheit ist, im Denken und im Fühlen, erst gar nicht mehr in Angst, Trauer und Leid zu verfallen.

Die Mahatmas, sanskrit = großherzige, hohe Seelen. Sie verstehen die Schöpfung besser als wir und können ihre Erkenntnisse daraus schon in Handlung umsetzen. *Mahatma Gandhi* ließ sich den Blinddarm ohne eine Narkose herausoperieren und das nicht, weil er starke Schmerzen ertragen konnte, sondern, weil er sich schmerzunempfindlich machen konnte. Solange wir solche Fähigkeiten nicht besitzen, werden wir noch leiden und Angst bekommen. Es ist auch zwecklos und unangebracht, jemandemAngst, Leid und Trauer ausreden zu wollen. Es ist aber auch nicht angebracht zu behaupten, dass Leid, Trauer und Angst nötig seien. Das eine wäre das Verdrängen der Angst und das andere wäre das Verdrängen der Wahrheit.

"Ein großer Kriegsfürst reiste durch Indien und begegnete einem Guru, der ihm den Weg versperrte. Er sagte zu ihm: „Geh weg und mache mir den Weg frei, ich bin ein großer Kriegsfürst, sonst töte ich dich." Darauf lächelte der Guru und sagte: „Du bist ein so großer Feldherr und eroberst andere Länder und weißt nicht einmal, *daß du mich nicht töten kannst.* Was nützen dir denn dann alle deine Erfolge?"

Betrachten wir das Ego-Verhalten des Trauernden beim Tod eines Menschen näher. Wir wissen von hoch medialen, spirituellen und entwickelten Menschen = Rishis, daß wir die Sterbenden unglaublich mit unserer Trauer behindern können. Sogar im Jenseits kann der Verstorbene nicht ungehindert weiterkommen, wenn wir *durch dauerndes Verlustdenken* ihn wieder an diese Welt und an uns erinnern. Überhaupt dann, wenn er sich schon schwer von von der Erdatmosphäre lösen konnte.

Einen Verstorbenen nicht zu vergessen, ihn in Liebe zu achten, ist etwas ganz anderes als ihn jahrelang mit der Egotrauer und einem Verlustgefühl – ohne ihn nicht leben zu können – zu belasten.

Wir denken nur an uns selbst, aber selten, was der Tote will und was er empfindet. Wir wissen heute, daß wir eine Einheit sind und nicht voneinander getrennte Individuen. Wir können einen Toten behindern, ebenso kann ein Verstorbener uns behindern. Vielleicht trauern wir um einen verstorbenen Menschen, der schon längst wieder reinkarniert und in eine andere Lebens-Verdichtung zurückgekehrt ist. Da wir im Jenseits nur in den Extremwelten – Himmel und Hölle – längere Zeit, ungefähr 500 bis 1000 Jahre, verweilen, reinkarnieren die meisten Menschen nach hiesiger Zeitrechnung schon in ein paar Monaten oder Jahren wieder. Eine liebe Schülerin von mir erzählte, dass ihr verstorbener Mann nach ein paar Jahren des Todes sie im Traum bat, *ihn endlich freizugeben,* er würde sonst leiden.

Durch den Tod meiner Mutter, die ich mit 13 Jahren verlor, habe ich sehr getrauert und gelitten. Doch dieses Verlustgefühl, die Trauer und das Leid nahm nicht etwa ab, sondern es steigerte sich unaufhaltsam weiter durch das böse Verhalten meiner Stiefmutter und durch die Unfähigkeit meines Vaters, diese Situation zu verändern. Heute tut es mir sehr leid, meine verstorbene Mutter durch mein Verlustdenken so behindert zu haben. Ich habe aus dieser Situation gelernt und werde mich mit der Hilfe Gottes bemühen, keinen Menschen mehr im Jenseits *über längere Zeit* an mich zu binden. Bei dem Tod meines Vaters hatte ich weder Trauer noch Leid empfunden.

Was leidet also? Es ist das Ego und die uns lieb gewordenen Gewohnheiten, die uns mit dem Verstorbenen verbanden. Wir empfinden einen nicht wiedergutzumachenden Verlust und das lässt uns leiden. Wäre das nicht wahr, dann würden wir auch um unsere Feinde trauern, die verstorben sind. Hier fühlen wir eher eine Befreiung und uns fehlt danach gar nichts. Wir müssen alle gleichermaßen lieben, Freund und Feind. Wenn die Liebe trauern würde, müsste der Tod von beiden betrauert werden. Dies tun wir aber nicht. Wir leiden und trauern nur da, wo Sympathie in irgendeiner Form vorhanden war. Sympathie und Antipathie kennt nur die Individualität, das Ego. Die Liebe ist gleichmütig und leidet nicht, sie denkt nicht in diesen beiden Möglichkeiten. *Es ist das Ego, welches leidet.*

> „Der Egoismus macht uns weinen. Die Leute weinen nicht um die Toten, sondern weil die Toten ihnen gehören. Es sterben laufend Menschen, die wir nicht näher kennen, weinen wir deshalb immer?"
>
> Sri Sathya Sai Baba

Denken wir mit unserer Herzensliebe an den Verstorbenen, was *er* jetzt will, braucht und *was ihnfördert*. Beten wir für ihn, dass er im Jenseits die richtige Hilfe bekommt und gönnen wir ihm seine wunderschöne Welt, in der er jetzt lebt. Wir müssen lernen, um der Liebe willen, *die egoistische* bindende Trauer abzukürzen und unsere Gedanken und Gefühle in eine sinnvolle Tätigkeit zu lenken. Lösen wir uns von unseren eigenen Wünschen und Gewohnheiten, die uns mit dem Toten verbanden, und helfen wir den Lebenden auf dieser Erde.

Wenn bei uns im Westen ein Mensch stirbt, sagen wir bei seinem Tod, dass er seinen *Geist* aufgegeben hat. Wenn im Osten ein Mensch stirbt, sagen sie bei seinem Tod, dass er seinen *Körper* aufgegeben hat.

Nach der monistischen Lehre, *ist alles Gott, alles was ist, ist eine Göttliche Erscheinungsform.* Alle Wesen, alle Formen sind Gott, somit kann niemand etwas erhalten oder verlieren. Alles ist Atman, ich bin Atman. Ein Heiliger freut sich nicht über eine Geburt und er leidet nicht um einen Verstorbenen. Er ist außerhalb dieser Maya.

Warum und worunter wir leiden und uns ängstigen:
* individuell sachbezogen,
* dem Persönlichkeits- und Entwicklungsgrad entsprechend,
* Erfahrungen aus dem Vorleben,
* aufgrund eines Gewohnheitsmusters, das wir über viele Leben aufgebaut haben,
* aus Unwissenheit zu den geistigen Gesetzen,
* aus mangelnder Liebe und Nähe zu Gott.

Wir leiden und haben Angst vor den **drei Spitzen-Möglichkeiten,** in die wir alle anderen Erfahrungen einreihen können. Das sind Krankheit, Armut und Einsamkeit. Es gibt noch ein viertes Anhängsel, die Verleumdung.

Sind wir in vielen Leben immer wieder krank – sehr krank – gewesen, dann sind wir vielleicht in diesem Leben überängstlich und auch anfälliger für Krankheiten. Dieses Beispiel können wir auf alle jetzigen Probleme übertragen, um ein besseres Verständnis zu bekommen. Der eine hat vor Krankheiten unwahrscheinlich Angst, den anderen kümmert es überhaupt nicht. Der eine hat dauernd Angst, arm zu werden, der andere sagt, was ist denn das, denn er fühlt dabei keinen Leidensdruck in sich. Haben wir in anderen Leben immer wieder Menschen zu früh durch Krankheit, Unfälle oder Krieg verloren, sind wir in diesem Leben sehr empfindlich, was den Verlust eines Menschen betrifft. Viele Reaktionen im Heute kommen aus den gemachten Erfahrungen in den Vorleben. Deshalb ist es wichtig, das eigene Verhalten und die eigenen Reaktionen zu analysieren, sie zu erkennen und dann an ihnen zu arbeiten, ***um sie umzuwandeln.*** Wenn wir das nicht tun, nehmen wir sie von Leben zu Leben mit und wir werden immer anfälliger für Angst und Leid. Das ist keine

Lösung. Wir müssen mit Gott und unserer ganzen Kraft an der Umwandlung dieser negativen Eigenschaften arbeiten, je früher desto besser.

Bedenken wir auch, wenn wir Angst haben, wenn wir uns in irgend einem Leidzustand befinden, sind wir leicht verletzbar, angreifbar, ungeschickt, müde – wie leblos – und wir haben keine Kreativität mehr. Solche negativen Energien in uns, die unser Geist produziert, können wir nicht länger dulden und zulassen, sondern müssen von uns bewältigt werden und sie sind zu bewältigen. Wir können es ganz allein schaffen, doch mit der Hilfe Gottes und mit tätigen Freunden geht es wesentlich leichter.

Wir leben jetzt im Eisernen Zeitalter, wo die Unwissenheit am größten ist, wo die Macht zum Recht erhoben, wo die Wahrheit als Lüge angesehen und wo der Irrtum gerechtfertigt wird und große Beachtung findet. In diesem Zeitalter müssen wir Mut und Tapferkeit entwickeln und uns nicht von Angst und Leid niederdrücken lassen. Es ist richtig, mit der Kraft der Vernunft und der Vorsicht zu denken und zu reagieren und nicht aus der Angst heraus. Wenn der Mensch erkennt, dass er unsterblich ist, wird der Tod seinen Schrecken verlieren. Wenn der Mensch sich seiner Vollkommenheit bewusst wird, ist es nur noch eine Frage der Zeit, bis das Leiden weniger wird.

> „Ihr seid in diesen Körper gekommen, um die Möglichkeit zu haben, euer wirkliches Selbst zu erkennen und diesen Zyklus von Geburt und Tod zu beenden. Wann werdet ihr euch entscheiden, euch etwas schneller vorwärts zu bewegen?"
> Sri Sathya Sai Baba

Falsch angewandte Worte

Wir verändern Worte in ihrer Sinnhaftigkeit. *Viele* Worte werden immer wieder zu falscher, weltweiter Meinungsbildung missbraucht. Üben wir uns wieder in der Richtigstellung der Worte, da sie schon zu falschen Gewohnheiten geworden sind. Es müssen *die richtigen Worte ausgewählt werden,* die das Verhalten genau benennen.

Sturheit und Beständigkeit. Man wird ganz schnell als *stur* bezeichnet, was oft in Wirklichkeit Beständigkeit oder konsequentes Handeln ist. Es kann auch ein Abwehrverhalten gegen pausenlose und sich immer wiederholende Vorwürfe sein. Das Verhalten eines Menschen kann aus verschiedenen Eigenschaften resultieren. Es können Schwäche, Untugenden, Gewohnheiten, Sturheit oder Beständigkeit sein. Selbst wenn wir so ein Verhalten jemandem bewusst machen, braucht es seine Zeit, bis eine Veränderung sichtbar werden kann.

Die Bewältigung negativer Eigenschaften und Gewohnheiten *erfordert Stärke im Menschen,* diese muss jedoch zuerst einmal erarbeitet werden. Um eigene Schwächen zuerkennen, bedarf es der Übung. Schwächen und Gewohnheiten als stur zu bezeichnen, wäre nicht die richtige Wortwahl. Stur ist man dann, wenn trotz genauer, sachlicher und nachweisbarer Erklärung die Ablehnung und die Behauptung, daß man anderer Ansicht sei, bestehen bleibt.

In einem Vortrag sagte einmal ein Herr, *dass Yoga überholt und nicht mehr zeitgemäß sei.* Ich erklärte ihm darauf, dass Yoga ein Sanskritwort ist, welches **Rückbindung zu Gott bedeutet** und dass es deshalb weder überholt noch unzeitgemäß sein kann. Er schaute mich eine Weile an und erwiderte dann: „Ich bleibe dabei, für mich ist Yoga überholt." Übersetzt würde das bedeuten, dass die Rückbindung zu Gott überholt und nicht mehr zeitgemäß wäre. Wenn man behauptet, dass es keine Sonne gibt, nur weil sie von Wolken verdeckt oder man selbst blind ist, *ist das Sturheit.* Wenn wir, ohne zu prüfen, Meinungen und Erfahrungswerte anderer, die nicht so schnell sichtbar sind, ablehnen und sie verhöhnen, kann das Wort stur schon benutzt werden. Sollten wir als *stur* bezeichnet werden, weil wir von einer nachweisbaren Einstellung, die unbequem ist, nicht abweichen, dann ist das eine falsche Wortwahl und hilft bei der Wahrheitsfindung ganz bestimmt nicht. *Es ist Beständigkeit,* die hier zum Ausdruck kommt. Die Basis = Grundsubstanz von jedem guten Charakter ist die Wahrheit und die Beständigkeit.

War Jesus stur, sich kreuzigen zu lassen? Hatte er nicht alle medialen Fähigkeiten, sich dieser Sache zu entziehen? *Er lebte uns die Beständigkeit vor*, mit einer so großen Opferbereitschaft, selbst das Leben dafür hinzugeben. Er nahm kein Wort seiner Lehren zurück, lieber ging er alle daraus entstehenden Konsequenzen ein. Das bewältigt wirklich nur ein Heiliger. Auch wir tun oder verhalten uns oft so und nicht anders – aus Beständigkeit – wo uns Sturheit nachgesagt wird. *Stur sein ist,* einer beweisbaren Tatsache zu widersprechen und sie als unglaubwürdig hinzustellen. Es ist wichtig für die ganze Menschheit, nicht vorschnell und oberflächlich mit Worten umzugehen, denn dadurch entstehen Prägemuster in den Weltschwingungen, so dass sich die Sturheit zum Starrsinn ausweiten kann und viele Menschen davon beeinflusst werden. Genau das wollen wir aber nicht.

Ungeduld, Nervosität und ein schnelles Entscheidungsvermögen. Ungeduld kommt meist aus dem Denken. Wenn man eine Handlung als zu langsam beurteilt, jemanden für dumm und begriffsstutzig hält, ihn als umständlich und ungeschickt ansieht, kann Ungeduld entstehen: Man steht zum Beispiel im Supermarkt in einer langen Warteschlange. An der Kasse zählt ein Kunde seine Cents, um zu bezahlen, er wühlt und wühlt in seinem Portemonnaie mit der Frage, ob es jetzt reicht? Wenn dann die Kassiererin sagt, es fehlt noch so und so viel, dann ist sie da, die ganz deutlich spürbar aufsteigende Ungeduld. Da sie aus dem Jetzt im Geiste entstanden ist, kann diese Ungeduld schnell umgewandelt und beherrscht werden, mit den Sätzen: *Lass los – lass geschehen. Schick Frieden und sei Frieden. Sei still, lass los, in mir ist Frieden.Also* Möglichkeiten genug, sich selbst und das Umfeld wieder in Harmonie zu bringen. Die Ungeduld kann jedoch auch aus der Gewohnheit entstanden sein: *Ich will nicht warten.* Dieser Impuls kann dann zur Nervosität führen. Ebenso kann Nervosität ungeduldig machen.

Nervosität ist nicht nur eine Sache der Gedanken, sondern auch der Nerven und nicht mehr so leicht steuerbar. Die Nervosität kann eine Person plötzlich überfallen, es ist wie eine kleine Neurose, denn der Auslöser ist nicht feststellbar. Leben wir mit hohen Gefühlsanteilen, so empfinden wir auch eine sofortige Schwäche und nicht selten ein Zittern im Körper. Jetzt setzen die Gedanken ein: *Das schaffe ich nicht* oder *diesen Zustand will ich nicht haben. So* wird Angst auf den Plan gerufen. Nun wird es höchste Zeit, das Übel durch starke positive Gedanken oder Worte zu bekämpfen. Es ist von großer Hilfe, in dieser Situation energisch und laut zu widersprechen, wie: *Ich schaffe es ganz leicht. Ich bin stark in der Ausdauer. Dieser Zustand verlässt sofort meinen Körper und kehrt nicht mehr zurück.* Wir müssen denken: Lass los, dramatisiere diese Sache nicht. Ein tägliches Übungsprogramm zu dieser Schwäche muss dann ausgedacht und geplant werden. Es ist nicht so hilfreich, wenn wir nur in den negativen Situationen dagegen angehen, sondern wenn diese wieder vorbei sind, muss die Unterbewusstheit – wo die Gewohnheiten gespeichert sind, um dann Reaktionen auszulösen – umgewandelt werden.

Entscheidungsfähigkeit. Manche Menschen handeln in einer Situation sehr rasch, weil sie in ihrem Denken neutral bleiben können. Dadurch sind sie schneller *entscheidungsfähig.* Sie stellen sachlich fest und handeln sofort. Dieses Verhalten wird dann meist als Ungeduld ausgelegt, was nicht stimmt. In einer schnellen Entscheidung kann *Rücksichtslosigkeit* vorhanden sein, weil an die Gefühle und an das Verlangen der anderen nicht gedacht wird. Ganz bestimmt ist es jedoch keine Ungeduld. Wenn wir uns in einer Meditation öfter bewegen, weil wir nicht gut sitzen, frieren, Rückenprobleme oder Schmerzen haben, werden wir sofort auf die Ungeduld hingewiesen. Das sind alles zu schnelle Urteile. Schnelle Urteile sind Vorurteile oder Verurteilungen.

> „Wir sehen andere Menschen durch die Brille der
> eigenen Befürchtungen, Hemmungen und Vorurteile!"
> Dr. E. Bach

Vitalität und Emotionen. Die Vitalität ist eine positive Energie, die aus der Sicherheit und Begeisterung im Denken und Handeln besteht. Alles, was wir in der Vitalität ausführen, verleiht uns eine gleichbleibende Kraft und diese sorgt für dauernden Nachschub. In der Vitalität ermüden wir nicht schnell. Wir fühlen uns stark in der Ausdauer und sind ohne Zeitgefühl. *Die Zeit vergeht wie im Fluge,* sagen wir. Die Vitalität lebt *im Gemütsfrieden,* sie *darf* etwas tun und ist *frei von Absicht.*

Die Emotion ist eine negative Energie, die aus der Angst und dem Ego im Denken und Handeln besteht. Sie ist dauernd unter Druck, hat Angst zu versagen, nicht genug zu leisten, nicht fertig zu werden usw. In der Emotion ermüden wir sehr rasch und sind ohne Ausdauer. Wir bemerken, wie die Zeit verrinnt und das emotionale Verhalten steigert sich noch mehr. Sie ist ein Kraft-Räuber und schwächt somit Körper und Geist. Die Emotion lebt *aus der Unruhe der Sinne und der Gefühle,* sie *muss* etwas tun und *handelt aus Absicht.*

Ein Mensch, der gut oder böse, warm oder kalt ist. Tut der Mensch das, was die anderen von ihm erwarten, ist er ihrer Meinung, macht er das, woran sie gewöhnt sind oder das, was sich nie geändert hat und immer so gehandhabt wurde, dann ist er gut und warmherzig. Ist er anderer Meinung und widersetzt sich ihren Erwartungen, geht neue Wege und überlegt, ob das, was er bisher getan hat, was Gewöhnung war, richtig oder falsch ist, *so ist er kalt und hartherzig*. Weint er nicht genug bei der Beerdigung eines Familienmitgliedes und geht auch nicht einmal ein Jahr lang in Schwarz, dann wird das sofort als mangelnde Liebe und Gefühlskälte ausgelegt. Wenn ein Mensch *keine medialen Fähigkeiten besitzt* und nicht wahrnehmen kann, was der andere fühlt bei seinem Tun, bei seinem Verhalten, dann wäre es besser, *ihn nicht zu beurteilen,* sondern zu fragen, welche Gefühle er jetzt hat. Alles, was das eigene Ego verletzt, empfinden wir als kalt und rücksichtslos – das kann ja möglich sein. Doch bedenken wir auch, dass es nicht so sein muss, dass es sogar aus Liebe und Fürsorge heraus gesagt und getan wurde.

Ist ein Mensch stur, ungeduldig, emotional und kalt, wird er seine *negativen Eigenschaften* durch die ständige verbale Bewusstmachung nicht verändern. Ganz im Gegenteil, es wirkt suggestiv und durch die andauernde Wiederholung wird alles noch verstärkt. Haben wir jemanden zu Unrecht – mit solchen Eigenschaften – beurteilt und fangen wir damit an, sie öfter zu wiederholen, wirkt das ebenfalls suggestiv und es könnte so eine negative Eigenschaft regelrecht herangearbeitet werden. Was wir zu anderen Personen sagen und **ihnen bewusst machen,** muss mit äusserster Achtsamkeit, Liebe, Feingefühl und Takt geschehen, damit keine neuen oder verstärkten Prägemuster entstehen. Wir müssen auch daran denken, dass so, wie der Einzelne in seinen Eigenschaften und seinem Verhalten ist, es in die Welt, in die Natur einfließt und diese beeinflusst, was dann wieder auf die gesamte Menschheit als sichtbare Materien-Bildung oder Verhaltens-Gestaltung zurückfließt.

Die Freude und die Lust. *Die Freude* ist eine enorme Kraft, die aus dem Herzen kommt und den Menschen aufbaut und stärkt. Die richtige Freude besteht aus Liebe und Frieden. Sie ist langmütig, langlebig und erfüllend. Sie lebt in der Stille, ruht in sich und ist genügsam. Kleine Dinge können das Herz jauchzen machen. *Diese Freude ist Qualität.*

Die Lust kommt aus den Sinnen, ist unersättlich und kurzlebig. Sie besteht aus Gier und Emotionen, sie benötigt viel Aufwand und Energie sowie immer neue Dinge und Erlebnisse, sonst fällt sie in die Unzufriedenheit zurück. Die Lust ist wie große Wellenbrecher des Meeres, die alles mit in den Ego-Strudel reißen. *Die Lust ist nur Quantität,* aber niemals Qualität.

Freude und Lust als gleichwertig anzusehen ist eine falsche Beurteilung. Lassen wir das Unterscheidungsvermögen sprechen. Es wird uns klar machen, daß es zwei völlig verschiedene Eigenschaften sind. Freude erzeugt Harmonie. Lust erzeugt Disharmonie. Üben wir die klare Sicht der Wahrnehmung, die ohne Ego und Selbstsucht ist, und wir werden bald wieder Menschen sein, die Würde ausstrahlen. Gott schenkte uns die Freude, von der Lust war nicht die Rede.

Interpretationen von Wort-Begriffen, die oft falsch ausgelegt und gelehrt werden.

Dhyana, sanskrit = Meditation über die Herrlichkeit Gottes, Kontemplation, geistige Vertiefung.

Meditation, lat. = tiefes Nachdenken, der wichtigste Weg zur Erfassung des Absoluten = Gott. Die falsche *neueste Übersetzung* im Fremdwörterbuch ist jetzt: Nachdenken, *grübeln.* Nachdenken führt zu einem Ergebnis, grübeln nicht, welches nur ein negatives Verhalten ist. Meditation hat immer etwas mit einer Verbindung zu Gott zu tun. Meditation, in der Gott nicht vorkommt, wo nicht *über Ihn* nachgedacht wird, ist keine Meditation, sondern ist nur eine Konzentrationsübung.

Hektisch, grch. = abgezehrt, fiebernd, schwindsüchtig. Dieses Wort dürfen wir nicht mehr aussprechen, wenn wir keine negativen Schwingungen im Kosmos herstellen wollen, so dass sich diese Zustände materialisieren.

Philosophie, grch. = Liebe zur Wahrheit und das Streben des menschlichen Geistes nach den letzten Zusammenhängen *des Seins,* um somit die Grundsätze der Lebensführung und der Daseinsgestaltung zu erkennen. Obenan steht das *Sein = Gott selbst* und seine allgemeinen Bestimmungen = *Metaphysik.* Die Grundlagen der Erkenntnis sowie die allgemeine Gesetzlichkeit des Wahren, Guten und Schönen. Heute haben manche Philosophen keine Verbindung mehr zu Gott und lehnen *Ihn* sogar ab, diese dürfen sich nicht Philosophen nennen, denn sie missbrauchen diesen Namen. *Das Evolutionsgesetz verwirklicht genau den Inhalt der Philosophie.* Es ist die Pflicht des Menschen, nach der Wahrheit zu suchen und nach Charakter zu streben. Es ist das Gesetz der Evolution, daß sich alles hin zur höchsten Erkenntnis, Wahrheit und Weisheit entfaltet. Wie lange der Einzelne dazu benötigt, ist seiner Willens- und Wahlfreiheit überlassen. Ein Mensch kann es in zehn, hundert oder tausenden von Leben erreichen. Jedem das Seine. Die Weisheitslehren weisen uns jedoch daraufhin, *nicht damit herumzutrödeln* und keine Leben zu verschenken. Jedes Leben, jede Reinkarnation hat nur das eine Ziel, *nicht mehr zu reinkarnieren.* Jedes Leben, das dieses Ziel nicht erreicht, ist vergeudete Zeit, ist vergeudetes Leben. Ein Philosoph, der Gott ablehnt und seine Gesetze nicht ehrt, ist wie ein Klempner ohne Rohrzange, wie eine Waschmaschine ohne Wasser.

Das Leben hat keine Moral. Diesen Satz hörte ich in einem Film. *Moral,* lat. = Sittlichkeit. Sittlichkeit = Ehrlichkeit = Wahrheit, ist Gott. – *Gott ist das Leben selbst.* Es ist falsch zu sagen, daß das Leben keine Moral hätte. Das Leben ist die Moral, das ist richtig. Er wollte sagen, daß die Einstellung und das *Verhalten* dieser Person keine Moral hat und nicht, daß das Leben keine Moral hätte.

Charisma, grch. = Gnadengabe, Geschenk, besondere Begabung. Es kommt aus der Soldatensprache und bedeutet noch im weiteren Sinne eine als übernatürlich empfundene, besondere Befähigung eines Menschen, die ihm Autorität verleiht.

Brahmachary, sanskrit = Zölibat, der Weg, der zum höchsten Wissen führt.

Zölibat, lat. = Ehelosigkeit der Geistlichen. Zölibat ist ein Charisma, eine Gnadengabe, ein Geschenk und kein Dogma, keusch leben zu müssen. Der eine kann es, der andere nicht. In den Weisheitslehren bedeutet Zölibat auch, *in der Ehe einer Frau treu zu sein* oder ein Eheverhältnis mit allen Pflichten, nur ohne Sex. Zölibatär leben zu können ist eine menschliche Gradentwicklung in Richtung Reinheit = Einheit = Monismus, **was niemals gefordert werden kann.** Wenn man dauernd *an Sex denkt,* wird er auch *im Schwingungsfeld gelebt,* somit ist der Mensch doch abhängig von ihm und noch neurotisch dazu. Ich glaube kaum, dass ein solcher Priester Harmonie verbreiten kann. *Bei* **Paulus** *steht:* Haben wir nicht das Recht, *eine Frau* mitzunehmen. *In Wirklichkeit heißt es:* Haben wir nicht das Recht, *unsere Ehefrauen mitzunehmen.* Und warum nicht? Gott hat nichts dagegen, Paulus hatte etwas dagegen.

Lynchen, engl. = Bestrafung ohne Richterspruch, ungesetzliche Bestrafung einer erregten *Volksmenge* gegen Straffällige. *Lynch* war ein Bürgermeister und gleichzeitig auch Richter in Galway, Irland. Er fuhr eines Tages aus geschäftlichen Gründen nach Spanien. Er schwärmte von seinem Land so sehr, dass der Sohn eines Geschäftspartners unbedingt mit ihm nach Irland reisen wollte. Da der spanische Geschäftsmann Lynch als einen verantwortungsbewussten Menschen ansah, vertraute er ihm seinen Sohn an. Der Sohn von Lynch liebte eine Frau, die aber auch dem Spanier gut gefiel. Da erstach der Lynch-Sohn den Spanier aus Eifersucht und warf ihn in einen Fluss. Dieser Mord wurde entdeckt und aufgeklärt – und der junge Mann kam vor

Gericht. Der Richter Lynch verurteilte nun seinen eigenen Sohn zum Tode. Der Scharfrichter und die ganze Stadt hatten aber Mitleid mit dem Sohn, denn er war sehr beliebt und als rechtschaffener Mann angesehen. Sie weigerten sich, das Urteil zu vollstrecken und erhoben dagegen Einspruch. Da begab sich der Vater Lynch selbst in die Zelle seines Sohnes und sprach mit ihm die ganze Nacht. Am Morgen sah man die beiden am Fenster sich umarmen, wonach der Vater dann seinen Sohn eigenhändig erhängte. Deshalb spricht man heute von Lynchjustiz. Was wir heute unter Lynchen verstehen, hat nichts mehr mit der Wahrheit zu tun. Es bedeutet heute, dass ein Mensch ohne Gerichtsurteil, an dem viele Menschen teilnehmen, hingerichtet wird.

Zu weiteren Worten und ihren Bedeutungen:

Anthroposophie, grch. Lehre von der Gewinnung eines Geheimwissens von Übersinnlichem. Aus der Blavatsky entwickelte sich die Rudolf Steiner Gesellschaft.

Theosophie, grch. Gott, Weisheit.

Okkultismus, lat. Geheimwissenschaft, hat die Vorstellung von einer Hierarchie vollkommener Menschen, die ein echtes noch prüfbares Wissen über geistige Dinge haben. Der Okkultist versucht, sein Wissen zu ordnen, *sich selbst zu läutern.*

Metaphysik, grch. Der Teil der Philosophie, der die Grundlagen des Seins erforscht, die man in und hinter der wahrnehmbaren Welt annimmt.

Transzendenz, lat. Überschreiten der Erfahrungsgrenzen und der Dualität.

Akasha-Chronik, Weltgedächtnis für Seher, noch nach Äonen entschlüsselbar.

Kosmos, grch. Ordnung

Universum, lat. Dem Einen entgegen.

Evangelium, grch.	Gute Botschaft, Geltung, unumstößliche Weisung.
Bibel, grch.	Heilige Schrift
Priester, grch.	Vermittler
Samariter, grch.	Bewohner von Samaria, Mischvolk, Mitglieder einer Hilfeleistungsgruppe bei Unglücksfällen.
Therapeut, grch.	Dienen, begleiten
Engel, grch.	Bote
Gott, gotisch	gut
Jehova, hebr.	Ich bin
El, Elohim; hebr.	Gott
Eloha, hebr.	Götter
El Roi, hebr.	Sehender Gott
El Olam, hebr.	Immerwährender Gott
El Elyon, hebr.	Allerhöchster Gott
El Shaddai, hebr.	Allmächtiger Gott, Gott der Berge
Eli, Eli lama Sabachthani, aramä.	Mein Vater, mein Vater, warum muss ich das erdulden.
Islam, arab.	Hingabe an den Willen Gottes
Moslem. arab.	ein sich Gott hingebender Mensch
Koran, arab.	Lesung, Rezitation
Jehad, arab.	Anstrengung auf ein betimmtes Ziel gerichtet
Thora, hebr.	Weisung, Lehre
Talmud, hebr.	Lehre
Bethlehem, hebr.	Haus des Brotes
Seele, grch.	Schmetterling
Katathym, grch.	Die Seele beeinflussend.
Astral, lat.	Licht
Dogma, grch.	Lehrsatz, religiöser Glaubenssatz
Dogmatismus, grch.	Behauptung von Sachverhalten, von Voraussetzungen *ohne Prüfung.*

Faqir, arab.	*arm*
Arier, sanskr.	*Der* Edle. *Die Verwendung* des Begriffes Arier *im* rassistischen Sinn ist unwissenschaftlich.
Krisis, grch.	Entscheidung, Wendepunkt
Energie, grch.	Wirkende Kraft

So können wir ermessen, wie sich Wahrheiten in Unwahrheiten, Weisheiten in Unwissenheit, Erziehung, Kultur, Riten, Gewohnheiten sich über tausende von Jahren verändern. Ich werde *immer* wieder gefragt, *warum* wir das Goldene Zeitalter, das wir *einmal* hatten, nicht festhalten konnten. *Warum verändert sich etwas?* Veränderungen *an* sich sind nichts Negatives. Wenn sie *aber* nicht genügend durchdacht sind, können sie sich in vielen Gebieten *zum* Nachteil auswirken. Wir *müssen* lernen, etwas so weiterzugeben – in der Genauigkeit – wie es gesagt wurde. Wenn wir dies aber nicht aufschreiben, dann erzählen wir es unvoll*kommen* weiter, das, was *noch* hängengeblieben ist und das, *was wir glauben, verstanden zu haben. Dies* ist einer der Gründe, *warum* wir gute und schlechte Zeiten *im* Schöpfungsgeschehen haben. **Alles ist einem Wandel unterworfen.** Wir können uns aber bemühen, daß der Wandel gemäßigt vonstatten geht und keine großen Extreme entstehen lässt.

Beginnen wir die Wörter wieder in **ihrer Sinn-Entsprechung richtig einzusetzen,** dann werden wir die daraus entstehende Qualität überall wahrnehmen und die Oberflächlichkeit wird sich wieder zurückziehen müssen.

„Wir müssen die richtigen Wörter benutzen,
ansonsten erhalten wir die falschen Bedeutungen!"
Sri Sathya Sai Baba

Der Unterschied von Logik und Intuition

Die Logik steht heute hoch im Kurs, doch wie ist sie anwendbar? Jeder besitzt zwei Beine und Arme, sie zu benutzen ist für jedermann selbstverständlich. So besitzt auch jeder zwei Gehirnhälften, doch sie zu benutzen ist nicht selbstverständlich. Jede Hälfte hat eine bestimmte Funktion zu erfüllen, vorausgesetzt, daß sie entwickelt ist.

Die linke Gehirnhälfte steht für Sprechen, Schreiben, Rechnen, Planen, logisches Denken. Sie denkt und arbeitet und sie steuert die rechte Körperhälfte.

Die rechte Gehirnhälfte steht für Bilder, Phantasie, Musik, Träume, Gefühle, Gesamteindruck, Intuition und sie steuert die linke Körperhälfte.

Die Logik wird von der linken Gehirnhälfte genährt und unterstützt. Sie ist begrenzt und abhängig vom Bewusstheits- und Erziehungsstand, vom Bildungs- und Wissensstand. Auch der Kulturkreis, in dem der Mensch lebt, spielt eine Rolle. Wir können heute täglich Informationen aus der ganzen Welt empfangen und mit dem Auto oder Flugzeug uns überall hin bewegen, ganz nach Lust und Laune. Das war nicht immer so.

Die Logik kann nichts intuitiv erkennen oder erfassen. Sie kann nur auf das zurückgreifen, was sie gehört, gesehen, gelesen und erfahren hat. Hierin kann sie sich dann kreativ und logisch ausleben. *Wenn der Logik eine Tatsache fehlt,* macht sie sich gemäß ihrer Speicherung ihre eigene Einstellung und Vorstellung, wie alles zusammenhängen könnte. Dies kann, muss aber überhaupt nicht wahr sein. Zum Beispiel:Als die Menschheit die Erdanziehungskraft noch nicht entdeckt hatte, war es allzu logisch, dass die Erde nur eine Scheibe sein kann. Denn wäre sie eine Kugel, was als Gerücht schon damals existierte, müsste ja irgendwo etwas, was auch immer, herunterfallen. Die Logik ist also eine Gedankenenergie des Geistes, die nicht leichtfertig und mit absoluter Einstellung angewandt werden darf. Wir können vollen Gebrauch von Logik, Überlegungen und Schlussfolgerungen machen, aber auf der Grundlage von eigenen oder von anderen lang erprobten Erfahrungsinhalten. Auch die Wissenschaft weiss noch lange nicht alles und kommt so zwar zu logischen, aber auch zu falschen Schlussfolgerungen. Wir müssen auf der Suche nach der Wahrheit deshalb die Erfahrung vor die Logik setzen. Diese Logik, die auf solchen Tatsachen beruht, kann bedingungslos anerkannt und übernommen werden.

Je weiter der Mensch sich entwickelt, auf dem technischen sowie dem mentalen Bereich, desto umfassender ist auch die Logik. Da wir aber jetzt in diesem Zeitalter immer mehr zu Spezialisten werden, werden die einzelnen Menschen auch wieder in ihrem logischen Erfassen begrenzter. Ein Mensch kann auf seinem Wissens- und Arbeitsgebiet eine Kapazität sein, doch auf einem anderen Gebiet durch Unwissenheit eine sehr unlogische Einstellung haben. Hier ein Beispiel: Ein guter Architekt, aber ein schlechter Arzt, denn er weiss nichts über die Zusammenhänge von Krankheiten; ein hochgebildeter Gelehrter, aber ein schlechter Automonteur usw. Die Logik lebt von all ihren Erfahrungen, die sie gemacht hat. Aus diesem Grund ist es besser, die Meinungen und Aussagen von anderen zu überprüfen und darüber nachzudenken, als voreilig logische Schlussfolgerungen zu ziehen. Denken ist eine sehr nützliche Sache, denn sie führt jeden zu einer höheren Entwicklungsstufe. Aber was eben ein Mensch für logisch hält, kann für einen anderen Menschen unlogisch sein.

Die Logik als eine Energie des Geistes ist sehr erfinderisch. Sie sucht aus allem, was sie gespeichert hat, Teile heraus, unabhängig von Zeit und Epoche. Sie hat irgendwann etwas gehört oder gelesen und so bastelt sie sich jetzt eine Einstellung zusammen, die dann tatkräftig und in vielen Fällen auch dogmatisch vertreten und verteidigt wird. Wir sprechen dann von logischem Denken und sagen, dass es logischerweise nur so sein kann. Aber ist es auch wahr? Wir müssen sehr aufpassen, dass wir die logische Unwahrheit nicht doch für die Wahrheit halten.

Was wir noch nicht selbst erfahren, gehört oder ausprobiert haben, lassen wir besser einmal *neutral* stehen. Ich habe viele Jahre geübt, keine schnelle Einstellung mehr einzunehmen von Dingen, die mir neu sind. *Neutral sein heißt:* Nicht gegen oder für eine Sache zu sein. Es ist viel besser, sich im Zweifelsfall neutral zu verhalten, als voreilig etwas abzulehnen oder zuzustimmen. *Denn ein schnelles Urteil ist meistens ein Vorurteil* und wir schütten sozusagen das Kind mit dem Badewasser aus. Denken wir einmal an Reformer. Sie sind meistens ihrer Zeit voraus, ob auf stofflichem, weltlichem Gebiet (Mondlandung) oder auf geistiger, spiritueller Ebene (Lehre des Monismus). Oft sind wir schnell der Meinung, das glaube ich nicht oder das gibt es nicht und hält dann diese Einstellung auch noch für logisches, realistisches Denken. Wie lange denken Menschen über etwas nach, bis sie sich eine Meinung bilden? Eine neutrale Einstellung zuhaben, benötigt ein starkes Selbstvertrauen. Keine Einstellung zu haben, heißt in der heutigen Zeit, dumm zu sein. Das ist auch so eine dumme Weltmeinung geworden. Kein Mensch kann alles wissen, über alles informiert sein und auf allen Gebieten Erfahrungswerte besitzen. Das hat nichts mit Dummheit zu tun und doch fühlt dieser Mensch sich unwohl. Um das zu verbergen, nimmt er an Diskussionen teil und streitet sich trotz Unwissenheit um des Kaisers Bart. Was für eine Energieverschwendung in ihm abläuft, bemerkt er erst, wenn er vom vielen Diskutieren müde geworden ist. Dann gibt er frustriert auf und fühlt sich noch unwohler als zuvor.

Neutralität schafft Kraft und ein inneres Wohlgefühl, wir müssen es nur anzuwenden lernen. Es muss aber aus einem kraftvollen Selbstwertgefühl heraus entspringen, denn nur dann wirkt es sich auf das Gefühl im Menschen als entspannend aus. *Neu-*

tralität ist Gelassenheit und keine Anspannung oder Unwissenheit. Es ist eine Disziplinierung des Geistes = Raja-Yoga.

Die Intuition wird von der rechten Gehirnhälfte begünstigt, sowie auch die Träume und die Gefühle von ihr ausgehen. Genies wie Einstein und andere leben im Einklang mit den beiden Gehirnhälften. Einstein konnte sowohl logisch denken als auch intuitiv empfangen. Das ist eben die Genialität. Ich höre immer wieder die Meinung, dass die rechte Gehirnhälfte mehr von der Frau benutzt wird und sie zu viele Gefühle hat. Die linke Gehirnhälfte wird dem Mann zugeteilt und deshalb könne er logischer denken. Diese Einstellungen gehen noch weiter, denn aus diesem Grunde sei *die Frau dem Manne untertan.* Es schwebt wie der Nebel in der Luft, daß die Frau nicht so intelligent wie der Mann sei, daß ihre Gefühle sich meistens täuschen, dass sie unlogisch und unbrauchbar seien: *Du mit deinen Gefühlen* und schon winkt der Mann mit hochgezogenen Augenbrauen ab. Ein höflicher Mann sagt: „Ja, ja, Liebling, lass mal gut sein, wir wollen das doch besser logisch angehen." Da wir zwei Gehirnhälften besitzen, gibt es in der Polarität auch zwei Möglichkeiten, eine gedankliche und eine gefühlsmäßige Anwendung. Eine Möglichkeit, das heißt, eine Energie allein gibt es in der Schöpfung nicht. Das wäre eine *Nur-Einstellung* und ein **Nur** gibt es in der Dualität nicht, nirgendwo, denn alles ist *zweigleisig = polar.*

Intuitionen können verschieden wahrgenommen werden. Die Intuition, die als Gefühl empfangen wird, äussert sich wie: Ich habe so ein Gefühl, wir lassen das besser oder ich hatte das Gefühl, daß deine Meinung hier nicht angenommen wurde. Ich habe das Gefühl, dass wir hier unerwünscht sind oder ich fühle, ich bin hier gerne gesehen, meine Bewerbung wird angenommen, es gibt einen wunderschönen Urlaub, meine neue Arbeit wird mir Glück bringen, dieser Musiktitel wird ein Renner usw. Wenn wir dann nach Wochen oder Monaten das Resultat erfahren, wissen wir erst, ob wir uns getäuscht haben oder nicht. Wir wissen dann, ob es eine Intuition oder ob es – vom Geist ausgehend – ein Denkmuster war. Gefühle, die wir für eine Intuition halten, können auch von unserem Geist fabriziert werden, Negatives sowie Positives. In einem Falle vergingen fünf Jahre, bis ich wusste, daß mein ungutes Gefühl eine Intuition und kein negatives Denken war. Es ist amAnfang nicht so leicht, beides auseinanderzuhalten. Doch nach mehreren Übungsjahren weiss man immer besser, ob es eine Intuition ist, die der Geist empfangen hat oder ob es eine Eigenproduktion des Geistes ist.

Die Intuition, die als Gedanken empfangen wird, lässt sich auch nicht leicht auf ihre Herkunft zurückführen, ob es eine Intuition oder eine Befürchtung ist, die der Geist vermittelt. Ein Beispiel: Es war morgens neun Uhr. Ich saß im Büro am Schreibtisch und arbeitete. Plötzlich musste ich denken: Du gehst jetzt sofort mit deinem Hund zum Tierarzt. Der Gedanke wurde zunächst einmal von mir nicht angenommen. Nach einer Stunde war er wieder da. Je häufiger er kam, desto intensiver wurde er und er kam in immer kürzeren Abständen. Am Nachmittag um 15 Uhr war ich dann soweit, diesem Gedanken Folge zu leisten, obwohl ich nichts Ungewöhnliches an meinem Tier feststellen konnte. Georgie fraß, lief herum und bellte, geimpft war er auch, was sollte ich also beim Tierarzt? Auf die Frage, was der Hund denn habe, antwortete ich, ich wüsste es nicht. Darauf reagierte der Tierarzt etwas ärgerlich und meinte mit einem abweisenden Blick, der mich nicht ganz für zurechnungsfähig hielt: „Nun, dann werden wir das Tier eben röntgen." Meine Antwort war: „Ja, tun Sie das."Als er wieder herauskam, war er auffallend höflich und gleichzeitig wirkte er besorgt. Er hatte festgestellt, daß mein Hund Georgie einen in der Harnröhre festgeklemmten Blasenstein hatte, so dass er kaum noch Urin lassen konnte. Dabei stellte er noch einen schweren Herzklappenfehler bei meinem achtjährigen Hund fest. Er meinte: „Sie haben Glück gehabt, daß

Sie gekommen sind, denn der Hund muss sofort operiert werden, sonst stirbt er an Herzversagen." Damals im Jahr1983 stand ich noch nicht zu meiner Intuition, die sich bald als solche herausstellte. Heute würde ich dem Arzt sagen, dass das, was von ihm als Glück bezeichnet wurde, eine Intuition war. Das Glück ist auch eine Gesetzmäßigkeit von Ursache und Wirkung und kein Zufall. Bei mir musste zuerst eine Persönlichkeitsentwicklung vorausgehen, damit ich Intuitionen zugeben und sie beim Namen nennen konnte.

Da ich nicht gerne einkaufen gehe, sende ich meinen Wunsch in den Kosmos und erhalte oft die Intuition, in welchem Geschäft, in welcher Stadt ich diesen Artikel finden kann. Manchmal muss ich ganz schön lange warten, bis ich auf meine Frage eine Antwort erhalte. Für mich ist es aber gut so, so trainiere ich ganz nebenbei meine Geduld und mein Vertrauen zu den Naturgesetzen und ich akzeptiere auch ein *Nein*. Ich habe gelernt, wenn ich keine Antwort bekam und daraufhin meinen Wunsch aufgab, dies immer zu meinem Vorteil war. Ich lasse mich jetzt immer mehr von meinen Helfern führen, obwohl dies nicht immer einfach und leicht ist. Oft ist es mit Kampf verbunden, loszulassen, anzunehmen und abzuwarten, doch Übung macht den Meister. Wir können auch manchmal genau empfangen, was der andere gerade gedacht hat, das nennen wir dann *Telepathie*.

Die Intuition, welche gehört wird, ist sehr bestimmend und ganz genau im Detail. In einem Falle wurde mir genau mitgeteilt, dass ich am nächsten Tag wieder zu dem Kurs zurückzukehren habe, wohin ich nicht mehr gehen wollte. Auf meine Frage nach der Sinnhaftigkeit bekam ich als Antwort, dass ich lernen muss, alles im *Gemütsfrieden anzuhören*, ohne innerlich zu protestieren. Ich befolgte die Anweisung und ging unter Murren wieder hin. Als ich nicht besonders gut gelaunt dort ankam, wurde ich plötzlich in eine göttliche Liebes-Schwingung eingehüllt, die den ganzen Tag bis spät am Abend anhielt. Mir wurde gezeigt, wie man ohne Emotionen, im Gleichmut, ohne dafür oder dagegen zu sein, etwas anhören und erleben kann. Ich stellte manchmal ganz sachlich fest, dass ich mich jetzt eigentlich ärgern müsste, aber es ging nicht. In diesem seltsamen Zustand konnte ich ab und zu wahrnehmen, dass ich so, wie ich mich verhalte, nicht bin und es auch gar nicht sein könnte. Es war eine große, mir unbekannte Energie, die das bewirkte, und ich hatte ganz deutlich das Gefühl, *dass ich gelebt wurde*. Obwohl es zu meinem Vorteil war, wollte ich nicht gelebt werden und aus diesem Zustand wieder heraus, doch es war mir unmöglich – und das war gut so, denn ich fühlte, dass dies ein Leben der ewigen Freude wäre. Ich war mehrere Tage glücklich und in einem Hochgefühl. Von da an wünschte ich mir, von dieser *unbeschreiblichen Liebe und Harmonie immer gelebt zu werden*.

Als ich am Sonntagabend nach dem Kurs nach Hause fahren wollte, fand ich einen Zettel unter meinem Scheibenwischer und darauf stand: „Sie können ruhig noch näher parken, ich steige sowieso immer durch den Kofferraum ein." Es wurde mir hier noch einmal gezeigt, dass man auch Kritik mit einem witzigen Hinweis bewusst machen kann. Da es mich sehr erheiterte und nicht geärgert hat, passe ich noch heute ganz genau auf, daß ich beim Parken niemanden mehr behindere.

In mir erwachte eine neue Erkenntnis, die bis heute eine positive Veränderung in meinem Leben eingeleitet hat. Falle ich wieder in meine alten Gewohnheiten zurück, erinnere ich mich sofort an diesen Tag und kann dadurch mein Verhalten mühelos umwandeln. Nach meinen bisherigen Erfahrungen kann ich den neutralen Zustand jedoch nicht immer erreichen, wie ich es mir anfangs vorgestellt hatte. Es gibt eben kein Nur-Verhalten, für mich jedenfalls noch nicht.

Intuitionen können wir also denkend, hörend und fühlend empfangen. Es ist deshalb auch nicht eine Sache der Frau oder des Mannes, es hat mit dem Geschlecht nichts zu tun. Es hängt vom Entwicklungsgrad des einzelnen Menschen und der Weltkonstellation = den morphogenetischen Feldern ab. Je mehr Erfahrungswerte wir im Unterbewusstsein und weltweit gespeichert haben, desto mehr Intuitionen können wir dazu empfangen.

Nach meinen Erfahrungen gibt es wesentliche Unterschiede im Empfangen von Intuitionen. Entweder empfängt man sie ganz detailliert rein und klar oder unklar, verschwommen und bruchstückhaft. Werden sie unklar empfangen, können sie behindernd für uns sein, wodurch es zu falschen Aussagen und Meinungen kommt. Es ist so, als würde man die Fensterscheiben mit durchsichtigem Papier bekleben, so dass man zwar noch hindurchsehen kann, jedoch wird die unklare Aussicht zu Missverständnissen führen.

Ich musste einmal einkaufen gehen, denn wir erwarteten Besuch, der sich am Abend zuvor angekündigt hatte. Mit meiner Einkaufsliste im Geschäft stehend dachte ich plötzlich: *„Nichts einkaufen."* Da ich damals aber überhaupt nicht intuitionserfahren war, hielt ich dies für eine Laune von mir. Ich konnte das alles gar nicht so schnell analysieren und mir bewusst machen, was da ablief. Dann war ich auch schon an der Reihe und wurde gefragt, was ich wollte. Ich kaufte alles ein, was auf der Liste stand. Als ich nach Hause kam, empfing mich mein Mann gleich mit dem Satz: Unser Besuch hat soeben abgesagt, da die Enkelin krank geworden ist. Da erkannte ich erst, daß der Gedanke im Geschäft eine Intuition war, jedoch noch sehr unvollkommen und ungenau und *keine Laune von mir war.*

Verdichtungen in uns lassen die Sendungen oder das Empfangen nicht genau durchkommen. Es ist, als hätte man einen Radiosender nicht auf die richtige Frequenz eingestellt. Verdichtungen sind Schwingungen der Unreinheit in uns. Es sind Schmutzfilter, die es dann nicht **ermöglichen, *Intuition in Reinheit und Genauigkeit zu empfangen.*** Ihre Namen heißen: Negatives Denken, Hass, Gier, Neid, Macht, Geltungsbedürfnis, Unwissenheit und mangelnde Liebe. *Unwissenheit* im Sinne des Lebens, zu der Schöpfung, zu den Naturgesetzen und zu den menschlichen Werten werden auch zu Schmutzfiltern, die verhindern, spirituelle Weisheiten klar und rein zu empfangen. Dasselbe ist auch zum Empfangen von *Inspirationen zu sagen.*

Orientierungsmöglichkeiten sind: Die Zehn Gebote, die allumfassende und bindungslose Liebe, 7 x 70 mal vergeben und die sanatana-dharma-Gesetze = ewige Ordnung. Alles, was wir sehen, lesen, hören und da nicht hineinpasst, ist mit Vorsicht zu genießen, denn so kann es zu *menschlichen Fehldeutungen* kommen, wenn der Mensch noch nicht rein genug ist. Es ist wie bei einem großen Forscher, der durch neue Erfahrungswerte die alten dementieren muss. Das ist Entwicklung.

Die Ebene, die ein medialer Mensch empfangen kann, hängt vom Grad seiner Neutralität, seiner Rechtschaffenheitund seiner Gradentwicklung ab. Ein Medium, das noch sehr emotional und auf sein Ego konzentriert ist, ist kaum geeignet, klare und reine Botschaften aufzunehmen. Hat ein Mensch mediale Fähigkeiten und kann sagen, wie die Großmutter aussieht, glauben ihm einige Leute alles *ohne nachzudenken.* Auch glauben Menschen, von Gott und Jesus inspiriert zu sein und verbreiten dadurch viele falsche Meinungen und Lehren und richten damit allerhand Unheil an. Einstellungen, die die Persönlichkeit und der eigene Geist entwickelt haben, werden *als göttliche Inspiration weitergegeben.* Was immer man liest oder gesagt bekommt, von wem auch immer, muss mit analytischem Verstand überprüft werden. Leichtgläubigkeit hat mit einem festen und starken Glauben, der auf Erfahrung aufgebaut ist, nichts zutun. Es ist nur bequemer, das zu glauben, was andere sagen.

Auch *Akasha-Leser,* die uns aus unserem Vorleben berichten, können aufgrund ihrer Wahrnehmung falscheAussagen machen, die von den Wahrheits- und Weisheitslehren ganz beträchtlich abweichen. Ob diese falschen Einstellungen aus Unwissenheit oder Oberflächlichkeit, aus Eitelkeit oder Machtgelüsten entsprungen sind, ist irrelevant. Aber für uns können dadurch neue negative Verhaltensmuster entstehen, die eher *zu mehr neuen als zu weniger Reinkarnationen führen.*

Ich will hier ganz bewusst keine negativen Erfahrungsbeispiele von mir und anderen berichten. Jedoch erzähle ich zum besseren Verständnis ein Erlebnis: Eine Akasha-Leserin sagte zu einer meiner Bekannten, dass ihre jetzigen Kinder in einem Vorleben ihre Geschwister gewesen seien und sie somit auch keine so große Verantwortung für sie übernehmen müsste, was für meine Bekannte Wasser auf ihre Mühle war. Sie kam sowieso nicht mit ihren Kindern zurecht, was die Versorgung und die Mutterpflichten betraf. Davon wollte sie schon lange aussteigen, sie wusste nur nicht wie. Diese Aussage hatte sie jetzt erst richtig bestärkt, ihren Emotionen nachzugeben. Nach den Karma-Lehren hätte sich aber dieses Verhalten zu ihrem Nachteil entwickelt. Als sie mir voller Freude diese Information erzählte, fühlte ich, wie bei mir die Wut hochkam über *diese falschen Auslegungen und Eigeninterpretationen.* Ich sagte mit lauter Stimme zu ihr, dass sie *jetzt lebe,* was auch eine wichtigeAussage von Jesus ist. Es mag wahr sein, dass die Kinder einmal ihre Geschwister waren, aber *jetzt* ist sie die nachweisbare Mutter mit allen Pflichten, hat Rücksicht zu nehmen und Verantwortung zu tragen. *Nur das zählt im Moment, in diesem Leben.*

So werden richtige mediale Wahrnehmungen mit falschen Ansichten und Einstellungen zu einer nicht ganz ungefährlichen Mischung, die niemandem etwas nützt und die eventuell mehreren Menschen schaden kann. Wir dürfen das Jetzt niemals ignorieren aufgrund dessen, was vorher war. Wir haben aus den Vorleben vielleicht zu bestimmten Personen eine Sympathie oder eine Antipathie mitgebracht, die nach menschlichem Ermessen berechtigt sein könnte. *Aber jetzt* haben wir die Möglichkeit bekommen, die Dinge aufzuarbeiten und zu verzeihen und uns nicht wieder von den alten Verhaltensmustern **neu binden** *zu* lassen. Um uns Menschen das Verzeihen zu erleichtern und die Liebe zu den Menschen wieder entstehen zu lassen, die uns in einem Vorleben einmal geschadet haben, *ist einer der Gründe,* warum wir nicht mehr wissen, was alles in den Vorleben geschah.

In diesem Zeitalter des Kali = Eisernes, ist es wichtig geworden, dass wir uns selbst um genaue Weisheitslehren von Heiligen und Naturgesetze von Wissenschaftlern bemühen, um so die Unterscheidungsfähigkeit zu erlangen, was von jeglichen Aussagen richtig oder falsch ist. Es sind so viele neue Lehren auf der spirituellen Ebene im Aufbruch, doch das meiste ist noch in den Kinderschuhen der Entfaltung. Was mich bewegt, ist nicht das Verneinen und Verbieten dieser weltweiten spirituellen, religiösen oder esoterischen Aktivitäten. **Die Vorsicht und das Nachdenken** dürfen wir nicht vergessen, sondern müssen von uns angewandt werden.

Mediale Fähigkeiten zu besitzen, ist nichts Besonderes. *Das ist eine Fähigkeit* wie jede andere auch im weltlichen Geschehen. Machen wir kein solches Drama daraus, wir haben diese Selbstverständlichkeit nur verloren. Jede Fähigkeit kann etwas ganz Besonderes werden, wenn sie ausgereift ist. Auf *der medialen Ebene* ist sie dann ausgereift, wenn sie mit Weisheit, Liebe und Unterscheidungsfähigkeit durchdrungen ist. **Spirituell entwickelte Menschen sind eine Rarität.** Um Raritäten zuerkennen, bedarf es der eigenen Entwicklung. Wir übersehen sonst Diamanten, weil wir sie für Glassteine halten und wir verehren Glassteine, weil wir sie für Diamanten halten. Denken wir einmal an einen Antiquitätenhändler. Wenn er seinen Beruf nicht beherrscht, kann man ihm leicht gefälschte Artikel anbieten. So ist es auch auf dem geistigen

Weg. Nichtgeschulten und unwissenden Menschen kann man *jede Fälschung als spirituelle Rarität verkaufen,* ob es sich nun um Menschen, Bücher, Lehrer oder Gurus handelt. Nur ein Meister seines Berufes kann einen Meister erkennen. Entwickeln wir uns zu Meistern und wir können keine Opfer mehr von Betrügereien und negativen Sekten werden. Also muss jeder selbst etwas tun. Auf der weltlichen, stofflichen Ebene ist uns diese Einstellung wohl bekannt und selbstverständlich. Wer selbst kein Meister ist, geht zu einem Fachmann in der Hoffnung, dass er ein solcher ist.Auf der spirituellen, religiösen Ebene ziehen wir diese Einstellung noch nicht einmal in eine nähere Erwägung. Wir sind der Meinung, dass so etwas nicht gelernt werden muss, dass wir darüber genug Bescheid wissen und das richtige Gespür dafür haben. Sich hierin beraten zu lassen halten wir nicht für notwendig. So haben wir jetzt mehr oder weniger eine individuelle Bastel-Religion.

„Im Nichtwissen wohnen die Selbstklugen,
sich selbst für gelehrt haltend. Immer wieder
geschlagen wandeln diese Toren umher wie
Blinde, die von Blinden geführt werden!"
Upanishad

Das Unterscheidungsvermögen ist dazu da, in einer Situation gesprochene und geschriebene Worte zu erfassen und nach dem Prinzip der Wahrheit zu analysieren. Es ist nicht nur dafür gedacht, die Eigenschaften anderer Menschen zu kritisieren. Religiöse und spirituelle Erkenntnisse haben nicht *nur* etwas mit glauben zutun, sondern mit studieren, üben und anwenden. Das macht auch jeden Meister aus, in weltlichen Berufen sowie in spirituellen Bereichen. Jeder, der mediale Fähigkeiten besitzt, muss sich zuerst einmal mit *den Weisheitslehren, den Kausalgesetzen, den morphogenetischen Feldern, mit den ethischen,* *moralischen und den ewigen Ordnungs-Gesetzen vertraut machen,* bevor er anderen Ratschläge erteilt.

„Nichts ist geregelt, was nicht gerecht geregelt ist!"
Abraham Lincoln

Vier Regeln für logische Untersuchungen:
1. Stütze dich nicht auf die Person, stütze dich auf *die Lehre.*
2. Was die Lehre angeht, stütze dich nicht auf die Worte, stütze dich auf *die Bedeutung.*
3. Was die Bedeutung angeht, stütze dich nicht auf die zu interpretierende Bedeutung, stütze dich auf *die endgültige Bedeutung.*
4. Was die endgültige Bedeutung angeht, stütze dich nicht auf die gewöhnliche Bewusstheit, stütze dich auf *die ursprüngliche Weisheit.*

„Die Wurzel des Leidens kommt durch
die Macht von Unwissenheit zustande.
Unwissenheit aber muss durch
unterscheidende Weisheit zerstört werden!"
Buddha

Imagination ist, sich ein Endprodukt bildhaft vorstellen zu können unter Einbeziehung der fünf Sinne: Hören, Sehen, Fühlen, Riechen und Schmecken.
Telepathie ist ein nicht materialistisches Erfassen und Aussenden von Gedanken, Gedankenübertragungen und Geistheilung. In der Telepathie werden die feinen Gedankenschwingungen des Menschen zunächst einmal durch den feineren Astraläther gelenkt, danach durch den gröberen und dann in diesen Äther übertragen. Jetzt werden elektrische Wellen erzeugt, die

sich im Geiste eines anderen Menschen zu Gedankenwellen formen.

Intuition ist ein direktes Erfassen der Wahrheit, die der Geist empfängt, die im Menschen oder im Kosmos vorhanden ist. Über das Bewusstwerden von verschiedenen Intuitionen können wir wieder zu Gott gelangen.

Inspiration kann nicht von Menschen vermittelt werden. Es ist eine höhere Eingebung, eine Erleuchtung durch den Heiligen Geist. Wenn jemand sagt, ich bin inspiriert oder mich hat jemand inspiriert, dann halten Sie es bitte nicht sofort für eine Wahrheit, die von Gott oder Jesus kommt. Denken wir jetzt mit dem logischen Verstand darüber nach, ob das Gesagte *vernünftig ist und nicht gegen geistige Gesetze verstößt. Eine wahre, göttliche Inspiration* darf niemals dagegen verstoßen. Sie ist eine allumfassende Energie und rein. Da jedoch die Inspiration **durch den menschlichen Interpreten hindurch muss, das** heißt, durch seinen Bewusstheitsgrad gefiltert wird, kann sie fehlerhaft werden. *Jesus* hatte einen reinen Empfang, weil er Reinheit war. Wir wollen oft noch beweisen, was wir können und wie toll wir empfangen. Besser wäre es manchmal, die Wahrheit zu sagen, dass wir im Moment gar nichts empfangen oder das Empfangene nicht richtig in Worte kleiden können.

> „Logisches Denken ist, Dinge zusammenzubringen
> und zu koordinieren. Es ist folgerichtig zu denken.
> Diskussionen sind nur dann sinnvoll, wenn
> Erfahrungen unter Gleichgesinnten ausgetauscht
> werden. Unterschiedliche Ansichten und
> Meinungen führen zu wertlosen,
> energieverschwendenden Debatten!"
>
> Christa Keller

Wie geht man mit dem Willen um

Der reine Wille ist das Wesen Gottes und er führt zur Entstehung der grobstofflichen Welt. **Das** ganze Universum ist ein *Lila*, sanskrit = Göttliches Spiel, Wohnort, Göttliche Natur. Lila ist das Relative im Gegensatz zur einzigen, absoluten Realität.

Der individuelle Wille des Einzelnen handelt in der Gesellschaft und ist verantwortlich für sich selbst und für die Welt. Hätten wir keinen freien Willen, gäbe es auch keine Erlösung aus dem Karma-Rad der Taten und Folgen. Gott hat die Gesetze erdacht und uns den freien Willen verliehen und Er mischt sich jetzt nicht wie ein Diktator ein. Der Mensch setzt seinen freien Willen nach Gutdünken ein, was seine ganz persönliche Individualität und Zukunft bewirkt. Je nach Reifegrad haben wir mehr oder weniger Willensanteile, für die wir nun verantwortlich sind. Durch diese Willensfreiheit können wir *ein bisschen* unsere Wege, die wir gehen wollen, unsere Schicksale und unser eigenes Zeitmaß, selbständig und ganz individuell planen. Falsch angewandter Wille lässt Leid entstehen und der Missbrauch kann gefährlich werden, wie wir es jetzt im kosmischen Geschehen sichtbar feststellen und fühlen können. Wir müssen lernen, *das zu wollen,* was Gott will. Im geistigen Yoga lernen wir, die Naturgesetze und die in ihnen wirkenden Eigenschaften zu verstehen – und *das zu lieben, was Gott will.*

Der Wille Gottes ist anders als der Wille des Menschen. Der Wille Gottes *Ist*. Sein Wille ist frei von Eigenschaften und Dualität. Wir können dies nur durch das Prinzip – *Ist* – begreifen. **Der Mensch,** der etwas will, handelt in einer Absicht, er will etwas bewirken, verändern oder verbessern. *Das ist polares Denken.* Ein Mensch, der glücklich und zufrieden ist und andere Menschen auch glücklich und zufrieden machen will, wird bemerken, dass *er selbst* plötzlich nicht mehr so zufrieden und glücklich ist, wie er es eben noch war. Sein Wille wurde mit der Absicht bestrahlt und jetzt ist er polarisiert. Der Geist dieses Menschen ist der Meinung, dass etwas getan werden muss.

Der Heilige ist zufrieden und glücklich und will nichts verändern. Er *Ist* und dieses Ist tut die Werke und nicht seine Absicht. Weil seine Individualität nichts will, bleibt alle Kraft im Ist und so kann mehr erreicht werden als mit emotionalem Getue. Das, was wir Hilfe nennen oder verändert haben wollen, geschieht im Ist-Zustand wie von selbst, ganz absichtslos, ohne das Einwirken des Ego-Willens. Solange wir aber diese Meisterschaft noch nicht erreicht haben, müssen wir über den Willen und die Absicht voranschreiten zu dem, was wir wollen und uns danach bemühen, *in keine Erwartungen zu kommen.* Übung macht den Meister. Heilige wollen nichts bewirken, sie sind in einem *Ist-Zustand = absichtslos.* Wenn sie etwas mit ihrem ganzen Willen verändern wollten, wäre zum Beispiel die Welt in Kürze ein Paradies. Weil sie aber – so handelnd – gegen die göttlichen Naturgesetze verstoßen würden, lassen sie es ganz einfach sein, ganz besonders im Kali-Yuga = Eisernes Zeitalter.

Ein Beispiel: Einen Baum, der kurz vor der Blüte steht, könnte ein Heiliger – auf Wunsch – schneller zum Blühen bringen. Aber *Er* wird es unterlassen, ein kleines Bäumchen zum Blühen zu veranlassen, das erst ein paar Monate alt ist, denn die Schwingungen der beiden Pflanzen sind noch in einer erheblich unterschiedlichen Gradentwicklung. Oder ein Schüler kann eine Schulklasse durch Hilfe eines Heiligen überspringen, jedoch wird kein Heiliger einen Zweitklässler durch seine Hilfe in die fünfte Klasse integrieren. Seine *Seins-Energie* könnte das jederzeit vollbringen, doch durch die Achtung vor den geltenden Gesetzen in der Schöpfung wird Er es unterlassen. So ist es ebenso mit der *Verbesserung des Weltzustandes und der Anhebung der menschlichen Werte bestellt,* es muss durch die Eigenleistung der Menschheit zu einer Verbesserung kommen. Die Veränderung muss in jedem Einzelnen bewerkstelligt werden, es kann nicht von den Heiligen gefordert oder erwünscht werden. *Die Hilfen = Beratungen und Lehren der Meister* stehen und standen uns allzeit zur Verfügung, wir müssen sie nur befolgen und anwenden. Sie helfen uns beim Zubereiten geistiger Nahrung, doch essen müssen wir selbst.

Würde ein Avatar oder Meister alle Probleme der Menschen auf der ganzen Welt sofort beenden, was sie könnten, dann würde die Schöpfung mit ihrem karmischen Gesetz zusammenbrechen und jedes Tun, jede Entwicklung, ja sogar jede Evolution zum Stillstand bringen. Es würde dem Menschen im Moment helfen, doch seine eigene Gradentwicklung hätte sich dadurch nicht verändert oder erhöht. Deshalb ist diese Lösung ausgeschlossen und wir müssen selbst zu einem *höheren Bewusst-heitsniveau gelangen,* Gott in uns zum Leben erwecken, die spirituellen Gesetze verstehen lernen und uns dem rechtschaffenen Leben zuwenden. In der Prema-Liebe (unpolare Liebe) sind wir fähig, den Kräften der Natur zu befehlen und sie zu steuern, um Unglücksfälle abzuwenden. Der Mensch kann lernen, seinen Willen absichtslos und ohne Ego anzuwenden, indem er seinen Willen Gott übergibt und geschehen lässt. Unser Willensanteil ist Göttlich, doch wenn wir ihn mit unseren *Ego-Absichten* verdunkeln, wird er schwach, unsicher und unrein.

Wünsche sind Ausdruck der universellen Energie, der wir unsere Existenz zu verdanken haben. Es ist viel besser, einen Wunsch zu haben, der vielleicht noch stärker ist als alle anderen Wünsche. Es ist sehr lobenswert, wenn wir einen solchen Wunsch standhaft und regelmäßig mit Gedankenkraft versorgen und unterstützen, denn er kann nicht nur das eigene Wohl fördern, sondern auch zum Wohl der ganzen Welt beitragen.

Der spirituelle Wille muss durch Bemühen gestärkt und realisiert werden. Nur starke Menschen sind in der Lage, einen Willen mit Ausdauer und Geduld zur Vollendung zu führen. Vergessen wir nicht, dass mancher Wunsch und mancher Wille viele Leben benötigt, bis er zur Reife und Verwirklichung gelangt ist. Was der Einzelne will und sich wünscht, hängt von seiner sittlichen Reife ab.

> *„Wenn Gott will* – hat nur dann eine Bedeutung, wenn ihr euren eigenen allmächtigen Willen behauptet. Die Lösung ist, die inhärente Kraft und den Glanz eurer Seele zu wecken!"
> Sri Sathya Sai Baba

Als ein Autofahrer mir meine offene Autotür beschädigte und weiterfuhr, dachte ich: „Lieber Gottvater in mir, zeige Dich jetzt in Deiner Gerechtigkeit." Ich fing an, meine Gedanken und meinen Willen vom Geschehnis abzuziehen und auf Gott zu richten und ich begann, mein Mantra zu sprechen. Als der Autofahrer nach ein paar Minuten rückwärtsfahrend zurückkam, fragte ich ihn: „Konnten Sie nicht anhalten?" Er lächelte und antwortete, dass man in einer Kurve schlecht anhalten könne. Die Kurve war jedoch etliche Meter weiter vorne. Bei so einem Verhalten meinerseits geht es jetzt nicht darum, keinen Schaden zu erleiden, sondern darum, die Gerechtigkeit Gottes sichtbar werden zu lassen, damit *Er* verherrlicht werden kann. Es ist eine Übung, das eigene Vertrauen in die Gerechtigkeit Gottes zu stärken und so die Göttliche Beständigkeit und Allmacht erfahren zu dürfen. Es geht um *Ihn* und nicht so sehr um mich. Man muss den eigenen Willen *kund tun,* ihn dann wegsenden, ihn loslassen und geschehen lassen, was geschieht und nicht auf dem eigenen Willen beharren. *Übergib Ihm = Gott den Ausgang!*

Wenn sich eine Situation dem eigenen Willen entzieht, so dass wir machtlos sind und mit dem Willen nichts verändert werden kann, dann lassen wir ihn doch los. Was wollen wir mit einem Willen, der im Moment nicht funktioniert? Jetzt begibt man sich in *den Monismus = das Einheitsdenken,* wo es keinen Verlust und Gewinn, richtig oder falsch mehr gibt. Wir gehen mit unseren Gedanken aus der Polarität heraus und lösen uns vom Entweder-Oder-Denken. In der Einheit = dasAllsein ist Wahrheit und Gerechtigkeit, denn sie ist unpolar und außerhalb des Gesetzes.

> „Wenn es dir an Willenskraft fehlt, versuche
> die Kraft des *Nicht-Wollens zu* entwickeln!"
> Paramahansa Yogananda

Beim Sterben werden mit dem Willen der Individualität ganz bedeutende Maßstäbe gesetzt. Denkt die Bewusstheit an Gott und hat sie schon ein Einheits-Bewusstheit aufgebaut, nicht – die Welt und ich, Gott und ich oder meine Wünsche und ich –, sondern *Ich = Gott,* dann gibt es keine Reinkarnation mehr. Können wir **noch in Zweiheit denken,** in Verlust und Gewinn, wollen wir noch irgend etwas erreichen und haben wir noch weltliche Wünsche, wie zum Beispiel: Was machen meine Nachkommen mit meinem hart verdienten Geld oder wollen wir zu einem Familienmitglied im Jenseits, muss der Wunsch erfüllt werden.und wir reinkarnieren wieder. Wir sind noch im Gesetz gefangen. Die Wünsche binden nun das Gesetz. Loslassen = *Einheit Sein* entbindet uns vom Gesetz und wir sind frei. Wer sich beim Sterben als Gott = Atman erkennen kann und schon zu diesem *spirituellen Bewusstwerden geworden ist,* braucht nicht mehr den Willen anzuwenden, um in Gott einzugehen. Dieser Wille = Bewusstheit muss jedoch herzensrein = bindungslos sein, sonst kann er sich nicht verwirklichen. Wer beim Sterben noch nicht so weit im Denken vorgedrungen ist, tut gut daran, *den Willen zu haben,* in Gott eingehen zu wollen.

Je weiter der Mensch in seinem spirituellen Erwachen die Liebe und die Einheit in allem wahrnimmt, umso mehr nehmen die

Wünsche ganz von selbst ab. Wenn in einer entwickelten Bewusstheit des Menschen die Welt als solche nicht mehr existiert, kann die Illusion – im Wollen oder Müssen – nicht mehr weiter bestehen bleiben, sie löst sich auf. Gott ist jenseits vom Gesetz, der Sinne und des Intellekts und jenseits der Wahrnehmung von Eindrücken. Es wird immer wieder gelehrt, dass wir keinen freien Willen haben und dass wir alle Wünsche aufgeben müssen. Dies ist jedoch hauptsächlich für den Brahmanenstand von Gültigkeit. Diese Aussagen sind wahr und unwahr zugleich. Es hängt von den unterschiedlichen Betrachtungsmöglichkeiten ab, die wir haben.

Von der monistischen, Göttlichen Sichtweise ausgehend, im *Samadhi oder im Nirvikalpa-Samadhi,* sanskrit = höchste transzendentale Bewusstseinsebene, das Eins-Sein mit Gott, da sind wir ausserhalb der Gesetze, da gibt es *keinen freien Willen.*

Von der dualistischen Ego-Sichtweise ausgehend sind wir innerhalb der Gesetze von Ursache und Wirkung, da gibt es *einen freien Willen.*

Es gibt ein allgemeines, ein individuelles und ein gesellschaftliches Gesetz, die zu berücksichtigen sind, wo wir unseren Willen einbringen können. Die Menschheit wird dauernd vor Entscheidungen gestellt, die getroffen werden müssen. Es ist dabei jedoch wichtig, dass der menschliche Wille mit den Naturgesetzen = ewigen Ordnungs-Gesetzen = sanatana-dharma übereinstimmt, damit sich alles in Harmonie weiterentwickeln kann.

„Wünschen bedeutet Verlangen, etwas zu
bekommen. Wollen ist die Entschlossenheit,
es zu erlangen!"
Sri Sathya Sai Baba

Konsequentes Verhalten in der Praxis

Der Mensch muss zunächst kämpfen lernen – natürlich mit rechtschaffenen Mitteln – gegen widrige Umstände, gegen Demütigungen und gegen Menschen, die mit ihrem starken, rücksichtslosen Ego Macht ausüben. Weil die Egoisten ihre eigenen Untugenden nicht erkennen und bewältigen wollen, erwarten und fordern sie, dass ihre Mitmenschen sie so hinnehmen und geduldig ertragen. Diese Menschen wollen andauernd andere Menschen erziehen und unter Kontrolle bekommen, da sie es bei sich selbst nicht erreichen. Hier muss der Kampf aufgenommen werden. Rückzugsgedanken und ein dauerndes Stillhalten sind in der Regel Gedanken der Schwäche. Dieser Kampf hat nichts mit Gewalt, Rücksichtslosigkeit und Herumschreien zu tun, sondern mit einer klaren Aussprache über das Fehlverhalten und die in Zukunft angewandten Konsequenzen.

Ich hatte einen Schüler, dessen Chef mindestens einmal täglich zu ihm ins Büro kam, etwas reklamierte und beim Hinausgehen die Tür zuwarf. Mein Schüler war so entnervt, dass er nach drei Jahren Magengeschwüre hatte und sich mit dem Gedanken trug, zu kündigen. Daraufhin riet ich ihm, zuerst eine andere Möglichkeit zu versuchen. Ich sagte zu ihm, dass er zu seinem Chef gehen und ihm mitteilen muss, dass er durch sein „Tür-Geknalle" Magengeschwüre bekommen hat und mit den Nerven am Ende sei und er muss ihn bitten, es in Zukunft zu vermeiden. Mein Schüler rief mich nach vierzehn Tagen an und sagte, dass die Unterredung keine Veränderung gebracht hätte. Ich riet ihm, noch einmal zu seinem Chef zu gehen, ihn auf diese Umstände hinzuweisen und beim Hinausgehen die Tür zuzuknallen. Durch seinen erneuten Anruf erfuhr ich folgendes: Er sagte, er habe sich nach unserem Gespräch entschlossen, meinen Rat anzunehmen und ging gleich am anderen Tag zur Tat über. Er sagte sich: „Nur nicht aufschieben, sonst besteht die Gefahr, dass ich wieder anderen Sinnes werde." Nach der vollbrachten Tat ging er mit starkem Herzklopfen in sein Büro zurück und dachte, dass ihm die Kündigung sicher sei. Nach einer Stunde kam sein Chef mit einer Flasche Wein unterm Arm zu ihm in sein Büro und entschuldigte sich für sein jahrelanges, negatives Benehmen. Der Chef sagte: „Wenn ein anderer die Tür zuknallt und man darauf nicht vorbereitet ist, erschrickt man derart, dass man Magenschmerzen bekommt und man noch längere Zeit mit dem Vorfall zu tun hat." Jetzt, da der Chef es selbst erlebt hat, bekam er ein besseres Verständnis für seine Handlung und war deshalb bereit, sie aufzugeben.

Ein weiteres Beispiel: Eine Frau sagte zu mir, sie könne nicht regelmäßig in die Kursabende kommen, denn immer, wenn sie abends weggehe, würde ihr Mann sich betrinken. Darauf riet ich ihr, ihrem Mann die Flasche auf den Tisch zu stellen, ihm einen schönen Abend zu wünschen und wegzugehen. Sie war von dieser Konsequenz nicht begeistert, wollte aber trotzdem von dieser Geißelung befreit werden und sie tat es mit bestem Erfolg. Als sie wieder nach Hause kam, stand die Flasche noch voll auf dem Tisch und ihr Mann war in einem ausgeglichenen Zustand. Das ist ein Kampf mit konsequenten Mitteln und mit der Hoffnung im Herzen auf eine positive Lösung, um wieder besser miteinander leben zu können.

Ich habe in meiner Ehe nicht gekämpft und wollte Probleme mit Aus- und Durchhalten lösen. Doch dieses Verhalten führte bei mir nur zu Krankheiten und Neurosen aller Art. Als ich dann wegging, wurde ich zum Kampf gezwungen. Es kamen so viele Probleme auf mich zu, denen ich mich stellen musste, um sie zu bewältigen. Als ich dann kämpfen konnte, stellte ich fest, dass es nicht mehr nötig wurde. Dann beschritt ich den Weg des Loslassens und trainierte fleißig diese fantastische Alternative. Heute kann ich beide Verhaltensweisen anwenden und das ist Freiheit.

Konsequentes Verhalten stärkt den menschlichen Charakter.

Denken, Sprechen und Handeln müssen eine Einheit werden. Bevor man „eine Konsequenz einleitet", muss sie gut und lange durchdacht sein. Sie darf auf keinen Fall emotional und unüberlegt – zu ihren Folgen – ausgeführt werden. Ist man dann bereit, auch die Folgen zu tragen, kann sie angewandt werden.

Ein anderes Beispiel: Ein Mann hatte einen Beifahrer, der alles überflüssige Papier zum Fenster hinauswarf. Dieses Tun ärgerte ihn sehr und er bat den Beifahrer wieder und wieder über mehrere Jahre, damit aufzuhören.Als ich ihn kennenlernte, spielte er mit dem Gedanken, sich versetzen zu lassen. Ich empfahl ihm, zuerst etwas auszuprobieren und fragte ihn, ob er bereit sei, seinAuto anzuhalten, das hinausgeworfene Papier zu suchen und es einzusammeln. Da er dies bejahte, riet ich ihm, dieses Vorhaben seinem Kollegen nicht anzukündigen und auch nicht zu sagen, warum er anhält, ausser er würde ihn danach fragen. Doch sofort, als er wieder im Auto saß, fragte ihn der Kollege, was er denn draussen gesucht habe, weil er ihn gebückt umherlaufen sah. Darauf erwiderte er ihm: „Ich werde in Zukunft immer anhalten, wenn du Papier zum Fenster hinauswirfst, um dieses einzusammeln." Am gleichen Tag, als der Kollege *seiner Gewohnheit* wieder nachkommen wollte, drehte er jedoch die Fensterscheibe wieder hoch, steckte das Papier in seine Tasche und schimpfte auf ihn ein, dass er verrückt sei. Nach zwei Tagen hatte sich alles wieder beruhigt. Mehrere Jahre bitten und drohen, diese Untugend zu unterlassen, hatte nichts geholfen. Doch zwei Tage konsequentes Verhalten hat das schlechte Partnerverhältnis entspannt und harmonisiert. Von Versetzung wurde nicht mehr gesprochen.

Ein anderes Beispiel: "Eine Frau erfuhr, daß ihr Mann ungenießbaren, übelriechenden und mit Maden durchsetzten Reis an dieArmen verschenkte. Sie sprach ihn darauf an und sagte: „Dieser Reis ist für die Tiere, den kannst du doch nicht an die Menschen verteilen. Wir haben genügend Geld, um guten Reis zu verschenken." Der Mann hörte jedoch nach mehrmaligen Mahnungen nicht damit auf. So beschloss sie, die Konsequenz zu ziehen. Sie kochte ihrem Mann von diesem schlechten Reis ein Mittagessen. Als er es bemerkte, beschimpfte er seine Frau und sagte: „Wie kannst du mir einen solchen Reis zum Essen anbieten?" Die Frau antwortete: „Ich will dir ja nur helfen. Es ist besser, du isst diesen Reis jetzt – in diesem Leben – freiwillig, als gezwungenermaßen in einem deiner nächsten Leben." Darauf sah der Mann sein Fehlverhalten ein und verteilte nur noch guten Reis an die Armen. Durch die Stärke und das konsequente Verhalten der Frau wurde der Mann ebenfalls zur Stärke geführt und vor hartem Karma bewahrt."

Quelle unbekannt

Nicht immer geht es so schnell und reibungslos, aber konsequentes Verhalten muss nie lange angewandt werden. Es ist immer wieder verblüffend, wie schnell positive Resultate zur Zufriedenheit aller erzielt werden. Etwas zu erdulden, weil der Mut zur Klärung fehlt oder aus Angst, etwas aufgeben zu müssen, ist Schwäche und kein Loslassen im Sinne der Bindungslosigkeit oder ein hoher Entwicklungsgrad. *Ein Heiliger ist in seiner Stärke und in seinem Mut* so entwickelt, dass er kein konsequentes Verhalten mehr anwenden muss. *Er kann loslassen,* er ist beziehungslos zu den Geschehnissen der Welt. Wenn der Mensch loslässt, ist es meist aus Schwäche und mangelnder Persönlichkeit entstanden. Beides sieht gleich aus, doch wenn zwei das gleiche tun, ist es nicht dasselbe.

„Die strengen wie die milden Methoden sind
gleich wirkungsvoll, wenn sie mit Weisheit
angewandt werden!"
Paramahansa Yogananda

Der Glaube ist eine Kraft

Der Glaube findet heute oft abwertende Einstellungen. In der dualen Welt können wir natürlich alles falsch oder richtig anwenden und auslegen. Der Glaube kann von Qualität sein und stark, aber auch wertlos und schwach.

Der Glaube ist ein Basis-Element, mit dem wir vieles – wenn nicht alles – beginnen. Ich denke jetzt an den starken Glauben, an den wertvollen Glauben, der Berge versetzen kann. Glauben heißt nicht, dass wir nicht logisch denken können und nicht, dass er keine Logik in sich trägt. Die Menschen, die etwas glauben ohne nachzudenken oder sich nicht auf Erfahrungen berufen können, sind vielleicht schwach oder leichtgläubig. Doch es gibt noch andere Ansichten, die besagen, dass man aus Erfahrungen in seinem Glauben gestärkt wurde und dieser jetzt zum Wissen geworden ist. Ein oft wiederholter Gedanke wird zum Glauben, sowohl positiv als auch negativ.

Weise und Heilige sind Menschen, welche die Naturgesetze kennen und sie durch ihre medialen Kräfte auch beherrschen. Das verleiht ihnen die Stärke ihres Glaubens, denn sie sind jetzt aus Erfahrung in die Gewissheit gekommen und somit nicht mehr im Zweifel. Dieser wissende Glaube = das Vertrauen besitzt die Kraft, Dinge durch Gedanken zu verändern. Das ist Entwicklung auf mentaler und stofflicher Ebene. Nach dem Gesetz der Evolution *muss* sich alles entwickeln, von der Amöbe bis hin zum Heiligen und dazu braucht es viele, viele Leben.

Buddha legte großen Wert auf freie und rationale Forschung. Er sagte: „Glaube nicht aus blindem Glauben, glaube nicht aufgrund der Heiligen Schriften, glaube nicht auf Tradition hin, glaube mir nicht, weil gerade ich es sage. Was *du* selber gesehen, untersucht und erfahren hast, das glaube. Denn nur der *von Interessen und Vorurteilen freie Geist* vermag wirklich zu sehen und wahrhaft zu begreifen!" Buddha war seiner Zeit voraus, und er machte vollen Gebrauch von der Logik, den Überlegungen und den Schlußfolgerungen. Allerdings nur auf der Grundlage von *Erfahrungsinhalten* und nicht nur von *metaphysischenArgumenten*. Der richtig angewandte Glaube ist ein Kraftfeld im Menschen. Er lässt Dinge aushalten, weil er Ausdauer besitzt. Er hilft Ideen zu verwirklichen und hilft so zu neuen Möglichkeiten. **Glauben heißt, etwas für möglich halten, heißt Vertrauen und Stehvermögen zu haben.** Der Glaube sagt: *Ich schaffe es. Ich bin stark, ich halte durch.*

Thomas Edison wurde gefragt, wie er seine tausende von Misserfolgen verkraftet habe, worauf er antwortete: „Ich hatte keine tausende von Misserfolgen, ich habe es nur tausendmal probiert, wie es nicht geht."

Positives Denken ist Glauben, Vertrauen und Ausdauer. Manchmal haben wir kein Vertrauen zu einer Sache und sie gelingt uns doch. Danach sagen wir: Wie konnte ich nur so ungläubig sein? Wir glauben immer etwas, nur was? Es gibt natürlich einen falschen Glauben, der vertrauensselig ist, der mehr zerstört als dass er Fortschritte macht und nützlich ist (negative Sekten). Es gibt einen Glauben, der aus dem Ego kommt, über den wir sehr wachsam sein müssen. Wer den Engel spielen will, spielt in Wirklichkeit oft den Narren. Heute wird hauptsächlich der Glaube verächtlich gemacht, der sich auf Gott richtet oder mit spirituellen Lehren und Erfahrungen zu tun hat. Zu allem, was wir anfangen, brauchen wir den Glauben, damit wir beginnen und schließlich das Ziel erreichen. Natürlich brauchen wir ihn ebenso auf dem spirituellen Weg. Der Glaube, der mit Unterscheidungsfähigkeit aus den *Weisheitslehren* angewandt wird, kann sich nicht schädlich auswirken.

Wer glaubt, dass er das, was er will, *nicht erreicht, schafft sich ungeheuerliche Hindernisse* auf der mentalen Ebene, die sich dann auf die sichtbare Welt projizieren. Wenn wir also etwas Neues beginnen wollen oder müssen, ist es ratsam, an den

Erfolg zu glauben. Vertrauen wir wieder dem Glauben als *einer helfenden Kraft-Energie,* die uns jederzeit zur Verfügung steht, um die gewünschten Ziele zu erreichen. Stärken wir ihn – durch wiederholtes Denken und Aussprechen der Ziele – im täglichen Leben. Gerade da, wo wir immer wieder vom Zweifel gepackt werden, müssen wir ihn unterstützen und aufbauen. Das, was wir wollen, muss im Glauben *selbstverständlich* geworden sein und somit sind Zweifel und Angst ausgeräumt und ausgelöscht. Jetzt kann sich die positive Verwirklichung entfalten.

Angst und Zweifel sind starke Kräfte, sind widerstrebende Energien, die den Erfolg in Frage stellen und bekämpfen. Hier ist Ausdauer, Geduld und Beständigkeit, *das absolute Vertrauen zum Ziel,* eine wichtige Disziplin, die täglich angewendet werden muss, um dem negativen Glauben zu widerstehen. Das Vertrauen zum Ziel muss um vieles stärker sein als die negativen Gedanken und Gefühle.

„Wir haben einen Glauben, der hofft. Der Weise
hat einen Glauben, der weiss!"
Christa Keller

Jeder muss immer überprüfen, was er glaubt:
* Macht mich dieser Glaube stark oder schwächt er mich?
* Ist er auf die Wahrheit und Reinheit ausgerichtet?
* Ist das, was ich glaube, eine Illusion oder eine Tatsache?
* Glaube ich an Vergängliches oder Unvergängliches im spirituellen Sinn?
* Wo habe ich die Einstellung zu diesem Glauben her?

Nach solchen Analysen müssen wir oft den vorhandenen Glauben in einen anderen umwandeln. Wir können an unseren-

Willen glauben. Wir können an das *Loslassen* glauben. Stehen wir mit voller Kraft zu dem, was wir glauben. Anerkennen wir wieder *die Kraft, die im Glauben steckt.*

Der Glaube ist die Grundstufe, die uns zum Wissen führt. Glauben wir an eine Sache und gehen dann an deren Ausführung, entsteht Erfahrung. Diese Erfahrung wird zum Wissen. *Jedes Wissen muss Erfahrungswerte beinhalten,* sonst sind es nur Erkenntnisse. Erkenntnisse erreichen wir durch Lesen und Hören und durch Konzentration. Durch Ausprobieren dieser Erkenntnisse entsteht Wissen.

Ein Chemiker konzentrierte – in seinem Laboratorium – alle seine Geisteskräfte auf *einen einzigen Brennpunkt,* richtete sie auf die Stoffe, die er zu analysieren hatte und entriss ihnen so ihre Geheimnisse.

Der Astronom konzentrierte alle seine Geisteskräfte auf den Himmel mittels eines Fernrohrs und enthüllt so die Geheimnisse des Himmels und der Sterne. *Also, je größer die Konzentration ist,* umso mehr Kraft kann an einem Punkt zur Wirkung gebracht werden. (Brennglas, wodurch Feuer entstehen kann). *Darin besteht das Geheimnis des Erkennens.*

In der Meditation üben wir dasselbe Prinzip, indem wir unsere Geisteskräfte konzentriert nach innen lenken und auf ein Ziel gerichtet halten – entdecken wir *das Wahre Selbst.* Jetzt wird der Glauben gestärkt, er wird zum Wissen. *Der Glaube bringt die Fülle* in jeder Hinsicht – an Wissen, an Erfolg, an Gesundheit, an Weisheit und an Erleuchtung.

„Wenn ihr nur einen Glauben = Vertrauen hättet, so groß wie ein Senfkorn, könntet ihr Berge versetzen!"

Jesus Christus

Der Unterschied zwischen Gefühl und Liebe

Bindungslosigkeit: Ich hatte es satt, mich ständig gegen Ungerechtigkeiten und Vorurteile zu wehren. Ich erkannte, dass dies ein Kampf ist, der nicht endet, solange ich *vom Ego beeinflusst werde*. Ich entdeckte einen Ausweg in den ***Weisheitslehren = den Veden***. Es sind die Weisen und Heiligen, die uns darauf hinweisen, jedoch hören und verstehen wir schlecht und das Vorurteil, es nicht lernen zu können, ist *sehr groß*. Es ist *die Lehre der Bindungslosigkeit*, ***der Liebe = Prema***, die frei macht vom *empfindlichen Ego-Verhalten*. Die bindungslose Liebe ist Reinheit, bedeutet frei zu sein von Erwartungen und von dualen Ego-Wünschen und Denken. Sie sorgt sich nicht um die Zukunft noch beweint sie die Vergangenheit. Diese Liebe der Einheit ist im absoluten Gottvertrauen eingebunden. Die Liebe ist *die Basis allen Seins,* allen Lebens, aller Kraft und sie ist in jedem Frieden. **Die ganze Schöpfung selbst ist diese Liebe.**

In der heutigen Zeit ist es ein Weg, den man in der Regel zuerst allein beginnen muss. Hat man jedoch die Ausdauer und die Liebe zu diesem Ideal in sich stabilisiert, finden sich allmählich Wegbegleiter und es werden immer mehr, die diese Bindungslosigkeit – das Loslassen von Erwartungen und dem Ego – üben. Der eine bleibt wieder zurück und ein anderer stürmt voraus. Es bedarf großer Disziplin und unerschütterlichen Vertrauens, bis sich die Erfolge einstellen. Doch dieser Weg der Bindungslosigkeit wird immer belebter und beliebter. Wir lernen ihn zu gehen, um des Gehens willen, völlig *frei von Absichten.* **Er** ist voller Licht und voller Liebe und führt in die Freiheit, wo kein Leid mehr zu finden ist. Er führt direkt in das Ziel *des ewig liebenden Seins*.

Zu Beginn, auf dem Weg zur spirituellen Wahrnehmung, werden wir die *Welt der Gefühle* erlernen und in einem gewissen Maß auch beibehalten. Es ist das, was die meisten Lehrer, Esoteriker und Gurus heute vermitteln, die Menschen in die Gefühlswelt zu bringen. Es ist die Ebene der stofflichen Erfahrungen und diese ist natürlich sehr beliebt. Die Menschen streben nach mystischem Zauber und halten diesen dann für die Wahrheit. Doch das ist nicht das Ende, sondern erst der Anfang. Stoßen wir *die Maya der Vielfältigkeit* beiseite und wir entdecken den Weg *des Seins,* der starken Liebe, die fähig ist, *neutral zu sein.* Sie lebt nicht in Sympathie und Antipathie, im Mehr oder Weniger, denn das gehört zu den Wahrnehmungen der Sinne und des Geistes. In dieser egoistischen Zeit ist es nützlich und heilsam, dass wir *den Gleichmut entwickeln,* der unabhängig von den *Gefühlen = Sinnen* ist, der sich zur tätigen Liebe entfaltet, die uneigennützig, unverfälscht, beständig und *frei ist vom Ego.*

Menschen, die anderen Menschen schaden und die Liebe mit Füßen treten, die rücksichtslos und böse sind und nur ihre eigenen Vorteile im Auge haben, sind Dämonen, wie zum Beispiel Adolf Hitler. Sie können trotz ihrer menschlichen Gestalt nicht mehr als Menschen bezeichnet werden. Menschsein heißt, die Barmherzigkeit und den Frieden zu leben. Nicht die Gestalt ist das, was den Menschen ausmacht, sondern sein Charakter. Mit dem Charakter ist es so eine Sache. Es ist oft wie mit dem Geld, entweder man hat es oder man hat es nicht. Je mehr ein Mensch aus dem Gefühl heraus die Dinge beurteilt und nicht aus der Logik und den Erfahrungen, desto mehr *entstehen Vorurteile und Fehleinschätzungen zu* einer Sachlage. Denn einige Menschen haben von dem, was sie beurteilen wollen, nur ein Teilwissen und kein vollständiges Bild der Erfahrung, das sie für eine *genaue Begutachtung* heranziehen könnten.

„Wenn du nichts Gutes tust, dann tue wenigstens nichts Böses!"

Sri Sathya Sai Baba

Wer in vielen Leben *gefühlsarm war,* muss in diesem Leben

Gefühle zuerst entwickeln und leben, bis er weiss, was Gefühle sind und er mit ihnen umgehen und sich gefühlsmäßig richtig verhalten kann, um sich nicht von ihnen auffressen zulassen. Erst dann ist es gut, dass er sich bewusst macht, dass er nicht das Gefühl ist und dass es überwacht werden muss. Solange wir Hunger haben, ist es nicht sinnvoll, die Nahrung wegzuschließen und zu sagen, wir brauchen nichts zu essen. Erst dann, wenn wir *gesättigt sind* und wissen, wie wir essen müssen, nicht zu viel und nicht zu wenig, wenn wir mit der Nahrung in jeder Beziehung sinnvoll umzugehen gelernt haben, können wir für eine Zeit auf sie verzichten. So ist es auch mit den Gefühlen, diese können **dann** *durch die Höhere Weisheit ersetzt werden.* So ist es ebenfalls mit *der Selbst-Erkenntnis.Solange* wir von der Welt noch nicht gesättigt sind und noch genießen wollen, streben wir nicht nach Selbsterkenntnis und nach spirituellem Wissen.

"Man muss das Höhere Wissen zu seinem Führer
machen und nicht das Gemüt. Es setzt sich aus
Entschlüssen und Gegenentschlüssen zusammen.
Es ist das Ziel aller spiritueller Übungen,
die ständige Beeinflussung durch Gedanken
und Gefühle auszuschalten!"
"Fließt die Liebe in die Gedanken,
wird sie zur Wahrheit.
Fließt die Liebe in die Tätigkeit,
wird sie zur Rechtschaffenheit.
Fließt die Liebe in die Gefühle,
wird sie zum Frieden.
Fließt die Liebe in das Unterscheidungsvermögen,
wird sie zur Gewaltlosigkeit!"
                                      Sri Sathya Sai Baba

Wir lassen uns bei vielen Anlässen von äusseren Formen beeindrucken. Je mehr Aufwand und Zurschaustellung geboten wird, desto schöner ist es. Je weniger Werte und Wahrheit vermittelt werden können, desto mehr Aufwand wird für das Auge und die Gefühle inszeniert. Echte Spiritualität ist einfach, sachlich und unkompliziert. Ich denke hierbei an die Glaubensrichtung von **Taizé, mit Frère Roger.** Öffnen wir unsere Herzens-Liebe und bringen wir sie zum Blühen, anstatt die Sinne und das Gefühl, so können wir unsere Gefühle veredeln und kultivieren. Da wir immer feinfühliger *in der Wahrnehmung unserer Stimmungen* werden müssen, benötigen wir zur Entwicklung *die Eigenanalyse,* damit es schneller vorangeht.

Das Höhere Wissen ist die bindungslose Liebe, die von Gefühlen frei ist. Die Herzens-Liebe muss nichts mit den Gefühlen zu tun haben und die Gefühle müssen nichts mit der Herzens-Liebe zu tun haben.

Die Liebe hat fünf Aspekte. Wir denken in Eigenschaften: **Prema** = bindungslose Liebe, **Ahimsa** = Gewaltlosigkeit, **Shanti** = Frieden, **Dharma** = Rechtschaffenheit, **Sathya** = Wahrheit.

Die Liebe = Prema ist unsterblich – ist Gott – und hat den Sitz im Herzen.

Das Gefühl = mind ist sterblich – ist Natur = Prakriti, hat den Sitz im Gemüt und muss vom Geist kontrolliert werden.

Bis wir diese Wahrheit erkennen können, müssen wir darüber meditieren und den Namen Gottes wiederholen, damit der Geist *von den Wellen der Gefühle frei wird und sich mit dem Göttlichen Sein verbinden kann.*

Die Liebe leben ist kein Verhalten, das zulassen muss, sich von anderen schikanieren zu lassen. Liebe leben ist, ein starkes Selbstvertrauen zu besitzen, das nicht mit dem Ego verwechselt werden darf, um Gerechtigkeit, Wahrheit, Gewaltlosigkeit,

Frieden und Liebe leben zu können. Liebe leben heißt nicht, sich Ungerechtigkeiten zu beugen, das egoistische Benehmen anderer Personen zu tolerieren. *Liebe leben ist, Mut zu haben,* sich diesen Dingen zu widersetzen, *ohne* in Hass und Retourkutschen, in Falschheit und Hinterlist zu verfallen. Diese Liebe hat die Kraft, zu verzeihen und in negativen Situationen gerecht zu bleiben. Sie hat die Kraft, sich zu wehren, ohne nachtragend zu sein und ohne aus verletztem Ego-Stolz heraus andere Personen zu schädigen. Liebe leben ist nicht, den Mund zu halten und jede Bosheit einzustecken. *Das tun die Feigheit und die Angst.*

Bevor wir die bindungslose Liebe leben können, müssen wir zuerst die oben beschriebene Liebe beherrschen. Wer immer seine Gefühle und Gedanken beherrschen will, wird auch immer wieder Niederlagen erfahren. Lenken wir deshalb die ganze Kraft der Konzentration in die Liebe, so erzielen wir bessere Ergebnisse.

Die bindungslose Liebe ist stark, sie bewältigt alles. *Das ich = Ego,* die Gefühle und die Sinne haben immer wieder mit Verlust und Schwäche zu kämpfen. Liebe und Stärke sind die eine Seite einer Münze. Ego und Schwäche sind die andere Seite der Münze. Entwickeln und lieben wir das, was uns stark macht und die Humanität auf die Erde wieder zurückbringt.

„Wer in der Gesellschaft lebt, muss Zorn zeigen,
um sich vor üblen Menschen zu schützen.
Er darf aber niemandem Schaden zufügen
in der Annahme, sonst selbst Schaden zu erleiden!"
Sri Ramakrishna

Die zwei Arten von Wahrheit

Die Maya zu überwinden heißt, die Wahrheit zu finden. **Die Wahrheit ist Gott und unser Ziel ist – im Göttlichen Spiel – sie zu erkennen.** Durch *Sadhana* = spirituelle Übungen gehen wir den ersten Schritt auf die Gottverwirklichung zu und wir hören auf, die Unwahrheit zu glauben. Es gibt eine Wahrheit, die vergänglich und wandelbar ist in der dualen Welt und es gibt eine höhere, absolute Wahrheit, die unvergänglich und ewig beständig ist. Das ist Gott = die Einheit. Diese Wahrheit steht auf einem Felsen in der Brandung des Lebens. Die Vorstellung, dass wir sündig, sterblich und unwürdige Wesen sind, diese Anschauung ist auf Sand gebaut. Das ist Aberglauben und Aberglauben ist Unwissenheit.

Wenn wir die Wahrheit lieben und *sie auch erfahren wollen,* sie nicht nur im Aussen suchen, sondern zum Urkern aller Dinge vordringen wollen, werden wir **die absolute, unwandelbare und einzige Wahrheit finden.** Wenn wir unsere momentane Bewusstheit erkennen wollen und uns selbst nicht mehr vorlügen, was wir sind, sein könnten oder nie sein werden und wenn wir aufhören, unsere negativen Eigenschaften zu verteidigen, dann werden wir in tieferen Erkenntnisschichten eintauchen. Die Göttliche Ursubstanz allen Lebens und Seins, *der Atman*, wird dann erkannt. Diese Wahrheit ist Weisheit und Weisheit ist Wahrheit. Wahrheit ist Liebe und Liebe ist Wahrheit. Erkennen wir, daß *Wahrheit, Weisheit und Liebe* in Wirklichkeit eine starke Energie ist und sie nur in der Teilung an Kraft verliert.

„Mitgefühl ohne Weisheit ist genauso
verheerend wie Weisheit ohne Mitgefühl!"
                                    Sri Sathya Sai Baba

Es ist leicht gesagt, wir werden die Wahrheit erkennen, doch am Anfang sind wir oft sehr hilflos und wissen nicht recht, wie wir die Sache anpacken müssen. Es gibt viele spirituelle Übungen, die das **Wahrheits-Empfinden im Menschen** aufwecken und wach-rütteln können. Jede Person kann etwas finden, das zu ihrer Persönlichkeit passt und ihr entspricht. Senden wir den Wunsch nach Wahrheit zu Gott, mit der Bitte, dass Er sie uns offenbart und sichtbar macht. Ich kann Ihnen aus eigener Erfahrung versichern, dass *die königliche Wahrheit* Sie finden wird. Wenn der Wunsch zum *starken inneren Willen* wird, muss er Gestalt annehmen und sich zeigen, sich verwirklichen. **Liebe die Wahrheit von ganzem Herzen!** Der Glaube geht der Wahrheitssuche voraus. Zuerst ist der Glaube und das Vertrauen vorhanden, worauf dann die Erfahrung folgt. Doch zuerst müssen wir etwas verstehen, bevor wir uns anpassen und nicht umgekehrt.

„Der Mensch muss zuerst nach der Weisheit streben, bevor er religiöses Verhalten beurteilt!"
Christa Keller

Nicht immer ist das, was wir lieber tun, auch das Bessere, es ist nur *das Angenehmere*. Um ein hohes Ziel zu erreichen, müssen wir uns anstrengen und viel Mühe und Disziplin aufbringen. Jede hohe Bergbesteigung kostet die ganze Kraft des Menschen, so ist es auch auf der Wanderung zum höchsten spirituellen Gipfel. **Teil-Bemühungen bringen Teil-Ergebnisse.** Wenn wir nur das tun, was angenehm und leicht ist, werden wir in den Leistungen immer schwächer. Doch wozu wir uns überwinden und Kraft benötigen, stärkt die Ausdauer, die Beständigkeit, die Regelmäßigkeit, die Persönlichkeit und den Charakter. So werden wir zu höheren Leistungen fähig. Wir suchen aber nach dem, was uns Spaß bereitet. Wir suchen nach Vergnügungen, statt nach spirituellem Wissen, das die Wahrheit lehrt, welches *die höchste Freude bedeutet.*

Man kann natürlich mit einer Person, die schon an den eigenen Vorurteilen gearbeitet hat und neutral in eine Diskussion einsteigen kann, etwas Neues besser besprechen als mit einer dogmatisch veranlagten Person. Doch gibt es heute immer mehr Menschen, die das Ideal geboren haben, *die Wahrheit zu finden*, unabhängig davon, was sie früher für wahr hielten. Sie suchen nach dem Kern ihres Wahren Seins, nach dieser einzigen Wahrheit. Je größer das Wissen über die Zusammenhänge der geistigen Gesetze ist, desto stärker und intensiver wird die Motivation zur aktiven Tat. Wenn Glaube, Liebe und Zuversicht durch Wissen gestärkt sind, erfüllen sie uns mit Harmonie, Gesundheit und Erfolg auf allen Ebenen.

Es gibt verschiedeneArten von dem, was wir Wissen nennen,: z.B. Buchwissen, flüchtiges Wissen, Allgemeinwissen, unterscheidendes Wissen, praktisches Wissen und spirituelles Wissen.

Das, was wir bis jetzt für die Wahrheit hielten, ist nur relatives Wissen, denn die Vielfalt ist weder real noch irreal. Sie ist relativ real, zeitweise und augenscheinlich real, doch *fundamental irreal.* Es ist die Maya, die uns glauben lässt, dass die Welt real sei. ***Alles in der Schöpfung ist relativ.***

Was wir jetzt noch finden müssen, ist die absolute Wahrheit = spirituelles Wissen der Einheit = Advaita, sanskrit, das die ganze Schöpfung darstellt.

„Existenz, als das Absolute verstanden, ist richtig.
Als abgesonderte Vereinzelung gesehen, ist falsch.
Das ist die ganze Wahrheit!"
Sri Sathya Sai Baba

Die Sinne richtig anwenden

Die Sinne sind wilde, unerzogene Energien, die dem Geist gehorchen müssen; in Wirklichkeit machen sie ihrem Meister, dem Geist, Vorschriften und fordern ihn heraus. Die Sinne fallen von einem Gemütszustand in den anderen, von himmelhoch jauchzend bis hin zu Tode betrübt. Dieser Wechsel bekommt den Nerven schlecht und der Mensch fühlt sich mit der Zeit unwohl dabei. Unwissenheit und mangelnde Unterscheidungsfähigkeit auf stofflicher sowie auf spiritueller Ebene tun das Übrige. Die Sinne zu beherrschen heißt, die Wünsche loszulassen, die nicht erfüllbar sind. Wir trauern nicht monatelang über Verlorenes, sondern leben nach dem Motto: „Hab's gehabt, hab's nimmer."

> „Die Sinne sind kein Maßstab, denn sie sind ziellose Wanderer. Benutze alle Sinne auf angemessene und ethische Weise, gemäß der Zeit und den Umständen!"
> Sri Sathya Sai Baba

Zweifel und Schuldgefühle heizen emotionales Verhalten an und diese beiden sind sehr starke negative Triebkräfte der Sinne, die manches Gebäude erschüttern können. Wenn wir jedoch wieder Unterscheidungs- und Urteilsfähigkeit besitzen – was nichts mit Kritik zu tun hat – erstarkt das Selbstwertgefühl in der Persönlichkeit und die Mildtätigkeit, die in jedem Menschen vorhanden ist, geht in ihm auf wie die Sonne am Himmel und er fühlt sich sicher, in sich ruhend und geborgen. Wenn diese Aura dann nach aussen fließt, wirkt sie begeisternd und stark auf andere Menschen. Wir müssen unsere *Unterscheidungs- und Urteilskraft schärfen,* indem wir uns mit den *geistigen Gesetzen, sans-krit = sanatana dharma vertraut machen.*

Die Trieb-Kraft, das Produkt der Sinne, muss nicht immer negativ sein. Betrachten wir sie einmal von der positiven Seite her. *Trieb* bedeutet, das was mich treibt und was mir Kraft verleiht, etwas durchzuhalten. Zu dem, was uns treibt, sagen wir: Ich konnte gar nicht anders handeln, ich musste das tun. Zum Beispiel: Ich musste diesem Menschen helfen, ich musste die Wahrheit sagen, ich musste dem Negativen Einhalt gebieten usw. Wenn wir sehen, dass ein Kind in Gefahr ist, überlegen wir nicht lange, wo unsere Nachteile liegen, sondern *es treibt uns, zu helfen und zu retten.* Intuitionen und Ideen können ebenfalls zu einer positiven Triebkraft werden, die nicht emotional ist.

Viele Eigenschaften kennen wir nur noch von der negativen Betrachtung her. Lernen wir wieder zu verstehen, dass es in der polaren Welt immer zwei Möglichkeiten, immer zwei Seiten gibt. So nimmt die *übersteigerte Antipathie zu* den negativen Eigenschaften und deren Anwendungen ab und es bringt uns zurück zu einer gemäßigten Einstellung zum eigenen Fehlverhalten und zum Fehlverhalten der anderen. So können wir jetzt – mit der ganzen Gedankenkraft Negatives überwinden und umprogrammieren.

Die Sinne können aber auch enorme Sklaven-Treiber sein, die uns im täglichen Leben beherrschen. Die Sinne, die sich zu negativen Sinnlichkeiten entwickeln, sind unsere ärgsten Feinde. Gegen diese Sinnesauswirkungen muss etwas getan werden. Erst wenn uns das gelingt, sind wir freie Menschen und stark im Charakter, sonst sind wir nichts anderes als funktionierende, willenlose Maschinen. Wenn wir uns *nicht jetzt* von lästigen Sinnen wie Hass, Gier, Geiz, Neid und Zorn befreien können, werden sie uns auch später noch verfolgen, nachdem sich der feinstoffliche Körper schon vom grobstofflichen Körper getrennt hat. Zorn, Stolz, Ego und andere Leidenschaften, die von den Sinnen ausgehen, lassen den Menschen oft auf die Stufe eines Wahnsinnigen herabsinken, der unberechenbar wird.

„Keine Krankheit ist so schlimm wie der Geiz.
Kein Feind ist so schlimm wie der Zorn.
Kein Leid ist so schlimm wie die Armut.
Keine Freude ist größer als das Wissen."
Sri Sathya Sai Baba

Die Sinne zu beherrschen heißt nicht, die Sinne gewaltsam abzutöten. Sie müssen nur in richtige Bahnen gelenkt werden. Der Geschlechtstrieb ist ein *Tätigkeitssinn* und wurde uns von der Natur zum Zweck der Fortpflanzung gegeben. Da er nicht zur Befriedigung unersättlicher Begierden gedacht ist, muss er überwacht und gesteuert werden. Wenn die Sinne etwas verlangen, müssen sie analysiert werden, ob das Verlangen vernünftig oder unvernünftig ist. Diese Menschen haben den Kampf über die Sinne gewonnen, die ihren Geist und ihre Gefühle zu beherrschen wissen.

Es ist nicht sinnvoll, sich von der Welt zurückzuziehen, um dann zu behaupten, man hätte jetzt seine Sinne unter Kontrolle gebracht, sondern es muss im täglichen Leben erarbeitet werden, wo ständige Entscheidungen über die Prioritäten höherer und niedrigerer Werte gefordert werden. Das Ziel ist innerer Frieden.

„Am Morgen seid ihr ein Yogi,
am Nachmittag seid ihr ein Bhogi – das
ist einer, der isst und sich amüsiert.
Am Abend seid ihr ein Rogi – ein Kranker, dem
vom übermäßigen Essen schlecht geworden ist.
Welchen Wert kann etwas haben, das sich
dreimal am Tag verändert?"
Sri Sathya Sai Baba

Schuld und Sünde als Kasteiung

Im heutigen Zeitalter verwenden wir diese beiden Wörter immer häufiger. Das Wort *Sünde* ist griechischen Ursprungs und **bedeutet,** *den Punkt nicht treffen.* Wir sprechen ganz schnell von sündigen Menschen und vermitteln ihnen damit Schuldgefühle. Das machen wir bei unseren Bekannten und Verwandten, aber auch bei fremden Personen und dieser Untugend werden keine Grenzen gesetzt. Die Schuld suchen wir bei anderen Menschen, dem Staat oder bei Gott, um sich selbst nicht zu betrachten und verändern zu müssen. Es ist eine gewisse Entlastung für die eigene Psyche, sich selbst zu erklären, dass man *nichts dafür kann.* Ich will jetzt nicht sagen, daß die Schuld nur bei der eigenen Person liegt, danach muss schon geforscht werden. Sich jedoch dann für immer schuldig und unfähig zu sprechen, nützt niemandem etwas. Es schwächt den Menschen und macht ihn reaktionslos, alles in ihm beginnt zu stagnieren. Die Freude, die Tatkraft, die Liebe, die Talente und das Selbstwertgefühl sind dann im tiefen Keller.

Ereignisse, die uns begegnen und wofür wir andere und uns selbst schuldig sprechen, sind oft **Schicksals-Zuweisungen vom Kosmos,** nach dem Gesetz von Ursache und Wirkung. Ich könnte darüber vieles berichten, jedoch zum besseren Verständnis will ich eine Geschichte erzählen.

Eines Tages kam eine Dame zu mir, wir sprachen über dieses und jenes und plötzlich waren wir im Gespräch über die Reinkarnation angelangt. Ich sagte ihr, daß ihr jetziger Sohn einmal in einer wohlhabenden Familie in England lebte und beim Angeln ertrunken sei. Ich erklärte ihr ganz genau wie es geschah und warum. Die Dame wurde sichtlich blasser und ich sagte, wenn sie dieses Gespräch zu sehr belaste, dann werde ich aufhören. Worauf sie antwortete: Nein, nein ich muss Ihnen etwas erzählen. Mein kleiner Sohn, der kaum sprechen konnte, wünschte sich eine Angel. Wir gingen spazieren und kamen an einem Anglergeschäft vorbei und mein Sohn deutete in das Schaufenster auf die Angel und sagte, die wolle er haben. Als er über längere Zeit nicht aufhörte, sich immer wieder eine Angel zu wünschen, kaufte ich ihm eine. Wir gingen dann an einen Rheinarm, um dort zu angeln. Dabei fiel mein Sohn aus dem Boot ins Wasser. Es war jedoch nicht so gefährlich, weil ich, so sagte die Dame, darin stehen konnte.

Ich sagte zu dieser Dame: „Stellen Sie sich einmal vor, das wäre mit einer anderen Person passiert. Diese hätten Sie bestimmt der mangelnden Aufsichtspflicht *beschuldigt*. Sie wären vielleicht ewig böse und würden ihr ganz sicher nicht mehr ihr Kind anvertrauen. Dabei konnte die Begleitperson gar nichts dafür, sie war eher ein Opfer, das zusehen musste. Vielleicht hat sie in einem früheren Leben zu wenig Hilfe geleistet und bekommt so die Gelegenheit, es nachzuholen, das ist möglich." Bei dem Kind konnte die negative in eine positive Erfahrung umgewandelt werden. Bei der Mutter konnte die Hilfsbereitschaft tätig werden und doch hatte sie zu diesem Vorgang noch viele Jahre danach Schuldgefühle. So gesehen, hat die ganze Situation für beide Menschen einen positiven Aspekt. Doch wir legen es als ein negatives Erlebnis aus.

Diese Begebenheit lehrt uns, wie der Kosmos im Menschen *autonome Entgramme abbaut*. Diese Persönlichkeit hatte ein Erlebnis gespeichert, *beim Angeln ertrunken*. In diesem Leben wurde dieser Eindruck gelöscht, *beim Angeln nicht ertrunken*. Somit wurde das Energiefeld wieder ausgeglichen, damit es sich nicht in weiteren Leben als Informations-Struktur wiederholen muss.

Schuldzuweisungen müssen aufhören und Schuldgefühle müssen abgebaut werden, was nicht bedeutet, dass wir einem Menschen sein Fehlverhalten nicht bewusst machen dürfen.

Wenn der andere sich dabei schuldig fühlt, ist es seine Aufgabe, sein Schuldgefühl umzuwandeln und stark zu werden, so dass eine ehrliche Reue eintreten kann. Um ein besseres Zusammenleben zu ermöglichen, weisen wir unsere Mitmenschen auf ihre Fehler hin, in der Hoffnung, dass sie sich ändern. Nicht, um sie zu verletzen und Schuldzuweisungen zu vermitteln oder sich rechthaberisch zu verhalten. Mit diesen Hintergedanken tun es schwache und hinterlistige Personen. Doch es gibt viele Menschen, die versuchen, Lebenssituationen durch Bewusstmachung zu verbessern. Warum nimmt der Mensch diese Hinweise nicht ernst und denkt zuerst einmal längere Zeit – in der Selbstbeobachtung – darüber nach, ob der andere nicht doch recht haben könnte. Meistens geht er in eine Gegenreaktion, ist ablehnend und beleidigt und behauptet dauernd, dass alles nicht wahr sei, man alles nur falsch betrachte und ihm nur Schwierigkeiten bereiten wolle. *Selbsterkenntnis und Selbstbemeisterung* gehören zu den schwersten Lernprozessen, die ein Mensch vollbringen kann.

Wir dürfen uns selbst nicht schuldig sprechen und dürfen keine anderen Menschen mit dem Hintergedanken *der Wertlosigkeit* schuldig sprechen. Wir können jederzeit eine Handlung als falsches Tun verurteilen und die notwendigen Maßnahmen einleiten. Doch wir müssen scharf unterscheiden lernen, ob das Fehlverhalten eine *Charakterschwäche* ist, die gegen das Gesetz der Rechtschaffenheit verstößt oder ob es ein *Schicksalsgeschehen* ist wie im vorangegangenen Beispiel.

Es ist keine Sünde, andere zu kritisieren oder zu beschuldigen. Es ist eine Sünde, den anderen Menschen für verschiedenartig zu halten, denn er ist vom Prinzip = Atman her ebenso Göttlich wie er selbst. Alle Wesen sind nicht von der *Art = Ursubstanz* her anders, da sind wir alle gleich – ein Leib, sondern von der *Grad-Entwicklung* her, d.h. wie oft ein Mensch reinkarnierte, welche Erziehung und Schulbildung er hatte, welcher Kultur er angehörte, in welcher Charakterstruktur er angekommen ist und in welchen Jenseitswelten er sich aufgehalten hatte, das alles zusammen bildet seine Gradentwicklung in diesem Leben. Mit dieser Erkenntnis kritisieren wir ganz von selbst nicht mehr so viel und nur dann, wenn es unbedingt nötig ist. Nur aus diesem Verständnis heraus können wir öfter den Mund halten, ohne etwas zu verdrängen. Kritisieren fällt leicht, Verständnis zu haben fällt schwerer. Der Mensch von heute will alles leicht haben und leicht erreichen. Also tut er auch das, was ihm leicht fällt.

In keinem Extrem liegt Qualität. Ein übertriebenes Schuldgefühl zu haben *ist Ego-Verhalten*. Es gibt Menschen, die auf ihre Schuldgefühle und Vorurteile ganz stolz sind und sie verteidigen diese mit großer Ausdauer und verletztem Ego. Sie leiden und quälen sich lieber selbst, als einmal über ihr Verhalten kritisch nachzudenken. Über sich und über Informationen nachzudenken, scheint aus der Mode gekommen zu sein. Wir sind entweder sofort dafür oder dagegen, ohne eine Denkpause zu machen.

Die schlimmste Sünde, die es gibt, ist, *die Schöpfung = Einheit für eine Vielfalt zu halten.* Könnte die Menschheit dieses Einheitsprinzip erkennen und leben, wären alle Weltprobleme gelöst. Eine Sünde ist die Verachtung eines anderen Menschen wegen der Verschiedenheit seines Glaubens-Bekenntnisses.

Je mehr wir auf Schwächen und Fehler bei den anderen Menschen achten und sie wahrnehmen und kritisieren, desto mehr nehmen unsere eigenen Schwächen zu. Je mehr wir sie übersehen und ignorieren und – *ohne zu leiden* – geschehen lassen können, um so mehr nimmt unsere eigene Stärke zu. Wir dürfen prinzipiell niemanden wegen Fehlern und Gewohnheiten maßregeln, die wir selbst noch nicht bewältigt und abgelegt haben. Je schwächer der Mensch selbst ist, desto mehr kritisiert er seine Mitmenschen und kommandiert an ihnen unnötigerweise herum.Arrogante Menschen sind meist sehr unsicher in ihrer eigenen Persönlichkeit und haben kein starkes Selbstwertgefühl. Kinder, die in ihrer Erziehung nicht an Situationen herangeführt werden und so darin die Erfahrungen machen können, dass sie zu bewältigen sind, werden schwache Erwachsene. Je mehr wir dem geliebten Kind alle Schwierigkeiten aus dem Weg räumen, desto weniger kann es im späteren Leben mit Problemen umgehen, ohne daran zu zerbrechen. Fehler und Gewohnheiten dürfen nie als unveränderbar angesehen werden, jeder muss an dem Offenlegen seiner Vollkommenheit arbeiten.

„Viele Leute glauben, wenn sie einen Fehler eingestanden haben, brauchen sie ihn nicht mehr abzulegen!"
M. von Ebner-Eschenbach

Wenn wir auch Fehler machen, so ist die Göttliche Kraft in jedem groß genug, um aus der Dunkelheit heraus ans Licht zu gelangen. Der Sieg gehört nicht dem Bösen, sondern dem Großen in uns. Es mag längere Zeit vergehen, bis wir unsere Bosheiten und Schwächen überwunden haben, doch das ist unbedeutend. Am Ende *zählt nur der Sieg.* Wir müssen uns um die Entwicklung der fünf menschlichen Werte bemühen, damit wir eine *kosmische Persönlichkeit werden können,* um uns von unseren kleinlichen Absichten, Ansichten und Vorurteilen zu befreien.

„Die große Schuld des Menschen sind nicht seine Sünden, die er begeht, die Versuchung ist mächtig. Die Schuld des Menschen ist, dass er in jedem Augenblick die Umkehr tun kann und es nicht tut!"
Martin Buber

Richtig angewandte Hilfe

Humanitäres Verhalten kommt nur noch selten aus dem Herzen oder von einer religiösen Person. Meistens lässt die Notwendigkeit dieses Verhalten entstehen. Wenn ein Geschäft oder eine Wohnung schwer vermittelbar ist und schon längere Zeit leer steht, kann sie plötzlich billiger angeboten werden. Wir sind sehr hilfsbereit, wenn ein Erbe, Lob oder Vergünstigungen winken. Was tun wir noch aus reinem Herzen, ganz selbstlos und aus Freude? Muss alles nur stets einen Gewinn abwerfen?

Es ist keine humanitäre Tat, sich mit Geldspenden sozial zu betätigen in allen möglichen Hilfsprogrammen wie Denkmäler, Schlösser und Kirchen zu renovieren und seine Arbeiter und Angestellten schlecht zu bezahlen. Auf so einer Tat ruht kein Segen. Stattdessen ist es unsere Pflicht, für die in Not geratenen Menschen zu sorgen und nicht das Geld an Gebäuden zu verschwenden, welche eventuell sogar noch einem Erdbeben zum Opfer fallen könnten. Wenn nicht genug Geld vorhanden ist, kommen zuerst die Bedürfnisse der Menschen, dann die der Tiere und des Umweltschutzes und dann können Gebäude saniert werden. Spenden sind dann sinnvoll, wenn damit in Not geratenen Wesen geholfen werden kann, nicht aber, wenn damit *Luxus* gefördert und erhalten wird. Ich habe noch nie in einer Talkshow gehört, dass für arbeitslose Menschen gesammelt werden soll, um größere Notzustände abwenden zu können. Es gibt weltweit immer mehr Menschen, die durch *den Egoismus und die Maßlosigkeit* mächtiger Personen in Not geraten sind. Es lebe hoch die Gier und die Unersättlichkeit. Wer unter Freiheit versteht, tun und lassen zu können, was er will und meint, keine Rücksicht auf seine Mitmenschen nehmen zu müssen, der wird bald eines Besseren belehrt werden.

„Willst du, daß dir geholfen wird, so hilf.
Willst du dich freuen, so erfreue.

Willst du glücklich sein, so beglücke!"

Quelle unbekannt

Der Ausspruch *Es tut mirja so leid* führt bei den Menschen, die ihn aussprechen, selten zu einer Mithilfe. Es ist eine Gefühlsregung, die nicht lange anhält. Solche gut gemeinten Sätze werden immer mehr zu Phrasen und sind wertlos. Andererseits können wir bei dem vielen Elend auf der Welt nicht überall helfend tätig werden. Fast jeder Mensch hat ein schweres Schicksal zu erzählen über das, was er oder seine Familie durchgemacht haben. Wo wir hinhören und hinsehen, könnten wir mitleiden. Doch so kommen wir nie in ein Wohlgefühl.

Wir müssen unsere Einstellungen zu den Geschehnissen in der Welt ändern, jedoch nicht, indem wir unsere Gefühle abtöten und an nichts mehr Interesse zeigen. Das ist nicht der richtige Weg, nicht die richtige Lösung. Helfen muss gelernt werden. Man könnte meinen, dass Helfen an sich leicht sei, doch richtiges und sinnvolles Helfen kann schwer sein.

Wenn wir an Helfen denken, denken wir an Geld. Das ist ein Mittel, welches eingesetzt werden kann. Denken wir einmal daran, etwas ehrenamtlich zu tun, vielleicht mit unserer Körperkraft und Zeit in der Gemeinsamkeit, so nach dem Motto: *Einer für alle und alle für einen.* Das macht dazu noch einen großen Spaß und wir haben ein gutes Gefühl dabei. Das andere einsetzbare Mittel ist das Gebet und die Fürbitte. Wer denkt heute noch an eine solche Hilfe? Wer Hilfe benötigt, hält zunächst nach stofflicher, weltlicher Hilfe Ausschau, die, wie ich feststellen mußte, meist nicht funktionierte.

Halten wir nach Göttlicher Hilfe Ausschau. Ich brauche nur Gott und mein ganzes Vertrauen richtet sich auf Ihn. *Er ist nicht nur Hilfe, Er ist die Lösung.* Ich löse mich von allen Vorstellungen, *was und wer* mir helfen könnte und vertraue absolut dem Göttlichen Anteil, *dem erwachten Atman* in mir und Er wird die – im Moment – nötige Hilfe sein. Überlasse Ihm die

Erscheinungsformen, mit denen Er sich sichtbar machen will, ohne darüber nachzudenken, **wie und wann, womit und wodurch**. Manchmal schickt Er einen Menschen oder einen Telefonanruf mit einer Information, ein anderes Mal einen Impuls, eine Intuition oder eine Inspiration und wieder ein anderes Mal übernimmt Er alles in eigener Regie und alles löst sich von selbst und ganz leicht auf, wie nicht vorhanden gewesen.

Gott = Ihsvara = persönlicher Gott ist allmächtig, allwissend und hat unendliche Möglichkeiten zu helfen. Er hat immer Zeit und ist nie verreist oder nicht zu Hause. Er ist in seiner Vollkommenheit und Liebe *für mich immer präsent* als ein treu sorgender, starker Vater und als eine zärtliche, liebkosende Mutter. Ich brauche nur Gott und das Übrige wird mir zufallen, das Übrige wird sich finden.

Werden die Dinge, um die wir bitten, *nicht gelöst*, dient es immer unserem spirituellen Fortschritt, es ist nie zu unserem Schaden. Oder vielleicht entbehrt das Gebet der Herzenswärme und der vertrauensvollen Hingabe zu Gott? *Vertrauensvolle Hingabe zu Gott* kann nicht gelehrt werden, das muss jeder allein durch Üben herausfinden, um sie dann erfahren zu können.

Mangelnde Liebe zu Gott und Unwissenheit zu seinen Gesetzen sind heute die größten Mängel des Menschen, dadurch wird er arm, krank und einsam. Wo diese beiden Fähigkeiten fehlen, entsteht Disharmonie.

> „Die Unwissenheit ist das Ergebnis eurer Trägheit, die in früheren Inkarnationen entstanden ist, bevor sich dieser Körper gebildet hat!"
> Sri Sathya Sai Baba

Die richtige Verantwortung

Bewusst Verantwortung zu übernehmen ist eine menschliche Eigenschaft. Um das Ego zu bändigen, müssen wir die folgenden Charaktereigenschaften stärken: Liebe, Nachsicht, Dankbarkeit, Ehrlichkeit, Güte und Beständigkeit.
Jeder Mensch will, dass es ihm gut geht und dass er sich glücklich fühlen kann. Doch das funktioniert nur in der Gemeinsamkeit aller Menschen. Weil wir falschen Werten hinterherlaufen, uns auf Geld und Macht konzentrieren, werden wir langsam alle zu Gegnern. Ist das Ego durch Achtsamkeit wieder gezügelt, wird sich die lang ersehnte Harmonie einstellen können. Brutalität, Faulheit und Desinteresse haben noch nie positive Werte geschaffen. Hilfsbereitschaft auf den Gebieten, in denen wir beruflich tätig sind, ist auch Dienst am Nächsten. Das Beste zu geben, damit das Gegenüber in seinen Bemühungen weiterkommt, das ist Liebe. Wie es früher war, hören wir nicht gerne. Doch wenn wir die *Kriegsgeschehnisse* nicht vergessen dürfen, damit sie sich nicht wiederholen, dürfen wir auch *die Rücksichtnahme und die Rechtschaffenheit* nicht vergessen, damit sie wieder gelebt werden können.
Nach Kriegsende wurde unsere Wohnung von der französischen Besatzung beschlagnahmt und wir wurden in Lahr-Dinglingen in eine andere Wohnung einquartiert. Nun mussten wir täglich eine Stunde zu Fuß gehen, um in unser Geschäft zu kommen. Obwohl im Haus meines Vaters noch zwei Wohnungen vermietet waren, hat mein Vater keinen Eigenbedarf angemeldet und den Mietern aus Rücksichtnahme nicht gekündigt. Wir warteten drei Jahre geduldig, bis eine der Mieterinnen von selbst auszog. Ebenso meine Großeltern; sie wohnten mit ihrer Tochter und deren Familie in einer 360 qm großen Wohnung, die ebenfalls beschlagnahmt wurde. Sie lebten dann zweieinhalb Jahre zur Miete in einer erbärmlichen Behausung, in der nur das Wohnzimmer

zu beheizen war, ein Bad gab es nicht. Sie behielten diese Wohnung und kündigten den beiden in ihrem Haus wohnenden Mietparteien ebenfalls nicht. Das ist Rücksichtnahme.

Ein Chef ist für seine Mitarbeiter verantwortlich und nicht nur für seine eigenen Interessen und sein Wohlergehen. Er ist verpflichtet, seine Firma und die Arbeitsplätze seiner Mitarbeiter zu erhalten. Er darf seine Firma nicht aus Bequemlichkeit oder weil er jetzt reich genug ist und deshalb nicht mehr zu arbeiten braucht, verkaufen. Bei einem Wechsel muss er versuchen, die Arbeitsplätze zu erhalten. Das Gleiche gilt für Hausbesitzer. Sie dürfen ihren Mietern nicht aus Gewinngründen kündigen und das Haus verkaufen. Mit Haus und Mietwohnungen darf kein Handel getrieben werden. So lehren es die Weisheitslehren. Das ist Rechtschaffenheit.Aus Bequemlichkeit und Ego-Verhalten schaffen sich heute viele Menschen negatives Karma.

Menschen, die *an staatlichen Stellen oder in schulischen Bereichen* tätig sind und Beschlüsse fassen müssen, gemäß ihres Amtes, haben das so schnell wie möglich zu tun. Sind wir für eineAufgabe nicht zuständig, nützt es nichts, eine Person lediglich in eine andere Etage zu schicken mit dem Satz: *Das ist nicht mein Ressort*. Wir müssen genau wissen und davon überzeugt sein, dass dort, wohin wir den Anfragenden schicken, auch sein Problem gelöst werden kann. Wer unsicher ist, muss selbst mitgehen oder sich telefonisch informieren, ob er die richtige Auskunft gegeben hat. Jedes Problem eines Anfragenden oder Antragstellers muss zum eigenen Interesse und so schnell und sorgfältig wie möglich bearbeitet werden. Das ist die Pflicht eines spirituellen Menschen.

Heutzutage ist nicht mehr selbstverständlich, *Verantwortung zu tragen* für Menschen, die krank, alt oder nicht sehr intelligent sind, denen es schlecht geht oder die Unglück haben, *nicht einmal mehr innerhalb der eigenen Familie*. Sich verantwortlich zu fühlen für Menschen, mit denen wir zusammen in einem Betrieb arbeiten oder in einem Haus wohnen, ist fremd, ja geradezu ungewöhnlich geworden. Der Chef weiß nicht mehr, wie es seinem Mitarbeiter geht und der Hausbesitzer weiß nicht mehr, wie es seinen Mietern geht, die sowieso nur noch vermögensbildende Funktionen haben. Doch Verantwortung zu leben bildet positive Eigenschaften heran, wie Beständigkeit, Treue, Verzicht auf das eigene Ego usw. Alles, was wir unter Tugenden und Charakterwerten verstehen, halten wir in unserer Zeit nicht mehr für so wichtig und angemessen. Doch alle egoistischen Gefühle *verdunkeln jede Glückseligkeit,* sie sind wie Gewitterwolken, die es nicht erlauben, dass die Sonne, die immer vorhanden ist, sichtbar werden kann. So wissen wir nichts von ihrer Schönheit und Wärme.

Die Welt braucht Menschen **mit einem starkem Selbstwertgefühl,** die sich selbst lieben und achten können. Denn die Großzügigkeit, der Mut und die Hilfsbereitschaft sind Ergebnisse dieser positiven Eigenschaften. Wir müssen **unser Menschsein beweisen,** das Wohlgefühl und das Wohlergehen in der Familie und in der Gesellschaft fördern und durch richtiges Denken und Handeln unterstützen. Die äusserliche Gestalt macht noch keinen Menschen aus, sondern das, was an Gedanken in ihm lebt und wie er handelt, welche Charaktereigenschaften entwickelt sind, positive oder negative. Angst sowie diskriminierende Gedanken und Gefühle zu sich selbst machen den Menschen egoistisch und kleinlich.

Da die Menschheit nicht zu gleichem wirtschaftlichen Erfolg gebracht werden kann, weil sie in unterschiedlichen Bewusstseinsgraden lebt, sind die Kurse, die nur Erfolg auf materieller Ebene lehren, nicht für alle so erfolgreich, wie sie sich anhören. Am erfolgreichsten sind sie für die Erfolgstrainer, die immer brillante Rhetoriker sind. Der wahre Erfolg liegt nicht nur im Nach-Außen-Gehen, sondern im Nach-Innen-Gehen. Innerer

Frieden und Genügsamkeit sind die größten Erfolge, die ein Mensch erreichen kann, unabhängig von jeglichem wirtschaftlichen Erfolg.

Stärke und Rechtschaffenheit müssen zuerst bei sich selbst entwickelt und durch Anwendung zu eigener Erfahrung werden. Dann kann begonnen werden, sie in die Familie und in den Staat zu integrieren. Wie kann ein Staat stark und rechtschaffen sein, wenn die meisten Menschen egoistisch und schwach sind?

Eine Regierung hat die Pflicht, sich moralisch zu verhalten, dem Volk zu dienen und es in Moral und Wohlstand zu führen. Wenn **gebildet sein** keine Werte und keine Würde im Menschen erzielt, dann ist es **keine Bildung**, sondern höchstens angesammelte Erkenntnisse. Weltliche Gesetze sind nicht nur dazu da, um eine gewisse Ordnung zu garantieren, sondern auch, um den Egoismus im Menschen in tragbaren Grenzen zu halten.

„Das Recht darf nie der Politik, wohl aber die
Politik jederzeit dem Recht angepasst werden.
Alle Politik muss ihre Knie vor dem Recht beugen!"
                                                        Immanuel Kant

Die Verantwortung ist der Feind der Lust. Heutzutage wollen einige Leute das tun, wozu sie Lust haben und nicht das, wofür sie verantwortlich sind. Die Verantwortung benötigt starke, beständige Personen. Bei der Lust finden wir die schwachen, unbeständigen Personen. Eine gute Freundin der Verantwortung ist die Liebe, beide sind aus gleichem Holz, sie lieben die Rechtschaffenheit. Die Verantwortung hat Pflichten zu erfüllen und ist die Dienerin der Liebe. Zum Beispiel dienen die Politiker dem Volk, damit es in Frieden und Wohlstand leben kann. Die Eltern dienen ihren Kindern, wenn sie diese zu recht-schaffenen Menschen erziehen. Die Kinder dienen ihren Eltern damit, dass sie ohne Armut und Einsamkeit leben können. Die gegenseitige Verantwortung von Eheleuten lässt immer mehr nach, weil jeder von ihnen zu viele eigene Interessen hat. Der starke, intelligente Mensch dient dem schwachen, unintelligenten Menschen, der kreative und künstlerische dem weniger Begabten. Der Mensch dient dem Tier, indem er ihm seinen Freiraum belässt und es zu Hause mit allem Nötigen versorgt. Das Tier dient dem Menschen, indem es ihm Milch, Eier, Liebe und Treue gibt, ganz ohne Protest. Doch was machen manche Menschen, die Lust auf Urlaub haben? Sie binden die jetzt unbequem gewordenen Tiere an einen Baum am Rande der Autobahn oder werfen sie in eine Mülltonne. Der zur Verantwortung erwachte Mensch bringt das Tier wenigstens in ein Tierheim.

Die Verantwortung zieht sich in dem Maße zurück, wie die Liebe sich im Menschen und in der Familie zurückzieht. In gleichem Maße zieht sich der Wohlstand aus dem Weltgeschehen zurück. Warum brechen so viele wertvolle Systeme, Gewohnheiten und Rituale zusammen? Warum geht die Rechtschaffenheit zurück und die Gewalt und das Unrecht nehmen zu? Weil die Verantwortung *auf Urlaub* ist. Jetzt haben die Oberflächlichkeit und die Interesselosigkeit das Sagen. Sie sind wie Zwillingsschwestern und werden vom Tamas-Guna = Trägheit befehligt. Die Menschen regen sich über die negativen Zustände in der Welt auf und protestieren. Doch was tun sie zu deren Lösung? Entschließen sie sich wieder zu mehr Verantwortung? Der Mensch hat Lust auf Kritik, aber keine Stärke für eine Lösung dessen, was er kritisierend anmahnt. Weil die Verantwortung sich zurückzieht, versuchen wir nun mit mehr Vorschriften und Gesetzen manche Situation wieder in den Griff zu bekommen. Gesetze machen unfrei und engen ein, besonders *die wertlosen Gesetze,* **die** nur einer Minderheit Gewinn bringen. Verantwortung wird nur vorgetäuscht, um an das subjektive Ziel zu kommen. Richtig angewandte Verantwortung beinhaltet soziales Denken und Handeln und richtet sich nach spirituellen Grundsätzen.

„Ein gesetzloses Gesetz ist *ein Verhaltenskodex,* der durch bloße Macht aufgestellt und erzwungen wird und sich nicht auf spirituelle Grundsätze gründet!"

Sri Sathya Sai Baba

Wer andere Menschen führt und den Ton angeben will, muss auch verantwortungsbewusst sein. *Führen heißt dienen.* Was wir heute bei einigen Managern sehen, hat nichts mehr mit dem Dienen zu tun, damit es dem Betrieb und der Belegschaft, die diesen Betrieb mit ihrer Arbeitskraft zum Wohlstand führt, gut geht. Auch sie müssen zu Wohlstand kommen. Es geht den Geschäftsführern nur noch um Geschäftsgewinne, was sein muss, um den Betrieb am Leben zu erhalten, aber sie haben die Grenzen der Gewinnmaximierung nach oben – wo es einmal aufhören müsste – verloren. Es ist *Gewinn-Sucht* entstanden.

Führung in der Verantwortung besteht in der Fähigkeit, Pläne zu gestalten, die erfolgreich sind, und in dem Vermögen, andere Menschen dafür zu gewinnen, daß sie trotz aller Schwierigkeiten sie ausführen. Es bedeutet, Selbstlosigkeit und Opferbereitschaft zu besitzen, das heißt, Mut zu haben und die Fähigkeit, das Eigeninteresse – zu einer Sache – aufzugeben. *Ein Menschen-Führer* muss wie der Löwe – der König der Tiere – sein, majestätisch, selbstbewusst, mutig und gradlinig. Verantwortung zu übernehmen heißt, nicht nur an die Macht zu kommen, sondern den Menschen, über die er vermeintliche Macht besitzt, zu dienen.

„Sät einen Gedanken und erntet eine Neigung. Sät eine Neigung und erntet eine Gewohnheit. Sät eine Gewohnheit und erntet einen Charakter. Sät einen Charakter und erntet euer Schicksal. Somit seid ihr selbst der Meister eures Schicksals!"

Sri Sathya Sai Baba

Geschichte der Wissenschaft

Was sagt die Geschichte? *Bis zum 16. Jahrhundert* gab es nicht nur in Europa, sondern *in der gesamten zivilisierten Welt eine universelle Philosophie.* Diese wird im Westen als „philosophia perennis" bezeichnet. Sie war ungefähr von 500 – 1500 nach Jesus Christus vorherrschend und ein Teil unseres Erbes. Sie basierte auf dem Glauben an eine materielle Welt, die man mit beträchtlicher Genauigkeit wissenschaftlich studierte.

Aus verschiedenen Gründen wurde diese Philosophie im Europa des 16. Jahrhunderts allmählich unterwandert. Die neue materialistische Philosophie begann emporzukommen und erreichte ihren Höhepunkt im 19. Jahrhundert.

Sokrates war der Lehrer von *Platon* und dieser war der Lehrer von *Aristoteles,* griechischer Philosoph in Athen, 384 – 322 vor Christus. Die Wiederaufnahme seines Systems, deren bedeutendste die durch Thomas von Aquin war, nennt man Aristotelismus.

Mindestens fünf Jahrhunderte lang dominierte die aristotelische Philosophie nicht nur innerhalb des Christentums, sondern auch im Islam. Die großen moslemischen Philosophen Avicen-na und Averroes (arab.) sowie die mittelalterlichen Denker und Theologen wie Thomas von Aquin, Bonaventura und Duns Scotus waren alle im Grunde genommen arische Philosophen. Kennzeichnend an der arischen Philosophie ist der Glaube, dass das menschliche Wissen auf der Erkenntnis der Sinne basiert. Diese Einstellung beherrschte die Philosophie nach dem 16. Jahrhundert und schloss die *tiefere Sicht Platons* aus. Im 14. und 15. Jahrhundert schlug die aristotelische Philosophie eine neue Richtung ein. Im 16. Jahrhundert trat sie dann voll ins Licht und bereitete den Weg für eine neue Philosophie, der materialistischen Philosophie. Sie begann mit Descartes und ist über mehrere Jahrhunderte aus der aristotelischen Philosophie hervorgegangen, welche lange Zeit die westliche Welt beherrscht hatte.

René Descartes, Philosoph und Mathematiker, 1596 – 1650, geboren in Stockholm. Er sagte: *„Ich denke, also bin ich."* Er war die Schlüsselfigur in der Entwicklung des Materialismus'. Er trat als erster für *eine völlige Trennung zwischen Geist und Materie* ein. Bei Aristoteles waren sie noch innerhalb einer dynamischen Wechselbeziehung immer voneinander abhängig. Für Aristoteles war die Seele die Form des Körpers. Descartes sagte, dass die Materie ausschließlich des Körpers Wirklichkeit sei. Ein zweites Stadium dieser Entwicklung war das Werk von Francis Bacon.

Francis Bacon, Baron von Verulam, 1561 – 1626, englischer Staatsmann und Philosoph. Er erklärte als erstes, dass das Ziel der Wissenschaft nicht allein darin bestehe, das Universum zu kennen, sondern zu kontrollieren. Dies bedeute, dass man mathematische und wissenschaftliche Kenntnisse anwenden müsse, um die Natur zu verändern und die Materie zu rekonstruieren. Das nächste Stadium war Galilei.

Galileo Galilei, Mathematiker, Physiker, Philosoph, Naturforscher, 1564 – 1642, geboren in Italien, Professor in Pisa und Padua. Er sagte: *„…und die Erde, sie dreht sich doch."* Seine Auffassung begann sich durchzusetzen, dass das einzig wirkliche Wissen jenes sei, welches man messen und demzufolge mathematisch verstehen könne. Alles andere sei subjektiv. Alle Sinneswahrnehmungen und alle gefühlsmäßigen Lebensbereiche wie Kunst, Moral und Glaubenslehre hat er als rein subjektiv betrachtet. Das ausgedehnte mathematische System gab nur die objektive Wirklichkeit wieder.

Kopernikus, Naturforscher, 1473 – 1543, behauptete schon, daß die Erde sich drehe und ein Stern sei und nicht der Mittelpunkt des Universums. Galilei hat die kopernikanische Einstellung mittels des Fernrohrs bewiesen. Das Fernglas hatte ein Holländer erfunden, der damit nichts anzufangen wusste. Galilei hatte die Idee, daraus ein Fernrohr zu entwickeln. Galilei war sehr temperamentvoll und er hat neun neue Sterne entdeckt. Der damalige Papst hat Galileis Beweis mit der törichten Einstellung abgelehnt, dass die Erde der Mittelpunkt sein müsste, weil wir, die Krone der Schöpfung, darauf leben.

„Hinter dem, was wir aufgebaut haben,
ist immer noch das Prinzip und es ist ein
Mysterium für uns!"
Darwin

Die Lehre der Essener

Im Altertum gab es eine Lehre, die in ihrer Bedeutung umfassend und in ihrer Weisheit zeitlos war.

Die Essener waren eine geheimnisvolle Bruderschaft, die zwei oder drei Jahrhunderte vor Christus und im ersten Jahrhundert danach am Toten Meer in Palästina und in Ägypten lebte. In Palästina und Syrien waren die Mitglieder der Bruderschaft als *Essener* und in Ägypten als Therapeuten und Heiler bekannt.

Man fand Bruchstücke dieser Lehre auf Steinen und Ziegeln, von denen einige 8.000 bis 10.000 Jahre alt waren. Es gibt Symbole, die aus der Zeit vor der Sintflut stammen. Teile dieser Lehre tauchen fast in jedem Land und in jeder Glaubenslehre auf. Sie sind auch in der *ZendAvesta von Zarathustra* enthalten, die viele tausende von Jahren Gültigkeit hatte.

Die Lehren der Essener enthielten grundsätzliche Lehren *des Brahmanismus, der Veden und der Upanishaden.* Die Essener lebten einfach in Demut zu Gott und zu den Naturgesetzen. Sie wurden bis zu 120 Jahre alt und verfügten über aussergewöhnliche Kräfte und Ausdauer.

Sie schickten Lehrer und Heiler in alle Länder, unter ihnen befanden sich Elias und Johannes der Täufer. Die Seligpreisungen sind Lehren und Gedanken der Essener. Der Lebensbaum symbolisiert die Essener Lehre und zeigt in klarer Form die *Einheit von Energie, Gedanken und Gefühlen.* Die Einheit von Lebenskräften, die dauernd mit *allen Energien des Universums* in Verbindung stehen.

Einige Essener Schriften liegen in aramäischer Sprache im *Vatikan zu Rom.* Die Karma-Lehre war für sie selbstverständliches Gedankengut, über das damals keine Diskussionen stattfanden. Auch Jesus war einige Zeit bei den Essenern, danach ging er noch viele Jahre in den Himalaja, dort lehrte er ebenfalls die *Karma-Lehre,* die dann auch in die Bibel aufgenommen wurde. Sie hielt sich bis zum Jahre 553 nach Jesus, danach wurde sie auf einem Konzil in Konstantinopel aus der Bibel entfernt. Die Reinkarnationslehren sind über-all in allen Glaubenslehren zu finden, wenn die Menschen sie nicht entfernt haben. Jesus war kein Gegner der Reinkarnationslehren, ganz im Gegenteil.

Die Essener Lehre des siebenfältigen Friedens:
Friede mit dem Körper.
Friede mit dem Geist, Bewusstsein, Gedanken.
Friede mit der Familie.
Friede mit der Menschheit.
Friede mit der Kultur.
Friede mit dem Reich der Mutter Erde.
Friede mit dem Reich des Himmlischen Vaters.

Die Religion im Evolutionsprozeß

Das Wort **Religion** wurde von den Römern geprägt. ***Re-legere*** = lesen, wiederholen, mit Eifer beachten, sorgfältig überdenken.
Re-ligäre = anketten, sich rückwärts verbinden, mit einem überirdischen Wesen verbunden sein.
Re-ligere = sich wieder Gott erwählen.

„Menschen, die alles, was zur Verehrung der Götter gehört, eifrig überlegen, heißen religiös!"
Cicero

Religion = Rückbindung ist ein Weg, der uns lehren kann, den Zustand der Glückseligkeit zu erreichen. Wir können deshalb auch nicht sagen, *meine* Glaubenslehre ist, sondern *alle gehen den Weg der Rückbindung.* Wie wir oben lesen können, müsste der Inhalt bei allen Glaubensrichtungen der gleiche sein.

Aurobindo beschrieb die Religionslehre wie folgt:

1. Der Glaube an ein höchstes Bewusstsein. Eine Existenz, die universal und dem Universum transzendent ist. Die Quelle und Grundlage allen Seins.
2. Die Eigenbemühung des Menschen zur Entwicklung größerer Bewusstheit.
3. Das Angebot eines Weges der Erkenntnis und der spirituellen Disziplin.
4. Das Konzept für ein individuelles Leben innerhalb einer sozialen Gemeinschaft.

Inder christlichen Lehre wird viel Wert auf den Glauben, *im Yoga* wird viel Wert auf die Tat und die Erfahrung gelegt. Wir sind zu der Einstellung gekommen, daß Religion – Glauben ohne Erfahrung – Wissen bedeutet. **Religion muss erlebt werden,** sie ist Erweiterung und Verwirklichung des Bewusstwerdens im

Geist und sie ist Gesetz, das Evolutionsgesetz.

„Es ist ein Vorurteil der Theologen, die
Unwissenheit mit Glauben zu verwechseln!"
Paramahansa Yogananda

Philosophie, grch. bedeutet klare Einsicht zum Allsein, Liebe zur Wahrheit, das ist praktizierte Philosophie. Es ist nicht etwas, worüber wir sprechen und unsere Zeit damit verbringen, es ist etwas, das wir im täglichen Leben anwenden.

Wir müssen nicht nur nach den Glaubenslehren suchen, sie nur hören und hinnehmen, sondern wir müssen diese Lehren leben, besser gesagt sein. Alle Glaubenslehren lehren die Einheit der Göttlichkeit – des einen Gottes – und predigen die Liebe und die Rücksichtnahme. Die Lehre der ***allein seligmachenden*** Konfessionen schafft nur Unterschieds-Denken und bewirkt ***Verwirrung und Teilung*** bei den Menschen. Die unendliche Göttlichkeit – den einen Gott – auf so enge Teilgebiete zu begrenzen, bezeugt nur eine Nichtachtung Gottes. Geben wir uns Konfessionsnamen, um die Guten und die richtig Handelnden zu erkennen, sind die Andersdenkenden die Ungläubigen, die Gottfernen? Beim Hinduismus und Buddhismus gibt es diese Einstellung nicht.

Es ist der Mensch und nicht Gott, welcher sagt, wer in den Himmel kommt und wer nicht, welcher sagt, wen Gott liebt und wen nicht, welches das auserwählte Volk ist und welches nicht. Menschen, die solche Dinge lehren und behaupten, haben die Liebe Gottes und die Einheit aller Existenzen, ***dass alles Gott ist,*** vergessen. Sie zersplittern und verfeinden die Menschen untereinander, anstatt ihnen die Gemeinsamkeit und die Einheit allen Seins bewusst zu machen und sie zusammenzuführen.

Die Menschheit muss wieder verstehen lernen, dass Gott die ganze Schöpfung – mit allen Inhalten – *Ist* und sie gleichzeitig durchdringt. Jeder, der Gott wirklich liebt und Ihn in seiner Wahrheit erkannt hat, kann andere Glaubensrichtungen nicht mehr bekämpfen. Man kann einmal anderer Meinung sein, andere Rituale lieben, aber warum deshalb streiten und verdammen. *Die Liebe führt keine Kriege* wegen einer anderen konfessionellen Einstellung. Es ist das Ego, das Geld, die Macht und das Gewinnstreben, die Kriege führen und dies alles *im Namen Gottes tun*. Welche Verleumdung Gottes, der doch nur Liebe ist.

Der Beweis, ein gottesfürchtiger Mensch zu sein, ist, friedfertig zu sein und Frieden zu halten. Im Eisernen Zeitalter gibt es schon lange *keine Heiligen Kriege mehr*. Nur ein *Avatar* heiligt einen Krieg, denn dieser geschieht *für die Gerechtigkeit,* um das Böse zu vernichten und das Gute zu erhalten. Da wir heute fast alle dämonische Eigenschaften haben, kann das Böse mit einem Heiligen Krieg nicht mehr ausgelöscht werden. Das sind lediglich Schutzbehauptungen der Unwissenden. Es werden Straftaten begangen mit dem Hinweis, daß *meine Konfession* dieses Verhalten nicht zulässt. Kann man sich vorstellen, dass Jesus jemanden getötet oder deshalb einen Krieg angefangen hätte, nur weil man seine Lehren nicht einhielt oder gegen sie verstoßen hat? Heilige Kriege waren in anderen Zeitaltern möglich, da hatten wir aber andere Zustände im menschlichen Verhalten. Heute können wir diese Maßstäbe jedoch nicht mehr anwenden. *Jesus* lehrte deshalb, *du darfst nicht töten* und *du musst deinen Nächsten lieben als dich selbst.*

Der Mensch hat sich angewöhnt, immer mehr zu bestimmen, was sein darf, anstatt sich *nach Göttlichen Richtlinien zu orientieren*. Daher kommen die vielen unterschiedlichen Meinungen und das Entfernen voneinander in konfessionellen Einstellungen und Lehrmeinungen. Die Weisheitslehren lehren ein Verhalten, dem das Göttliche Prinzip zugrunde liegt, nach dem gelebt wird und das einen hohen sittlichen Wert beinhaltet. Es fehlt heute an Zusammenhalt aller geistigen Glaubensrichtungen, die daraus *eine gemeinsame Weltlehre gestalten, so* dass jede Frage von jeder Glaubensrichtung gleich beantwortet werden könnte. ***Religion = Rückbindung ist ein Gesetz, das wissenschaftlich studiert werden muss und nicht ein Thema der Auslegung.***

„Konfessionen sind verschieden, doch das Ziel ist dasselbe.
Stoffe sind verschieden, doch das Garn ist dasselbe.
Schmuckstücke sind verschieden, doch das Gold ist dasselbe.
Kühe sind verschieden, doch die Milch ist dieselbe.
Lebewesen sind verschieden, doch die Göttliche Lebensenergie ist dieselbe.
Opfergaben sind verschieden, doch die Anbetung ist dieselbe!"
Sri Sathya Sai Baba

Wir wissen heute, daß Pflanzen, Tiere und Menschen ihre Grundlagen in den **gleichen vier genetischen Bausteinen** haben und dass die Zellen den gleichen Aufbau im Menschen, in den Tieren und in den Pflanzen haben. Arme, Beine, Flügel und Flossen gehen aus den gleichen Grundmustern hervor, obwohl alles so unterschiedlich aussieht. Jedes Atom hat die gleiche wirksame Kraft und ähnliche Eigenschaften wie das Sonnensystem. *Ist das nicht alles Einheit genug?* Warum können wir diese Einheit nicht verstehen und leben, auch in den Glaubenslehren? Wenn wir das Prinzip der Einheit verstanden haben, können wir es lehrend weitergeben und erhalten. Die unterschiedlichen Ansichten, die zum Streit führen, hätten somit ein Ende.

Die Einfachheit ist sachlich, frei von Emotionen, sie protzt nicht und bläht sich nicht auf. Jede gute Erziehung beinhaltet diese Regeln und Regeln schaffen Ordnung und Ordnung schafft Harmonie. Unordnung und Oberflächlichkeit machen nervös und führen in eine Scheinwelt. Die Absolute Wahrheit = Einheit ist einfach, deshalb müssen wir *nach der Einfachheit trachten.*

Auch die Leichtgläubigkeit in der heutigen Zeit kann uns teuer zu stehen kommen (negative Sekten). Wir benötigen nicht so viele unterschiedliche Glaubenslehren, denn alles ist aus dem einen Prinzip entstanden und strebt zu diesem einen Prinzip *als Ziel* wieder zurück. **Das Bewusstwerden der absoluten Wahrheit ist das Bewusstwerden der Einheit.** In allen Zeiten haben Avatare, Heilige und Meister sich bemüht, den Menschen zu helfen und die Liebe zu den Glaubenslehren nicht untergehen zu lassen. **Jesus** lehrte uns die Liebe, den Weg der Hingabe und des Verzeihens. **Buddha** lehrte uns den Weg der Erkenntnis und der Weisheit. **Sri Sathya Sai Baba** lehrt uns beide Wege.

„Wir müssen werden ein **Christ** an Barmherzigkeit,
ein **Hindu** in der allumfassenden Liebe und Milde
gegen alle lebenden Wesen, ein **Mohammedaner** in
der genauen Beachtung äusserer Bräuche!"
Sri Ramakrishna

So betrachtet würden wir uns *einer gemeindamen Glaubenslehre* nähern und der Weltfrieden wäre in nächster Sicht. Im Moment ist es zur Gewohnheit und Mode geworden, dass jeder seine eigene Glaubenslehre erfindet und behauptet, so sei es richtig oder falsch, **ohne sich auf eine Basis-Lehre oder eineAutorität zu stützen.** Die einen lehren völlige Freiheit, die anderen Kasteiung und sie erkennen nicht, daß sie beide in Extremen gelandet sind. Bei Gott darf gelacht werden und wir dürfen fröhlich und heiter sein. Leichenbittermienen und Kasteiungen haben nichts mit Gott zutun. Warum muss derjenige, der Gott liebt und verehrt – das Reine überhaupt – bekümmert sein? Heilige und

Mystiker sind lustige und witzige Wesen, sie sind voller Humor und Freude bei allem, was sie tun.

„Ein Heiliger, der traurig ist, ist wahrlich
ein trauriger Heiliger!"

Kirpal Singh

Es gibt viele Wege der Rückbindung zu Gott, die wir anfänglich vielleicht einzeln beschreiten, doch mit der Zeit werden sie ineinander fließen und zu einem Weg werden. Die hinduistischen und die buddhistischen Lehren wollen niemanden bekehren, es sind die tolerantesten Lehren, die alle Glaubensrichtungen akzeptieren und doch ihre eigene Mythologie beibehalten. Die Hinduisten lieben Buddha, Christus und Mohammed, sie haben oft in ihrem Gebetsraum Bilder *von allen Heiligen* aufgestellt. Es gibt wenige Christen, die sich für alle Heiligen jeglicher Konfession öffnen und die neben Christus auch Buddha stehen haben. Was ich persönlich noch nie sah ist, daß neben Christus auch Krishna verehrt wird und von Ihm ein Bild aufgestellt wurde. Die Arten der Verehrung oder Anbetung Gottes mögen sich voneinander unterscheiden, aber alle Glaubenslehren sind auf dieselbe Vollendung ausgerichtet.

„In welchem Namen ihr Mich nennt, das Bin Ich!"

Bhagavad Gita

Der Raja-Yoga ist ein königlicher Weg und wurde auch in anderen Ländern ausserhalb von Indien versucht. In der westlichen Welt galt der Raja-Yoga als *Mystik*. Doch die Menschen, die sich damit befassten, wurden als Hexen verfolgt oder als Teufelsanbeter verbannt. *Alles Rätselhafte in der Yoga-Lehre muss abgelehnt werden.* Jede Geheimnistuerei schwächt den Geist des Menschen und die **Heiligen Lehren selbst** machen

den Menschen klein und engherzig. Nur die Glaubenslehre ist wahr, welche uns vermittelt, **Gott motivlos und absichtslos zu lieben.**
Nichts ist frei von Irrtümern und man könnte sagen, je moderner sie gelehrt werden, desto mehr Abweichungen und Fehler entstehen gegenüber den alten Lehren. Doch es ist überall dasselbe., ***Das Ei ist klüger als die Henne und der Nachfolger, der Jünger, ist weiser als sein Meister,*** was es aber auch geben kann. Ganz schnell wird ein **Sinn-Inhalt** verändert und Übersetzungen von einer Sprache in die andere tun das übrige. ***Religion = Yoga*** ist eine Wissenschaft, in der die Erfolge durch wiederholtes Üben und Forschen genauso erarbeitet werden müssen, wie in jeder naturwissenschaftlichen Praxis, was der Yoga schon längst handhabt..

„Religion ist weder Gerede noch Theorie, noch
intellektuelle Zustimmung und ist nichts für
einen leeren Magen!"

Swami Vivekananda

Heilige Lehren ohne Ethik und Moral ist undenkbar. Viele Menschen, die sich mit ihr beschäftigen und überall in der Welt tätig herumreisen, tun es meist zu ihrem Eigennutz oder aus politischen, missionierenden Gründen. Die wahren Heiligen verlassen ihr Land nur selten oder gar nicht. Der Yoga fängt mit der Praxis an, alles andere ist Theorie. Wenn wir in Heiligen Schriften lesen und über sie sprechen, ist das noch kein Beweis für eine Hingabe zu Gott. Wenn wir spirituelle Rituale ausführen, mögen sie in der Liebe geschehen, aber der Wahrheit entbehren, nützt es auch nicht, dabei Heilige Mantren = Worte zu sprechen. *Unkenntnis der Göttlichen Gesetze ist genauso ein Mangel wie mangelnde Liebe zu Gott.* Wenn beides, Liebe und Wissen zu einer Energie zusammenfließen, ist die Weisheit verwirklicht. Es gibt heute viele esoterische Sekten, die falsche Riten lehren oder befehlen und die der göttlichen Reinheit und der Wahrheit entbehren. Im Goldenen Zeitalter wird der Mensch wieder zur Würde finden, anstatt Sklave sinnlicher Lust zu sein. Er wird wieder ein würdevolles Verhalten haben beim Essen, Sprechen, Sitzen, Gehen, Kleiden und das alles nennen wir dann *gutes Benehmen*. Ehre, wem Ehre gebührt.

„Disziplin und Charakter sind Eigenschaften,
die einen zu einem Menschen machen!"
Sri Sathya Sai Baba

Es gibt auf der ganzen Welt viele Konfessionen und viele spirituelle Wege, die von den ursprünglichen Weisheitslehren = **den Veden,** Licht in Hülle und Fülle erhalten haben. Jeder ernsthaft suchende Mensch wird von diesem Licht angestrahlt und zu spirituellen Erkenntnissen geführt, so auch ich. Was ich schreibe, ist bestimmt schon von jemandem geschrieben worden und wird auch noch von einem anderen geschrieben werden, weil wir alle **von der gleichen Quelle** unseren Durst löschen und **von dem gleichen kosmischen Weisheitsmeer** mit inspirierenden Gedanken durchdrungen werden.

Goethe, Schiller, Einstein, Planck und viele andere Menschen im Westen haben die **Bhagavad Gita** gelesen, die ihnen zu vielen Gedanken der Weisheit verholfen hat. Doch nirgendwo wird die Quelle auch nur mit einem Wort der Anerkennung erwähnt. Vielleicht war es eine psychologische Überlegung und sie befürchteten, dass ihre Bücher von niemandem gelesen würden, falls sie ihre Quelle genannt hätten. Wird durch Verschweigen mehr erreicht? Ist es das, was man unter Diplomatie versteht? Wird die Wahrheit nicht gesagt oder geschrieben, weil sie erschrecken oder frustrieren könnte? Vieles wird nicht gelesen oder angehört – aus Vorurteilen zum Thema – und weil die Vorurteile als Wahrheit angesehen werden. Wahrheiten können oftmals als Schock erlebt werden. Ich persönlich habe nichts mehr gegen Schockerlebnisse. So oft ich auf weltlicher Ebene welche erfahren musste, waren sie zwar unangenehm, doch ich wurde von Mal zu Mal psychisch stärker und meine Ängste davor nahmen ab und nicht zu. Manchmal bedarf es der *Holzhammermethode*, damit es in der Entwicklung wieder weiter geht. Doch wir müssen uns **keine gesegneten Schwierigkeiten wünschen**, denn das ist der Weg, der über das Leid voranschreitet. Wünschen wir uns lieber **Weisheit und Aufklärung** über die Zusammenhänge der kosmischen Gesetze, damit wir uns dann *freiwillig* nach ihnen richten können. Das ist der Weg, der über die Harmonie voranschreitet.

Da es immer zwei Möglichkeiten gibt, kann ich *so groß* werden und kämpfen, dass *ich die eisernen Ketten sprengen kann,* die mich umgeben und einschränken oder ich kann auch *so klein* werden, dass ich durch *die Lücken der eisernen Ketten hindurchschlüpfen kann.* Es ist hilfreich, wenn wir beide Möglichkeiten beherrschen. Wir dürfen keinen Kampf provozieren oder mit Kämpfen prahlen und doch, wenn es die Situation verlangt, müssen wir kämpfen können.

> „Der Geist muss die Göttliche Wahrheit erkennen. Die Handlung muss die Göttliche Wahrheit ausführen. Die Sprache muss die Göttliche Wahrheit bestätigen!"
> Christa Keller

Ich habe die christliche Bibel, den Koran, die Bhagavad Gita, die Upanishaden, das Mahabharata und die buddhistischen Schriften gelesen und ich werde den Rest meines Lebens weiter lesen. Ich habe von den unzähligen Heiligen Schriften erst einen Bruchteil gelesen und nicht die ganzen gesammelten Werke. Ich lese nicht nur, um Kenntnisse zu sammeln, sondern ich lese, weil mir diese Schriften im täglichen Leben Kraft verleihen und um diese Lehren umsetzen zu können, um sie zu leben. Da ich mich mit keinem lebenden Meister mündlich unterhalten kann, hole ich mir die Weisheiten und Gesetze aus den Büchern. Sie haben mich in diesem Leben wirklich erleuchtet. In meinem Kopf ist es heller geworden und mein Herz hat sich für die bindungslose Liebe = Prema geöffnet. Ich bedanke mich bei allen lebenden und toten Avataren und Meistern, die diese Weisheiten gelehrt und zu Papier gebracht haben. Ich habe gelernt, alle lebenden und toten Avatare und Meister in gleichem Maße zu lieben und sie zu verehren. *Das ist ein Sich-öffnen für alle Glaubenslehren und deren Avatare.* Das ist wahre Befreiung aus dogmatischen Nur-Lehren und Nur-Verhalten. Das ist spiritueller Fortschritt. Wir können aus der Religion = Rückbindung nicht aussteigen. *Wir sind,* die Rückbindung = Religion, sie kann nur falsch beschrieben und gelehrt werden.

„Zu jemandem, der sich dem Fortschritt
widersetzt, sagen die Engel bei seinem Tode:
Oh, hier kommt ein antikes Stück, das
schicken wir wieder auf die Erde zurück!"
                                          Paramahansa Yogananda

Veda – Veden – Vedanta, Urlehren der Menschheit

Der Veda, die Veden, sanskrit = Wissen, heilige Lehre.
Diese Heilige Schrift gliedert sich in vier Veden.
Rigveda = Veda der Verse.
Samaveda = Veda der Lieder.
Yajurveda = Veda der Opfersprüche.
Atharaveda = Veda des mystischen Feuerpriesters.

Man unterteilt jeden Veda in den *Karma-Kanda* = *Werkteil* und den *Jnana-Kanda* = *Erkenntnisteil.*
Es gibt noch mehr Unterteilungen und Detaillierungen, die nicht so bekannt sind und die wir nicht unbedingt wissen müssen. Sie führen uns eher in die Verwirrung als in mehr Erkenntnis und für unsere Erlösung benötigen wir sie nicht unbedingt. Dieses Wissen dient nur zum besseren Verständnis von anderen Lehren und Kulturen in der genauen Interpretation und in der genauen Unterscheidung.

Der Vedanta, sanskrit = das Ziel, Ende des heiligen Wissens. Er befasst sich mit Brahman = Gott und Atman = Seele und dem Verhältnis der beiden zueinander. Der Vedanta ist die Gesamtheit der Upanishaden, sanskrit = nahe bei, niedersetzen.
Es haben sich drei Hauptzweige im Vedanta
herausgebildet: Der *Dvaita-Vedanta* = dualistischer
Vedanta, der *Vishishtadvaita-Vedanta* = qualifizierter
Nichtdualismus,
der *Advaita-Vedanta* = Nicht-Dualismus, Monismus.

Die Veden wurden den Menschen *am Anfang der Schöpfung offenbart,* wo die ganze Atmosphäre noch rein und jungfräulich war. In dieser reinen Atmosphäre und zu diesen *reinen Geistwesen = Heiligen = Rishis,* die sich in tiefer Kontemplation befanden, kamen die Veden. *Sie sind auf keinen menschlichen Urheber zurückzuführen* und wurden zum **Basisgerüst der Weltgesetze.** Da die Veden zu Anbeginn menschlichen Lebens vorhanden waren, ist *aus und durch sie* etwas sittlich und unsittlich geworden. Sie bilden die Grundlage jeder Rechtsprechung. Alles Wissen ist in den Veden und sie sind ohne Anfang und Ende. In jedem Zeitalter wird *zeitgemäßes* vedisches Wissen von Meistern und Weisen gelehrt.

Die Veden waren ursprünglich **Laut-Offenbarungen,** die von den Rishis gehört wurden (Moses). Sie wurden über viele tausende von Jahren mündlich – an Schüler im Alpha-Zustand – weitergegeben. Die Veden sind aus der heiligsten Schwingung, dem **OM**, entstanden. Jedes *Mantra* kann in seinen Schwingungs- und Lautgesetzen auf **vedischen Ursprung** zurückgeführt werden.

Die Veden lehren den Weg und die verschiedenen Möglichkeiten, das Ziel zu erreichen. Das Ziel ist *der Sinn des Lebens,* das heißt nicht mehr wiedergeboren zu werden. Sie machen bewusst, in welchem Entwicklungsgrad man sich befindet. Sie lehren Naturgesetze wie: **Karma** = Handlung, *die Gunas* = Eigenschaften, *die Maya* = Illusion, Verschleierung, *der Dhyana-Yoga* = Meditation, Kontemplation, die Verehrung des einen Gottes und die *vier Yoga-Pfade* = Vereinigung mit Gott. Sie lehren sittliches, zwischenmenschliches und moralisches Verhalten und dessen Gesetze = Sanatana-Dharma. Ein wichtiger Zweig davon ist, *die Unterscheidungsfähigkeit zu* erlernen, gut von böse und *das Vergängliche = Relative vom Unvergänglichen = realen Sein zu* unterscheiden und zu verstehen.

Nach indischer Auffassung ist eine Göttliche Inspiration, die ein Mensch erhalten kann, nur möglich, weil sie in den Veden schon existiert. Die Schwerkraft hat ein Engländer entdeckt und in die Welt getragen. Die Veden und wie wir Gott erfahren können haben die indischen Rishis verwirklicht und in die Welt getragen. So gesehen brauchen wir uns nicht mehr darum streiten, wer eine Sekte ist und wer nicht. Wir sind alles Sekten, die aus diesen Wahrheitslehren = Veden hervorgegangen sind. *Sekte*, lat. = religiöse Sondergruppe = Glaubens-Sondergruppe.

Die Veden wurden von den Brahmanen = Priestern gelehrt und deren Schüler wurden von den Mohammedanern als *Hinduisten* bezeichnet. Da diese Lehren immer schwächer in ihren Lehr-Qualitäten wurden und sich Fehler und Unwahrheiten eingeschlichen haben, hat **Buddha** *560* Jahre vor Christus die Vedanta wieder zum Leuchten gebracht. So ist der Buddhismus aus dem Hinduismus entstanden und hat sich hauptsächlich in der östlichen Welt bis China und Japan ausgebreitet. Es gibt viele Splittergruppen im Buddhismus, denn er fügt auch die jeweilige Landestradition mit ein. Der Buddhismus ist mit dem Hinduismus identisch bis auf einen Punkt. Buddha ließ Gott als Schöpfer weg, doch nicht aus Ungläubigkeit, sondern aus folgenden Gründen. *Buddha war ein Hindu-Brahmane* und verehrte Gott nach wie vor. Er wollte jedoch das von Ihm verfolgte Ziel – die Reinheit = Einheit, welche die Veden beinhalten – wieder erreichen. Da es immer wieder Streit zwischen den Brahmanen-Priestern gab, welche Gottheit – Shiva, Vishnu, Brahma und viele andere Gottheiten höher oder besser sind, ließ er die Lehren über alle Götter weg. Deshalb lehrte Buddha, *es gibt nur das All-Sein.*

Der **Hinduismus** kam über Arabien und Ägypten durch Wandermönche in den vorderen Orient, wo sich mit der Zeit die drei jüngsten Glaubenslehren bildeten. Im Judentum nahmen das Christentum und der Islam (Mohammed *610* und *632* in Mekka und Medina) ihren Anfang. Die buddhistische Lehre geriet in Indien nach dem Tode Buddhas wieder in Vergessenheit, da kam **Shankara,** sanskrit = heilbringend. Er lebte *788 – 820* nach Jesus und war einer der größten Heiligen Indiens. Er grub ebenfalls wie Buddha die Lehre der*Advaita* = Nichtdualität = Nicht-Zweiheit wieder aus und begann sie von neuem zu verbreiten.

Es geht jetzt also darum, festzustellen, wo in welcher Sekte und von welchen Meistern die **alten reinen Lehren** noch am vollkommensten vorhanden sind und gelehrt werden. Es geht nicht darum, deshalb seine Glaubenszugehörigkeit zu wechseln, sondern darum, sich trotz alledem zu informieren, was andere Konfessionen lehren und leben. Wir essen heute mit einer Selbstverständlichkeit Gerichte in Spezialitätenlokalen aus allen Ländern der Erde. So müsste es selbstverständlich sein, dass wir uns in allen heiligen Lehren bestens – nicht nur oberflächlich – auskennen.

Die christliche Glaubenslehre ist nicht die einzige Lehre, welche die Zehn Gebote lehrt. *Manusha, sanskrit* = Mensch, ist der Stammvater der Menschheit und im **Manu-Dharma,** sanskrit = menschliche Ordnung, finden wir die **ersten Zehn Gebote,** die der Menschheit vermittelt wurden, wie folgt:
* Mut und Ausdauer
* Geduld
* Kontrolle des Gemüts
* Begierdelosigkeit
* Reinheit
* Kontrolle der Sinne
* Erziehung des Gemüts zur Beständigkeit
* Spirituelles Wissen
* Achtung vor der Wahrheit
* Ausgeglichenheit im Denken, Fühlen und Handeln.

„Da das Studium der Veden zur Überwindung des Todes führt, ist es die höchste Form geistiger Anstrengung!"
Sri Sathya Sai Baba

Die drei Gunas

Guna, sanskrit = Eigenschaft, Faden, Seil, Urnatur. Die Gunas sind Eigenschaften der Maya und von Gott = Brahman abhängig, aber sie verhüllen auch die Wirklichkeit Gottes.
Gott ist Gewahrsein, absolutes Sein, ungeteiltes Sein. Könnte man von einem Zustand in Gott sprechen, würde man ihn als ein *Einheitserlebnis* beschreiben, weil es keine unterscheidende Wahrnehmung gibt, denn das Subjekt und das Objekt sind zu einer Einheit verbunden und nicht mehr voneinander getrennt wahrnehmbar. In der Einheit – die Gott ist – gibt es keine Eigenschaften und nichts zu analysieren. In der Einheit sind alle drei Gunas in vollkommenem Gleichgewicht und es gibt weder eine Schöpfung noch eine Manifestation.

Wenn Gott träumt, wird das Gleichgewicht gestört und es entsteht Manifestation = Schöpfung. Der Traum beginnt, indem sich der *Geist-Lichtfunken* erkennen kann und unterscheidungsfähig wird. Er erkennt nun ich und du, dies und das, was sich bis dahin nur als *Das reine Selbst* empfunden hatte. Das erwachte Bewusstwerden kann jetzt ein Objekt von sich selbst wahrnehmen und es als etwas Verschiedenes von sich betrachten. Das Bewusstwerden ist in ein duales Erkennen eingetreten. Das Einheits-Gewahrsein teilt sich in zwei Dinge auf:
in Bewusstsein und Materie

Durch weitere Teilung entsteht immer mehr Vielfalt = Maya. Doch alles ist und bleibt ein Traum Gottes und ist nach Göttlichem Sein monistisch gesehen unwirklich. *Das Eine* wird träumenderweise *Vieles.* Es entsteht *der Ur-Laut OM* und es entwickeln sich nun nach der Teilung *fünf Elemente:* Äther, Luft, Feuer, Wasser, Erde. Der Lichtfunke = die Einzelseele = der Atman ist jetzt in eine kleine individuelle Form gegossenes reines Bewusstsein und ist in einem *dreifachen Körper* eingebunden

1. Der Kausalkörper = Geistkörper.

2. Der feinstoffliche = Ätherkörper. Beim Menschen besteht er aus der ersten Entwicklungsform des mind = Denk- und Sinnesorgane.
3. Der grobstoffliche Körper. Er besitzt in sich die Möglichkeit zur Wachbewusstheit = erkennendes Bewusstwerden.

Jegliche Materie beinhaltet ein Bewusstsein und ist deshalb eine Ausdrucksform des universellen Bewusstseins. Wir haben **drei Bewusstheitsanteile = Bewusstheitssbindungen,** die sich auf die kommenden Leben bestimmend auswirken:
1. das Wirken der Willenskraft,
2. Wissen und Tat,
3. die drei Gunas.

Aus diesen drei Gunas ist **das Weltall = Prakriti** der Materie und der Denksubstanz entstanden. Es ist auch der Grund für alle mannigfaltige Vielfalt und Verschiedenartigkeiten in der objektiven Welt. Die drei Eigen-schaften = Gunas erfahren durch das Gesetz verschiedene Umwandlungen und Kombinationen und manifestieren sich dann als diese Schöpfung, als dieses Universum. Aus diesem Grund ist diese Schöpfung dauernden Veränderungen unterstellt, nicht festgelegt und nicht absolut wirklich. Deshalb sind negative Prognosen für die Zukunft ungenau und ohne viel Wahrheitsqualität. Je längere Zeit die Vorhersagen zurückliegen, desto unwahrscheinlicher ist auch das Eintreffen der prognostizierten Ereignisse in der Genauigkeit. Wer trotzdem schlaflose Nächte hat, ist gut beraten, Gott in Seiner Allmacht zu bitten, die Ängste umzuwandeln.

Durch das Gebundensein der drei Gunas ist sich der Mensch nicht mehr der Wahrheit und der Tatsache bewusst, dass er selbst Gott = Atman ist. Das spirituelle Erwachen im Menschen befähigt ihn wieder, diese Gebundenheit zu durchschauen und sie dann durch ein Training abzulegen. Einige Menschen – oder ist es die Mehrheit? – glauben immer, dass sich alles von selbst vollzieht und die Erleuchtung vom Himmel fällt.

Die drei Gunas = Grundeigenschaften der Natur:
1. *Das Sattva-Guna* = Ruhe, Frieden, Gelassenheit, Freude, Reinheit, Ausgeglichenheit, Intelligenz, Kraft, Stärke, Vitalität, Ausdehnung, erleuchtend. Seine Farbe ist *weiß.*
2. *Das Rajas-Guna* = Energie, Tätigkeit, aktives Verhalten, Ruhelosigkeit, die oft Kummer auslösende Leidenschaft, aktivierend. Seine Farbe ist *rot.*
3. *Das Tamas-Guna* = Trägheit, Täuschung, Interessenlosigkeit, Dummheit, Stupidität, dumpfe Eigenschaft, ohne Unterscheidungsvermögen, Masse, zurückhaltend. Seine Farbe ist *schwarz.*

Alle drei Gunas wirken mit unterschiedlichen Stärken zusammen und das jeweilig dominierende Guna bestimmt den Charakter und die Gemütsstimmung des Menschen. Die Gunas sind wie ein klarer Spiegel, der die drei Aspekte reflektiert.
Reflektiert dieser Spiegel den ersten Aspekt, das reine und ausgeglichene *Sattva,* dann wird Gott sichtbar.
Reflektiert dieser Spiegel den zweiten Aspekt, das leidenschaftliche und betriebsame *Rajas,* dann wird das individuelle Selbst sichtbar.
Reflektiert dieser Spiegel den dritten Aspekt, das unbewegliche und träge *Tamas,* dann wird die Materie sichtbar, was für uns die objektive Welt bedeutet.

In der *physikalischen Welt* ist *Sattva* das, was rein und fein ist, zum Beispiel das Sonnenlicht.
Rajas ist das aktive Prinzip, zum Beispiel der Vulkan.
Tamas ist Festigkeit und Widerstand oder Schwere und Unbeweglichkeit, zum Beispiel der Felsblock.

Im Denkorgan des Menschen ist *Sattva* Ruhe, Gelassenheit und Reinheit. *Rajas* ist Tätigkeit, Leidenschaft, Emotion und Ruhelosigkeit. *Tamas* ist Trägheit, Beharrung, Stumpfsein und Verschleierung.

Im Rahmen der Evolution ist es möglich, dass der Mensch vom Zustand der Trägheit = Tamas Guna aufsteigt zu dem leidenschaftlichen, aktiven Zustand des Rajas-Guna, indem er das Tamastische hinter sich lässt. Dann steigt er weiter zu dem reinen, friedvollen Zustand des Sattva-Guna auf, indem er das Rajastische hinter sich lässt. Schließlich ist er dann auf der Leiter so weit oben angekommen, dass er im in seiner Erkenntnis im Höchsten Sein angelangt ist und auch das Sattvische hinter sich lässt.

Unlauter ist ein Wesen, wenn es von *Rajas-Guna* = Rastlosigkeit und von *Tamas-Guna* = Trägheit überwältigt wird.
Gemischt ist ein Wesen, wenn es sich als reines Sein gelegentlich durchsetzt.
Das reine Wesen überwältigt Rajas und Tamas. Nach dieser Reihenfolge kommt man in einen Zustand, der die Gunas überschreitet = transzendiert.

Menschen, die sich an das Ego, an ihre Familie, an ihre Freunde klammern und sich nur auf diese Liebe beschränken, werden vom abgestumpften und aktivitätsscheuen ***Tamas*** gelebt.
Menschen, die nach Macht und Prestige streben und nur diejenigen lieben, die hierzu beitragen können, werden vom aktiven und leidenschaftlichen ***Rajas*** gelebt.
Menschen, die in Ruhe und Gelassenheit dienen und in aller Ruhe Gutes tun – die alles als eine Verkörperung Gottes verehren – werden vom reinen und selbstlosen ***Sattva*** gelebt.
Durch Zufriedenheit, Keuschheit und Beständigkeit ist es dem Menschen möglich, die drei Gunas zu bewältigen.

Sattvika – ist beständiges und diszipliniertes Sein.
Rajasika – ist übereifriges und erwartungsvolles Sein.
Tamasika – ist träges und berechnendes Sein.

Es gibt drei Typen von Menschen:
Die Nichtstuer, sie haben große Pläne und bilden sich etwas auf ihre Talente ein, aber beim Zeichen des Misserfolges werden sie so entmutigt, daß sie alle Anstrengungen aufgeben und nicht einmal mehr am Singen teilnehmen. Danach sind sie träge und unbeteiligt. Hier wirkt das *Tamas-Guna*. Haltet euch von solchen Leuten fern, lasst sie nicht einmal in eure Nähe, damit keine Schatten auf euch fallen und eure Begeisterung nicht gedämpft werden kann.

Die Allestuer, sie stürzen sich in die Arbeit, ohne darüber nachzudenken, ob das, was sie tun, gut oder schlecht ist. Sie sind vom Ehrgeiz getrieben. Hier wirkt das *Rajas-Guna*.

Die Guttuer, sie arbeiten aus Pflichtgefühl gegenüber dem Göttlichen, das sie in sich verspüren, und führen es mit Hingabe und Disziplin aus. Für sie ist Arbeit Gottesdienst und sie sind zufrieden, wenn sie diese nach besten Kräften ausgeführt haben. Selbstlosigkeit = Ethik ist ihre Stärke. Hier wirkt das *Sattva-Guna*.

Sri Sathya Sai Baba

Der typische Tamas-Mensch steht nicht gerne auf, schläft viel, isst und trinkt, wie er will. Er hat keine Kontrolle über seine Bedürfnisse und sein instinktgeleitetes Verhalten. Er führt ein desorganisiertes Leben. Er lebt dahin, verbringt viel Zeit mit seinen körperlichen Interessen und ist den sechs todbringenden Impulsen (Neid, Gier, Zorn, Geiz, Ego, Bindungen) ausgesetzt. Meistens ist der Tamas-Mensch seinen animalischen Anteilen = Eigenschaften näher als ein kultivierter Mensch. Ein Mensch, der von stumpfen, trägen Eigenschaften gelebt und von den Bedürfnissen des Körpers, wie das Tier, beherrscht wird, ist *tamastisch.* Er hat kaum einen eigenen Willen, ist sehr wankelmütig und lebt in der Regel auch oberflächlich.

Der typische Rajas-Mensch hat ein eigenes inneres Leben und einen starken Willen, doch er ist voller Unruhe und oft voller Gewalt. Er kämpft für seine ehrgeizigen Ziele. Er ist voller Pläne und Strategien, am liebsten würde er Weltreiche oder Königreiche = Bündnisstaaten gewinnen und *regieren.* Er regiert seine Familie und sein Tätigkeitsumfeld mit vehementem Einsatz. Wenn er eine Niederlage erfährt, fühlt er sich tief gedemütigt, doch Erfolge verschaffen ihm auch keine lange Hochstimmung. Durch sein emotionales Verhalten erfährt er mehr Leid als Freude oder Erleichterungen. Er ist ständig frustriert und die Geschehnisse halten ihn in einer dauernden Anspannung und es entsteht der Eindruck, dass er jetzt gleich explodieren wird. Er befindet sich öfter in einem launenhaften Fieber und sein Leben ist wie das stürmische Meer. Die Wellenberge sausen herauf und herab und dementsprechend ist auch seine Stimmung, einmal himmelhoch jauchzend, ein andermal zu Tode betrübt. Wer vom leidenschaftlichen *Rajas-Guna* gelebt wird, ist ein starker, intellektueller und willensbewusster Mensch, der nicht unbedingt nach spirituellem Wissen strebt. Jedoch genau das würde ihn harmonisieren, damit er seine Fähigkeiten mit mehr Ausgeglichenheit und gesunden Nerven leben könnte. Es wäre nicht nur ein großer Gewinn für ihn selbst, sondern auch für sein ganzes Umfeld und für die Menschen, mit denen er täglich zu tun hat.

Der typische Sattva-Mensch ist die Ruhe und die Zufriedenheit in Person. Er lehnt jedes emotionale Verhalten und jede Leidenschaft ab. Sein Innenleben ist harmonisch und er liebt die Schönheit in Mensch und Natur. Er ist eine sprudelnde Quelle guten Benehmens und guten Willens. Er hat eine innere Sehnsucht, die nach einer höheren Entwicklung strebt und er kann sie auch umsetzen. Jedoch stört sein Drang nach Wachstum nicht sein Wesen und die Menschen, mit denen er zusammenlebt. Er denkt täglich über den spirituellen Weg nach und das nicht nur in schlechten Zeiten, denn dies ist ein Teil seines Lebens geworden. Wer von einem ausgeglichenen *Sattva-Guna* gelebt wird, ist ein gottgeführter Mensch, der sich Gott hingeben kann und sich der inneren Herrlichkeit = des Atman voll bewusst ist.

Da die Gunas kommen und gehen und nicht berechenbar sind wie zum Beispiel der Bio-Rhythmus, pendelt der Mensch in seinem Charakter und in seinen Stimmungen hin und her. Auf dem spirituellen Weg lernen wir, diesem Pendeleffekt zu widerstehen, indem wir üben, wie die Gedanken und Sinne zu disziplinieren sind. Das Ziel jeder guten Erziehung ist, das emotionale Verhalten, Angst und Zweifel zu stoppen, anstatt sich denkenderweise selbst in diese Zustände hineinzusteigern und alles schlimmer zu empfinden als es ist. Dasselbe ist auch für positive Emotionen zu berücksichtigen. Auch sie können bei einer bestimmten körperlichen Anfälligkeit sich negativ auswirken. Steigern wir uns nicht in das anwesende *Tamas-Guna* hinein und halten es dadurch fest, sondern lassen es los, dann wird es auch unser Schwingungsfeld wieder schneller verlassen. Ein ungebetener Gast bleibt nicht lange zu Besuch.

> „Nur weil die Menschen das gleiche Aussehen haben, kann man nicht behaupten, dass alle Menschen gleich seien. Man muss *die Verschiedenartigkeit erkennen* und die Menschen je *nach ihrer Veranlagung* entsprechend den drei Grundeigenschaften = Gunas in Gruppen einteilen!"
>
> Sri Sathya Sai Baba

Da der Mensch die Möglichkeit hat, seinen Körper wie eine Leiter zu benutzen, um an den drei Grundeigenschaften emporzusteigen, reinkarniert er immer wieder. So kann er immer weiter auf der Guna-Leiter emporsteigen, um sein Ziel – die

Erlösung vom Rad der Wiedergeburt – zu erreichen. Er wird aus seiner Unwissenheit herauswachsen und erkennen, dass sein Geist wieder neu informiert und umprogrammiert werden muß.

Gehen wir noch einmal zum **Denkorgan** des Menschen zurück und erkennen, dass dieses nicht vernunftbegabt ist, aber auch nicht unvernünftig handelt, sondern dass es neutral ist.

Innerhalb der Denksubstanz gibt es drei Zustände = Gunas. Bei Menschen, die dumpfe Gewalt ausüben oder bei **Verrückten** ist das **Tamas-Guna** wirksam. Diese Menschen können viel Schaden anrichten und in dieser Verfassung bleibt für etwas anderes – Vernüftiges, Positives – kein Raum. Man nennt das den Zustand der Finsternis. Hier findet keine Planung für irgend etwas statt, da der Mensch hauptsächlich vom Instinkt gelebt und beherrscht wird. Seine Handlungen kommen über ihn wie ein Wirbelsturm.

Bei Menschen, die an Macht und Genuss denken und hauptsächlich in diesem Zustand verweilen, ist das **Rajas-Guna** wirksam. Wenn sie durch die Überaktivität gewalttätig werden, wird diese Gewalt strategisch geplant und ausgeführt. Bei emotionalen Menschen, die keine gute und disziplinierte Erziehung erfahren durften, ist der Schritt zur Gewalttätigkeit leicht vollziehbar. Sie sind sich ihrer Handlungsweise genau bewusst. Sie wollen immer alles beherrschen, ob Menschen oder Dinge, sonst fühlen sie sich unwohl.

Bei Menschen, die Ruhe, Zufriedenheit und Heiterkeit ausstrahlen, ist das **Sattva-Guna** wirksam. In diesem Zustand legen sich alle Gedankenwellen. Um einen Vergleich zu nennen, könnte man sagen, der See ist ruhig und klar und man kann bis auf seinen Grund sehen.

Wenn die Vernunft das **Denkorgan** durchdringt, das heißt, wenn der Mensch seine Höhere Intelligenz anwendet, wird er vernunftbegabt. Ruhe zu bewahren ist eine große mentale

Kraftanstrengung, während es leichter fällt, tätig zu sein. Zum Beispiel: Wenn sich ein anderer Mensch in Gefahr befindet, ist es einfacher, in die Aktivität der Hilfeleistung zu gehen als zu Hause abwarten zu müssen, was aus der Situation geworden ist. Es ist aber gar nicht so leicht, *den ruhigen = sattvischen Menschen vom trägen = tamastischen Menschen zu* unterscheiden. Es müssen uns viele Verhaltensweisen eines Menschen bekannt sein und auch berücksichtigt werden, um eine richtige Aussage machen zu können.

Wenn das *Tamas-Guna,* das verdunkelnde Eigenschaften besitzt, sich mit dem *Rajas-Guna,* das Aktivität auf Lust besitzt, verbindet, entstehen *dämonische = bösartige Eigenschaften.* Solche Menschen sind unbelehrbar, was ihre negativen Handlungen betrifft. Sie lassen sich nichts ausreden und sind für logische Schlussfolgerungen unempfänglich, weil das Tamas-Guna die Wahrheit, die Vernunftbegabung im Menschen verdunkelt und unsichtbar werden lässt. Es sind *sture* Menschen. Ein starres und unbewegliches Denkverhalten ist eine typisch *tamastische* Gewohnheit.

Ein rajastischer Mensch kann mit logischen Argumenten überzeugt und zu vernünftigem Handeln bewegt werden, wenn er schon eine Verbindung zum *Sattva-Guna* aufgenommen hat. Er steht dann auch nicht mehr im Widerspruch zu den Ur-Wahrheiten aller Glaubenslehren und zu den neuesten wissenschaftlichen Erfahrungen. Je reiner = sattvischer ein Mensch wird, desto mehr ist es ihm möglich, spirituelle Wahrheiten zu empfangen und sich selbst und alles, was ist – die ganze Schöpfung – als Göttliches Sein wahrzunehmen.

Im weltlichen, stofflichen Bereich kann auch ein schlechter Mensch zu hohen Ehren gelangen, große Erfindungen machen und allen nur möglichen Ruhm und Anerkennung ernten, doch im Glaubens- und spirituellen Bereich ist das anders. Da kann nur ein reiner, lauterer Geist zu den höchsten Inspirationen und

Wahrheiten gelangen. Deshalb muss wir in der heutigen Zeit – auf dem spirituellen Gebiet – zuerst darauf achten, ob dieser Mensch ethisch, selbstlos und sattvisch ist, wenn er behauptet, ein Heiliger = Guru zu sein. Einige, die sich mit heiligen Namen benennen und behaupten, heilige Führer zu sein, sind nur ruhmsüchtige Menschen und machen sich den heutigen Trend – die Neigung zu mystischen Dingen – nutzbar.

Die Denksubstanz will stets zum reinen Ursein zurück, doch die Sinnesorgane versuchen immer wieder, sie nach außen zu ziehen. Der Intellekt ist die Gestalt der Denksubstanz, durch ihn kann der Mensch an seiner Erlösung arbeiten. Obwohl sie schon im Tier vorhanden ist, kann das Tier noch nicht an seiner Erlösung arbeiten, weil die Denksubstanz noch keine Form angenommen hat. **Deshalb spricht man vom Menschen als Krönung der Schöpfung**, dies ist der wesentliche Unterschied zwischen Mensch und Tier. Ansonsten ist das Tier viel ethischer und moralischer als mancher Mensch in seiner Unvernunft, Bösartigkeit und Unwissenheit in der *heutigen Zeit.*

Die Trimurti, sanskrit = Dreigestaltigkeit, die Trinität der drei Götter Brahma, Shiva und Vishnu kann den drei Gunas zugeordnet werden.

Vishnu ist die Form des Sattva-Guna.
Brahma ist die Form des Rajas-Guna.
Shiva ist die Form des Tamas-Guna.

Wir dürfen jedoch diese drei Götter nicht als etwas voneinander Getrenntes – in einzelnen Körpern – betrachten. Die Drei existieren im Einen und das Eine existiert in den Dreien. Sie alle sind in Gott enthalten, dem *Wahren Selbst, der in* allen Dingen als Göttliche Energie anwesend ist.

Solange der Mensch nach den Göttlichen Gesetzen lebt, ist das die Eigenschaft der Tugend = *Sattva-Guna.* Solange der Mensch im Fehlverhalten zu den Naturgesetzen lebt, lebt er die Eigenschaft der Trägheit = *Tamas-Guna*. Wenn der Mensch diese beiden Eigenschaften vermischt, lebt er die Eigenschaft der Leidenschaft = das *Rajas-Guna*.

Durch die Gunas ist der Mensch an die Naturanteile gebunden, die in der ganzen Schöpfung wirksam sind. Diese Gunas = Naturanteile bewirken dann bei der Wiedergeburt, welchen Körper der Mensch erhält. Zum Beispiel führen *tugendhafte Handlungen* zu einem tugendhaften Körper und zu gutem Lebensinhalt. *Leidenschaftliche Handlungen* führen zu einem leidenschaftlichen Körper und können in Gewalttätigkeiten und Kriege verwickelt werden. *Träge Handlungen* führen zu einem trägen Körper und können in Armut geraten.

Beginnen wir jetzt nicht, mit diesem bisschen Wissen unsere Mitmenschen nach ihrem Schicksal zu beurteilen, nach dem Motto: böses, schweres Schicksal = böser Mensch, er muss es verdient haben, Hilfe ist nicht notwendig. Das sind böse, tamastische Auslegungen der Unwissenheit. Woher das tragische, schwere Schicksal dieses Menschen stammt und aus welchem Grund es sich in diesem Leben gebildet hat, dürfen wir, ohne das Vorleben dieses Menschen zu kennen, nicht beurteilen. Falsche, oberflächliche oder verleumderische Beurteilungen fallen auf den Beurteiler zurück und sein Tamas-Guna = Unwissenheit wird dadurch angefüllt. Ein Mensch mit einem oder mehreren schweren Schicksalen kann dieses verdient haben, es sich selbst aus Dummheit oder Weisheit gewünscht haben, um weiter zu kommen auf dem Evolutionsweg, oder er hat es aus helfenden Gründen – für Mensch und Natur – ganz selbstlos angenommen. Diese schnellen Schicksals-Beurteilungen und Charakter-Zuweisungen sind fast immer falsche, unwissende, oberflächliche und wichtigtuerische Beurteilungen, da sie ja nicht aus mentaler Hellsichtigkeit = aus der Ätherwelt empfangen wurden.

Durch unsere Göttliche Abstammung sind wir bis zu einem gewissen Grad jedoch unabhängig von den Gunas, sonst könnten wir sie nicht überschreiten. Auch die Willens- und Wahlfreiheit, die dem Menschen gewährt wurde, muss von den Gunas respektiert werden. Niedrige Lebensformen, wie Blumen und Tiere, verfügen nicht über diese Unabhängigkeit. Sie werden autonom von den Naturgesetzen bestimmt und auf vorprogrammierte Weise weiterentwickelt. Wendet der Mensch seinen Willensanteil nicht an, wird er wie die niedrigen Lebensformen autonom in seinem Schicksal – gemäß seinen Naturanteilen – gelebt. Mit seinem Willensanteil zu leben heißt, sich nach den Göttlichen Gesetzen zu richten, in der Pflichterfüllung und in der Rechtschaffenheit zu wirken und die bindungslose Liebe zu leben. Mit seinem Willensanteil zu leben heißt also nicht, tun und lassen zu können, was er in unserer Oberflächlichkeit und aus egoistischen Gründen will und für gut oder richtig hält.

Die Entdeckung *der morphogenetischen Felder* (gestaltbildend, formgebend) von Sheldrake ist eine Bestätigung der Guna-Lehre. Die morphogenetischen Felder im Kosmos sammeln Eindrücke, Gedanken, Handlungen und Eigenschaften, also Schwingungen, die vom Menschen ausgehen, bis diese voll sind. Dann werden die gesammelten Energien an den Absender – in dem Fall der Mensch – wieder als Auswirkung zurückgesandt. Schwingungen wie Zorn und Hass lassen Kriege entstehen usw. Wenn ein Mensch etwas befürchtet und es andauernd ausspricht, zum Beispiel Angst vor Zecken, sammelt sich diese Angst aller Menschen in den oben genannten Schwingungsfeldern. Sind diese voll, muß es von nun an mehr Zecken geben, die diese Krankheit auf den Menschen übertragen. **Denken ist Erschaffen.** Wenn wir das, was wir befürchten – aber nicht wollen – immer wiederholen oder in den Medien ständig hören, müssen die Befürchtungen nach den Naturgesetzen Wirklichkeit werden. Es wäre deshalb gut, wenn der Mensch die Naturgesetze endlich erlernen und sich dann so verhalten würde, dass sie sich nur noch positiv auswirken können – Kraft der Gedanken der Menschheit.

So wie die morphogenetischen Felder arbeiten, arbeiten auch die Gunas. Jeder Mensch hat, sagen wir einmal, drei Guna-Speicher in sich. Jeder Gedanke, jedes Wort, jedes Gefühl, jede Handlung und jeder Satz werden von der Allwissenheit im Menschen, nach dem Prinzip der drei Gunas, analysiert und denen zugeordnet. Wenn man dieses in Prozentzahlen ausdrücken würde, könnte man sagen: Dieser Satz hat zum Beispiel 30% Anteile von Reinheit = Sattva, 50% Anteile von Leidenschaft = Rajas und 20% Anteile von Trägheit = Tamas. Diese genaue Zuteilung von Anteilen an die Gunas **bewirkt das universelle Bewusstsein,** das im Menschen, in jedem Atom, vorhanden ist. Diese Verteilung wird autonom vorgenommen, ohne dass das erkennende Bewusstwerden im Menschen sie denkenderweise empfängt. So können dann der Charakter, das Schicksal und die Gradentwicklung dieses Menschen – von den Naturgesetzen, den ausführenden Energien – herangebildet werden.

Niemand in der ganzen Schöpfung wird von Gott begünstigt oder behindert, alles läuft nach den Gesetzen der Natur selbständig in einer geordneten Gerechtigkeit ab. Wer das verstanden hat, wird nicht mehr so in den Tag hineinleben können, er wird sich in Zukunft überlegen, was er denkt, fühlt, spricht und tut. Er wird diese mentalen Energien überwachen und sich so verhalten, dass immer mehr das *Sattva-Guna* von gespeicherten Anteilen zunimmt. Würde das ***Sattva-Guna*** im Menschen die Oberhand gewinnen, würden auch die morphogenetischen Felder eine andere – in dem Fall eine sich positiv auf den Menschen auswirkende – Speicherung erhalten und so die Harmonie in der Welt wieder die Oberhand gewinnen. Das Ergebnis wäre Frieden – keine Kriege mehr, Gesundheit – keine Krankheiten mehr, Wohlstand – keine Armut mehr.

Im Vedanta werden die drei Gunas die drei Räuber genannt.
„Drei Räuber überfielen einen Kaufmann, der auf dem Weg in seine Heimatstadt war, und raubten ihn aus. *Tamas* wollte ihn umbringen, um alle Spuren zu beseitigen. Die beiden anderen hatten jedoch Bedenken. *Rajas* sagte: Wir binden ihn an einen Baum. Es ist sein Karma, ob er gefunden wird oder nicht. Sie fesselten ihn an einen Baum und eilten davon. *Sattva* kehrte nach einer Weile zurück und zerschnitt seine Fesseln. Der Kaufmann war überglücklich und sagte: „Du hast mich gerettet. Komm mit mir mit, ich werde dich belohnen." „Das geht nicht," sagte Sattva, „ich bin bei der Polizei als Räuber bekannt. Das einzige, was ich tun konnte, war, dich von den Fesseln zu befreien!"

Sri Sathya Sai Baba

Den Menschen, von denen wir Weisheiten schöpfen können, ob das in der Wissenschaft oder in den Konfessionen ist, denen muss auch der Respekt und die Dankbarkeit als Ehre erwiesen werden, indem wir ihre Namen nennen. Vieles, was Goethe in Versform und als Weisheit den Menschen im Abendland näher gebracht hat, ist in der **Bhagavad Gita** *zu* finden. Um die Gunas noch genauer beschreiben zu können, bediene ich mich der gleichen Weisheitsquelle.

„Die Tat, die frei ist von irgendwelchem Hang und unbeirrt von Liebe und Hass geschieht, die getan wird, weil sie notwendig ist und nicht um Lohn, ist *sattva-artig.*" Arbeitsübermaß und Selbstsucht zeugt das *rajas-artige* Werk. Die Tat, die blindlings und unbedacht unternommen wird, rücksichtslos, ob anderen daraus Leid und Verlust entsteht, ist *tamas-artig.*

Das Gute = *Sattva* bindet den Menschen an das Glück.

Die Leidenschaft = **Rajas** bindet den Menschen an das Handeln und dessen Werke und damit an eine Wiedergeburt. Die das Wissen verhindernde

Trägheit = **Tamas** bindet den Menschen an die Nachlässigkeit. Wenn in alle Tore des Körpers das Licht des Wissens einströmt, dann möge man wissen, dass die Güte = **Sattva** zugenommen hat.

Wenn die Gier, Betriebsamkeit, Unternehmung von Werken, Unruhe und Begehren sich erheben, dann möge man wissen, dass die **Leidenschaft** = **Rajas** zugenommen hat.

Wenn die Untätigkeit, Nachlässigkeit, Gleichgültigkeit, Nicht-Erleuchtung und Verblendung entsteht, dann möge man wissen, dass die **Dummheit** = **Tamas** zugenommen hat.

Den Menschen, der frei ist von Anhänglichkeiten und keine ichsüchtigen Reden führt, der voller Mut und Entschlusskraft ist und von Erfolg oder Fehlschlag nicht bewegt wird, nennt man wegen seines Handelns **gut** = **sattvisch**.

Den Menschen, der von Leidenschaft beherrscht wird und gierig ist nach der Frucht = Ergebnis seiner Taten, der unrein und von verletzendem Wesen ist, den Freud und Leid leidenschaftlich bewegen, nennt man wegen seines Handelns **leidenschaftlich = rajastisch**.

Den Menschen, der ohne Gleichgewicht, gemein, eigensinnig, betrügerisch, böswillig, faul, verzagt und säumig ist, nennt man wegen seines Handelns **träge** = **tamastisch**.

Jene Vernunft im Menschen, welche weiß, was zu tun ist und was nicht zu tun ist, was zu befürchten und was nicht zu befürchten ist, was Handeln und was Nicht-Handeln ist, was bindet und was nicht bindet, nennt man **gut** = **sattvisch**.

Jene Vernunft im Menschen, durch welche das Recht und das Unrecht, was zu tun und was nicht zu tun ist, in falscher Weise sieht, nennt man **leidenschaftlich** = **rajastisch**.

Jene Vernunft im Menschen, welche in Dunkelheit gehüllt das Unrechte für das Rechte hält und alle Dinge verkehrt, der Wahrheit entgegengesetzt sieht, nennt man **töricht** = **tamastisch**!"

Bhagavad Gita

Das Rajas-Guna und das Tamas-Guna erzeugen immer wieder Leid und Probleme beim Menschen. Je mehr der Mensch lernt, welche Eigenschaften zu welchem Guna gehören, desto mehr kann er sie mit seinem Intellekt erkennen und umwandeln.

Wer die Trägheit = Nicht-erkennen-wollen, Angst und Müdigkeit zulässt, wird vom *Tamas-Guna* beherrscht und mit den Problemen konfrontiert, welche das Tamas als bindende Eigenschaft mit sich führt.

Wer seine Ur-Natur = den Atman = seine Göttlichkeit vergessen hat, wird vom *Rajas-Guna* beherrscht und es werden mit der Zeit animalische und dämonische Züge zum Vorschein kommen, welche das Rajas als bindende Eigenschaften mit sich führt.

„Die Dauer und die Intensität von *Ärger und Zorn* im Menschen lassen sich *in vier Arten* einteilen:
Die Menschen, deren Ärger sehr kurzlebig ist und im Moment seines Entstehens wieder verschwindet, sind von *sattvischer* Lebensart.
Die Menschen, deren Ärger für ein paar Minuten bleibt, bevor er vergeht oder deren Ärger den ganzen Tag anhält, sind von *rajastischer* Lebensart.
Die Menschen, deren Ärger ein ganzes Leben anhält, gehören der niedrigsten Kategorie an und sind von *tamastischer* Lebensart.

Der Lehrer der Bhagavad Gita beschreibt die vier Arten mit folgenden Bildern:
Der Zorn von guten Menschen ist wie eine Schrift auf dem Wasser – sie besitzt nicht die geringste Beständigkeit.
Der Zorn eines Menschen der zweiten Art ist wie eine Schrift im Sand – sie wird bald wieder gelöscht.

Der Zorn eines Menschen der dritten Art ist wie eine Schrift auf einem Stein – es dauert lange, bis sie ausgewaschen wird.

Der Zorn eines Menschen der vierten Art ist wie eine Gravur auf einer Stahlplatte – sie wird nie verschwinden, es sei denn, man schmilzt die Platte ein und formt sie neu!"
Bhagavad Gita von Sri Sathya Sai Baba

Die Guna-Lehre ist ebenso ein weites Feld, das wir lange, ausführlich, sorgsam und immer wieder studieren müssen, wie die Karma-Lehre. Ich beabsichtige, mit diesem Kapitel die Aufmerksamkeit der Menschen zu erwecken, die wirklich wissen möchten, woraus sich die Zusammenhänge von Schicksalen bilden. Nicht nur der Mensch ist mit den drei Gunas = Eigenschaften verbunden, sondern sie sind die Grundeigenschaften aller Objekte dieser Erscheinungswelt = Prakriti. Die Gunas und die morphogenetischen Felder sind für uns deshalb wichtige Speicher von Schwingungen, die wir mit Achtsamkeit bedenken müssen, weil sie positive oder negative Schicksale, Charaktere und Welt-Geschehnisse – in Verbindung mit den Kausal- und Evolutionsgesetzen – bewirken. Sobald die Erkenntnis zu diesen Weisheiten im Menschen aufgewacht ist, wird er weiter auf die Suche gehen, um immer mehr darüber zu erfahren, um immer mehr zum spirituellen Wissen zu gelangen. Das Gesetz der Evolution ist für den Fortschritt von Körperformen und für die geistige Entfaltung des Bewusstwerdens verantwortlich. *Geistiger Fortschritt* bedeutet nicht nur intellektuelle Gelehrsamkeit, sondern er bedeutet rechtes Handeln, gutes Benehmen, moralisches Verhalten und nach den Naturgesetzen zu leben.

Das Leben im Körper muss so gelebt werden, dass sich die Tugenden = Sattva-Guna entfalten können, denn es ist ein stetiger Marsch zum Ziel, der Erlösung entgegen. Das Leben im Körper ist weder eine nutzlose Gefängniszeit, noch ist diese Welt ein Strafplanet, aber es ist auch kein geselliges Picknick, wo nur die Lust sich ausleben kann. Das Leben im Körper ist eine Gelegenheit, die Wahrheit zu erkennen – warum lebe ich –

und Geduld und Bescheidenheit zu trainieren und uns die Natur der drei Gunas dienstbar machen zu können. Wir müssen der Natur nicht untertan sein und uns von ihr beherrschen lassen, sondern wir müssen das Unterscheidungsvermögen einsetzen und dazu benutzen, zuerst die Situation zu erfassen und dann gemäß der kosmischen Gesetze zu handeln. Wenn wir so mit Liebe und Weisheit die spirituellen Übungen einsetzen, entfaltet sich das Göttliche im Menschen und überwindet langsam die Hindernisse sowie die drei Gunas, die immer noch bindend in unser Leben eingreifen. Der einzige Weg zur Unsterblichkeit ist, ein moralisches Verhalten zu leben, um das Böse im Geist des Menschen aufzulösen. Dann kann sich die Liebe zu Gott wieder entfalten und ausdehnen.

„Es ist die Bestimmung des Menschen,
sich von den tierischen Ebenen zu befreien
und seine natürliche Menschlichkeit auf
die göttliche Ebene zu erheben!"
        Sri Sathya Sai Baba

Sri Nisargadatta lehrt, dass das Sattva-Guna, die Energie, die für Rechtschaffenheit und eine gesunde Entwicklung arbeitet, nicht vereitelt werden darf. Wird sie behindert, wendet sie sich gegen sich selbst und wirkt zerstörend! Das bedeutet: Wäre der Mensch rechtschaffend und friedliebend, gäbe es keine Kriege, Krankheiten, Armut und so gewaltige Naturkatastrophen, wie wir sie jetzt erleben. Der unwissende Mensch glaubt immer noch, dass er nichts machen kann und den Geschehnissen ausgeliedert ist.

Karma und Reinkarnation

Über Karma wird viel gesprochen und es ist ein Thema geworden, das die ganze westliche Welt beschäftigt. Die Wörter *Karma und Reinkarnation* werden wie oft, wenn etwas Neues auf den Menschen zukommt, zuerst einmal missbraucht und missverstanden, was dann Probleme zeitigt.

„Ein jedes Problem durchläuft bis
zu seiner Anerkennung drei Stufen:
1. wird es lächerlich gemacht,
2. wird es bekämpft,
3. gilt es als selbstverständlich!"
Schopenhauer

Wenn wir den gesunden Menschenverstand anwenden, führt das schneller zur Erkenntnis der Wahrheit als blinder Glaube. *Die Lehre der Reinkarnation* ist die Lehre, die in der Lage ist, unser logisches Denken zu befriedigen, da sie Glück und Unglück, Fähigkeiten und Unfähigkeiten eines Menschen erklären kann. Sie vermittelt statt billigen Trostes klare Erkenntnisse, wo es keine Ungerechtigkeiten im Schicksal mehr gibt und Furcht in Ruhe umgewandelt werden kann. Einige Menschen sind der Meinung, das Gesetz des Karma und der Reinkarnation in wenigen Sätzen und Aussagen verstanden zu haben. Dabei bedarf es eines langen Studiums, um es in sei**ner** *ganzen Wahrheit und Gerechtigkeit zu begreifen.* Für diejenigen, die sich noch nicht so intensiv mit diesen Begriffen vertraut gemacht haben, möchte ich erklären, was sie bedeuten.

Sanskrit ist eine altindische Schriftsprache. In sie eingebettet ist die Grundlage aller Sprachen der Welt.

Karma, sanskrit = steht für Tat, Handlung und Aktivität, für eine geistige und körperliche Handlung und deren Konsequenz, die Summe allen Tuns eines Individuums in diesem oder einem anderen Leben. Es ist die **Kette von Ursache und Wirkung in der moralischen Welt.** Die Früchte des Karma werden in Form von Freud und Leid geerntet.

Reinkarnation, lat. = die Wiederverkörperung der Seele in einem anderen Körper. Kommt ein Wesen freiwillig – aus hohen spirituellen Ebenen – um zu helfen in diese Welt, nennen wir es entweder Avatar, Gottes Sohn und Heiliger, *es inkarniert.* Menschen, die kommen müssen, weil ihr Ziel im Sinn des Lebens noch nicht erreicht ist, sie *reinkarnieren.*

Samsara, sanskrit = Reinkarnation, der endlose Kreislauf von Geburt und Tod, solange *der Mensch im Nichtwissen lebt und seine Identität mit Gott noch nicht erkannt hat.* Es bedeutet außerdem noch den Vorgang des Lebens, der sich in Zeit und Raum verändert und wendet.

Das Thema Wiedergeburt beginnt den westlichen Menschen immer mehr zu interessieren und ist auch nicht mehr aufzuhalten oder rückgängig zu machen. Es gilt als schick, über den Sinn des Lebens nachzudenken. Das Fernsehen hat es inzwischen ebenso aufgegriffen und bringt immer mehr Diskussionssendungen zu diesem Thema und auch in Film- und Fernsehspielen ist es kein Fremdwort mehr.

Schon seit Menschengedenken und in vielen Kulturen haben sich Menschen für die Wiedergeburtslehre interessiert und sich dafür stark gemacht, zum Beispiel Friedrich der Große, Plato, Pythagoras, Lessing, Goethe, Schiller, Gerhart Hauptmann, Zarathustra und von unseren Oberhäuptern der Kirche *der Presbyter Origenes* und viele andere mehr. Es lassen sich noch Spuren der Reinkarnationslehre in der ganzen Zeit der Renaissance im Denken nachweisen. Reinkarnation ist keine Sache des Glaubens, sondern *eine Frage philosophischer Erkenntnisfähigkeit.* **Origenes** schrieb im 3. Jahrhundert nach Jesus: „Jede Seele kommt gestärkt durch Siege oder geschwächt durch die Niederlagen aus vergangenen Leben in diese Welt!"

Innerhalb der Naturwissenschaft lässt sich kein Bereich entdecken, in dem man aufzeigen könnte, daß die Natur Prozesse kennt, *die schlagartig im Nichts enden. Alles hat seine Ordnung.* Sie behauptet, dass es in den ganzen Naturgesetzen *keinen Zufall* gibt. Alles ist auf *dem Kausalgesetz von Ursache und Wirkung* aufgebaut, ebenso die Karma-Gesetze. Alles muß im Sinne der Schöpfung in *der höchsten Seins-Energie* wieder ankommen, dual gesehen. Da der Mensch mit seinen Gedanken und Handlungen auf das kosmische Geschehen einwirken kann, ist er – nach dem gleichen Prinzip – für seine positiven und negativen Lebensabläufe in den meisten Fällen selbst verantwortlich und wirkt mitgestaltend.

Vielleicht denken Sie, Karma und Reinkarnation ist *nur östliches Gedankengut* und für uns Christen nicht akzeptabel oder gar eine Gotteslästerung, so zitiere ich *Paulus*, der sagte: „Was der Mensch sät, das wird er ernten." Was unsere *Bibel*, grch. = Heilige Schrift betrifft, ist bekannt, daß auf Konzilen ihre biblischen Inhalte immer mehr den Wünschen der damals Regierenden angepasst wurden, weil sie einen starken Einfluss auf die Kirche hatten. Damalige Kaiser wurden oft zum Papst erhoben oder sie setzten den Papst unter Druck, um ihre eigenen Interessen zu verwirklichen. Hierfür gibt es ein gravierendes Beispiel, nämlich dass die wichtige Lehre der Reinkarnation *im Jahre 553 beim Konzil zu Konstantinopel* aus den christlichen Bekenntnissen *gestrichen wurde.* Es war das ausdrückliche Verlangen von *Kaiser Justinian I.* aus rein politischen Gründen, um einen Bürgerkrieg, der sich in den *Laura-Klöstern* anbahnte, zu verhindern. Die Unterschriften dafür wurden von den damaligen Kirchenvätern erzwungen unter der Androhung, dass sie bei Zuwiderhandeln ihre Positionen verlieren würden.

Hier begann die Lehre des einmaligen Lebens und die Lehre, dass wir tot sind bis zum jüngsten Gericht. Somit ging der Sinn des Lebens immer mehr verloren. Mit dem Glauben an ein einmaliges Leben hat der Mensch sich zu seinem Nachteil verändert. Er will jetzt nach Möglichkeit alle seine Wünsche befriedigen, da ja nach dem Tode alles vorbei ist. Es fördert die Ungeduld und jedes negative Schicksal wird dadurch noch verstärkt, weil wir uns in einem Endgültigkeitsgedanken – *ich lebe nur einmal* – befinden. Geben wir uns doch etwas Zeit! Was wir in diesem Leben nicht erreichen, können wir im nächsten Leben bekommen.

Jahn und Dunne haben herausgefunden, daß Menschen allein durch geistige Konzentration imstande sind, die Funktionsweise bestimmter Maschinen zu beeinflussen. Das hat mit Übersinnlichem nichts zu tun, sondern mit der Gesetzmäßigkeit von Schwingungen, die der Mensch mittels seiner Gedankenkonzentration anwenden kann und die wir jetzt erst so langsam entdecken.

Nach der jenseitigen Zeitberechnung leben wir hier auf Erden **nur drei Tage.** *Hundert Jahre hier sind drei Tage im unmittelbaren Jenseits.* Was machen wir uns verrückt? Dieses Wissen entspannt und wir hören auf, uns in Dinge hineinzusteigern. *Wenn wir auf das Jüngste Gericht warten müssten,* würde das sich nicht mit dem Gott vereinen, **der im Jetzt lebt** und der keine Zukunft und Vergangenheit kennt. Wir sterben im *Jetzt* und *jetzt* wird uns bewusst was *ist*. Wir erleben nach dem Tod *in den Bardo-Bereichen* = Übergangs-Welten das sogenannte vergangene Leben im Zeitraffer, wo wir alles zu gleicher Zeit empfinden und wahrnehmen und in einem neutralen Zustand sind, so dass wir die Wahrheit erkennen können zu allen unseren Gedanken und Taten. Danach werden wir in die jeweilige individuelle Jenseitswelt eingehen, um je nach Karma-Handlung in Freud oder Leid zu leben, bis ein neuer

Wechsel ansteht. Bei Gott gibt es keine Wartezeit auf das Jüngste Gericht, das wäre Stagnation. In allen heiligen Schriften werden wir darauf hingewiesen, *im Jetzt zu leben.* Das gleiche Prinzip hat auch in allen anderen Welten = Bereichen = Lokas, sanskrit Gültigkeit.

Die Geschichte lehrt, daß die Ur-Weisheitslehren = Veden aus Indien kommen. Aus diesen Lehren ging **der Hinduismus hervor und die Bhagavad Gita.** Sie ist ein einzigartiges Kleinod und das Evangelium der Hinduisten. 800 Jahre vor Jesus ist *die Upanishad* = spätere Teile der Veden, niedergeschrieben worden. Es ist ein Sanskritwort und bedeutet, zu Füßen des Guru zu sitzen und die vertraute geheime Lehre zu empfangen. 560 Jahre vor Jesus entstand der **Buddhismus,** der aus dem Hinduismus hervorging. **Buddha** wird von den Hindus als **hinduistischer Avatar** angesehen. Hinduistische Lehrer = Gurus zogen immer mehr gen Westen und es entstanden die drei jüngsten Konfessionsnamen: **Das Judentum, das Christentum und der Islam.** In den östlichen Ländern verbreitete sich hauptsächlich der Buddhismus. Auch wenn es noch so viele Glaubensrichtungen gibt, so dürfen wir dabei nicht vergessen, daß es *nur einen Gott = ein Prinzip* gibt. Gott ist Gerechtigkeit und Wahrheit, unendliche Liebe und Glückseligkeit und in der Schöpfung Gesetz. Er ist ohne Anfang und Ende, ohne Zeit und Raum. *Er ist das ewige Jetzt.* Wenn Gott unendlich ist, gibt es auch eine unendliche Schöpfung und für den Menschen eine unendliche Möglichkeit, sich selbst **als Ur-Sein** *zu* erkennen. Dies ist in einem einmaligen Leben nicht möglich. Ich wünschte mir, dass **alle Religionsoberhäupter der Welt** sich an einem runden Tisch treffen mögen, um sich auf die Lehre der Liebe zu einigen und auf Lehreinstellungen, die sich gegenseitig unterstützen und vereinen. *Gott kann nicht so oder so ausgelegt werden,* **weil Er das absolute Prinzip ist.** In dieser Göttlichen Ordnung herrscht

Gerechtigkeit. Das, was wir Naturgesetze nennen, ist das Göttliche Prinzip. Naturkräfte sind nichts anderes als ein Ausdruck Seiner Göttlichkeit. Ein Naturgesetz ist, dass sich jeder Gedanke zu verwirklichen versucht. **Denken ist Erschaffen.** Wir Menschen und *alles* in der Schöpfung sind geistig miteinander verbunden. Das ist nur möglich, weil *in jedem Atom* — und alles besteht aus Atomen — *die* **Allwissenheit** vorhanden ist. Ohne diese Allwissenheit gäbe es keine Entwicklung, sie bleibt trotz scheinbarer Vielfalt immer eine Einheit, deshalb ist sie ja allwissend. *Die Allwissenheit ist Gott.* **Einstein** nannte es den höheren Weltengeist.

Könnten wir noch im Göttlichen Einheitsbewusstsein denken, gäbe es kein negatives Karma. Durch Unwissenheit und gedankliche Entfernung *von* **Gott**, der Ursubstanz, beginnen wir, den Harmoniestrom zu unterbrechen. Die Kausalität beginnt, wenn wir Begrenzungen unterliegen. Ich sage ausdrücklich *von* und nicht *aus* der Ursubstanz. Da alles Gott ist, auch die Schöpfung mit allen Namen und Formen, sichtbaren und unsichtbaren, gibt es kein ausserhalb von Gott, nur ein gedankliches Entfernen *von Ihm – durch Nichtwissen.*

Der geistig erwachte Mensch erkennt, daß er für seine Entwicklung etwas tun muss und dass hauptsächlich er selbst *der Gestalter seines Schicksals ist.* Seine Worte, Gedanken und Taten sind die Fäden zu dem Netz, das er selbst *in Kleinstarbeit knüpft.* Daraus entsteht positives oder negatives Karma. Sobald wir diese Gedanken-Schwingungen, diese Kraft in Bewegung bringen, haben wir auch die Folgen zu tragen, in diesem oder in einem anderen Leben. *So will es das Gesetz des Karma.* Jeder ist seines eigenen Glückes Schmied. Würde dieses Ordnungsgesetz nicht bestehen, gäbe es keine Gerechtigkeit und den Bosheiten wären Tür und Tor geöffnet.

Karma wird oft **nur im Sinne einer Strafe gelehrt und löst somit nur den Teufel ab.** Es ist aber kein kleinliches

Gesetz der Strafe und der Abrechnung, sondern *ein Garant für die Gerechtigkeit und Wahrheit.* Hier haben Willkür oder Zufall keinen Platz mehr. Jedes negative Karma hat seine Ursache. Doch Ursachen gibt es viele und eine schnelle Beurteilung von Schicksalen ist meistens ein Vorurteil und Unwissenheit bezüglich der *vielen ursächlichen Möglichkeiten, die es gibt* in der Schöpfung.

„Je mehr Vorurteile und je unwissender
ein Mensch ist, je schneller und absoluter
ist er mit seinem Urteil!"

Stephan von Stepski

Berücksichtigen wir die Göttlichen Gesetze, so entfaltet und erwacht das Göttliche im Menschen. Wir sprechen dann von *Verwirklichung.* **Jesus** *lehrte, du musst deinen Feinden vergeben,* was jetzt einen tieferen Sinn bekommt. Warum wollen wir unsere Feinde hassen und ihnen Böses wünschen aus Rache? Lass los, die Karma-Gesetze holen ihn in aller Gerechtigkeit ein, ohne das eigene negative Dazutun. Das, was Rache will und leiden lässt, ist nur das Ego = der Geist, die Individualität = drei Wörter für ein und dieselbe Energie, diese Gedanken sind in diesem Moment schlechte Ratgeber. Also lass los, senden wir Frieden und Liebe. Eine wichtige Aufgabe in diesem Leben ist, den Widersachern zu vergeben, damit wir uns nicht in einem anderen Leben wieder mit ihnen verbinden müssen und die negativen Spielchen von Neuem beginnen können, nur ein bisschen intensiver als zuvor. Was wir hier loslassen können, *in Liebe und ehrlichen Herzens,* ist für die zukünftigen Leben gelöst, darum müssen wir unseren Feinden vergeben. Das ist Schwerstarbeit, ich weiß. Wollen Sie von der gleichen Person in einem anderen Leben noch einmal auf dieser Welt geschädigt werden? Wenn nicht, dann üben Sie Vergebung, bis die

Vergebung herzensrein geworden ist, das heißt so lange, bis Sie gerne vergeben und es nicht mehr mit Widerwillen tun. Da auf dieser Welt die bessere Möglichkeit dafür besteht, müssen wir für dieses Leben dankbar sein. Hass und Verhaftung bringen uns ganz bestimmt nicht in Himmlische Welten. Wenn wir hier auf dieser Welt verzeihen und umdenken können, werden wir manches Unrecht wieder in Ordnung bringen und es nicht in ein anderes Leben mitnehmen müssen. Im Jenseits ist das nicht mehr möglich. Wir können dort unsere Fehler bereuen, aber sie nicht wieder gutmachen. *Verzeihen ist Stärke. Nachtragen ist Schwäche.*

Wer aus den Lehren der Erkenntnis = Jnana-Yoga noch nicht lernen kann oder will, wird über die Erfahrung zum Wissen geführt werden. Diese Entwicklung geht über viele Reinkarnationen und ist *der längste Weg* in die Einheit. So wie die Planeten um die Sonne kreisen, hat jedes Wesen seinen Daseinskreis, in dem es seit tausenden von Jahren immer wieder auf dieselben Menschen trifft.

„Wie an dem Tag, der dich gebar, die Sonne
stand zum Gruße der Planeten, so musst du
fort und fort gedeihen, nach dem Gesetz,
nach dem du angetreten!"
Johann Wolfgang von Goethe
(hat er aus der Bhagavad Gita)

Inkarnierte Heilige versuchen immer wieder, mit ihren Lehren uns Leid zu ersparen, indem sie uns vermitteln, wie wir uns verhalten, was wir dürfen und was wir besser lassen müssen. Sie sind daran interessiert, daß unsere Reinkarnationen abnehmen oder ganz aufhören. Je selbstsüchtiger ein Mensch jedoch ist, desto unrealistischer lebt er *im Sinne des Lebens*. Was ihm fehlt, sind Willensstärke und Charakterfestigkeit. Beides benötigt dann noch die Unterscheidungsfähigkeit, die feststellen kann, was falsch und was richtig ist. Der nächste Schritt ist, das eigene Fehlverhalten zuzugeben und nicht seine Mitmenschen dafür verantwortlich zu machen.

Es gibt Rechtfertigungen von Menschen, die behaupten, dass sie ihre Fehlverhalten und diese Untugenden und Ego-Auswüchse nur leben, weil es das Karma des anderen erfordert. Das ist die dümmste und *unwissendste Karma-Auslegung,* die ich je gehört habe. Es mag Menschen geben, die ein schweres Karma mitbringen, aber *derjenige,* der das mitgebrachte Karma dieser Menschen ausführt und möglich macht, dass es sich auswirken kann, ist auch nicht besser. Im Gegenteil, er wird, wenn er das schwere Karma noch unterstützt, nicht geheiligt werden, sondern sein Verhalten wird zu seinem eigenen negativen Karma. **In der Bibel** steht geschrieben: „Jerusalem muss fallen, aber wehe dem, der dies vollbringt."

Der spirituell erwachte Mensch ist für jede Hilfe und jeden Hinweis dankbar, die ihm sein Nichtwissen bewusst machen, um eine Veränderung bei sich selbst einleiten zu können. Doch es ist immer angenehm für den Nichtwissenden, wenn sein Fehlverhalten ihm in Liebe bewusst gemacht oder in homöopatischen Dosen verabreicht wird.

Wie ist Karma abzubauen?
* Stelle Gott an die erste Stelle in deinem Leben.
* Fang an, für Gott zu leben und tätig zu werden.
* Erkenne Gott in Seiner Gerechtigkeit, Wahrheit.
   und Einheit als dein Wahres Selbst, den Atman.
* Respektiere Seine Gesetze und versuche, sie einzuhalten. * Bete für deine Feinde.
* Liebe und diene deinem **Nächsten.** Wir brauchen ihn nicht in der Ferne zu suchen.
* Strebe nach der bindungslosen Liebe und nach Weisheit
* Opfere das Ego, die Individualität.
* Achte die Schöpfung mit allen in ihr lebenden Wesen.

* Halte die Zehn Gebote ein.

Ältere Menschen sind der Meinung, für sich und die Welt nichts mehr tun zu müssen. Das ist jedoch abhängig von der Schnelligkeit ihrer Wiedergeburt, sie kommen vielleicht in die gleichen miserablen Weltzustände wieder zurück. Solange wir leben, sind wir zur Mitarbeit und Erhaltung der Welt verpflichtet. Die größte Mißachtung, die wir leben können, ist mangelnde Liebe zu allem, was ist und das Nichtrespektieren der Naturgesetze. Zu ihren Auswirkungen ein paar Beispiele:

Theosophische Forscher, die vergangene Leben vieler Menschen prüften, welche an denselben Krankheiten litten, entdeckten, dass gewisse Fehlverhalten etwas Gemeinsames hatten, so dass sie die Krankheiten **nach Karmatypen** einteilten. Sie entdeckten die Beziehung zwischen Bewusstheitsaspekten und Körperteilen:

Halserkrankungen	haben Stolz hinter sich.
Schulterbeschwerden	zeigen mangelnden Sinn für Verantwortlichkeit.
Kniebeschwerden	ist eine frühere Tendenz, sich an Urteile anderer anzulehnen.
Erkrankung des Kehlkopfes und der Sexualorgane	bedeuten Missbrauch der Geschlechtsfunktionen.
Gehirn- und Rückgraderkrankungen	zeigen Missbrauch von schwarzer Magie und der Kundalini, Grausamkeit, Hochmut und Machtgier.
Starke Begierden nach Vergnügungen und Gütern	verstärkt die Anfälligkeit aller Art von Krankheiten durch die übersteigerte Konzentration auf das Körper-Dasein.
Chronische Krankheiten	sind meistens karmisch.

Es wäre jetzt jedoch falsch, all diesen Krankheiten nur karmische Ursachen zuzuschreiben. Ein emotionaler Mensch begeht Fehler im Jetzt, hier und heute, die bei langjähriger Anwendung derselben, genug körperliche Nachteile entstehen lassen können. *In keiner Emotion liegt Vernunft oder Ordnung.* Weise Männer und Frauen aller Zeiten lehren, die Disziplin zur Beherrschung von Gedanken und Gefühlen einzusetzen. Übungen führen zu Gewöhnungen. Was uns zur Gewohnheit wird, ist uns selbstverständlich und vertraut, es fällt leicht. Sich diszipliniert verhalten zu können ist *Training = Gewöhnung.* Emotionales Verhalten ist auch *Gewöhnung = Training.* Das müssen wir uns einmal bewusst machen.

Wenn wir krank werden, sind unsere Schwingungen im Körper verstimmt. **Christus** konnte diese Schwingungen im Körper wieder in Ordnung bringen und der Mensch wurde gesund. Passiert uns so etwas, nennen wir das *geistige Heilung.* **Jesus** sagte danach: „Gehe hinfort und sündige nicht mehr, auf dass dir nichts Schlimmeres widerfährt," das heißt verhalte dich nicht wieder falsch zu den Naturgesetzen.

Jedes Organ hat seine ganz bestimmte charakteristische Speicherung und Schwingung, das es erhält und ständig in ihm wirkt. Ändern wir diese Schwingung – durch falsches Denken und Handeln –, kann das betreffende Organ krank werden. Jede Lüge bildet Schwingungen und dunkle Schatten wie Rauch, der übel riecht. Der Volksmund sagt mit Recht: *Diese Lüge stinkt,* wir haben in der Zwischenzeit nur verlernt, es zu riechen.

Wir lernen so viel, doch wie die *Karma- und Schwingungsgesetze* sich für den Menschen auswirken und **welche Konsequenzen sie einleiten,** darin sind wir noch sehr ungebildet. *Karma = Handlungs- und Schwingungsgesetze = Kausal-gesetze,* sie zu lehren muss mit äusserster Vorsicht und Genauigkeit geschehen. Der Lernende braucht Geduld und Erfahrung, bis er die Gesetze für *seine Individualität* verstanden hat und sie dann im täglichen Leben berücksichtigen kann. Wenn andere Personen gegen die Gesetze verstoßen oder sie nicht anwenden, bemerken wir das sofort, doch *für den eigenen Mangel an Anwendung sind wir blind.* **Um** genau diese Blindheit in Bezug auf sich selbst abzubauen, bedarf es der Ausdauer und des Übens. Doch zuvor muss *die Einsicht in die Notwendigkeit im menschlichen Geist* wieder vorhanden sein, damit eine höhere Gradentwicklung in Richtung Intelligenz angegangen werden kann. im menschlichen Geist.

Jesus,, *Wer Augen hat, der sehe; wer Ohren hat, der höre!"*

Wir leben auf der Welt mit allerlei Gesetzen, die uns vertraut sind und von denen wir wissen, daß sie eingehalten werden müssen, zum Beispiel: Straßengesetze, Strafgesetze, Steuergesetze, Umweltgesetze, politische Gesetze usw. Wir müssen diese Gesetze studieren und wir wissen, dass wir bei Zuwiderhandlung die Folgen zu tragen haben. Wer sich nicht um Wissen zu diesen Gesetzen bemüht, wird hören müssen: Es tut mir leid, *aber Unwissenheit schützt vor Strafe nicht.* Wenn wir einen Beruf erlernen oder den Führerschein machen wollen, werden wir in der Praxis und in den dazugehörenden Gesetzen unterrichtet. *Doch die Karma-Gesetze, die unsere Schicksale bilden, die lassen wir unbeachtet.* Wir überlassen die Naturgesetze den Wissenschaftlern und sind nur soweit an ihnen interessiert, wie wir sie technisch nutzen können. Wir sind anscheinend immer noch der Meinung, dass sie mit uns, *dem Menschen,* nichts zu tun haben.

> „Es ist Zeit, dass wir anfangen, uns der metaphysischen Fragen bewusst zu werden, die hinter den Naturgesetzen stecken!"

Walter Heitler, Physiker

Betrachten wir einmal genauer diese vernachlässigten Gesetze. *Karma = Handlung muss sein in der Kausalität.* Gedanken und Handlungen ergeben Schwingungen, die sich nach dem Gesetz der Kausalität in unserem Leben als Schicksal auswirken. *Was sind alles Handlungen = Karma?* Gedanken, Gefühle, Einstellungen, Meinungen, Kritik, Träume, Worte, Essen, Trinken, Atmen und Taten. Die Wärme des Blutes, die Verdauung, das Ausscheiden, das autonome Verhalten der gesamten Organe ist Karma. Ohne Essen keine Energiezufuhr und wir würden in diesem Zeitalter sterben. Da alles auf Karma aufgebaut ist, ist es von großer Wichtigkeit – und es bedarf der Unterscheidungsfähigkeit –, welche Energien wir aussenden.

Es ist uns freigestellt, *gute, böse oder neutrale Gedanken-Energien-Schwingungen* entstehen zu lassen und auszusenden. Innerhalb einer gesetzten Begrenzung können wir mit unseren Gedanken in der kausalen Weltordnung mitwirken und sie sogar beeinflussen. Was wir aus einer genialen, liebenden, fürsorglichen und nach Ordnung ausgerichteten Schöpfung – die an alles Schöne und Freudvolle gedacht hat – gemacht haben, wird uns ganz besonders in diesem Zeitalter des Kali gezeigt und bewusst. So wie wir unser eigenes Leben in leidvolle Schicksale lenken, haben wir den Planeten Erde in eine freudlose Phase für Mensch, Tier und Pflanzen gesteuert. Es ist unser Glück, daß wir nur mit einer begrenzten Willens- und Wahlfreiheit ausgestattet sind.

Wer seine Sinne mit dem Intellekt zügelt, tut ein edles Werk an sich selbst und findet so zum Wissen und zur Weisheit. *Weisheit* hat etwas mit *Einheit* zu tun. In jedem Herzen ist die Göttliche Liebe vorhanden und wenn Herz und Kopf = Geist eine Einheit bilden, entsteht Weisheit. Denken und leben wir oft in sinnlichen Genüssen, so hängen wir mit der Zeit auch unser

Herz daran. Dadurch entstehen Begierden, die dann die Leidenschaft und die Verblendung mit sich führt. **Die Leidenschaft löscht das Empfinden der Wahrheit** und die Erinnerung *an reines Glück und Frieden aus.* Sie löscht auch das Wissen zu den vergangenen Leben aus. Wenn diese inneren Gefühle verstummen, hört der Wille auf, Gutes zu tun. Das Menschsein geht langsam zugrunde, was wir dann **geistigen und sittlichen Verfall** nennen. Hat der Mensch erst einmal seinen Geist gezügelt, müssen die Sinne und ihre beherrschenden Kräfte abnehmen. *Jesus* sagte: „Folge mir nach und laß die Toten ihre Toten begraben." ***Tot sein heißt,*** den Sinn des Lebens nicht mehr in der Wahrheit zu erfassen, an die Sinne gebunden und versklavt zu sein. Dies ist wiederum die Hauptursache der Wiedergeburt, das Rad dreht und dreht sich.

Wer sich der Sinne erfreut, doch sie auch beherrscht, dessen Geist ist heiter. Heiteres Gemüt verscheucht das Unglück. Ein Geist, der froh, ruhig und überlegt ist, wird klar und erstarkt. Wer nicht seine Gedanken und seine Kraft mit Gott vereint, wird schwer zur Weisheit finden. Ohne Weisheit und Liebe in der eigenen Individualität werden die ausgesandten Gedankenenergien oft zum Schaden der Menschheit und zum Schaden der Welt. Wer die Gesetze nicht respektiert, hat auf Dauer keinen inneren Frieden. Für den Friedlosen ist das Leben schwer – zugegeben.

Über das Gehörte nachzudenken, das zu schulen, was bewusst geworden ist und es ins tägliche Leben einzubringen, führt zu einem Leben, das lebenswert ist. So stimmen wir mit dem Göttlichen Willen überein und auf unseren Handlungen = Karma liegt Segnung. So dienen wir der Umwelt, der Schöpfung und *uns selbst*. Wenn wir schon in einer Körperform leben müssen, müssen wir das Beste daraus machen.

Ich muss gestehen, das Wort *dienen* war für mich lange Zeit etwas Minderwertiges. Dienen hieß für mich, ausgenutzt zu werden und zu nichts fähig zu sein. Heute hat das Wort eine ganz andere Bedeutung bekommen. Ich kann es aus einer anderen Einstellung und aus einer neuen Erkenntnis heraus betrachten und empfinden. *Dienen im Sinne Göttlicher Unter-weisung* ist schön und erhaben, ist selbstloses Verhalten und fördert zunächst einmal die guten Eigenschaften = Sattva-Guna, sofern es eben ohne Eitelkeit geschieht.

„Tue deine Pflicht, nach dem Erfolg des Handelns frage nicht!"

Immanuel Kant

Die Genialität eines Menschen liegt darin, den Geist ruhig zu halten, **neutral zu bleiben,** nicht in *Absicht oder Erwartung zu* denken und zu handeln. Die Gedanken und Wünsche müssen nach kosmischen Ordnungsgesetzen analysiert und ausgerichtet werden. So kann Harmonie für alle und zu Allem entstehen und erhalten bleiben. **Neutrale Gedanken sind Energien, die zu keinem polaren Karma führen.** Sie bringen das Gesetz von Ursache und Wirkung nicht in Gang. Da dies aber fast keinem Menschen ohne Übung gelingt, ist es nur zu seinem Vorteil, darüber nachzudenken, welche Energien er soeben *zum Verwirklichen freigegeben hat*. Da eine Korrektur in der **dynamischen Ordnung** innerhalb der Naturgesetze möglich ist, ist es allzu logisch, die Gedanken und Gefühle zu überwachen und sie liebevoll zu lenken, ihnen nach ganz bestimmten Prinzipien – im Sinne der Schöpfung – die Richtung zu weisen und nicht mehr nach den eigenen Launen vorzugehen; sich nicht mehr den Emotionen, den Denkmustern, den Ansichten der Welt und den Meinungen anderer Personen zu beugen.

„Handeln bedeutet an sich keine Verhaftung = Bindung. Gebundensein entsteht erst aus der falschen Anschauung!"

Sri Ramana Maharshi

Zu dem, was der Mensch vollbringen will, muss der Wille vorhanden sein, doch *die Absicht,* dass er der Handelnde ist, muss fallen gelassen werden. Wenn wir denken: Ich bin der Handelnde oder ich bin gebunden an eine Sache oder Person, dann entsteht erst eine Bindung = Verhaftung. Es gibt immer wieder Menschen, *die eine Ehe als Bindung auslegen* oder erst gar nicht heiraten wollen. Das ist wahrlich eine falsche Auslegung und es ist eine Bindung an die Unwahrheit. Mit dieser falschen Einstellung lässt sich sehr gut *der eigene Mangel an Treue rechtfertigen.* Der menschliche Intellekt ist sehr schlau.

Ein sorglos dahingesprochenes Wort kann in einem Leben für sich und andere sehr viel Unheil anrichten und negatives Karma bilden. Worte führen oftmals zu Missverständnissen und Beleidigungen, sie können zu Neurosen und Depressionen führen. Ist ein Wort erst ausgesprochen, steht es zunächst in der Atmosphäre, kann aber durch echte Reue wieder umgewandelt werden. Derjenige aber, welcher die Worte ausgesprochen hat, ist jetzt von der Einstellung und deren Verarbeitung seines Gegenüber, das heißt an den die Worte gerichtet waren, *abhängig geworden.* Er hat eine Energie-Verbindung hergestellt, die ihm eventuell viele Leben zu schaffen machen könnte. So entsteht Karma für beide Teile. *Worte können tiefe Wunden im Herzen* eines Menschen entstehen lassen und ein Leben lang schmerzhaft wirken. Wir können einen Menschen nicht nur mit einem Gewehr erschießen, sondern wir können ihn auch *mit Worten töten.* Obwohl wir körperlich noch am Leben sind, fühlen wir uns wie tot oder wie hinterrücks erstochen. *Joel Goldsmith* sagte, „dass Worte so verletzend sein können, dass wir ein ganzes Leben lang dazu benötigen, um sie zu verzeihen." Worte sind oft viel schwerer zu verzeihen als Handlungen, die wir von anderen Menschen erfahren müssten, zum Beispiel: Der Partner geht fremd – das ist eine Handlung – und er sagt dann zur Verteidigung: „Ich habe dich nicht aus Liebe geheiratet." Diese Worte sind schwerer zu verkraften als die Handlung selbst, fremdgegangen zu sein.

Hier setzt nun die Disziplinierung der Gedanken und Gefühle eines geistig ausgerichteten Menschen ein. Er denkt über seine Worte, die er aussprechen will – *vorher nach und nicht hinterher* –. Oft ist einfach *Schweigen Gold.* Empfängt ein spirituell ausgerichteter Mensch negative Worte, wird er versuchen, sie *sofort zu verzeihen* und sie umzuwandeln. Es ist durch ein längeres Training durchaus zu erreichen. So nehmen die Worte erst gar keinen Besitz vom eigenen Ego und gehen nicht in das eigene Energiefeld über. Er fühlt sich weder beleidigt noch angesprochen und es können keine karmischen Schwingungen für ihn selbst entstehen. *Negatives Karma gäbe es* also in diesem Falle nur für die Person, welche die Worte ausgesprochen hat, vorausgesetzt daß er selbst seine Worte nicht bereut und umwandelt. Denn diese Möglichkeit steht ihm ja auch zur Verfügung. *Karma ist zunächst einmal neutral.* Die Sinne lassen bewusst werden, die Intelligenz und der Geist untersuchen das Für und Wider, ob etwas karmabildend sein wird und wenn, welche Karma-Struktur es annehmen muss, das entscheiden die göttlichen Gesetze.

Der Mensch ist die Krönung der Schöpfung, solange er mit Weisheit in ihr lebt. Doch wir sind aus der Krönung herausgefallen in diesem genialen kosmischen Spiel. Jedoch das Prinzip = Gott will, dass sich alles *zur Vollkommenheit* **erkennend** erhebt. Jeder Mensch wird *so lange reinkarnieren, bis er dieses Ziel erreicht hat.* Es ist ein Gesetz, das erfüllt werden muss. Wir können es freiwillig oder gezwungenermaßen tun. Es ist schwer, in einer unvollkommenen Gesellschaft Vollkommenheit zu erreichen. Daher muss jeder zum allgemeinen Wohl für mehr spirituelles Wissen und dessen Anwendung sorgen.

Goethe sagt: „Bist du nicht willig, dann brauch' ich Gewalt!" – doch Gott ist nicht gewalttätig und bestraft niemanden. Es ist *die Natur,* die Gewalt ausüben kann durch das Gesetz von Ursache und Wirkung. **Wir sind Opfer unserer Unwissenheit.** Es ist ungefähr so, als wenn man eine Maschine kauft und sie benutzen muss, ohne ihre Betriebsanleitung gelesen zu haben, das geht nur manchmal gut. Hier kümmern wir uns um die Gesetzmäßigkeit der Maschine, um Schaden zu vermeiden. Wir sind durch das Gesetz der Evolution in der Form Mensch angekommen, *die jetzt noch mit Liebe und Weisheit angefüllt werden muss. So* wie jedes Samenkorn bis zur Frucht heranreift, *so reift der Geist in der Form Mensch* heran. Der Geist entfaltet sich von Form zu Form, das heißt von Geburt zu Geburt, immer mehr zum *wahrnehmenden Bewusstwerden* im Menschen, dann zur höheren Bewusstheit, zum erleuchteten Bewusstwerden bis hin zum absoluten Bewusstsein. Es entwickelt sich im Menschen weiter zum höheren Bewusstwerden, zum erleuchteten Bewusstwerden und zum absoluten Bewusstwerden. **Dieses Mensch-Sein ist Gott-Sein.** Es macht sich in seiner ganzen Vollkommenheit sichtbar als erfüllende, fühlbare Liebe. Diese Schwingungen können sich heilend auswirken auf Körper und Geist. Treffen wir auf solche Gott-Menschen, sprechen wir von Avataren oder Heiligen. Die Schöpfung mit all ihren verschiedenen Inhalten und Formen kommt aus dem Prinzip der Liebe, aus Gott und alles muß wieder in das Prinzip der Liebe zurück. *Das ist das Göttliche Spiel.*

Wenn eine Jiva-Seele = ein Individuum aus der Weisheit und der Liebe = Neutralität = Monismus, ausbricht, **kommt sie unter das Gesetz.** **Das** Gesetz des Karma und der Wiedergeburt bewirkt, dass dem Schöpfungsgesetz, dem Rückfließen in Gott = die Religio, Folge geleistet werden muss. Wir müssen wieder erkennen, was wir sind, um hinzugehen, wovon wir ausgegangen sind. Ich sage nicht herausgegangen sind, denn das gibt es nicht, alles findet in Gott statt. Bis dieses Ziel erreicht ist, sind wir auf der Reise des Wandels = Samsara. Alles unterliegt diesem Kreislauf, so wie der Regen herabfällt und als Wasserdampf wieder nach oben steigt usw. So wie die Welt *dem Kausalgesetz* unterstellt ist, unterliegt die sittliche und moralische Welt dem *Gesetz des Karma*. Die geistige Welt ist dem *Gesetz der Liebe* unterstellt.

Reinkarnation bedeutet nicht nur ein immer wieder, sondern auch *ein immer weiter.* Karma ist kein kleinliches Gesetz der Aufrechnung, sondern es zieht sich als *das große Entwicklungsgesetz* durch den ganzen Kosmos und führt so den Ausgleich der Kräfte herbei. *Es beabsichtigt die Vergeistigung aller Existenzen.* Und dieses Karma-Gesetz soll für *die Zelle Mensch im Kosmos* keine Gültigkeit haben? Das wäre die rühmliche Ausnahme. Karma ist weder eine Belohnung noch eine Strafe. Es ist Handlung, die alles zum Wachsen und zum Reifen bringt. Da der Mensch ein Teil der Schöpfung ist, ist er durch seine Materie = Atome an dieses Prinzip gebunden. Zum Beispiel bringt der Tod eines Sternes ein neues Sonnensystem hervor. Ein einmaliges Leben ist geradezu unlogisch, sobald man mehr Kenntnisse über die Naturgesetze besitzt.

Es gibt drei verschiedene Arten von Karma:
1. Ein Karma, das sich *aus allen Leben zusammensetzt.* Es hat sich im Laufe der Leben angesammelt und bildet jetzt einen Karmaspeicher.
2. Ein Karma, das sich *jetzt im Moment auslebt.* Wir nehmen eine gewisse Menge Karma aus dem Speicher heraus und in das kommende Leben mit hinein. Wir ernten jetzt, was wir irgendwann gesät haben. Welches Karma aus dem Speicher herausgenommen wird, richtet sich nach der kommenden Wiedergeburt

und deren Möglichkeiten.
3. Ein Karma, das *im gegenwärtigen Leben entsteht.* Dieses Karma verdient unsere ganze Achtsamkeit und Vorsicht. Es liegt in unserer Willensfreiheit, welchen Vorrat wir in diesem Leben anlegen.

Die Individualität = Jiva-Seele = dritte Hülle bewahrt alle Taten aus allen früheren Daseins-Formen. Sie bewirkt, daß sie in einer neuen Verkörperung als die Persönlichkeit reinkarniert, was sie in vergangenen Leben getan und auf den Weg gebracht hat. Wir tragen unsere Vergangenheit mit uns herum, es ist dieser Teil, der dem Karmaspeicher entnommen wurde. Wir selbst sind unsere Vergangenheit. Deshalb haben wir Fähigkeiten und Unfähigkeiten, Ängste und Mut in ganz bestimmten Situationen und Neigungen sowie Einstellungen zu einer Stilrichtung, zu einer Bauweise, zu einem Kleidungsstil. Nur ein kleiner Teil von dem, was wir denken und tun, stammt aus der jetzigen Erziehung oder Erfahrung. Je älter wir werden, desto mehr Gewohnheiten sowie unerledigte Wünsche können sich im jetzigen Verhalten und im Wunsch-Denken wieder bemerkbar machen. Ängste, Begierde, Ekel, Abneigungen, Emotionen, Unwissenheit usw. füllen und bilden im jetzigen Leben ständig wieder neuen Vorrat heran.

Wir wählen oder bekommen verschiedene Verhaltensmuster aus dem Karma-Speicher, die jetzt in der neuen Reinkarnation zur Harmonisierung anstehen. Wir nehmen diese vergangenen Verhaltensmuster als Bewusstheits-Schwingung mit. Es ist am einfachsten, wenn ich von meinen gemachten Erfahrungen erzähle, um ein besseres Verständnis dafür zu vermitteln.

Ich habe *ein vergangenes französisches Leben* **mitge**bracht: Mein Einrichtungs- und Kleidungsstil sowie mein Benehmen sind aus dieser Reinkarnation sehr geprägt, ebenso meine Abneigung zu Kellerräumen und Fenstern, die in einem

Raum weit oben angebracht sind. Ich habe Einsamkeitsnei-gungen mitgebracht, weil ich viele Monate bis zu meiner Hinrichtung eingekerkert war. Ich kann heute schwer um etwas bitten und habe dazu auch keine Ausdauer, weil die Erfahrung gespeichert ist, dass sowieso alles abgelehnt wird. Ich habe dort so sehr gefroren, dass ich heute sehr zornig werden kann, wenn ich frieren muss. Mein Vermieter sagt: Es ist Sommer und die Heizung bleibt aus. Ich kann hungern und mich in sehr vielen Dingen einschränken, aber mich mit dem Frieren abzufinden, das muss ich noch kräftig üben. Ich habe die französische Sprache sehr leicht erlernt und in der Schule gute Noten erzielt. Erst als ich erfuhr, daß ich in Frankreich enthauptet wurde, konnte ich meine zweigeteilte Einstellung verstehen. Ich liebe alles, was französisch ist, wollte aber nie in diesem Land leben. Als wir von den Franzosen besetzt wurden, hatte ich ziemliche Probleme, denn ich sympathisierte auch mit diesen Männern, also „mit dem Feind".

Ich habe *ein vergangenes chinesisches Leben* mitgebracht: Weil mein damaliger Mann mich wegen seiner Pferdezucht vernachlässigt hatte und ich die Sprache nicht verstand, die dort gesprochen wurde, war ich bis zur Schwermut einsam und habe mich verlassen gefühlt. Mein Onkel hat mich zu seinem Vorteil finanziell sehr geschädigt. Da ich ihm nicht verziehen habe und wahrscheinlich im Zorn gegen ihn gestorben bin, bekam ich ihn in diesem Leben als meinen Vater wieder. Da alles zunimmt, was wir nicht loslassen, mußte ich jetzt eine totale Enterbung samt Pflichtteil erfahren. Mir wird in diesem Leben bewusst gemacht, wie wichtig das Verzeihen ist. Was die Lebensgewohnheiten betrifft, kann ich sehr chinesisch denken und fühlen. Ich arbeite sehr gerne und bin fleißig, auch als Chef arbeite ich immer mehr als meine Mitarbeiter. Ich kam mit leichten Schlitzaugen und leicht gelblicher Hautfarbe in das heutige Leben. Ich wurde, wie mir meine Mutter erzählte, damals der kleine Chinese genannt und wurde zwei Jahre alt, bis sich dieses Aussehen langsam verlor.

Ich habe *ein männliches vergangenes japanisches Leben* mitgebracht: Ich war dort in einer Mönchsgruppe im Kampfsport tätig und kann heute noch revolutionär und kriegerisch denken, das heißt wenn ich angegriffen werde, reagiere ich nicht mit Rückzug und bin in dem Moment ohne Angstgefühle. Ich habe dort einen starken Teamgeist entwickelt und leide heute, wenn ich kein Team habe, das muss ich mir noch abgewöhnen. Ich kann in vielem sehr schnell entschlossen sein und habe in kritischen Momenten ein unwahrscheinlich schnelles Reaktions-vermögen. Ich halte mich auch nicht lange mit Vorreden auf und komme schnell zur Sache. Meine Unlust am Reisen kommt aus den gespeicherten Erfahrungen, dass zu der damaligen Zeit niemand aus Japan ausreisen durfte. Und wie ich heute weiß, war ich schon in vielen Ländern der Erde mehrmals reinkarniert.

Ich habe *ein* vergangenes *männliches indisches Leben* mitgebracht: Ich war ein unterrichtender Yogi und legte gemäß meines Amtes die Veden aus. Ich lehrte oberflächlich und falsche Dinge. Fast allergisch reagiere ich heute, wenn ich auf oberflächliche Lehrer stoße. Ich selbst bin in diesem Leben übergenau, muss alles selbst erlebt haben, bevor ich es weitergebe und will es von vielen echten Meistern bestätigt wissen. Ich wurde dort auf analytisches Denken und Verzicht in verschiedenen Dingen trainiert. Essen und trinken war und ist kein Thema für mich. Ich esse, um am Leben zu bleiben und liebe es nicht, dafür einen zu großen Aufwand zu betreiben, denn es ist für mich verlorene Zeit.

Ich habe *ein vergangenes arabisches Leben* mitgebracht: Da war ich für einen Harems-Fürsten Tänzerin und durfte nur, um bei Festen zu tanzen, meinen goldenen Käfig verlassen. Ich hatte einen wunderbar eingerichteten, großen Wohnraum mit viel Gold, Samt und Seide. Ich selbst war aufwendig gekleidet und mit Schmuck behängt, hatte gutes Essen, aber hinaus durfte ich nicht und ich war viel allein. In diesem Leben wurde ich mit zwei Jahren ins Ballett geschickt und war, wie meine Lehrerin sagte, sehr begabt. Sie wollte, daß ich Tänzerin werde, weil ich alles in sehr kurzer Zeit erlernte und behielt, doch mein Vater erlaubte es nicht. Ich liebe heute offene Türen und kann nicht ertragen, in ein Zimmer eingeschlossen zu werden. Da ich dort total von Männern beherrscht wurde, habe ich in diesem Leben Schwierigkeiten zu jeglichem autoritären Verhalten. Dieses *Beherrschen lassen* hat mich bis zu meinem 45. Lebensjahr begleitet, ich war es einfach gewohnt aus dem Vorleben. Beherrschen lassen hat nicht immer etwas mit Angst oder Dummheit zu tun, sondern man muss sich erst von alten mitgebrachten Gewohnheiten trennen lernen. Dass ich den Absprung aus vielen belastenden Gewohnheiten aus den Vorleben geschafft habe, verdanke ich den geistigen Yoga-Lehren. Sie haben mich auf die Beine gestellt und mir bewusst gemacht, welches – von mir gelebte Verhalten – richtig oder falsch ist.

Ich habe *ein* vergangenes *englisches Leben* mitgebracht: Dort war ich in einem Kloster eine böse Äbtissin. Ich war so tyrannisch, daß man mich kurzerhand bei lebendigem Leibe einmauerte und zwar stehend mit angelegten Armen auf so engem Raum, dass mein Gesicht die Mauer berührte. In diesem Leben habe ich Platzangst bei allem, was mich einengt, wenn ich meine Arme eng am Körper halten muss, wenn ich keinen Ellbogen machen kann, zum Beispiel: in einem ärmellosen Schlafsack oder wenn ich in einer Menschenmenge eingekeilt bin, besteht die Gefahr, dass ich in solchen Situationen ohnmächtig werden kann. Kirchenglocken sind mir ein Greuel sowie auch alles, was mit einem Klosterleben zu tun hat.

Ich habe *ein* vergangenes weibliches *spanisches Leben*

mitgebracht: Da bin ich aus lauter mütterlicher Fürsorge sehr früh mit ungefähr 25 Jahren gestorben. Ich durfte aus Standesgründen mit niemandem spielen, ausgehen oder mich auch nur unterhalten. Ich war total abgeschirmt und vereinsamt. Ich war gut erzogen und wusste mich zu benehmen, den Eltern widersprach man nicht, man hatte gehorsam zu sein. Meine damalige Mutter traf ich wieder in diesem Leben und es wurde daraus eine gute Bekanntschaft. Die Initiative ging hauptsächlich von ihr aus. Wir trafen uns regelmäßig und ihre Fürsorglichkeit hat mir in diesem Leben sehr wohl getan. Es ging alles sehr gut, bis mir die Zusammenhänge bewusst gemacht wurden, um die ich bat, denn ich ahnte etwas. Danach löste sich alles ganz langsam wieder auf, wir trafen uns immer seltener, bis es ganz aufhörte. Auch diese Initiative ging von meiner Bekannten aus und nicht von mir, denn sie weiß bis heute noch nichts über die Zusammenhänge. Der kosmische Ausgleich war erreicht und unsere Begegnung war anscheinend nur für diesen Zweck gedacht. Durch das Wissen von unseren Vorleben kann ich jetzt besser verstehen, warum meine Bekannte mit ihren Kindern Schwierigkeiten hat, obwohl sie eine so liebende Mutter ist. Ich kam auch noch in einem anderen Leben in die spanische Inquisition und wenn ich früher nur das Wort Spanien hörte, war jedes Wohlgefühl zu Ende, ich fror und mir wurde übel usw.

Hätten wir den totalen Durchblick zu allem, was wir erlebt und getan haben, so könnten wir jede Gefühlsregung in jeder Situation erklären. Ich durfte in diesem Leben noch viele Begegnungen mit Menschen machen, um Strukturen zu erfassen, um die kosmische Gerechtigkeit und den kosmischen Harmonie-Ausgleich besser zu verstehen. Ich lerne durch meine Arbeit immer mehr, wie die Karma-Gesetze arbeiten. Ich kann nur sagen: ***Allem liegt die Liebe zugrunde sowie der gerechte Ausgleich***, der zur Harmonie führt.

Wenn ich das, was mir bewusst geworden ist, zusammenfasse, lassen sich Strukturen erkennen, die sich immer wieder zeigen, weil sie nicht aufgearbeitet wurden. Es werden Leben zusammengenommen, die gleiche Strukturen aufweisen, um sie auf einmal abzubauen. *Ich war in vielen Leben eingesperrt, ob schön oder unschön, und ich war in vielen Leben einsam.* Auch in diesem Leben begannen die Strukturen sich wieder bemerkbar zu machen. Mein Vater sperrte mich öfter, weil ich nicht aß, in mein Zimmer ein und einmal sperrte er mich mit 16 Jahren in den Luftschutzkeller ohne Licht, weil ich bei einer Freundin war, die er ablehnte. Durch den frühen Tod meiner Mutter war ich einsam und viel allein in der Wohnung. Mein Vater ging mit meiner Stiefmutter fast jeden Tag aus und unsere Haushaltshilfe ging in ihr Zimmer, das im 4. Stock lag. Da saß ich nun mit meinen 14 Jahren allein herum. Und mit meinem geschiedenen Mann war es nicht anders. Er war fast jeden Abend weg und das nicht aus beruflichen Gründen. Die meiste Zeit in all den Jahren ging er „privat" allein aus.

Als mir bewusst wurde, daß das, was man nicht aufgearbeitet hat *durch Loslassen, durch Liebe, durch Bemühen,* irgendwann in einem anderen Leben wieder ansteht und bewältigt werden muss, wurden mir die Weisheitslehren immer wichtiger. Ich ahnte, dass ich in ihnen eine Lösung finden würde. Mir war bis dahin nicht bewusst, daß man Karma bewältigen, ja sogar da und dort auflösen kann. Mir wurde bewusst, dass leiden keine Notwendigkeit ist und dass man nicht geduldig warten muss, bis der langsame Evolutionsweg die Probleme löst. Der Mensch ist ein Wesen, das denken und planen, das neue Strukturen erarbeiten kann, um die alten, negativen schneller aufzulösen. Die Krone der Schöpfung muss doch den übrigen Wesen in der Schöpfung etwas voraus haben. Der Mensch kann, was er als negativ erkannt hat, in positive Energie-Gestaltung = Materien-Bildung umwandeln. Jetzt in diesem

Leben, sofort kann er damit beginnen und nicht in irgend einem anderen Leben. Leiden und Aufschieben von Problemen sind nicht die Lösung, sondern glücklich sein und anpacken, die Dinge – im schöpferischen Sinn – in richtige, schöne und harmonische Strukturen umzuwandeln.

Man hat drei Möglichkeiten, das negative Karma zu verändern:
1. Leidend und abwartend, bis es sich von selbst auflöst.
2. Man kennt die schöpferischen Gesetze und handelt danach.
3. Man ist von der Liebe zu Gott absolut durchdrungen.

Ich habe mich gegen das Leiden und Abwarten entschieden. Die falsche Meinung, dass wir nur durch Leiden wachsen können, hat für mich keine Gültigkeit mehr. Das ist ein Weg für die unbelehrbaren, unwissenden und die schwachen Menschen, und dass wir **nur** durch Leiden wachsen können ist kein Schöpfungs-Gedanke oder ein Göttliches Gesetz, sondern eine unwissende Meinung = Einstellung von Menschen. Sie sitzen in ihrem selbstgeschaffenen gedanklichen Gefängnis und behaupten, frei zu sein. Wenn ich auf mein Leben zurückblicke, *auf die Hand voll Karma,* die ich mitgebracht hatte, habe ich sehr viel bewältigt, mit der Liebe zu Gott, durch Übungen, durch Geduld und Beständigkeit und mit *Augen zu und durch.* Loslassen bedeutet nicht, sich abwartend und passiv zu verhalten. Loslassen bedeutet, die Kausalität zu transzendieren = überschreiten und in die *Einheit, in das Absolute Sein einzutauchen.* Je mehr die Liebe zu Gott zunimmt, desto mehr wachsen die Kraft und die Weisheit. Wir können plötzlich Dinge ertragen – ohne zu leiden – die nicht zu verändern sind, wir können verzeihen und vergeben. *Der starke Wille,* das mitgebrachte Karma zu bewältigen, und *das Wissen dazu,* dass dies möglich ist, **hat die Gnade und die Bewältigung** *schon in sich.* Jetzt ist diese Energie aufgewacht, sie entfaltet sich und wird sichtbar. Wenn wir ganz still werden, können wir fühlen, wie sie wächst und an Kraft gewinnt. *Loslassen ist arbeiten an den feinstofflichen, inneren Möglichkeiten,* wenn die grobstofflichen, äußeren Möglichkeiten unbrauchbar sind.

In ganz schwierigen Situationen war ich mehrmals so sehr in die Göttliche Liebe und Fürsorge eingebunden, dass ich mich nicht ängstigen konnte, obwohl es die Situation erforderte. Die Hilfe, die ich benötigte, bekam ich *wie auf einem silbernen Tablett* serviert. Manchmal kam die Hilfe durch Menschen und manchmal durch meine eigene Stärke, die ich unverhofft erhielt. Erst als sich alles zum Positiven gewandt hatte und es nichts mehr zu sorgen gab, löste sich die gewaltige Schwingung auf, die mich umgab. Wenn sie wegging, empfand ich es immer als etwas Schmerzliches. Danach versuchte mein Geist, mir bewusst zu machen, dass ich jetzt zu leiden hätte und mich ängstigen müsste. *Er war über die neue Situation noch nicht informiert,* worauf ich dann sofort meinem Geist einen Vortrag hielt, ihn über die neuen Geschehnisse und Möglichkeiten aufklärte, was oft eine halbe Stunde dauern konnte. Ich habe immer wieder *harte Nüsse zu knacken,* doch die Angst lebte emich nicht mehr so lange und intensiv und meist war sie sogar unnötig. Es wird alles *nicht so heiß gegessen, wie es gekocht wird.* Das Vertrauen in die mentalen Möglichkeiten wurde immer intensiver und dadurch auch mehr anwendbar. Dass wir durch Leiden wachsen müssen, *ist ein Nur-Gedanke* des Menschen und mancher Lehren.

> Qualität und Quantität von Karma
> entsteht durch Eigenwilligkeit!"
> Christa Keller

Das, was wir denken und tun, wird unsere Zukunft werden

und was wir jetzt sind, ist ein Teilergebnis all der vergangenen Gedanken und Handlungen. Wir können die Gewohnheitsmuster und das Schicksal nur hier durch Handeln beeinflussen. Karma ist das direkte Ergebnis einer Entscheidung, die durch den freien Willen entstand. Wir sind in diesem Körper auf dieser Welt, weil wir immer wieder mit Wünschen zu dieser Welt sterben, die erfüllt werden müssen. Gefühle und Gedanken, die uns in der Stunde des Todes beschäftigen, bestimmen die Lebensbedingungen, die eines der nächsten Leben fördern oder behindern werden. Die Geburt in ein anderes Leben wird von Zeit und Raum bestimmt und muß dem Gesetz von Ursache und Wirkung folgen. Ein Mensch, der seine Sinne beherrscht, wird nicht so oft reinkarnieren und das Vertrauen zu Gott in kürzerer Zeit entwickeln.

„Es ist nicht genug damit getan, seine schlechten Eigenschaften abzulegen. Pflege alles, was eine edle Wesensart fördert, was gut und schön ist!"
Symposium in Rom, Dr. Gokak

Finden wir wieder zu Gott zurück. Öffnen wir unser Herz für die Liebe und die Sehnsucht nach *Ihm*, so werden wir in die Göttliche Glückseligkeit eintauchen und den Willen haben, dort bleiben zu wollen. Dann wird sich alles Karma auflösen wie ein Traum. **Das Leben selbst ist Ewigkeit,** nur Körper entstehen und vergehen. **Von der Ursubstanz her** sind wir alle gleicher Art, wir haben alle eine vollkommene Seele. **Von der stofflichen Substanz aus gesehen** haben wir alle sieben Zentren = Chakren und einen freien Willen. Wir haben alle ein Gewissen, ein ethisches und moralisches Empfinden mitbekommen. Was uns unterscheidet und ungleich macht, ist **die Grad-Entwicklung des Einzelnen,** die er selbst durch *seine ganz persönlichen, individuellen Gedanken,* Wünsche und seinen Reinkarnationen entstehen ließ. Wir können denken und handeln, was wir wollen, doch die Auswirkungen sind nach Göttlichen Gesetzen festgelegt.

„Wachset mit Selbstrespekt und Würde. Das ist der größte Dienst, den ihr euch selbst tun könnt!"
Sri Sathya Sai Baba

Reinkarnations-Gründe: **Wir haben** *positives und negatives, freiwilliges und unfreiwilliges, verdientes und unverdientes Karma.* Selbst der Frömmste muss die Einflüsse und Auswirkungen der Zeit hinnehmen und ist den Bedingungen der materiellen Welt unterworfen. Die Zeit beherrscht das gesamte Universum und alle Planeten, ebenso die materielle Welt. Es gibt verschiedene Ursachen, die zu Wirkungen in der kausalen Welt werden und nicht jedes schwere Schicksal hat böse Handlungen – aus den Vorleben – als Ursache, was meistens so gesehen und behauptet wird. Es darf generell kein Schicksal eines Wesens beurteilt werden, wenn keine eigene mediale Wahrnehmung vorhanden ist.

Warum kommen wir immer wieder?
* Wir haben Wünsche, die nur auf der Erde verwirklicht werden können.
* Falsches Denken beim Sterben und falsches Verhalten im Jenseits.
* Wegen Bindungen aus Hass und Liebe.
* Aus mangelnder Entwicklung, aus Unwissenheit.
* Weil es uns auf der Erde gefällt und wir zu Gott nicht zurück wollen
* Aus helfenden Gründen.
* Wegen Selbstmord.
* Aus mangelnder spiritueller Reinheit und Liebe zu Gott

Niemand muss sich schämen, Wünsche zu haben, so nach dem Lehrsatz: Solange noch Wünsche vorhanden sind, kann Leid entstehen. Wir haben immer Wünsche, das ist nichts Negatives an sich. Der jeweilige Wunsch bestimmt die Richtung. Wir können mit einem Wunsch helfen oder schaden. Es ist wie mit einem Messer. Wir können damit Brot schneiden, um uns zu ernähren oder wir können damit jemanden erstechen.

Die Wünsche müssen nach Dringlichkeit und nach geistigen Gesetzen analysiert und angewandt werden.
* Was wünsche ich mir in der Arbeit, Familie, Freizeit usw.
* Welchen Gewinn habe ich von diesem Wunsch?
* Wieviel muss ich für diesen Wunsch arbeiten, steht er dann noch in Relation?
* Was muss ich für die Verwirklichung dieser Wünsche aufgeben?
* Sind es übersteigerte Wünsche an Perfektion, Macht, Geld usw.?
* Nützt dieser Wunsch nur mir alleine etwas?
* Wem nützt dieser Wunsch noch (Umwelt, Familie)?
* Wem schadet dieser Wunsch (Mensch, Tier, Umwelt)?
* Verletzt dieser Wunsch geistige Gesetze und entsteht dadurch negatives Karma?

Mit diesen Voranalysen lernen wir, die Rücksichtnahme und die Achtsamkeit in uns zu steigern. Wir werden so die Gleichgültigkeit erkennen, sie ablegen oder sie in Grenzen halten. Wenn wir in der Voranalyse erkennen, dass ein Wunsch Leid entstehen lässt, liegt es jetzt an der Persönlichkeit, wie sie handelt. Ist sie stark und diszipliniert genug, **_nein sagen zu können_** oder gibt sie lieber ihrem Drängen nach. Sich selbst zu besiegen ist nicht so leicht. Haben wir es aber geschafft, sind die Gefühle so erhebend schön und beglückend und ganz nebenbei entwickeln wir ein *Selbstwertgefühl,* das zu einem starken Charakter führt. Menschen, die nicht zu ihrem Wort stehen, müssen Stärke üben und Ego abbauen. Viele Leiden entstehen aus Selbstsucht, durch Abgrenzung und aus Habgier. *Alles Leben arbeitet für die Fortdauer und die Bewusstheitserweiterung.* Das ist der Sinn und Zweck dieser Welt, doch Leiden hilft niemandem. Lust und Leid führen nicht zur Erleuchtung, sondern Liebe, Verständnis und Unterscheidungsfähigkeit. Wollen wir allen Wesen dieser Welt ehrlich helfen, ist es das beste Hilfsmittel, *sich selbst zu stärken.* Indem wir uns selbst helfen können, helfen wir anderen. Wer sich selbst ins Positive verändert, wird Tausende Wesen mit verändern. Helfen muß selbstlos sein, ohne nach einem Gewinn zu schielen. Die geistige Wahrheit ist nur insoweit eine Kraft, wenn sie durch Erkenntnis zum Leben erweckt wird und in der Bewusstheit lebendig erhalten werden kann. Das Geheimnis *des harmonischen Lebens* liegt in der Entwicklung von geistiger, spiritueller *Bewusstheit = Bewusstwerden.* Mit dieser Bewusstheit schwinden Angst und Furcht und wir dienen der Gerechtigkeit.

„Nichts ist geregelt, was nicht gerecht geregelt ist!"
Abraham Lincoln

Wenn wir selbstlos und intelligent sind, stehen uns die Kräfte des Kosmos zur Verfügung und der Mensch, der nicht mehr in Begriffen wie Gewinn und Verlust denkt, ist wirklich ein *gewaltloser Mensch.* Die Gleichgültigkeit gegenüber den Leiden unserer Verwandten und Nachbarn bringt Leid in unser eigenes Haus. *Doch wir können mit vier Energien helfen:* Mit Energie, Zeit, Nahrung und Geld. Eines muß jedoch dabei berücksichtigt werden.

„Sie können nicht geben, was Sie nicht haben

und Sie haben nicht, was Sie nicht sind!"
Sri Sathya Sai Baba

In keiner Lehre steht geschrieben: *Sucht nach euren Vorleben.* Doch überall finden wir den Hinweis: Erkenne, was du bist, **suche nach deiner wahren Identität.** "

Wir haben Bindungen und Strukturen dabei, die sich wieder und wieder in ihren Behinderungen zeigen. Astrologen und Handleser können diese Bindungen erkennen oder wir sind schon selbst dahintergekommen, was nicht so einfach ist. Wir stellen zum Beispiel fest, dass wir in schwierigen Situationen immer allein sind und nie jemanden haben, der tröstet, begleitet oder sagt, ich nehme dir dies ab, ich erledige es für dich, weder manuell noch verbal. Wer so eine Struktur bei einer anderen Person erkennt, könnte *helfend einwirken,* indem er genau das tut, was diese Bindung dauernd zu verhindern versucht. Er könnte mit der Schere der Liebe diese Struktur zerschneiden. Machen wir Menschen auf solche Strukturen = Muster = Bindungen aufmerksam – zu Personen, mit denen sie leben – oder wünschen wir uns selbst Hilfe mit so festgefahrenen Energien, bekommen wir oft folgende Antwort: „Ich könnte ja schon helfen, aber wenn ich jetzt eingreife, wird diese Person nichts lernen. Sie hat diese Behinderung ja nur, weil sie es verdient hat und lernen muss, sie zu verändern.

Was so im Menschen spricht, ist seine *eigene Trägheit* = Tamas-Guna. Die **Liebe** = *Prema* hilft, wo und mit was sie kann. Für sie ist das vergangene Karma unwichtig, *für sie zählt nur das Jetzt.* Die meisten Menschen haben keine Fähigkeiten, in vergangene Leben zu sehen, um das Karma festzustellen. **Sie vermuten nur,** daß diese Behinderung = dieses Schicksal *aus einem Fehlverhalten entstanden ist,* nach starren Lehrmeinungen von Ursache und Wirkung. Somit lassen sie die Person, die Hilfe nötig hätte, allein, damit sie stark werden soll und sich üben kann. Solch ein Verhalten ist ein Mangel an Mitgefühl und Liebe. Wenn eine Person ein schweres Karma mitgebracht hat, ist es unsere Pflicht, ihr zu helfen und beizustehen, um es zu mildern und abzuschwächen. Wir müssen einander helfen und beistehen in schwierigen Lebensabschnitten und nicht beurteilen, ob wir helfen dürfen oder nicht. Wenn jeder seine Fähigkeiten, die er hat, in ein Team einbringt, wird das Team stärker – vollkommener – werden. *Nur Avatare und Heilige können beurteilen* – weil sie den totalen Überblick haben – ob sie in die Struktur eingreifen dürfen oder nicht. Wir, die Menschen haben in jedem Fall das Bestmögliche zu tun, um dem anderen sein Schicksal zu erleichtern. Wenn wir die Befürchtung haben, dass das Helfen falsch sein könnte, *stellen wir unsere Hilfe unter den Göttlichen Schutz*, um frei von egoistischen Zielen zu bleiben, indem wir sagen: „Vater in mir, Dein Wille geschehe." Somit sind wir für die Folgen nicht mehr verantwortlich. Jetzt kann die vermeintliche Hilfe fruchten oder nicht.

Jede Handlung eines Menschen sowie deren Folgen werden als Karma bezeichnet. *Karma ist die Ursache für jede Wiedergeburt.* Taktlose Menschen, denen es an Mitgefühl und Unterscheidungsfähigkeit oder an einer guten Erziehung mangelt, sind wie die Axt im Walde. Kränkungen, die wir anderen Mitmenschen zufügen, lassen für uns immer wieder negatives Karma entstehen. Vieles, was wir an Leid empfinden und mitgebracht haben, entsteht durch Übertretung der kosmischen Gesetze. Wenn wir Gott lieben und seine Gesetze einhalten und respektieren, werden wir Segnungen und Gnade erhalten für das *jetzige* und für das *mitgebrachte Karma. So* besteht immer eine Möglichkeit, dass es gemildert oder aufgelöst werden kann.

Das menschliche Leben ist wie ein Gebäude, das vier Wände hat, die miteinander verbunden sind: *Die Geburt, das Handeln, die Pflicht und die Gotterkenntnis.* Jeder Mensch muss handeln und durch rechtschaffene Pflichterfüllung wird er zur Erkenntnis des Göttlichen Absoluten geführt werden. Nicht die Handlungen an sich führen zur Wiedergeburt, sondern die *ihnen zugrunde liegenden eigennützigen Interessen.* Es ist nicht das gute Karma-Verhalten, das sich erlösend auswirkt, denn wir machen in jedem Leben Handlungsfehler, das ist nicht zu verhindern. Wenn wir warten müssten, bis wir keine Fehler mehr machen und die vergangenen Fehler ausgemerzt hätten, gäbe es nie ein Ende der Wiedergeburt. Und selbst dann, wenn wir ein Leben lang meditiert haben und beim Sterben an weltliche Freuden denken, müssen wir wieder rein-karnieren. *Es ist die Liebe zu Gott,* die Bindungslosigkeit zur Welt und rechtes Denken, die uns in die Erlösung führen. Das ist der schmale Weg. Wir dürfen nicht vergessen, daß wir nur auf den Armen eines anderen in den Himmel kommen können.

„Helfende Hände sind heiliger als betende Lippen!"
Sri Sathya Sai Baba

Gerechtigkeit und Verzeihen sind keine getrennten Energien, sie gehören zusammen. Gerechtigkeit findet im Geist = Verstand statt, er kann die Wahrheit erkennen, jedoch das Verzeihen findet im Herzen statt, es heilt die Wunden. Verzeihen ist Vergebung, ist Barmherzigkeit, ist Liebe = Prema. Wir sprechen die Worte des Verzeihens aus, doch in Gedanken planen wir schon einen vernichtenden Gegenschlag. Verzeihen muss geübt und zu einer Herzenssache werden, *es darf nicht nur eine Einstellungssache bleiben.*

Es gibt drei verschiedene Arten von Karma:
1. Karma = dem Menschen auferlegte Pflicht.
2. Vikarma = bestimmte unerlaubte Handlungen,

die jedoch gut geheißen werden, wenn sie
der Gotterkenntnis dienen.
3. Akarma = Nicht-Handeln, reine Trägheit
und Faulheit.

Sri Sathya Sai Baba

Es gibt verschiedene Karma-Teile, die dann ein Ganzes bilden, positives oder negatives, z.B. Familien-, Eltern-, Gruppen-, Landes-, Rassen-, Religions-, Diskriminierungs- und persönliches Karma.

Familienkarma entsteht, weil wir schon des öfteren mit der Familie, in der wir jetzt leben, zusammen waren, meistens in einem anderen Verwandtschaftsgrad, denn Hass und Liebe sind wie ein Magnet, der uns unweigerlich wieder zusammenführt. Es gibt aber immer auch ein erstes Mal. Leiderfahrungen, die wir erleben müssen, können durch ein Familienmitglied geschehen, das negative Dinge tut oder anordnete. Je mehr Fehlverhalten der Einzelne in der Familie lebt, desto größer wird das Karma *für die ganze Familie.* Es entsteht auch, wenn wir der Familie die Hilfe, zu der wir fähig wären, verweigern und wenn wir sie im Stich lassen.

Elternkarma entsteht, wenn wir das Kind in seiner Entwicklung behindern oder es zu sehr verwöhnen, uns von ihm nicht lösen können, wenn es erwachsen geworden ist und seinen Willen nicht respektieren. Zum Beispiel: Du musst das Geschäft übernehmen, sonst enterbe ich dich. Wenn wir weinen und mit Tränen etwas erreichen wollen, es am Weggehen ins Leben hindern, es immer schnell kritisieren, bevormunden, bei schlechten Noten bestrafen, es mit anderen Menschen und Geschwistern vergleichen, schlechte Laune am Kind auslassen, dauernde Kontrollen durchführen, das Kind im Jähzorn schlagen und Ungerechtigkeiten in jeder Hinsicht (Zeit, Geld, Nahrung, Achtsamkeit) ausleben und wenn wir mit Geld,

Leistungen oder besseres Lernen vergüten, weil das Kind dadurch Stolz entwickelt. Auch *durch solche Vorwürfe* entsteht Elternkarma, wie: Wir haben uns nichts geleistet und nur für dich gearbeitet, und dem Kind in der Not nicht beistehen mit der Bemerkung, das hast du dir selbst eingebrockt. Wenn wir Kinder, die erwachsen sind, immer noch zu Hilfsleistungen, *die nicht unbedingt nötig sind,* heranziehen, mit der Einstellung, wir sind deine Eltern und du hast uns zu helfen. Wenn wir Kinder gegeneinander ausspielen, Angst vor sexuellem Verhalten haben, mein Kind könnte versagen und das Erbe ungerecht verteilen. Wenn wir bei einer Scheidung uns nicht mehr um das Kind kümmern, weil es beim Partner lebt. **Wir sind die Kinder unserer Eltern geworden,** weil wir schicksalsmäßig in unserer Weiterentwicklung zusammenpassen. Wir sind unseren Eltern nicht ähnlich, weil wir ihre Kinder geworden sind, sondern wir sind ihre Kinder geworden, weil wir den Eltern von den Eigenschaften her ähnlich sind, so dass wir Genanteile von den Eltern abrufen können, die wir zur Verstärkung im Positiven wie im Negativen benötigen. Eine Vererbung von den Eltern auf das Kind, positiv wie negativ, kann nur geschehen, weil das Kind die Veranlagung dafür aus früheren Leben mitgebracht hat. Die Lernprozesse von Eltern und Kindern müssen übereinstimmen, sonst könnte man leicht in Ungerechtigkeit denken.

Gruppenkarma entsteht, wenn in eine Gruppe eingestiegen wird, um mehr Macht zu bekommen, um eine Gruppe zu manipulieren für eigene Ego-Zwecke und aus Prestige zur Gruppe etwas Ungerechtes und Unsittliches vertreten wird, oder bei üblen Nachreden betreffs Dingen, die gehört, aber nicht selbst erlebt wurden. Es entsteht auch, wenn wir den Glauben an eine andere Gruppe zerstören, indem wir behaupten, dass nur wir die Besten sind oder wenn eine Gruppe ganz gezielt im Negativen etwas entwickelt, bespricht, zusieht und ausübt, als Gruppe andere tötet und bei Gruppen-Diskriminierungen, wie *diese* Deutschen, *dieses* Volk, *diese* Familie.

Länderkarma entsteht durch das Karma des Landes, in das wir hineingeboren wurden. Deutschland hat ein negatives Karma durch Hitler. Reinkarnieren wir in dieses Land, haben wir auch die Konsequenzen zu tragen. Es sind wegen der Vergangenheit relativ wenig spirituelle Entwicklungsmöglichkeiten und gute Schwingungen in Deutschland vorhanden. Wie wir in der Praxis wahrnehmen können, bezahlen jetzt noch unsere Enkel für Hitlers Sünden. Es ist mit dem Landeskarma wie mit dem persönlichen Leben ein Auf und Ab. In jedem Leben müssen wir automatisch an der vorherrschenden Landessituation teilnehmen, können aber je nach Reifegrad der Persönlichkeit etwas verbessern und abmildern oder verschlechtern und verstärken, weil auch Länder unter sich Karma entstehen lassen.

Rassenkarma entsteht, wenn mitgeholfen wird, eine Rasse auszulöschen. Judenverfolgung, Christenverfolgung, Neger-Versklavung, Indianerverfolgungen. Rassenkarma ist auch durch schlechte Behandlung der Frauen entstanden, sie durften nicht studieren, nicht in den Tempel, nicht bei Männerfesten dabeisein. Sie wurden von den Männern als minderwertig angesehen und auch so behandelt. Es gibt heute noch solches Rassenverhalten auf der Welt, wo Frauen diskriminiert werden.

Religionskarma entsteht, wenn Kriege geführt werden im Namen Gottes und sie auch noch als heilige Kriege betitelt werden, oder wenn eine allein selig machende Konfessionslehre verbreitet wird. Es entsteht auch, wenn die Heiligen anderer Glaubenslehren nicht geliebt und verehrt werden, wenn Heilige verhöhnt oder ihnen die Heiligkeit abgesprochen wird oder wenn wir im Namen Gottes schwören und den Namen Gottes im Munde führen, um bessere Geschäftsabschlüsse zu tätigen und um solide zu wirken. Es entsteht auch, wenn wir drohen: Gott bestraft dich, wenn du nicht das oder jenes tust.

Persönliches Karma entsteht, wenn wir Wände der Ablehnung um uns herum aufbauen, gleichgültig gegen uns selbst und andere sind, uns und andere unterdrücken lassen oder bei Selbstmitleid, Stolz, Hass, Rache, Arroganz, Zweifel, Wechselhaftigkeit, Feigheit, Faulheit und Geiz. Es entsteht auch bei Beschimpfungen, Beleidigungen, nachtragendem Verhalten zu anderen Menschen, Verweigerung von Hilfe aus Bequemlichkeit, auch bei Aussagen wie: „Lass mich in Ruhe, geh mir aus dem Weg, ich will nichts hören und nichts sehen, es liebt und versteht mich niemand."

Diskriminierungskarma entsteht bei dieser Art von Gedanken wie: Ich bin ein Versager, nicht hübsch, nichts wert, zu allem zu schwach, zu nichts in der Lage. Ich mache alles falsch, ich kann das nicht. Das kann nicht gutgehen. Ich bin ein sündiger Mensch. Ich bin ein wertloses Subjekt. Wir sagen das aber nicht nur zu uns selbst, sondern auch zu unseren Mitmenschen, zum Beispiel: Du bist ein Versager usw. Diskriminierung = Selbsterniedrigung ist Egoismus. Es ist das schwerwiegendste Karma und es bedarf vieler Mühe, um es wieder auszugleichen.

Karma für den Mann entsteht, wenn der Mann seine Frau als Besitz oder Ware ansieht. Er muss seine Familie ohne Betrügereien zum Wohlstand führen, für seine Frau und Kinder sorgen, darf sie nicht in Armut zurücklassen und muss treu sein. Sätze, wie: Das ist mein Geld, ich muss für dich arbeiten, was wärst du sonst ohne mich, Faulheit, Trunksucht, Spielsucht, Frauen zu schlagen und sexuell zu missbrauchen, gibt negatives Karma. ***Eine Familie ist eine Einheit.*** Alle für einen – einer für alle, kann hier gut geübt werden, um Tugenden heranzubilden und stark zu werden.

Karma für die Frau entsteht, wenn sie ihren Körper einsetzt, um etwas zu erreichen und den Mann in der Ehe mit Körperentzug bestraft, obwohl er nicht fremdgeht. Prostitution und Koketterie verderben die Moral und führen zu negativem Karma, was auch entsteht, wenn die Frau nicht in ihrer Familie für die Moral sorgt, ihre häuslichen Pflichten vernachlässigt, ihre Kinder nicht in Ethik und Moral unterrichtet, sie nicht zu Gott führt und nicht mit ihnen betet. Die Frau muß sich sozial engagieren, insbesondere innerhalb der Familie und in der Verwandtschaft, ohne sich ausnutzen zu lassen.

Karma für Mann und Frau gleichsam entsteht durch perversen Sex. Wenn wir aus dem Beisammensein zwischen Mann und Frau eine sexuelle Sensation machen. Eine Steigerung an Karma ergibt Porno auf Bildern, lebendigen Sex zur Schau stellen – für den, der es organisiert, für den, der es vorführt und für den, der es ansieht. *Das Schwingungsfeld sinkt auf tierisches Niveau herab.*

Wir haben sieben Feinde, durch die wir wiedergeboren werden: Wunschhaftigkeit, Lust, Ärger, Stolz, Habgier, Eigensinn und Verhaftetsein = Bindungen. Wir können den *Stolz* als die Mutter aller Sünden betrachten. Er bringt das starke Ich-Verhalten, die Ego-Liebe hervor. Durch Eigensinn und Sturheit legen wir uns Fesseln an, wir binden uns selbst an etwas und nehmen uns somit die Möglichkeit der Weiterentwicklung. Unsere Körper werden durch die eigenen Handlungen geschaffen, die Natur liefert die Zutaten, um eine bestimmte Körperart zu entwickeln. Nicht nur Wesenheiten haben Karma, sondern alles, was individuell ist, hat Karma. Das Entstehen unserer Erde ist das Ergebnis vergangener Welten und deren Handlungen, das ist nichts Neues. Alles ist in Handlung begriffen und unterliegt einer ständigen Veränderung.

„Die Menschheit ist der Träger der universalen
Evolution und bringt sie auf ein immer höheres

energetisches Niveau!"
J. Redfield

Wie lange sind die Zeitabstände zwischen den Reinkarnationen? **Es** ist mit unserer Zeiteinteilung nicht vergleichbar. Von den 4 Zeitaltern (Goldenes, Silbernes, Kupfernes und Eisernes) her ist die Zeitspanne sehr unterschiedlich. Bei Unfällen reinkarnieren wir sofort wieder. Es kommt auf den individuellen Bewusstheitsgrad jedes Einzelnen an. Sind wir nach dem Tod noch im Erdbereich und ist die Anziehung der Erde noch sehr stark, dann haben wir den Wunsch, schneller wieder zurückzukehren. Es kommt auf die Taten und das emotionale Verhalten an, was wir in unserem Energie-Körper in die andere Welt mitbringen. In diesem Eisernen Zeitalter = Kali-Yuga reinkarnieren wir schon nach ein paar Monaten wieder nach unserer Zeitberechnung. Also viel zu schnell und zu oft. Für Alkoholiker und Selbstmörder werden ganz schnell wieder neue Eltern gesucht und ausgewählt. Mit Selbstmord ist nichts gelöst, es geht im nächsten Leben da weiter, womit wir hier aufgehört haben und wir bringen die Neigung zum Selbstmord wieder mit. Es ist die schlechteste Lösung, für die wir uns entscheiden könnten. In himmlischen und höllischen Welten bleiben wir bis zur nächsten Wiedergeburt am längsten, die eine Welt ist schön, die andere überhaupt nicht.

„Derjenige, der in der Schule des Lebens zum
Urgrund vorgestoßen ist, wird nicht wieder
zur Grundausbildung auf dieseWelt kommen!"
Sri Sathya Sai Baba

Zum Auflösen des Karma-Rades, das Beenden des Kreislaufes = Samsara, sanskrit bedarf es zweier Wege, die gleichzeitig gelebt werden müssen:

1. Der Weg der Hingabe, der Liebe zu Gott = bhakti,

mit dem einzigen Wunsch, wieder in die Göttliche Einheit fließen zu dürfen.

Der erste Weg wird früher oder später mit dem zweiten Weg eine Einheit werden. Die Liebe wird so stark sein, dass die Polarität sich langsam auflöst. Man will und muss nicht mehr zum Ziel kommen, *man ist selbst zum Ziel geworden.*

Auch das Reinkarnieren wird jedem Menschen irgendwann langweilig. In der Schöpfung ist nichts ewig. Darüber hinaus wäre noch viel zu sagen, doch jeder, der sich ernsthaft mit diesem Thema beschäftigt, weiß selbst bald ganz genau, was richtig und was falsch ist. Meine Ausführungen können Denkanstöße sein. Die Lehre von Karma und Wiedergeburt ist ein weites Feld und um das tiefe Verständnis dafür zu bekommen, bedarf es Zeit, Geduld, Erfahrung und der Weisheitslehren. Wir müssen uns selbst in der ganzen Wahrheit annehmen – uns analysieren, immer wieder analysieren.

Um es noch einmal auf einen Punkt zu bringen: Jede Reinkarnation muss zu der Erkenntnis führen, daß wir Atman = Göttlich sind. Wir müssen den Willen stärken und die Liebe zu Gott so entfalten, dass nur noch die Rückkehr zu Gott = die Religio zu vollziehen als einziger Wunsch für die Zukunft übrig bleibt.

„Werdet zu einem spirituellen Krieger. Ein spiritueller Krieger zu sein bedeutet, eine besondere Art von Mut zu verwirklichen, eine Courage, die intelligent, sanft und furchtlos ist, um aus Schwierigkeiten zu lernen. Wenn wir nicht in diesem Leben die größtmögliche Verantwortung übernehmen für uns selbst, dann wird das Leiden nicht nur für einige wenige, sondern für tausende

von Leben weiter gehen!"
>   Sogyal Rinpoche, tibetischer Lama

Wer ist ein Meister?

Die Ausbildung edler Tugenden führt zur Weisheit. Meditation ist das Mittel, die Tugenden im Menschen zur *Göttlichen Bewusstheit zu entfalten* und *Es* in der Beständigkeit zu halten. Heilige haben andere Bewusstheitsgrade erreicht als wir. *Ein Meister zu sein* heißt, die Gedanken und die Gefühle = Sinne unter Kontrolle zu haben. Seine Jiva-Seele ist immer mit Gott verbunden und wird jeden Augenblick von der Kraft Gottes inspiriert.

„Nicht ich wirke, sondern der Vater in mir
wirkt durch mich!"
Jesus Christus

Ein Meister ist nicht *ein* Mensch, sondern er ist *der* Mensch, der Gott verwirklicht hat. Er inkarniert freiwillig, um der Menschheit zu dienen. Die Gotteskraft kommt durch Ihn zum Ausdruck und Er ist ein Vorbild an Tugend und Liebe. Meister gab es zu allen Zeiten auf der ganzen Welt und wird es zu allen Zeiten geben. Die Welt ist niemals ohne Meister, ohne Heilige, ob wir von ihnen wissen oder nicht. Es gibt solche, die unter die Menschen gehen, um zu helfen und zu lehren und es gibt solche, die sich irgendwohin zurückziehen, die wir nie zu Gesicht bekommen. Es gibt Meister, die in weltlichen Berufen arbeiten und wir erkennen *Sie* nicht als solche, ausser *Sie* geben sich zu erkennen. Meister arbeiten am Erhalten positiver Weltschwingungen und setzen den negativen Energien ihre Grenzen. Meister sehen alles *im Lichte des einen Bewusstseins.* Sie sehen die ganze Schöpfung als *Aktion des einen Prinzips,* die kein Anfang und kein Ende hat. Das Leben ist ewig, **es ist Gott**, nur die Formen und Namen haben Anfang und Ende. Das Leben hat immer existiert und wird immer *Sein.* Echte Meister sind Diener Gottes in seiner Schöpfung. Sie müssen von den Menschen geehrt, geachtet und versorgt werden. Die wenigen Bedürfnisse, die sie noch haben und von den Haushältern bekommen, müssen von bester Qualität sein.

Es gibt sogenannte Meister = Heilige und Männer, die ein asketisches Leben führen. Doch meist sind es Bettler und keine Meister. Mantras zu rezitieren oder in der Meditation = Samadhi zu sitzen, macht noch keinen Meister aus. Auch Menschen, die sich schweren Kasteiungen unterwerfen, sind keine Heiligen, es sind Fakire. Kasteiungen sind nie VON Gott gewollte Handlungen, *sondern Unwissenheit zu* den Natur-Gesetzen.

„Wer im Luxus oder in der Kasteiung lebt, wer
fastet oder sein Leben foltert, wer sich wachhält
oder viel schläft, wer zuviel arbeitet oder
überhaupt nicht arbeitet, kann kein Yogin sein!"
Bhagavad Gita

Wir können einen Meister an seinen Lehren erkennen. *Der Erleuchtete* sagt, dass man *in sich* nach Wissen und Erfahrung suchen muss. Alle anderen lehren, man muss *außerhalb von sich selbst* suchen. Ein Heiliger, ein Weiser, ein Meister, ein Guru, das sind verschiedene Namen, die in verschiedenen Erdteilen unterschiedlich zum allgemeinen Sprachgebrauch gehören. Wir dürfen nicht versuchen, *Sie* nach *Ihrer* Grad-Entwicklung zu analysieren, welcher Meister oder Guru weiter, größer oder echter ist. Es ist verlorene Zeit, dies zu erörtern. Solche Streitereien sind nichts als intellektuelle Angebereien, die den Diskutierenden Freude bereiten. Es ist schwer, Meister zu erkennen, denn *Sie* verhalten sich oft nicht so, wie wir es von *Ihnen* erwarten. Und doch benötigen wir Hilfe und Anregungen, damit wir nicht dem falschen Meister Glauben schenken. Die eigene Gradentwicklung und spirituelle Erfahrung ist sehr hilfreich, Meister besser zu erkennen und zu verstehen. Ich habe versucht, ein paar Kriterien zusammenzutragen.

Ein Meister, Heiliger, Guru zu sein, heißt:
1. Alle Gedanken und Gefühle unter Kontrolle zu haben.
2. Die absolute Wahrheit zu kennen, zu leben und zu unterrichten.
3. In Freud und Leid gleichmütig zu bleiben.
4. In Lob und Tadel gleichmütig zu bleiben.
5. Der Schöpfung und der Menschheit zu dienen.
6. Frei zu sein von Ego und Bindungen, von Sex und Selbstsucht.
7. Die Gesetze der Natur zu beherrschen.
8. Bindungslose Liebe zu sein.
9. Frei zu sein von Absichten und Erwartungen.

Ein weltlicher Meister hat einen Meisterbrief und er muss ein Sachwissen besitzen. **Ein spiritueller Meister** muss die oben genannten Kriterien – wenigstens teilweise – erfüllen. Und wer alles nennt sich heute, in spiritueller Hinsicht, Meister? Da der materielle Komfort nicht das Ziel der Menschen ist, wozu sie geboren wurden und es nicht im Sinne der Schöpfung ist, nur ausschließlich dafür zu leben, kommen immer wieder Meister auf die Welt, die uns das wahre Ziel lehren und bewusst machen.

Das Ideal eines Gurus ist, **die Kraft und den Willen** im Menschen zu erwecken, dass er den Weg zur Vollendung abkürzen kann, anstatt langsam Schritt für Schritt in zig tausenden von Leben voranzukommen. Ein echter, wahrer Meister arbeitet und lebt für das Ziel, der Menschheit – durch Vorleben der eigenen Vollkommenheit – den Weg zu offenbaren und sie dafür zu begeistern. Er lehrt den Weg der Rückkehr zu Gott und die Einheit zu vollziehen. Einige Meister ziehen sich – wegen der negativen Weltschwingungen – zurück in die Einsamkeit, um von dort effektiver tätig sein zu können, Kraft ihrer Gedanken.

Viele Gurus und Meister befassen sich jedoch heute mit Relativitäten. Sie besprechen und versprechen, niedere Wünsche des Alltags zu begünstigen, ohne den Wunsch und den Willen im Menschen nach Gott zu stärken und ihn zu dessen Rückkehr zu motivieren, ohne dieses Ziel immer wieder mit ihm zu besprechen und selbstverständlich werden zu lassen. Es gibt heute einige Sektenführer, die sich Meister nennen und ihre Anhänger in den Tod führen wegen eines angeblichen Weltunterganges, anstatt sie in der Weisheit und in der Liebe zu Gott zu unterrichten. **Meister sein ist in seiner Bewusstheit Gott sein.** Große wahre Meister sind jenseits der Gunas. Sie sind Eigenschaftslos *im samadhi.*

„Dort, wo ein Meister wirkt, ergießt sich
eine Flut der Spiritualität!"

Kirpal Singh

„Ein junger Mann war auf der Suche nach einem Meister, der ihn von seiner Unwissenheit befreien sollte. Er steckte sich einen goldenen Ring an den Finger, um die weisen Männer auf die Probe zu stellen, und er fragte sie, aus welchem Metall er bestehe. Einige erklärten ihm, es sei Gold oder Messing, andere sagten, es sei Kupfer oder Zinn. So wanderte er von einem zum anderen. Dann traf er einen jungen Asketen, der ein besonderes Leuchten in seinen Augen hatte. Er stellte ihm die gleiche Frage: „Ist dieser Ring aus Gold?" Der Asket sagte: „Ja, es ist Gold." Darauf fragte er weiter, ob es nicht Messing sei. „Ja, es ist Messing." Der Asket sagte zu allem, was er vorschlug, *ja.* Für ihn war alles gleich, er nahm keinen Unterschied mehr wahr. Der junge Mann hatte seinen Meister gefunden. Wahre Gleichmut stellt sich ein als Folge des Gewahrseins, daß alles Eines ist!"

Sri Sathya Sai Baba erzählt

Askese

Was man unter Askese versteht, ist nicht zu verwechseln mit Kasteiung, die in den nachfolgenden Leben schwere Leiden auslöst.

„Die Sehnsucht nach der Wahrheit ist Askese!"
Sri Sathya Sai Baba

Askese des Geistes: Heiterkeit, Stille, Sanftmut, Selbstbeherrschung, Reinheit des Geistes.

Askese der Rede: nicht verletzendes, wahrhaftes, angenehmes und nutzbringendes Äussern von Worten und regelmäßiges Rezitieren der Heiligen Schrift.

Askese des Körpers: Verehrung der Götter, der Lehrer und der Weisen, Reinheit, Aufrichtigkeit, Enthaltsamkeit und Gewaltlosigkeit.

Sattva-Askese, die von Menschen mit ausgeglichenem Geiste, die dafür keinen Lohn erwarten und im höchsten Glauben ausgeführt wird, ist gut.

Rajas-Askese, die geübt wird, um Achtung, Ehre und Verehrung zu gewinnen, ist leidenschaftlich.

Tamas-Askese, die sich in törichter Hartnäckigkeit selbstquälerischer Mittel bedient oder andere zu benachteiligen versucht, wird töricht genannt.
Bhagavad Gita

„Menschliches Leben bedeutet nicht, freiwillig
Leid auf sich zu nehmen, um im spirituellen Leben
fortzuschreiten!"
Divine Grace

Gott ist in Allem

„Versucht nicht, Gott zu modernisieren, um Ihn eurem Geschmack anzupassen. Er ist weder altmodisch noch modern!"

Sri Sathya Sai Baba

Die Einstellung *„Gott kann man nicht sehen"* ist keine große Hilfe, Ihm näher zu kommen, sondern wir müssen eine starke Sehnsucht und einen unbändigen Drang verspüren, Gott erkennen zu wollen. So wird die Weisheit sich offenbaren und wir werden Ihn überall sehen und wahrnehmen. Wenn wir soviel Zeit für geistige und spirituelle Disziplinen wie für weltliche, sportliche anwenden, werden wir bald zu Erfahrungen geführt, die uns einen Einblick in das Mysterium ermöglichen.

„Die Gewohnheiten bestimmen das Leben des Menschen!"

Sri Sathya Sai Baba

Gott = Brahman. Wir müssen zuerst ein bisschen verstehen, *wer und was* Gott ist. Wir können Gott in Seiner ganzen Herrlichkeit und Wahrheit mit unserem bisschen Verstand nicht erfassen und verstehen, denn dieser ist noch nicht besonders entwickelt. Doch mit **unserer Herzensliebe** sind wir fähig, *Ihn zu* erfahren und mit **unserer Weisheit**, *Ihn zu* verstehen.

Ob Gott Geist, Energie oder Licht ist, lassen wir dahingestellt. Was Gott in allen Bereichen Seiner Schöpfung ist und was wir selbst fühlen und ahnen, ist Liebe, die *bindungslose Liebe = Prema*. Diese ist frei von Eigenschaft und Dualität, frei von Raum und Zeit, frei von Absicht und Erwartung und frei von Ursache und Wirkung. Gott ist ohne Anfang und ohne Ende. **Gott = Brahman** ist das einzig wirklich Absolute, die ewig Selbst-Seiende

Glückseligkeit und höchste Vollkommenheit. *Er* kann sich nicht verändern. Wenn dies geschähe, würde *Er* Gegenstand *der Zeit und der Kausalität*. *Er* kann auch keine Teile besitzen, denn dann würde *Er* Gegenstand *des Raumgesetzes*. Aus diesem Grund ist *Er Absolute Existenz*, unwandelbar, das *unvergängliche* Wahre Selbst in allem — *das Ist*.

Gott in seiner feinstofflichen Energie ist in allem, was Form und Namen hat, gegenwärtig und alles durchdringend — *der eingeborene Sohn*. *Er ist das Universelle Bewusstsein, das in allem als Leben bezeichnet wird*. Deshalb ist *das Leben selbst eine absolute Wahrheit* und nicht relativ. Das Leben selbst ist unsterblich. Das Leben kann sich jetzt in der Einheit oder in der Polarität befinden, aber Leben ist Leben und *Leben ist Gott*. Um das *Göttliche zu erfassen,* müssen wir verstehen, daß *der Vielfalt die Einheit zugrunde liegt*. Gott ist Universelles Gewahr-sein in allen Dingen und Wesen, im Heiligen und im Dämon, im Menschen und im Tier, in den Pflanzen, in Flüssen und Bergen, in der Luft und in der Atmung. Er ist allgegenwärtig in je-demAtom und alles besteht ausAtomen.Also ist Er in allen Formen. Deshalb verdient die ganze Schöpfung unsere Achtung und Liebe, unsere ganze Fürsorge. Wir müssen das Einheits-Ge-fühl mit allen Lebensarten und Kreaturen herstellen.

Das Erkennen dieser Wahrheit ist die Erkenntnis der Höheren Wahrheit, *der Kosmischen Gottheit*. Sein Wesen ist Liebe, ewig rein und frei, ist ewig leuchtende Weisheit. Gott ist universales und individuelles Sein, gestaltlos und gestaltend, alles gleichzeitig. Die göttlichen Namen, mit denen nichts verbunden werden kann, sind $Das = Er = Ist = ES$. Je nach Bewusstheitsstufe wird Gott unterschiedlich erlebt und verstanden. Von *meinem Körper* ausgehend bin ich sein Diener – Dualitätslehre. Von *meinem ich* ausgehend bin ich ein Teil von Ihm – Eingeschränkte Dualitätslehre. Von meinem *Wahren Selbst* ausgehend bin ich *Er* = Nicht-Dualitätslehre = Monismus.

Die neun Wege, die zu Gott führen:
1. Das Anhören religiöser Texte.
2. Das Anhören religiöser Gesänge.
3. Das hingebungsvolle Gebet.
4. Der rituelle Gottesdienst.
5. Der Dienst am Herrn.
6. Die Gottesliebe und Gottesverehrung.
7. Die Verehrung zu Füßen des Herrn.
8. Die Verehrung der Natur mit all ihren Geschöpfen.
9. Die völlige Hingabe und Unterordnung unter den Willen Gottes.

Es gibt so viele Möglichkeiten, Gott zu erreichen, daß es jedem an der Auswahl, *seinen Weg zu finden,* nicht mangelt. Wir vermischen oft diese Wege, so daß sie ineinander fließen können. **Da jedoch** *jeder einzelne Weg* zum Ziel führt, ist es besser, einen Weg mit voller Kraft und Ausdauer zu beschreiten, als auf allen gleichzeitig gehen zu wollen. Oder auf einem Weg stehen zu bleiben und aufzuhören, *nur um* einen anderen Weg, den wir für lukrativer halten, einzuschlagen. So kommen wir nur langsam voran. Es ist *die Ungeduld,* die so handeln lässt, weil ihr alles nicht schnell genug geht und weil sie meint, keinen Erfolg zu haben. Doch die Pflastersteine dieser Wege heißen **Ausdauer, Geduld und Beständigkeit.** Dieser häufige Wechsel von Wegen, Lehren und Meistern behindert nur das stetige Voranschreiten und die geistigen Disziplinen, die von der Beständigkeit leben. Sie erschöpfen sich und werden schwach und unregelmäßig.

Es gibt Lehrer und Schüler, die sich einen Weg = Lehre auserwählt haben und diesen dann dogmatisch und fanatisch lehren und leben und alle anderen als falsch bezeichnen. Sie sagen: Dieser Weg reicht aus und er ist *der beste.* Sie haben ein wichtiges Wort vergessen. Es müsste heißen, dieser Weg reicht *mir* aus und er ist der beste *für mich.* Zunächst müssen alle Wege bekannt sein und gelehrt werden, so daß der Einzelne *seinen Weg aussuchen kann.* Das ist freies und tolerantes Lehren. Es kommt auf unsere Vorleben und Erfahrungen an, welchen Weg – bei neuer Bewusstmachung – wir wählen werden. So entsteht auch keine **allein seligmachende Nur-Lehre.** Die Möglichkeiten der Religion = der Rückbindung = der Yoga zu Gott sind vielfältig gemäß der individuellen Gradentwicklung. Denken wir noch an die verschiedenen Rituale, die wir im Gebet und in der Hingabe haben. Viele Wege führen nach Rom.

Gott ist vollkommen und alle Namen, die *hier im Jetzt* genannt und ausgesprochen werden, sind **Aspekte Seiner Vollkommenheit.** Wenden wir uns mit einer Bitte an den Schutzgeist, an die Engel oder an die Halbgötter, so wenden wir uns an einen **Teilaspekt Gottes.** Richten wir unsere Bitte, unser Gebet und unsere Hingabe jedoch an den **persönlichen Gott = Ishvara** selbst, wenden wir uns an Seine *gesamte Vollkommenheit.* Es ist, als hätten wir nicht nur ein Stückchen von dem Kuchen, sondern den ganzen Kuchen. Das ist der Unterschied, wenn wir dual denken wollen. **Monistisch gesehen** gibt es keinen Unterschied in den Funktionen. Alles wird einfacher und nichts, aber auch gar nichts ist mehr zu unterscheiden, anders anzusehen oder zu kritisieren. In der Einheit gibt es **nur eine Einstellung und keine zwei unterschiedlichen Anschauungen** mehr. Jede Debatte, jeder Krieg, alle verschiedenen Wege, bessere oder schlechtere, richtige oder falsche lösen sich auf und sind *ohne* **Basis = Grundlage.** Aus! Amen! Basta!

Wenn das Positive und das Negative zusammenfließen und keinen Widerstand der Gegensätzlichkeit mehr bilden, so ist dieser elektrische Strom Gott. Wenn wir über Gott nachdenken und uns bewusst wird, daß Er allumfassend ist, dann fragen sich einige Personen, was das wohl bedeutet oder wie es gemeint sein könnte. Wenn Gott Einheit ist, wozu muß er dann allumfassend sein? Eins ist eins und mehr ist da nicht. Gott kann sich jedoch in der Einheit ausdehnen. **Gott** heißt in Sanskrit **Brahman** = das alles durchdringende, sich vervielfältigende, ewige, absolute und allem innewohnende Prinzip, das unpolare, eigenschaftslose Gewahrsein. Da Brahman sich selbst nicht sinnlich erfahren kann, realisiert **Es** sich selbst im absoluten selbstbezogenen Bewusstsein. Das Allumfassende müssen wir in der Dualität berücksichtigen, besonders im spirituellen Unterricht.

Es muss **die Gesetzmäßigkeit sowie die Liebe zu Gott gelehrt** werden. Kennen wir nur die Gesetze der Natur, des Handelns und das zwischenmenschliche Verhalten **ohne Liebe zu Gott,** werden sie meist nicht eingehalten. Auch wer eine liebenswerte Person ist, aber **die Gesetze nicht** kennt, macht Fehler zur Kausalität. Wir können liebenswerte Menschen sein, die ihre Autos lieben, doch diese Liebe und das Liebsein allein werden nichts nützen, wenn wir **die Gesetze** des Auto-Bedienens nicht kennen. Ein Verbrecher kennt ganz genau die Strafgesetze, doch es fehlt ihm **die Liebe,** die Gesetze zu respektieren. In beiden Fällen ist es so, als wenn wir nur einen Arm und ein Bein hätten, was nicht ganz zu verwerfen ist und immer noch besser als gar nichts, aber *beides zu besitzen ist die Vollkommenheit = das Allumfassende. Je* allumfassender die Bewusstheit ist, desto allumfassender ist die Persönlichkeit.

Jesus sagte, **die kleinen Sünden deckt die Liebe zu.** Es wäre hilfreich, nach den größeren Fehlern, die wir machen können, zu suchen, um sie zu umgehen. Glauben wir jetzt nicht, dass wir diese Erkenntnisse unserem Intellekt zu verdanken haben. *Wir haben sie Gott zu verdanken.* Denn *Er will* – von Anfang an –, dass sich alles entwickelt und sich **zum Höchsten Bewusstsein hin entfaltet.** Dieser Wille ist im Schöpfungsgesetz enthalten. Wäre das nicht der Fall, gäbe es tatsächlich **die ewige Hölle.** Diese Einstellung ist nur dem menschlichen Intellekt entsprungen, um die Mitmenschen zu ängstigen und gefügig zu machen.

Ewig ist nur Gott und Er ist in einer immerwährenden Glückseligkeit. Da hat keine ewige Hölle mehr Platz. Das wären zwei Möglichkeiten, *Gott und Hölle.* Die Schöpfung ist *Zweiheit,* Brahman = Gott ist *Einheit.* Alles, was in der Schöpfung existiert, ist vergänglich, gar nichts ist von Dauer oder Ewigkeit für den Menschen.

In den Veden gibt es weder eine Hölle = Enge noch einen Himmel = Erweiterung. Die Beschreibung der Hölle ist erst später den alten Schriften beigefügt worden. Man glaubte, die Glaubenslehre sei unvollständig. Wenn das Gute = Gott ist, muss dem Bösen auch etwas vorstehen. Später erfand man für uns das Böse, die Hölle und später noch den Teufel dazu. Menschen begrenzten die Höllenqualen in einem Punkt und erklärten, dass es in der Hölle keinen Tod gäbe. Bei den Propheten des Alten Testaments war *Satan* noch gleich *Maya.* Auf hebräisch bedeutet *Satan* der *Gegner* und im griechischen Testament gebrauchte man anstelle von Satan das Wort *Diabolus = Teufel.* Satan als gefallenen Engel oder Lichtwesen anzusehen ist Maya. Himmel und Hölle sind inwendig in uns und hängen von der jeweiligen Gemütsstimmung, den Gedanken und dem Entwicklungsgrad ab, in denen wir uns gerade befinden.

Radhakrishna schrieb: *„Himmel und Hölle sind Zustände des ichs* und keine Versammlungsstätten. Selbst das entsetzlichste Inferno muss ein Ende haben. *Die Ewigkeit der Qual ist unvereinbar mit einem Gott der Liebe.* Die Hölle, in die wir kommen können, muss ein Ende haben, wenn nicht Gott selbst den Teufel spielen will. In keinem von uns ist das Göttliche so erloschen, dass *Er = Gott* die ewige Hölle verdient hätte!"

Die Advaita, sanskrit = monistische Lehre befasste sich nicht mit Himmel und Hölle, sondern nur mit
Bindung und Erlösung,
Nichtwissen und Erleuchtung.

Es ist die Lehre der Freiheit, der bindungslosen Liebe = Prema. Mit dieser Lehre können wir wieder auf- und durchatmen, eine Zentnerlast von Schuldgefühlen wird hinweggenommen. Das Lob = Himmel, den Tadel = Hölle gibt es nicht mehr, was uns jedoch nicht vom Gesetz befreit. Wir dürfen nicht nachlässig werden in der Rechtschaffenheit und im Vertrauen zu Gott. Wie könnte Er uns sonst beschützen, wenn wir Seine Gesetze der Vorsicht und der Vernunft missachten?

Die monistische Philosophie = *Advaita* kann lehren, wie die Illusion aufhören kann zu existieren. Wenn wir Gott nur noch als einzige Existenz, als einziges Prinzip anerkennen und sonst nichts mehr – fühlen, hören, sehen, riechen und schmecken –, löst sich die Illusion der Vielfältigkeit auf. Alles, was ich *sehe,* ist Gott. Alles, was ich *anfasse,* ist Gott. Alles, was ich *schmecke,* ist Gott. Alles, was ich *höre,* ist Gott. Alles, was ich *rieche,* ist Gott. Das ist monistisches Denken oder *Jnana-Yoga,* sanskrit = Wissen, Weisheit, Unterscheidung.

Alles, was ich tue, *weihe ich Gott,* ist **Bhakti-Yoga**, sanskrit = liebende Hinwendung zu Gott. Ich *arbeite* für Gott und nicht für meinen Lohn. Ich *putze* für Gott und nicht für die Familie oder den Besuch. Ich *koche* für Gott und nicht, damit es meiner Familie schmeckt. Ich *helfe* meinem Nächsten für Gott und nicht für Lob undAnerkennung. Ich *lehre* für Gott und nicht, dass sich etwas verbessert in der Welt. Ich *bete zu Gott,* weil ich Ihn liebe und nicht, um Wünsche erfüllt zu bekommen usw. Wünsche halten das Karma-Rad in Gang, deshalb müssen Wünsche kontrolliert und eingeschränkt werden. Aber alle Wünsche aufzugeben ist nicht möglich und wäre ein falscher Rat.

Wir können Gott in jedem Menschen sehen.Alles, was wir sehen, ist manifestierte Gottheit. Tiere, Bäume, Blumen, Planeten, Wasser, Berge, Möbel, Autos, Kleidung usw. sind in ihrer Zusammensetzung *Atome.* Das Atom ist verdichtetes Licht und Licht ist Gott. Jedes Atom hat ein Bewusstsein und aus diesem

Grunde ist die alles sehende Intelligenz in allem vorhanden und das schon seit Anbeginn der Schöpfung. *Das allwissende Bewusstsein ist Gott, der Ursprung und Urgrund jeglicher Materie* und die Aussage in der Glaubenslehre, *Gott sieht und weiß alles,* ist berechtigt.

> „Denkt nicht, daß ihr menschlich seid und die
> Ebene des Göttlichen erreichen müsst. Denkt
> vielmehr, daß ihr Gott seid und von dieser
> Stufe aus menschliche Wesen geworden seid!"
> Sri Sathya Sai Baba

Niemand kann den gestaltlosen Gott verehren, ohne zuerst Gott in einer sichtbaren Gestalt verehrt zu haben. Wenn wir einem Meister begegnen und *Ihn* verehren können, ist das ein wichtiger Schlüssel, der unser Bewusstwerden zum spirituellen Erwachen aufschließt und unser Herz für die Liebe und die Rechtschaffenheit öffnet. Wir betrachten uns zu sehr von der Seite der Fehler, von unserem Nicht-Können her. Wenn wir nicht mehr wahrnehmen, was wir wirklich sind, wie können wir uns dann lieben und achten? Wir müssen uns wieder vom göttlichen Sein her wahrnehmen und das Vergängliche an uns nicht aufbauschen. Das, was ewig bleibt, der *Göttliche Lichtfunken = Atman – Seele,* dieser einzige, wichtige Lichtfunke in uns, muss gesehen und wahrgenommen werden. In dem Reifegrad, in dem wir uns heute befinden, reicht es nicht aus, dies nur zu erkennen und zu meinen, damit sei alles getan. Nein, wir haben von dieser Wahrheit lange nichts mehr gehört, es muss jetzt täglich trainiert und bewusstgemacht werden.

> „Die Seele ist das einzige, ewige Einfache im
> Weltall und kann als solches weder geboren
> werden noch sterben!"
> Swami Vivekananda

Gott schuf das Universum zu seiner Freude. Er legte fest, dass jede Handlung ihre Folgen hat und Er teilte die Folgen aus. Doch Er ist nicht in die Handlung verstrickt. Deshalb können wir nie den Anfang der Illusion ergründen und wer die Fesseln von Handlung und Folge schuf.

Das Kausalgesetz von Ursache und Wirkung arbeitet mechanisch und mathematisch, doch das vertrauensvolle Gebet, die Liebe zu Gott und zu den Meistern = Heiligen können bewirken, daß sich vorhandene Energien verändern oder ganz auflösen. Die monistische Lehre macht frei und ruhig und die Inspiration Gottes – *Ich Bin die Liebe Selbst* – kann von unseren Herzen und unserem Bewusstwerden wieder wahrgenommen werden und von uns Besitz ergreifen. Wir sind von dieser Energie ganz erfüllt und es durchströmt uns angenehm warm. Wir fühlen eine innere Geborgenheit und Frieden in einer für uns bis dahin unbekannten Weise. Wer wirklich in Gott lebt, wer sich in dieser Freiheit befindet, bleibt selbstverständlich in der stofflichen Pflichterfüllung und respektiert jederzeit die Gesetze. *Freiheit* = frei sein bedeutet, frei zu sein von *egoistischem Verhalten.*

Wenn wir in Gedanken die Körperverdichtung, die Eigenschaften und die Naturanteile auflösen, existiert nur noch das *Ich Bin. Nach diesem Vorbild machen wir uns bewusst, was wir alles nicht sind.*

* Wir sind nicht der Körper und der Name.
* Wir sind nicht das Gefühl und die Sinne
* Wir sind nicht der Geist und die Vernunft.
* Wir sind nicht diese Individualität = das Ego
* Nein, das sind wir alles nicht.

Dann machen wir uns bewusst, was wir in Wirklichkeit sind: * Wir sind die absolute Realität und Wahrheit.
* *Wir sind Atman,* wir sind Göttliches Sein, Wir sind die ewige Glückseligkeit.

* Wir sind die Ewigkeit und nicht die begrenzte Zeit. Ich muss nicht warten, um eines nach dem anderen zu sein.
* Wir sind die Aktivität und die Passivität, das Gestern, das Heute und das Morgen – *gleichzeitig* – ; deswegen *sind wir das ewige Jetzt,* im ewigen Gleichklang.
* Wir können alles, wir wissen alles, wir haben alles. Wir sind alles, was ist, – das Sind Wir = Atman.

Fehlt jetzt noch etwas, was wollen wir noch? Wenn wir diese Erkenntnis in der Meditation lange genug geübt haben, wird es zu unserem Verständnis und kann dann gelebt und angewandt werden, gegenüber der Schöpfung, der Welt, den Menschen und den Tieren. Je nach Gradentwicklung ist langes üben *nötig*.

Der Sinn des Lebens ist, Gott zu dienen und Ihn zu lieben, das Wahre Selbst zu erkennen und Es zu verwirklichen. Für dieses Ziel werden wir immer wieder geboren. Diese Wahrheit zu leugnen oder zu verneinen, nur weil sie uns unbekannt ist, entbindet uns nicht von der Wiedergeburt. Es ist viel hilfreicher, das kosmische Spiel anzuerkennen und die Einheit immer besser zu verstehen. Über Gott und seine Spiele können wir ein ganzes Leben lang nachdenken, reden und schreiben und wir haben dennoch nie alles bedacht und erfaßt. *Gott ist eben die Unendlichkeit, unfassbar und im endeffekt unerklärbar.*

Aus diesem Grund wird gelehrt. Wer behauptet, er weiß, was Gott ist und nicht ist, spricht nicht die Wahrheit.

„Trachtet nicht nach Visionen oder phantastischen Erlebnissen. Der Weg zu Gott ist kein Zirkus!"

Paramahansa Yogananda

Verschiedene Arten der Meditation

Dhyana, sanskrit = Meditation über die Herrlichkeit Gottes, **Kontemplation** = geistige Vertiefung, welche die Entwicklung von Aufrichtigkeit, Gerechtigkeit, Frieden und Liebe einschließt.

„Wirkliche Meditation bedeutet, in Gott als
einzigen Gedanken, als einziges Ziel absorbiert
zu werden. Nur Gott, nur Gott. Denke an Gott,
atme Gott, liebe Gott!"
                        Sri Sathya Sai Baba

Meditation ist ein Weg *zur Selbstfindung und zur Selbsterleuchtung,* indem wir den Geist trainieren, um *die absolute Realität = Gott* hinter der Vielfältigkeit der Schöpfung erfahren zu können. **Erleuchtet** ist ein Mensch dann, wenn er erkannt hat, dass er Göttliches Sein = Atman ist. **Weise** ist er dann, wenn er seine Erkenntnisse umsetzt im Denken, Sprechen und Handeln. Erleuchtung ohne Handlung ist wie Milch ohne Sahne, wie eine Suppenschüssel ohne Suppe. Sie würde nur dem Ego dienen und somit nutzlos sein. Erleuchtung kann von der höheren Bewusstheit erkannt werden, die Liebe wird mit dem Herzen erfahren. Wenn Bewusstheit und Herz eine Einheit bilden, ist keine Gefahr des Missbrauchs mehr zu befürchten. Das Üben von Bewusst-werden der Schöpfungs-Gesetze und das Entwickeln der Liebe zu Gott muss gleichzeitig erfolgen.

„Höchste Erleuchtung verwandelt das Tierreich
in uns, befreit das Menschliche in uns und
manifestiert das Göttliche in uns!"
                             Sri Chinmoy

Meditation kann weder gelehrt noch einem Lehrbuch entnommen werden. Es kann nur bewusst gemacht werden, was darunter zu verstehen ist. *Meditation ist eine Funktion, die von dem Göttlichen Funken im Inneren des Menschen ausgeht.* Sie dient zur Läuterung der Gefühle, zum Kultivieren der Liebe und zur Klärung der Impulse. Das Ziel der Meditation ist, die Meisterschaft darin zu erreichen.

Das Meditations-Motiv nennt man Mantra, sanskrit = heiliges Wort, Gebetsformel. Es wird als Werkzeug auf dem Weg nach innen angewandt. Normalerweise wird ein Gedanke von innen nach außen geboren. Bei der Meditation ist es genau umgekehrt. Der Gedanke geht von außen nach innen. Das Mantra wird zuerst laut gesprochen, dann immer leiser, dann geflüstert und zuletzt gedacht.

In der Meditation wird das Kopfzentrum benutzt, erweckt und unter Kontrolle gebracht. Ist dieses erreicht, kommt es zwischen der Persönlichkeit und der Seele = Atman zu einer harmonischen Übereinstimmung. Sind wir ganz still geworden im Geist, können Intuition und Inspiration empfangen werden. Das Meditations-Erlebnis ist kein Einheits-Erlebnis. Jeder Mensch kann beim Meditieren andere Dinge empfangen und wahrnehmen. Der eine empfindet sie als Entspannung, als Frieden und Glückseligkeit, sieht Bilder bis hin zur Gotteserfahrung, zum Gottes-Bewusstsein. Sie beruhigt die Nerven und das Gemüt. Deshalb hilft die Meditation auch im Alltag bei derArbeit. Meditation ist beabsichtigteAnwendung *von Disziplin auf das Denken,* um es mit dem Willen unter Kontrolle zu bringen und ganz konzentriert auf ein Ziel (Wort, Bild, Kerzenflamme) gerichtet zu halten. Meditation ist Zielstrebigkeit, Konzentration, Disziplin, ist Liebe. In der Meditation erweitert sich der Gemütszustand. Es ist niemals ein angespannter Gemütszustand. In dem erweiterten Gemütszustand kann die Einheit der Schöpfung, die Einheit aller Dinge und Wesen wahrgenommen werden. Richtiges Denken in der Meditation öffnet die Bewusstheit für alles Schöne, Wahre und Gute. Es können Charakterfehler und emotionales Verhalten erkannt werden, was uns im Alltag meist nicht bewusst wird. *Wenn die Sinnesorgane in das Denkorgan* eingehen und in beständiger, konzentrierter Disziplin das Denkorgan gezügelt wird, als wolle man ein widerspenstiges Pferd zügeln, löst sich die ganze, polare Wahrnehmung auf. Sie fließt dann in das Meer der Vollkommenheit und der Selbstverwirklichung ein.

Wenn wir richtig meditieren können, strömt ein gewaltiger Strom **reiner Energie in uns ein,** der unser ganzes Wesen belebt. Er kann als Wärme, Kraft und Liebe erfahren werden. Diese Energie lässt den Bewusstheitsstand, die Gradentwicklung des Menschen sichtbar werden. Sie bringt die positiven und die negativen Eigenschaften an die Oberfläche, in die Bewusstheit. Es ist so, als wenn wir in einem klaren Teich herumstochern und den ganzen sich abgelagerten Schmutz nach oben befördern. Bevor wir mit Meditations- oder Chakra-Übungen beginnen, müssen wir *den Acht-Stufen-Pfad berücksichtigen.* Ebenso müssen wir eine Persönlichkeitsanalyse machen, um zu wissen, wo wir sittlich und moralisch stehen.

Der Acht-Stufen-Pfad des Raja-Yoga: Die ersten fünf Stufen stehen für die Körperbeherrschung. Die drei letzteren dienen der Erkenntnis des Wahren Selbst.

1. ***Selbstbeherrschung, Enthaltung*** = Wahrheitsliebe, Keuschheit, Gewaltlosigkeit, nicht lügen, stehlen, ehebrechen.
2. ***Beobachten des Verhaltens*** = Reinheit, Gelassenheit, Hingabe.
3. ***Körperhaltung*** = Sitzhaltung.
4. ***Atemkontrolle*** = sanftes und gleichmäßiges Atmen.
5. ***Sinneskontrolle****, Sinne zurückziehen* = das Lösen der Sinne von der Außenwelt.
6. ***Konzentration*** = auf das innere Bild, den Meister,

Gott als Licht, Wort.
7. Meditation = Transzendieren.
8. Samadhi.

Meditation bedeutet, sich mit den Gedanken und der Herzensliebe in Gott zu verlieren, mit den Gedanken in Gott oder seinen heiligen Propheten und Avataren aufzugehen. Meditation ist ein Finden der Wahrheit zum Wahren Selbst, zum *Ich Bin*, zum Atman, zu der eigenen Göttlichkeit, die in uns ruht und ist. Diese Erkenntnis entwickelt und festigt das Selbstvertrauen, den Charakter und das Stehvermögen in der Welt in jedem Menschen. Meditationsübungen müssen im Charakter und im täglichen Leben, im Verhalten der Person als Fortschritt sichtbar werden und müssen falsche Einstellungen, Vorurteile, Dogmen, Meinungen der Welt und zu der Welt verwandeln. Wenn man jahrelang meditiert hat und immer noch in den gleichen negativen Handlungen und Gewohnheiten steckt, kann diese Meditation als Humbug angesehen werden.

Meditation bedeutet nicht, den Geist zu bekämpfen und festzuhalten, sondern der Geist muss von negativen, unguten und unreinen Gedanken befreit werden. *Den Geist leer zu machen* bedeutet, ihn monistisch = unpolar zu machen. Den Geist leer zu machen heißt nicht, *nichts mehr zu denken.* **Das** gelingt selten jemandem. Wenn wir meinen, nicht mehr zu denken, sind wir entweder eingeschlafen, wenn auch nur kurz, oder wir transzendieren. Schon der Prozess, das Denken ausschalten zu wollen, ist ein Denkvorgang. Sinkt der Geist ab wie im Tiefschlaf, hören alle Wahrnehmungen auf. *Richtig vollzogene Meditation ist, wenn wir transzendieren.* Da ist die Wachbewusstheit ausgeschaltet, der Geist und die Sinne ruhen, also kann keine Wahrnehmung mehr erlebt werden.

Glückseligkeit, die in der Meditation erreicht werden kann, bedeutet nicht, daß dies ein Gefühlsüberschwang oder ein Kontrastbewusstheit ist, sondern es ist ein Bewusstheit tiefen Friedens. Dieser Zustand ist frei von jeder Erregung oder Neigung, die als Lust oder Schmerz empfunden werden kann. Es ist ein Zustand vollkommener Stille und Ruhe. Leider halten einige Menschen nichts mehr von Ruhe und Stille und sie erkennen nicht mehr ihre Notwendigkeit. Sie verlangen nur dann nach ihr, wenn sie müde und überfordert sind. Es wird immer mehr Lärm von Techno-Musik und Rockkonzerten usw. in der Öffentlichkeit bewilligt, obwohl wir von den Geologen wissen, dass er die Schwingungsfelder in der Atmosphäre ins Ungleichgewicht bringt. Die Warnungen von ihnen über den Lärm mit seinen negativenAuswirkungen, die sich mit den Warnungen der Heiligen decken, werden nicht berücksichtigt, ja einfach ignoriert. Wenn wir das nicht umsetzen, was die Forscher herausbekamen, können wir die Forschung einstellen und viel Steuergelder sparen.

Capra sagt:
„Die Ruhe in der Ruhe ist nicht die wahre Ruhe.
Nur wenn in der Bewegung Ruhe ist, dann
offenbart sich der geistige Rhythmus, welcher
sich über Himmel und Erde ausbreitet!"

Meditation entfaltet sich in drei Stufen!
1. Konzentration,
2. Kontemplation,
3. Meditation.

Konzentration ist nicht Meditation. **Konzentration** findet unterhalb der Sinne statt, wenn wir etwas mit dem Geist tun wie lesen, denken, rechnen und üben. **Meditation** findet oberhalb der Sinne statt, wenn wir etwas mit dem Herzen tun, wie Gott lieben und verehren.Allen Meditationsübungen muss die Liebe zu Gott zugrunde liegen. Ohne Liebe haben geistige Übungen keinen Wert. Eine gelungene Meditation ist kein Denkprozess, sondern es ist *der höchste Zustand des Seins*. Jetzt spricht der Mensch von einem Zustand der *Glückseligkeit*. Er ist dann zu erreichen, wenn – wenigstens für kurze Dauer – weder Wünsche noch Verlangen in unserem Denken vorhanden sind.

Meditation hilft in der individuellen Gradentwicklung durch Bewältigung von negativen Eigenschaften = Gunas weiter. Meditation ist eine Handlung der *Reinheit* = Sattva. Sie bewirkt – durch Training – das Aufheben von *Trägheit* = Tamas und *Unruhe* = Rajas. Harmonie = Glückseligkeit bedeutet, frei zu sein von Trägheit und Ruhelosigkeit.

Chakra-Meditationen und geistige Übungen mit Mantren können auch negative Auswirkungen für den Menschen haben, aus Mangel an ständiger Selbstanalyse. Wenn wir solche spirituellen Übungen regelmäßig ausüben, ohne die Achtsamkeit, Sorgfalt und Umsicht auf ein ethisches, moralisches Verhalten zu legen, können solche Übungen, die mit hohen Ladungen an Reinheit ausgerüstet sind, katastrophale Auswirkungen haben. Wie mir bekannt wurde, können sich Krankheit, Armut und Einsamkeit einstellen. Ich weise noch einmal nachdrücklich darauf hin, den Acht-Stufen-Pfad zu berücksichtigen und ihn ernst zu nehmen. Die Menschen üben heute mehr denn je die Meditation als geistige Disziplin, ohne die Sinne zu kontrollieren oder die Liebe zu Gott und rechtschaffenes Verhalten zu kultivieren. Doch ohne Sinneskontrolle ist es unmöglich, den Geist zu konzentrieren und ohne Liebe kann Meditation gefährlich werden.

Zwischen Konzentration und Meditation befindet sich *die Kontemplation*. Sie ist eine Übergangsstufe zwischen Körper und Geist. Wird der Körper nicht mehr wahrgenommen = Alpha-Ebene, ist dies das Stadium der Kontemplation. Vertieft sie sich, erreichen wir das Stadium *der anschauenden Versenkung*. Dies bedeutet, dass wir uns von allen weltlichen Bindungen befreit haben. Dieser Zustand kann nie erzwungen, sondern nur geübt werden, wobei die Liebe zu Gott hilfreich ist.

Wer in der Meditation sich seiner noch bewusst ist und noch weiß, dass er meditiert, *der meditiert nicht.* Es ist noch das vorbereitende Stadium der Konzentration, dies ist der Anfang der Meditation. Man beginnt mit der Konzentration, muss dann durch den Bereich der Kontemplation, lat. = Betrachtung, Beschaulichkeit gehen, um in die Meditation zu gelangen. Richtige Meditation ist völlig jenseits der Sinne und der Gedanken. Es ist der Zustand der Transzendenz. Sie kann dann als erfolgreich angesehen werden, wenn sich der mind = Gedanke und das Gefühl in Gott aufgelöst haben. *Der Samadhi ist erreicht.*

„Wenn der allerfeinste Geist zerstört wird,
dann hört auch die Erfahrung der Seligkeit
als solche auf!"
Sri Ramana Maharshi

Das Sanskritwort für Meditation ist auch *Samadhi* = geistiges Gleichgewicht. *Sama* = gleichmäßig, *dhi* = höhere Intelligenz, mit der gleichen, ruhigen Gelassenheit Freude und Leid annehmen.

Meditation, die sitzend augesübt wird, ist für Anfänger notwendig und wichtig. Die Meditation im Sitzen muss in einer geraden Haltung ausgeführt werden. Der Kopf sitzt aufrecht auf den Schultern. Die Sitzhaltung muss bequem aber gerade sein, so dass die Lebenskraft durch den ganzen Körper aufsteigen kann und so dem Geist eine intensive Konzentration ermöglicht. Wenn wir uns im Samadhi befinden, darf der Kopf sich nicht senken, nur weil die Sinne untätig sind. Es ist kein Schlafzustand. Zwischen dem 9. und dem 12. Rückenwirbel sitzt die Lebenskraft. Ist die Wirbelsäule an dieser Stelle verletzt, tritt Lähmung ein. So wie der Blitzableiter die Blitze anziehen kann, wird ein gerader Körper die Göttliche Kraft anziehen, damit sie in den

Körper einfließen kann. Diese Kraft ist zwar immer anwesend, doch um sie wahrzunehmen, benötigt er eine Antenne. Beim Radio ist es das gleiche Prinzip. Die Radiosignale sind immer da, doch wenn wir sie hören wollen, brauchen wir eine Antenne und das Gerät muss eingeschaltet sein. Das Gerät einschalten in der Meditation heißt, den Geist auf Gott zu lenken, um Ihn empfangen zu können.

Eine viertel Stunde morgens und abends ist genug an Sitzmeditation. Würden wir den ganzen Tag meditieren, wäre nach ein paar Jahren die Anziehungskraft verloren. Wenn wir sitzend meditieren, muss es mit der gleichen Pünktlichkeit und Selbstverständlichkeit geschehen, wie wir es jeden Tag mit der Arbeit tun. Wir dürfen zuvor keine berauschenden Getränke zu uns nehmen, nicht gegessen haben und der Raum muss angenehm warm sein. Als Anfänger ist es besser, wenn wir zu Beginn keine kalten Füße haben oder frieren, weil dies dauernd störend und ablenkend auf die Meditation einwirkt.

Meditation bedeutet, uns in Liebe Gott zuzuwenden, über spirituelle Prinzipien nachzudenken, um herauszufinden, wie wir sie bei uns selbst im täglichen Leben am besten anwenden können. Wenn wir uns Gott in Liebe nähern, *weicht die Welt zurück*, sie scheint immer unwichtiger und kleiner zu werden. *Die Meditation ist eine königliche Schlacht,* in der alle negativen Gedanken in die Flucht geschlagen werden. Es ist *ein Sich-Erheben über den Körpe*r – der dadurch in Vergessenheit gerät – über alle Begierden, alle Sorgen und jede Unwissenheit. In der Meditation besteht die Möglichkeit, die Materie loszuwerden und frei zu sein von jeder Bindung an sie.

Da der Geist bei Gebeten und Suggestionen in einen Zustand der Passivität gerät und sich jedem fremden Einfluss öffnet, wie schlecht er auch sei, durch Musik einen jähen Aufschwung erfahren kann, sind wir gut beraten, keinerlei Musik bei der Meditation anzuwenden. Es bedarf reichlicher Erfahrung, um zu wissen, welche Musik für die Meditation ungefährlich ist. Für den, der eine tiefe Seinsform anstrebt und der transzendieren will, ist Musik störend und unbrauchbar.

Jeder Mensch stellt eine Zelle des Göttlichen Körpers dar. Die Meditation wird ihm helfen, sich als solche wieder wahrzunehmen. Wir öffnen unser Herz für *unsere eigene Göttlichkeit* in uns. Wenn wir über das Herz meditieren, erhalten wir *das Ge-wahrsein,* sobald die Tätigkeit des Geistes aufhört, alles still in uns geworden ist und wir transzendieren.

> „Meditative spirituelle Übungen müssen den Gesichtskreis, die Erfahrung vertiefen und die individuelle Seele = jiva begeistern, um mit der göttlichen Seele = atman zu verschmelzen!"
> Sri Sathya Sai Baba

Es gibt verschiedeneArten von Meditation. Die sitzende Meditation ist die bekannteste.Meditation ist auch, den Namen Gottes zu wiederholen, über die Göttlichen Ordnungsgesetze = Naturgesetze nachzudenken, spirituelle Prinzipien zu erkennen. Achtsamkeit zu negativen Gedanken, Gefühlen, Handlungen und Sprechen und das Umwandeln derselbigen, Dienst am Nächsten, nach spiritueller Weisheit und Wahrheit suchen, Liebe und Rechtschaffenheit zu leben und Schweigen im Alltag, *das alles ist Meditation.* Viel wertvoller als Meditation, Bussübungen,Askese, Fasten oder bloßes Hersagen von Mantren ist *das selbstlose Dienen in der Schöpfung.* Dies ist der edelste Weg zu Gott.

Der Unterschied *zwischen Gebet und Meditation* ist: Wenn wir beten, sprechen wir und Gott hört uns zu. Wenn wir meditieren, spricht Gott und wir hören zu. Wenn unser Herz voll ist mit der Liebe zu Gott und wenn wir den Namen Gottes den ganzen Tag auf den Lippen tragen, bedeutet das *beten ohne Unterlass,* was Jesus meinte. Wenn die Liebe zu Gott sich in einen *immer fließenden Strom* verwandelt hat, so ist das ununterbrochenes Verweilen der Bewusstheit im Zustand der Erkenntnis = Jnana-Yoga. Die Bewusstheit wird zur Verkörperung der Weisheit. *Das ist ununterbrochenes Meditieren.* Die sitzende Meditation ist etwas Vorübergehendes und an die Zeit gebunden.

Intellektuelles Wissen hat nichts mit Weisheit zu tun, sondern mit dem Gehirn, der Denksubstanz und dem Speichern von Erkenntnissen. *Weisheit kommt von Gott* und aus dem Herzen. In der Weisheit sind Geist und Herz vereint. *Die Weisheit dient* der Schöpfung und den darin lebenden Wesen. *Der Intellekt zerstört und vernichtet* die Schöpfung und die darauf lebenden Wesen aus Ego-Sucht. Gedanken sind Samen und was wir säen, wird aufgehen. Wenn wir unser Herz nicht mit Liebe füllen und die Sünde = das Fehlverhalten nicht fürchten, sind alle spirituellen Rituale und Wege nutzlos. Die Meditation fördert in uns die Klarheit im Sinne des Lebens. Sie entwickelt das Unterscheidungsvermögen *zu* den Göttlichen Gesetzen, die uns als Richtlinie dienen im Alltag, in der Politik, in der Gesetzgebung. Dieses zu besitzen heißt, das Gewissen zu achten und zu beachten. Jede Art von Meditation, die in Liebe ausgeführt wird, ist der richtige Draht zur Gnade und Segnung. Die Gnade ist keine Macht oder Begünstigung Gottes – im Sinne von Bevorzugung –, sondern sie ist *eine Anwesenheit* in jedem Wesen, in jedem Sein.

Wenn wir einem Menschen begegnen, der uns in Wut versetzt, ist das kein Grund, auf Gott, der in ihm lebt, zornig zu sein. Sehen wir durch diesen Menschen hindurch, durch seine vergänglichen Hüllen, und *senden dem Atman in ihm Liebe und Frieden.* Diese spirituelle Übung wird für jeden zum Segen, der sie anwendet und gleichzeitig üben wir uns dabei im monistischen Denken. Die Liebe auf den Atman zu richten ist sehr erfüllend und beruhigend, so dass die anfängliche Wut sich nicht im Geist halten kann und sich auflösen muss. Auch das ist

Meditation. *Der Christusfunken in uns hat eine größere Kraft als der Zorn.*

Im **äußeren Sahaja-Samadhi** betrachtet man die Welt, arbeitet in ihr und nimmt die relative Wirklichkeit wahr, doch ohne innerlich auf die Polarität zu reagieren. Im ***inneren Nirvi-kalpa-Samadhi*** ist man ohne Körperbewusstheitheits. Der Geist und die Sinne sind nicht mehr tätig. Es ist ein Zustand ungestörter innerer Harmonie. Selbst dann, wenn wir jahrelang im Nirvi-kalpa-Samadhi versunken wären und zurück kämen, würde sich in der Persönlichkeit nichts verändert haben. Wir sind noch genau so wie wir vorher waren. Wir erreichen dadurch keine Bewusstheitsveränderung. Das ist der Grund, warum ***Shankara*** = ein großer indischer Heiliger, dem Sahaja-Samadhi den Vorzug gab und nicht dem Nirvikalpa-Samadhi. Es ist für den Menschen viel besser, im unwillkürlichen Samadhi, das heißt, im ursprünglichen Zustand zu sein, inmitten der Welt. In dieser Bewusstheit befinden sich die Wesen *im Paradies.* Da herrscht Frieden und Liebe unter allen Wesen. Heilige befinden sich meist in diesem ***Sahaja-Samadhi.***

Sahaja, sanskrit = von innen kommend, angeboren, innen wohnen. Die meisten Menschen erleben einen Teil-Sahaja-Zustand. Im vollkommenen Zustand hat der Mensch keine Kälte- oder Wärmegefühle mehr, er schläft nicht mehr und wird nicht müde, er isst wenig oder gar nichts mehr, er kann nichts als gut oder böse empfinden, denken oder beurteilen, er befindet sich in einem Feststellungs-Zustand und nicht in einem analysierenden Zustand.

„Samadhi ist das Meer, in das jede spirituelle
Übung, jede Anstrengung zur geistigen
Entwicklung einmündet!"
                                        Sri Sathya Sai Baba

In der heutigen Zeit, wo fast in jedem Menschen dämonische Eigenschaften vorhanden sind, sind viele Übungen wie Yoga-Atmung, Meditation und Chakralehren *mit Mantren* voller Fallgruben und Gefahren, weil sie ohne Liebe und ohne Meister ausgeführt werden. Meister können die Meditation überwachen und eventuell aufkommende Schwierigkeiten mit ihrer Göttlichen, entwickelten Energie ausgleichen, so dass man, um einen Vergleich zu nennen, nur einen Schnupfen und keine Lungenentzündung bekommt. Heute werden Menschen, die durch das Meditieren in Schwierigkeiten kommen, allein gelassen und nicht nur von westlichen Meditationslehrern, die diese ausgleichenden Schwingungen als Seins-Energie noch nicht besitzen, sondern auch von oberflächlichen indischen Gurus.

Dabei gibt es effektive, leichte und ungefährliche Medita-tions- und Mantra-Übungen, die wir bedenkenlos allein ausführen können und die zum spirituellen Ziel führen. Mit der Licht-Meditation und mit der Übung der göttlichen Namens-wiederholung gibt es keinerlei Gefahren. Sie bewirken Segnung und Erlösung im Hier und im Danach. Bevor wir meditieren, müssen wir *um den göttlichen Schutz und Liebe bitten,* die dann den Einzelnen oder die Gruppe umschließt. Wir bitten um Göttliche Führung und dass alles unter Gnade und auf vollkommene Weise geschieht. Wir senden Gott von ganzem Herzen unsere eigene Liebe und verneigen uns in tiefer Demut vor Ihm.

Wenn wir nicht geschützt durch die Göttliche Energie in die Meditation eintreten und uns öffnen, stehen wir verstärkt mit unserer Eigenschafts-Schwingung in Resonanz zu der kosmischen Schwingung im Aussen und so kann sich das negative, aber auch das positive Muster verstärken. Das heißt: Im negativen Sinne kommen wir nicht gestärkt und ausgeglichen aus der Meditation heraus, sondern kommen angereichert mit Schwäche und Unruhe zurück, was sich meistens erst Stunden später bemerkbar macht. Wenn kein Meister vorhanden ist, der durch sein Dasein die Schwingungen neutralisiert, ist in der heutigen Zeit eine Meditation ohne göttlichen Schutz nicht empfehlenswert. Ob wir in der Gruppe oder allein meditieren oder Chakra-Übungen ausführen, bitten wir zuerst um Göttlichen Schutz und Führung. **Wahre Meister,** die Schwingungen neutralisieren können, sind so selten zu finden *wie eine Stecknadel im Heuhaufen.*

Es gibt Meditations- und Chakra-Lehren, die aus dem **Kupfernen Zeitalter** stammen oder noch älter sind und damals auch ihre Gültigkeit hatten, jedoch heute im **Eisernen Zeitalter** nicht mehr so wie damals gelehrt werden dürfen, weil sie bei den Menschen in ihrem heutigen Bewusstsheitsgrad Unheil und Fehlsteuerungen anrichten können. Die stofflichen Lehren wie Sprechen und Rechnen bleiben immer gleich, das Einmaleins muss nie verändert gelehrt werden. Nicht so die spirituellen Lehren. **Diese müssen zeitgemäß** und der jetzigen Menschheit angepaßt gelehrt werden. Andererseits werden längst überholte Vorschriften, deren eigentlicher Sinn und Zweck im Moment nicht anwendbar sind, fanatisch und dogmatisch, oft unter Zwang gefordert und weiter gelehrt. Es wird viel vom negativen Karma und dessen Folgen erzählt und gesprochen, jedoch *selten, wie es bezwungen und gemildert* werden kann. Wenn das Karma auch dem Gesetz unterstellt ist, so ist jedoch die **Gnade Gottes ausserhalb der Gesetzmäßigkeit,** und der bindungslosen Liebe zugeordnet.

In der Meditation dürfen *keine Wünsche oder Probleme behandelt werden,* sondern wir öffnen uns für die Göttliche Liebe, Reinheit, Weisheit, Kraft und Frieden. Wenn in der Meditation Negatives auftaucht, weiht man es sofort der Göttlichen Liebe und distanziert den Geist von dem Erscheinungsbild.

Manche Menschen wollen Meditieren lernen, um Ruhe zu finden, doch von Gott wollen sie nichts wissen. Spricht man von

Gott, bleiben sie dem Kurs fern und sagen: „Ich bin gekommen, um zu meditieren und nicht, um über Gott zu sprechen und zu hören." *Eine Meditation ohne Gott ist keine Meditation.*

Das Wort Meditation wird heute sehr durch falsche Anwendung strapaziert. Dadurch wird *das Verständnis, was Meditation ist,* immer mehr entwürdigt, herabgewürdigt, entehrt, verwässert und zu einer *profanen Handlung degradiert.* Deshalb kommen nur noch wenige Menschen auf die Idee, daß Meditation etwas mit Gott zu tun hat, daß sie ungeheure Schwingungen entstehen lassen kann und sorgfältig mit ihnen umgegangen werden muss. Die Meditation kann uns nicht nur hilfreich zur Seite stehen. In der Unwissenheit = Oberflächlichkeit angewandt, kann sie genau das Gegenteil bewirken. Eine große Gefahr für den Menschen in der heutigen Zeit ist sein übersteigertes Ego und seine mangelnde Demut zu Gott in der Meditation. Bitten wir für die Menschen im Gebet, daß sich die Wahrheit und die Weisheit in ihnen offenbart, so daß sie ihre falschen Einstellungen und Meinungen erkennen können.

Der Mensch, der seine Sinne kontrolliert und meistert, hat die Gnade Gottes erreicht. Ist dieses Ziel noch nicht erreicht, dann ist es nützlich, wenn er noch in der Absicht denkt und ein Mensch werden will, der seine Sinne kontrolliert, um die Gnade zu erfahren. Es kann gelehrt werden, wie und was wir beten oder meditieren, was zunächst im Kopf stattfindet. Doch es kann nicht gelehrt werden, wie das Gebet und die Meditation ins Herz gelangt und zur Herzenssache wird.

Im 6. Jahrhundert riet *der dritte Patriarch der Zen-Buddhisten:*
„Höre auf zu reden und zu denken,
dann gibt es nichts, was du nicht wissen kannst!"

Denken wir jetzt monistisch, dann ist die Einstellung, daß

wir gut sind, genauso falsch wie die Einstellung, dass wir böse sind, dass wir reich oder dass wir arm sind. Es sind alles Zustände und Feststellungen in der Polarität, die sich jederzeit ändern können. Lassen wir diese Einstellungen los und erkennen, daß nur das zählt, was immer gleich bleibt und unveränderbar ist, *der lebendige Gott in uns, der Atman.* Kommen wir mit dem moni-stischen Gedanken in ein Einheitsempfinden zu Gott, die Polarität, das momentane Geschehen loszulassen, haben wir die Möglichkeit, negative und polare Erscheinungen in positive, glückvolle Ergebnisse umzuwandeln. Wer die Göttlichkeit in sich erkennt, wird sie erfahren und er wird für seine Probleme Hilfe bekommen.

Das Ziel des Menschen ist, *die Einheit allen Seins zu erkennen.* Alles, was ist, Bin Ich. Ich spreche mit mir. Ich liebe mich, ich hasse mich, ich schade mir, ich helfe mir. Ausser mir, *dem Atman,* gibt es niemanden und nichts. Alles Bin Ich– Atman *Wir alle sind Atmans,* wir sind Göttliche Lichtfunken. Deshalb sind wir kein Kanal Gottes. Wir sind Seine individuellen Instrumente, auf denen *Er* spielen kann.

"Lieber Gott Vater in mir, ich will Deine Flöte sein.
Bitte spiele das Lied der Liebe auf mir!"

Christa Keller

Was ist ein Mantra? Mantra, sanskrit = *man* kommt von *manana* und bedeutet Kontemplation, *tra* bedeutet retten. *Das, was dich retten kann.* Das allererste Mantra zu Beginn der Schöpfung war *OM.* Es ist das Höchste, Wirksamste und die Krone aller Mantren. Es ist der Urlaut, der erste Ton der ersten Tat, der universellen Wirklichkeit = *Brahman.* Das OM ist die Urschwingung, die Kraft, die alle Schwingungen hervorruft und alles erfüllt. *Das OM ist derfundamentale Urlaut, der das universale Absolute symbolisiert.*

Das Gayatri-Mantra ist einfach und leicht anzuwenden, sitzend, bei der Arbeit, laut und denkend. Es beinhaltet eine nicht zu beschreibende Tiefe. *Es ist ein universelles Gebet.* Es ist keine Bitte um Erbarmen oder Verzeihen, sondern ein Gebet um Höhere Intelligenz, so dass die Wahrheit klar reflektiert werden kann. Das Mantra wirkt reinigend auf den Geist und somit auf den Menschen. Wer es rezitiert, wird von Ihm beschützt.

Der Text von Gayatri ist:

„OM Bhur Bhuvah Svaha
Tat Savitur Vareyam
Bhargo Devasya Dhimahe
Dhiyo Yo Nah Prachodayat, OM!"

Der Wissenschaftler *Huxley* sagte: „Das Gayatri-Mantra ist so wertvoll, daß man es in die Türen aller wissenschaftlichen Labors eingravieren sollte!"

Ein anderes Mantra ist Soham. Es ist kein indisches oder amerikanisches Wort. Es ist *der Laut, den der Atem sagt.* Bei jedem Einatmen *denkt man so,* beim Ausatmen *denkt man ham.* Der Atem sagt *soham = Er ist Ich oder Ich bin Er.* In der Meditation ist es ganz leicht, sich auf das Wort soham zu konzentrieren und den Geist in der Reinheit und Beständigkeit zu halten. Das bloße Hersagen eines Mantras oder Suggestivsatzes ist dann wirkungsvoll, wenn auch die dahinter stehende Bewusstheit mit wahrer Kraft erfüllt ist. Diese Kraft muss zuvor erweckt werden, bevor es überhaupt wirksam werden kann.

Avatare geben nie Mantren. Sie zeigen, daß Gott überall ist. Einem Avatar zuzuhören, zu verstehen, was Er sagt und es dann zu befolgen, ist auch ein Mantra.

Die Licht-Meditation von Zarathustra

Er erklärte zuerst:	Ich bin im Licht.
Dann:	Das Licht ist in mir.
Und zuletzt:	Ich bin das Licht!

Jesus erklärte das Prinzip so
Zuerst sagte er: Ich bin ein Diener Gottes.
Dann: Ich bin ein Kind Gottes.
Und zuletzt: Ich und der Vater sind Eins!

Das Prinzip der drei indischen Philosophien = aus den Veden
Zuerst wird gelehrt: Dualismus
Dann: Qualifizierte Nicht-Zweiheit
Und zuletzt: Non-Dualismus = Monismus.

Bringen wir die drei Aussagen auf einen Nenner
Zarathustra: Ich bin im Licht.
Jesus: Ich bin ein Diener Gottes.
Veden: Dualismus

Zarathustra: Das Licht ist in mir.
Jesus: Ich bin ein Kind Gottes.
Veden: Qualifizierte Nicht-Zweiheit
Zarathustra: Ich bin das Licht.
Jesus: Ich und der Vater sind Eins.
Vedanta: Non-Dualismus = Monimus

Die Sätze von Jesus und Zarathustra sind Mantren, worüber wir monatelang meditieren können. Jedes Mantra, das wir von Menschen erhalten, muss übersetzt und dann eventuell überprüft werden, ob das, was wir denken oder sprechen sollen, individuell richtig und sinnvoll ist. Ein Mantra, das nicht auf deutsch übersetzt werden kann und dessen Sinn-Inhalt wir nicht kennen, wenden wir besser nicht an. Ist das Mantra *das, was dich errettet?* Zum Beispiel bedeutet das Mantra *ram* Feuer. Ich würde keinem emotionalen Menschen raten, damit zu arbeiten. Arbeiten wir mit Mantren, die wir überprüfen und aus welchen wir klar erkennen können, daß sie voller Reinheit sind. Es ist jedoch nutzlos, den Namen Gottes als Mantra zu wiederholen, ohne an seinem Werk teilzunehmen.

Mantra-Vorschläge: OM Jesum Christum, OM Sai Ram, OM Sathya Sai Baba, OM Aham, OM Rama-Krishna – Krishna-Rama, OM Allah-Allah OM, OM Mani Padme Hum und Himmlischer Vater, ich liebe Dich, Amen. Das sind alles ungefährliche, lichtbringende Mantren, die den Menschen für die Göttliche Liebe öffnen.

Es gibt zwei Möglichkeiten zu meditieren:
1. Die Anbetung, die mit Eigenschaften verbunden ist. Du bist mein Vater, ich bin Dein Kind. Wir haben eine Kind-Vater-Beziehung. Jeder muss zuerst diesen äußeren Weg der Anbetung beschreiten und üben.
2. Die Anbetung des Eigenschaftslosen. Ich bin Atman, ich bin Sein-Bewusstsein-Glückseligkeit. Ich bin das ewige, lebende, selbstlose Sein. Das ist der Weg, der sich nach innen richtet.

Zwischen diesen beiden Wegen kann je nach Stimmung gewechselt werden, je nachdem, wozu wir uns im Moment mehr hingezogen fühlen. Es gibt hier keine Entweder-Oder-Anwendung. Geistige Ruhe, ein Gefühl der Kraft und die Fähigkeit der Unterscheidung mit einem klaren, forschenden Geist sind unbedingt notwendig, um in das tiefere Bewusstwerden eintauchen zu können. Wenn der Mensch die Reinheit der Gedanken erleben will, muss er so tief meditieren, dass er sie erfahren kann. Das ist wesentlich wertvoller als nur von ihrer Bestimmung zu hören.

> „Das Wichtigste ist nicht, viel zu denken, sondern viel zu lieben und deshalb so zu handeln, dass die Liebe angeregt wird!"
> Therese von Avila

Die Gnade ist außerhalb der Naturgesetze

Gnade ist, wenn wir das bekommen, was wir uns erbitten und ersehnen. Gnade ist in aller Munde. Wie ist Gnade zu verstehen? Ist es etwas, was Gott im Himmel sitzend verteilt? Der eine bekommt von Gott die Gnade und der andere nicht? *Die Gnade ist das Urprinzip selbst* und in allem enthalten. Die Gnade fließt im Prinzip wie der Strom in der Leitung. Beim Strom müssen wir den Lichtschalter betätigen und das Licht wird sichtbar. Bei der Gnade müssen wir den Schalter der bindungslosen Liebe = Vertrauen zu Gott = loslassen betätigen und die Gnade wird sichtbar. Die Gnade ist das Göttliche Prinzip, sie ist also außerhalb des Kausalgesetzes, sie ist imAtman. Sie kann über das monistische Denken und über die Liebe, aber nicht über das Gesetz erreicht werden. Wenn wir im monistischen Verhalten loslassen oder loslassen müssen, weil wir am Boden zerstört sind, dann kann die Gnade in beiden Fällen wirksam werden. Wir haben den richtigen Lichtschalter betätigt.

Weil die Gnade nicht dem Kausalgesetz unterstellt ist, rechnet sie nicht *an oder auf.* Sie sagt niemals, das hast du nicht verdient oder verdient aus diesem oder jenem Grunde, sonst wäre sie polar. Wir kennen das Sprichwort: „Lass Gnade vor Recht geschehen", das heißt nach dem Recht – im Sinne der Kausalität – hätten wir keine Hilfe verdient. Die Gnade richtet sich aber nicht nach Ursache und Wirkung, weil sie die immer gewährende, bindungslose Liebe ist. Sie ist immer anwesend in allen Atomen mit ihrem Bewusstsein – und nie abwesend. Sie ist frei und steht jedem zur Verfügung, der den Schalter des Loslassens anknipst, seinen Geist, den er von Gott erhalten hat, sowie die Göttlichen Gesetze = Dharma richtig anwendet.

Wenn wir *von Heiligen gesegnet werden,* bewirkt das unter anderem, dass wir schneller den Schalter der Liebe finden als in der Eigenbemühung. *Beten wir* um Weisheit, die uns lehrt, wie wir uns monistisch verhalten können, damit wir durch Segnung und Gnade in unserem menschlichen Dasein problemloser voranschreiten. **Beten wir** um die bindungslose Liebe, damit wir immer längere Zeit im Gleichmut = im inneren Frieden – das Leben im Körper – verbringen dürfen.

Wenn wir unsere Göttlichkeit erkennen wollen, benötigen wir die Göttliche Gnade. Doch wir können diese Gnade nur gewinnen, wenn wir der Göttlichen Ordnung entsprechend unser Leben gestalten, wenn wir unsere Individualität opfern, wenn wir dienen, keine Mühe und Anstrengung scheuen und in der Beständigkeit das Ziel = die Erlösung anstreben. Die Gnade kann alles bewirken. Ihr ist alles möglich.

Wenn wir nach Heilung und Frieden verlangen, müssen wir uns mit unseren Gedanken nach innen richten, denn dort liegt das wahre Glück. Die Menschen suchen es aber in tausend anderen Möglichkeiten im Aussen. Das wahre Glück = die Glückseligkeit ist jenseits der Sinne und der Wünsche. Kommen wir vorübergehend in einen Zustand des absoluten Friedens, sind wir in der Gnade eingebettet. Wahres Glück haben, ist Gnade haben. Begeht ein Mensch jedoch Betrügereien, bei denen er nicht erwischt wurde, darf dies nicht als Glück bezeichnet werden. Die Kausalgesetze von Ursache und Wirkung folgen diesem Menschen autonom nach, solange bis sie ihn erreicht haben. Dann kann er seine Handlungen – aus der Vergangenheit – selbst erfahren und erleben, wie er andere Wesen geschädigt hat und zwar, so wird es gelehrt, der Rückfluss seiner Taten erreichen ihn um das 8fache verstärkt in ihrer Auswirkung.

> „Die Gnade nimmt dem Karma, das ihr
> ausleben müsst, die Bösartigkeit. Die Wirkung
> des Karmas kann annulliert werden, obwohl die
> Rechnung vorliegt und verbucht werden muss!"
> Sri Sathya Sai Baba

Die Unterscheidungskraft in ihrer Bedeutung

Die Unterscheidungskraft ist die Kraft der Höheren Intelligenz im Denkorgan, die im Menschen zum Durchbruch gekommen ist und alle Fähigkeiten bis hin zur Intuition entfaltet. Sie leiht sich das Bewusstsein vom Atman, denn wenn wir *diese* ***Buddhi-Kraft*** in uns erwecken wollen, ist das ***Gayatri-Mantra***, sanskrit = das unsere Intuition inspirieren kann, vortrefflich, ja genial. Die vierte Zeile des Gayatri – *dhiyo yo nah prachodayat* – bedeutet *erwecke meine Unterscheidungskraft, oh Herr und führe mich.*

Mit der Unterscheidungskraft können wir die Wahrheit von der Unwahrheit, Gutes von Bösem, Recht von Unrecht und Vergängliches von Unvergänglichem unterscheiden. Gerade auf der religiösen Ebene benötigen wir sie ganz dringend. Es gibt viele esoterische und spirituelle Glaubenslehren, die sich nur mit der Verbesserung des Lebens in der relativen Welt und mit den relativen Formen befassen. Sie versprechen Gesundheit, Reichtum und Partnerschaften, ein problemloses Leben auf allen Ebenen. Die Menschen nehmen hauptsächlich deshalb an esoterischen Unterweisungen teil und sie glauben dann, ein guter Mensch zu sein.

Die wahren spirituellen Lehren undLehrer befassen sich damit, dem Menschen bewusst zu machen, daß er Göttlich ist und lassen ihn durch die Unterscheidungsfähigkeit die Göttliche Ursubstanz = den Atman erkennen und entfalten. Wenn sich der Mensch wieder bewusst geworden ist, dass er *das ewig lebende Sein = Brahman = Atman* ist und Liebe = Wahrheit = Weisheit leben kann, will er wieder in den Urkern, in die Einheit zurück. Er ist an keiner Körper-Form mehr interessiert. Er will nicht mehr reinkarnieren, auch kein Halb-Gott oder Planeten-Gott werden. Er empfindet all diese Formen als Begrenzung, Behinderung und Einengung. Doch **dieses Endziel = die Befreiung** ist nur im menschlichen Körper, in der menschlichen Daseinsform zu erreichen. *Jede wahre Lehre dient nur diesem Ziel.*

Es gibt immer mehr Menschen, die **mediale Kräfte = Siddhi-Kräfte** haben, die in diesem Zeitalter mit der Unterscheidungsfähigkeit betrachtet und beurteilt werden müssen. *Siddhi,* sanskrit = Erfolg, Erfüllung, Vollendung, verborgene Kraft, Befreiung. Man versteht darunter mediale, geistige Gedanken-Kräfte, die etwas bewirken können, zum Beispiel: Hellsehen, Heilen, Materialisationen, Intuitionen, Inspirationen und Erweckung der Kundalini-Kraft, was wir von Heiligen kennen. Mit diesen Kräften kann man *weiße sowie schwarze Magie* **betreiben.**

„*Valerie Hunt,* Physiotherapeutin und Professorin für Bewegungskunde, hat herausgefunden und nachgewiesen, dass ein menschliches Energiefeld existiert. Inder Wissenschaft ist schon lange bekannt, dass der Mensch ein elektromagnetisches Wesen ist. Man kann Frequenzspannen der *Hirnstromtätigkeit* messen, die zwischen 0 und 100 Zyklen pro Sekunde (cps) schwanken. Die meisten Aktivitäten bewegen sich zwischen 0 und 30 cps. *Die Muskelfrequenz* geht bis auf 225 cps hinauf und *das Herz* erreicht rund 250 cps. Professor Hunt entdeckte noch ein weiteres Energiefeld, das der Körper abstrahlt und wies Frequenzen nach, die zwischen 100 und 1600 cps lagen und zuweilen noch höhere Werte erreichen. Dieses Schwingungsfeld geht nicht vom Gehirn, vom Herzen oder von der Körperregion aus, sondern wird am stärksten in Körperregionen ausgebildet, die mit den *Chakras in Verbindung stehen.*

Ist die Bewusstheit des Menschen hauptsächlich auf materielle Dinge ausgerichtet, liegen die Frequenzen des Energiefeldes einer Person im unteren Bereich bei etwa 250 cps. Besitzen Menschen übersinnliche Fähigkeiten oder Heilbegabungen, haben sie neben den biologischen Frequenzen des Körpers in ihrem Feld auch noch Frequenzen zwischen 400 und 800 cps. Menschen mit Frequenzen über 900 cps bezeichnet Hunt als mystische und weise Persönlichkeiten, die genau wissen, was sie mit den Informationen anfangen dürfen. Während **Trance-Medien** vielfach nur Informationsvermittler sind und augenscheinlich andere Informationsquellen kanalisieren, überspringen sie diese übersinnlichen Frequenzen und operieren in einem schmalen Bereich zwischen 800 und 900 cps. *Sie haben überhaupt keine übersinnliche Bandbreite, sie stecken dort oben in ihrem eigenen Feld, das eng und begrenzt ist,* konstatierte Hunt. Mit Hilfe eines modifizierten Elektromyogrammes hat Frau Hunt Personen gefunden, die in ihrem Energiefeld Frequenzen bis zu 200.000 cps aufweisen!"

Michael Talbot

Wenn es nach Einstein keine Materie gibt, weil alles Energie = Schwingung ist und diese wiederum immer mehr als Licht-Schwingung anerkannt wird, werden Wunder leichter verständlich. Man weiß inzwischen, daß spirituell hochbegabte Wesen **höhere Vibrationen besitzen** als normale Sterbliche.

Ein vollendeter Yogi, der die Schwerkraft, das Trägheitsgesetz, die Zeit und den Raum hinter sich gelassen hat, kann eine sehr hohe Licht-Geschwindigkeit = Frequenz erreichen. Er ist frei von der Dualität und deren Unterscheidung. Er ist frei von Bindungen jeglicherArt, so daß er zu einem – für das Auge nicht sichtbaren – Lichtkörper wird. Er sieht das ganze Universum als eine im wesentlichen indifferenzierte Masse von Licht. Ein echter Meister besitzt die Fähigkeit, sein Göttliches Wissen praktisch anzuwenden und die allgegenwärtigen Licht-Atome jederzeit zu projizieren, – Jesus verwandelte Stein in Brot usw. Sie können sich der schöpferischen Lichtstrahlen bedienen, ihre Frequenzenergien unterliegen keinen cps mehr.

Wenn wir zusammenfassend denken, könnte man sagen, je höher die Frequenz = Licht-Schwingung ist, desto höher ist die Grad-Entwicklung des Wesens und seine Beherrschung der Licht-Atome. Diese Wesen haben eine Gleichmäßigkeit und Beständigkeit im Denken, Sprechen und Handeln erreicht. Sie unterliegen keinem Wechsel mehr und sind nicht an einem Tag besser und an einem anderen Tag schlechter in ihrem Verhalten. Was Ihr Wille ist, geschieht sofort und in immer gleichbleibender Qualität. Sie sind – wie gesagt – an kein Gesetz der Dualität mehr gebunden, was nicht bedeutet, dass Sie es nicht jederzeit bei dem, was Sie tun respektieren und gemäß der Notwendigkeit beachten und geschehen lassen, was nach dem Gesetz geschehen muss.

Es gibt Kurs-Versprechen, die da sagen, wir könnten mediale Kräfte in kurzer Zeit erlernen und auch ein Avatar werden. Um Siddhikräfte zu erlernen, bedarf es vieler Leben. Ein Avatar, *der ohne Eigenschaften ist,* kann nicht trainiert und entwickelt werden. *Er ist Ishvara persönlich und Er inkarniert immer als männliches Wesen.* Es gibt Wesen, die immer vollkommen waren, sind und bleiben. Dann gibt es Wesen, die sich der Vollkommenheit immer mehr bewusst werden, das ist Entwicklung. Mit diesen medialen Kräften = Siddhi-Kräften wird allerlei Unfug getrieben und man muss sehr vorsichtig sein, wenn jemand behauptet, diese zu besitzen. *Die Weisen* warnen vor diesen Kräften und raten, solche nicht übenderweise anzustreben. Sie sind dann für die Persönlichkeit ungefährlich, wenn sie ganz langsam mit seiner ethischen und moralischen Charakterbildung heranwachsen. Es wird behauptet, sie seien **ein Geschenk Gottes.** Dies wird den anderen Menschen – wie eine Auszeichnung oder Bevorzugung Gottes – ganz leise mit gesenktem Blick vermittelt. Was der phantasievolle Geist dieser Menschen dann alles sieht, erlebt, weiß und behauptet – von hohen Wesen oder Gott persönlich – gesagt bekommen zuhaben, ist phänomenal. Gehen wir jedoch mit etwas logischem, vernünftigem und analytischem Denken an diese Aussagen von einigen medialen Menschen heran, werden wir manche Unwissenheit und manchen Unfug solcherAussagen erkennen. Wer mediale Fähigkeiten besitzt, hat sie selbst in vielen Leben erarbeitet. Was jetzt beachtet werden muß,

sind zwei Dinge:
1. Wie weit ist diese Fähigkeit = Begabung gediehen und bei welcher Grad-Entwicklung ist sie angekommen?
2. Wie weit sind die Liebe und die spirituelle Reinheit = Weisheit schon gediehen und in welcher Grad-Entwicklung sind sie angekommen?

„Das höchste Wissen muss zu einem Bestandteil unseres Blutes werden und mit unserem Wesen verschmelzen!"
Sri Sathya Sai Baba

Mediale Fähigkeiten zu besitzen ist ein Beruf, so wie jeder andere Beruf auch. Wir können ihn gut ausüben oder oberflächlich. Der eine zimmert Möbel und dient so seinen Mitmenschen, der andere hat mediale Fähigkeiten und dient damit seinen Mitmenschen usw. In jedem Beruf kann Qualität oder Plunder erzeugt werden. *Die Unterscheidungsfähigkeit wird es erkennen.* Wir benötigen sie also in stofflichen und spirituellen Bereichen gleichermaßen, um nicht betrogen zu werden. Es ist ein Fehler zu meinen, dass wir uns in weltlichen Geschäften prüfend verhalten müssen, dieses jedoch in spirituellen, geistigen Unternehmungen nicht benötigen, mit dem Argument: *Diese Person ist ja medial.* Und so glauben wir ohne zu prüfen jeden Unsinn, aus lauter Demut zu den **Gott-Begnadeten.** Wer noch nicht mo-nistisch denken kann und noch keine monistische Wahrnehmungen hatte, ist von der wirklichen Wahrheit = Einheit noch weit entfernt.

Dämonisch = böse ist, was uns eingeflößte Eitelkeit, Ärger, Härte, fehlendes Unterscheidungsvermögen, Stolz und Prunk vermittelt. *Bösartiges Verhalten* ist: Wenn wir uns gegen Gott ausrichten, wenn wir eine Meinung verbreiten über etwas, wovon wir keine Ahnung haben, Verleumdungen über andere Menschen aussprechen, wenn wir andere abhalten, spirituelles Wissen zu erlangen und wenn wir die Unwahrheit für die Wahrheit halten und vertreten. Falsche Bewertungen von spirituellen Weisheiten ist eine der *Asura-Gunas,* sanskrit = dämonische Eigenschaften, sie heißen Gier und Gelüste. Wir nennen sie teuflisch, teuflisches Verhalten oder „in dir steckt der Teufel". Aussagen, welche die Menschen in Angst und Schrecken versetzen und angeblich von Jesus, der Mutter Maria oder von Gott empfangen wurden, **sind in Wirklichkeit meistens Durchsagen von Dämonen.** Sie freuen sich und haben einen Mordsspaß, wenn die Menschen sich sorgen und ängstigen. Sie haben Lust auf jede Panik, die sie inszenieren können. Und wie man hört, finden sich genügend Menschen, mit denen sie ihr teuflisches Spiel treiben können. Die Dämonen benennen sich mit hohen Namen, um glaubwürdig zu erscheinen und und sie hoffen, dass die Unwissenden, im Geiste verwirrten Menschen, diese Durchsage-Quellen nicht durchschauen. Die angeblich von Gott bevorzugten medialen Menschen –die *Jesus* Durchsagen erhalten – sagen schwere Naturkatastrophen und eine Dezimierung der Menschheit in nächster Zeit voraus. Sie selbst, die Begnadeten, werden zuvor in Raumschiffen abgeholt, auf einen Planeten ins Weltall gebracht, bis die Erde sich wieder erholt hat. Nach dem Holocaust werden sie dann wieder auf die Erde zurückgebracht. Wie die Entmaterialisierung vor sich gehen soll, darüber wurde noch nicht nachgedacht. Das ist keine echte Gläubigkeit, **das ist Scharlatanerie.** Kein lebender oder toter Heiliger = Meister verbreitet negative Prognosen.

Jesus Christus war in einem monistischen Zustand der Reinheit = Einheit. In diesem Bewusstsein können keine negativen Gedanken oder Aussagen entstehen, weil solche gar nicht mehr empfunden werden. *Avatare* verbreiten trotz ihrer Allwissenheit keine Schreckensbotschaften, es würde gegen die Liebe Gottes verstoßen. Ich habe *noch nie eine Weltuntergangsnachricht* aus

Durchsagen von Buddhisten oder Hinduisten gehört. Es muss ein auf die Christen begrenzter Informationsfluss sein. Und ganz besonders destruktive Mitteilungen kommen aus Amerika. Vielleicht geht nur die westliche Menschheit unter? Wer nur ein bisschen von den Guna-Lehren oder von den morphogenetischen Lehren versteht, weiß logischerweise, was durch das menschliche Verhalten auf uns zukommen könnte. Dazu bedarf es keiner Aussagen bösartiger, dämonischer Wesen. *Heilige lehren uns, die Dinge wieder ins Lot zu bringen und helfen uns tatkräftig – in ihrem So-Sein = Ist-Sein – mit.*

Gott ist Liebe und wird sich nicht aus Zorn – dann müsste er Eigenschaften besitzen – der Menschheit entledigen, indem er Naturkatastrophen entstehen lässt. *Das ist immer noch ein Bild des rächenden Gottes.* Die Erde lebt und ist einem stetigen Wandel unterworfen, nicht nur in den vier Jahreszeiten, sondern auch in den vier Weltenzeiten. Die Erde verändert dauernd ihre Form und es werden immer wieder Erdteile im Meer versinken und andere Erdteile durch Vulkanausbrüche entstehen. Es gibt stürmische und gemäßigte Zeitalter. Wir sind im Moment in der Endzeit zweier Zeitalter, *dem Fische-Zeitalter und dem Eisernen Zeitalter* = Kali-yuga, welches das dunkelste der vier großen Zeitalter war. Wir gehen jetzt in zwei positive über, in *das Wassermann-Zeitalter und in das Goldene Zeitalter* = krita-yuga = satya-yuga

Die neuen Zeitalter bringen Klarheit und Liebe, Gerechtigkeit und Wahrheit, Kraft und Frieden mit sich. Warum dafür so viele Menschen geopfert werden müssen, kann sich nur ein Geist ausdenken, der es nicht für möglich hält *oder nicht will,* dass der Mensch sich gedanklich verändern kann. Dieser Geist will nicht, daß der Mensch wieder zum Göttlichen Bewusstsein erwacht. *Gott vergeudet keine Zeit.* Warum soll Er die Menschen untergehen lassen, damit sie wieder geboren werden müssen? Dies wäre Zeitverschwendung.

Der Mensch wird umdenken lernen und

Lösungen finden müssen. *Die Buddhi-Kraft = die Höhere Intelligenz* im Menschen besitzt die Fähigkeit, die Untugenden und das Fehlverhalten – *bei sich selbst* – als eine bewusst werdende Wahrnehmung neutral zu erkennen und dann zu verändern. Nur dem Intellekt im Menschen ist es nicht möglich, sein negatives Ego-Verhalten zu erkennen.

„Wer nachsinnt dieser Sinneswelt, der wird auch
bald ihr zugeneigt, aus Neigung dann entsteht
Begier und aus Begier wird Zorn erzeugt!"
Bhagavad Gita

Wir haben einen *Avatar und viele hohe Heilige auf der Erde,* die mithelfen, den menschlichen Geist zu transformieren, *durch Bewusstmachung der Göttlichen Ursubstanz in allem,* die uns die bindungslose Liebe = Prema vorleben und uns zeigen, was tätige Nächstenliebe ist und was alles durch sie auf stofflicher Ebene verwirklicht werden kann. Bei ihnen wird kein Geld für unnötigen Prunk, Protz, Verwaltung und Urlaub ausgegeben, sondern alles fließt in Objekte, die den Menschen helfen, ein menschenwürdiges Leben im Wohlstand verbringen zu können.

Man kann einem Menschen seine negativen Eigenschaften bewusst machen, wenn er noch zu keiner Selbsterkenntnis fähig ist. Aber negative Weltprognosen – in der Vorausschau –, was sein wird und kommen könnte, sind nicht weise gedacht und werden von keinem heiligen Wesen ausgesprochen. Wer Negatives bewusst macht, muss eine positive Lösung parat haben, sonst wäre es besser, still zu sein und sein Ego zu zügeln. Wer den Untergang der Menschheit prognostiziert und ihn als Zorn Gottes, der jetzt von der Menschheit genug hat, interpretiert, wird von dämonischen Wesen gesteuert und er hat die Liebe Gottes nicht im Geringsten begriffen noch erlebt.

Die wahre Liebe hat nichts mit Gefühlsduselei zu tun, die

jede Faulheit und Emotion toleriert, sondern sie ist die Gerechtigkeit und die Wahrheit selbst. Diese Liebe kann nur in der Bindungslosigkeit mit der Kraft der Unterscheidung verstanden und gelebt werden. Vieles, was wir für die Liebe halten, ist in Wirklichkeit Schwäche und Nachgiebigkeit, Unwissenheit und Faulheit. *Die Liebe dient der Harmonie* und was ihr widerspricht, wird sie nicht tolerieren. Es ist keine Liebe, Kinder mit Süßigkeiten zu füttern, die ihnen die Zähne ruinieren. Die Liebe sagt *Nein* und wird dann als hart und kalt beurteilt. Was manche Menschen am besten können, ist, zu beurteilen, wie andere Menschen sind und wie sie sich fühlen und dieses Urteil halten sie dann für eine positive Fähigkeit. Die Nahrung der Unterscheidungsfähigkeit ist *das Wissen = die Erfahrung,* die man selbst erlebt, beziehungsweise trainiert hat.

Gleichmütigkeit wird meist mit Gleichgültigkeit beurteilt. Lassen wir uns nicht durch Worte, die ausgesprochen werden, täuschen. *Es sind unterschiedliche Empfindungen,* die nur jeder bei sich selbst – *und kein anderer* – bei anderen Menschen feststellen kann. *Wer gleichgültig ist,* hat keinen inneren Frieden und er ist nach wie vor unausgeglichen und verspannt. *Wer gleichmütig ist,* hat den inneren Frieden erreicht und er ist ausgeglichen und entspannt. *Die Unterscheidungsfähigkeit = die Buddhikraft* kann den Unterschied leicht feststellen. Der Mensch, der sie besitzt, kann erkennen, was – in ihm selbst – vorgeht. Er hat den Mut, sich selbst in aller Neutralität zu betrachten, er belügt sich selbst nicht mehr, er kann in aller Sachlichkeit die Wahrheit erkennen und diese macht ihn frei.

„Die Urteilsfähigkeit, die mit dem
Unterscheidungsvermögen des Göttlichen
Prinzips ausgestattet ist, ist rein und frei
von Bindungen an das Ego!"
Christa Keller

Die vier Zeitalter im ständigen Wechsel

Die zwölf Zeitalter sind uns aus der Astrologie bekannt, sie haben gleich dauernde Zeitabschnitte, die in 2200 Jahre – mit den Übergängen – eingeteilt werden.

Die vier großen Zeitalter = Yugas sind unterschiedlich in den Zeitabschnitten. Das *Goldene Zeitalter* ist das längste und das Eiserne Zeitalter das kürzeste. *Das Eiserne Zeitalter* geht im Jahre 2005 zu Ende und es dauerte 5000 Jahre. Jedes Zeitalter hat ganz bestimmte kosmische Bestimmungen – als Vorgabe von Geschehnissen, die sich nach der Göttlichen Planung richten müssen. Deshalb ist es falsch zu sagen: „Was auf der Welt geschieht, das war schon immer so".

Das Goldene Zeitalter = Krita-Yuga ist wie ein paradiesischer Zustand. Die Menschen sind wesentlich größer und werden viele tausend Jahre alt. Es gibt dort keine Kriminalität, Angst oder Bedrohungen, Haß, Neid oder Kummer und keine Krankheiten. Es gibt nur ein Gesetz und einen Ritus. Die Menschen erfüllen selbstlos ihre Pflichten und haben unterschiedliche Aufgaben. Die Spiritualität zu leben ist selbstverständlich.

Im Silbernen Zeitalter = Treta-Yuga lässt die Rechtschaffenheit um ein Viertel nach. Es werden Riten und Zeremonien eingeführt. Die Menschen handeln jetzt mit Absicht und erwarten, dass sie für ihre Taten belohnt werden. Es gibt *die ersten Kriege.*

Im Kupfernen Zeitalter = Dvapara-Yuga lässt die Rechtschaffenheit um die Hälfte nach. Die Riten nehmen überhand und nur wenige Menschen halten sich noch an die Wahrheit. Das spirituelle Interesse lässt nach und nur Einzelne lesen noch in Heiligen Schriften. Das Unrecht nimmt zu, *Krankheiten und Wünsche* tauchen auf. Die Lebensdauer des Menschen wird immer kürzer.

Im Eisernen Zeitalter = Kali-Yuga bleibt nur noch ein Viertel an Rechtschaffenheit übrig. Spirituelle Erkenntnisse und

Bemühungen schlafen ein und geraten in Vergessenheit. *Das Böse dominiert.* Krankheit, Erschöpfung, Zorn, Furcht, Verzweiflung und Hunger dehnen sich aus. Die Menschen werden immer zielloser und nur noch etwa hundert Jahre alt. Die Wüsten dehnen sich aus. Es ist das dunkelste, aber auch das kürzeste Zeitalter und *es symbolisiert die Farbe schwarz.* Wie wir sehen können, ist sie die Lieblingsfarbe vieler Menschen geworden. Ohne Geld gibt es nichts mehr und es wurden die ersten Schlachthäuser gebaut. Für den, der zu Gott zurück will, ist das Eiserne Zeitalter *das Goldene Zeitalter,* denn die Rückbindung zu Gott ist jetzt am leichtesten zu verwirklichen.

Wenn die Schöpfung Gottes immer so gewesen wäre, wie sie sich – durch unsere Mitbeeinflussung – im Eisernen Zeitalter zeigt, wäre das ein trauriges Schöpfungs-Spiel. Es ist das Zeitalter, in dem Sitte, Würde und Charakter beim Menschen fast nicht mehr anzutreffen sind. Die fünf menschlichen Werte sind auf dem Rückzug: Liebe, Frieden, Wahrheit, Rechtschaffenheit und Gewaltlosigkeit. Noch in keinem Zeitalter gab es so viele Kriege wie im 20. Jahrhundert. Seit es Menschen gibt, gab es noch nie so viel Gewalt und Brutalität, unmenschliches Verhalten gegenüber Menschen und Tieren. Noch nie seit Menschengedenken wurde der Planet Erde so ausgeplündert und die Natur so missachtet wie in den letzten hundert Jahren. Man kann wirklich sagen, es sind die schrecklichsten hundert Jahre gewesen, seit der Mensch auf der Erde lebt. Viele Menschen finden das immer noch nicht so schlimm. Sie sagen: Mir geht es gut. Wie es den anderen Wesen auf dieser Welt geht, kümmert sie noch nicht oder nicht mehr. Wenn mich das Weltgeschehen ab und zu leidvoll denken und fühlen lässt und mir dadurch verstärkt bewusst wird, wie unbelehrbar die Menschheit ist, sage ich zu mir: Lass die Unbelehrbaren doch ihre negativen Erfahrungen machen, an denen sie täglich so emsig arbeiten. Vielleicht wachen sie dann schneller auf und sind bereit, am Erhalt der Menschheit mitzuwirken.

Das Goldene Zeitalter ist kosmisch als neugestaltende, positive Energie-Schwingung jetzt vorhanden. Doch wir haben erst den Bauplatz erworben und es liegt an der Menschheit, wie schnell oder schleppend sie darauf ein Haus der Gerechtigkeit, Wahrheit und Liebe errichtet. Wir können die Schwingungen des Goldenen Zeitalters fördern und unterstützen oder behindern und abschirmen. Dieses Zeitalter wird sich durchsetzen, doch wann und wie schnell das geschehen kann, *ist leider* auch von der Willens- und Wahlfreiheit der Menschen abhängig.

Doch der Mensch kann nur eine begrenzte Zeit seine Unwissenheit und Undiszipliniertheit anwenden, weil nichts so bleibt, wie es im Moment ist. Das Relative ist Wandlung, nichts war schon immer so. Das Positive im Menschen erwacht wieder zum Leben und setzt sich durch, weil es schon vonAnfang an im kosmischen Plan so vorgesehen ist. Selbst dann, wenn Millionen Menschen ihr Denken falsch anwenden und negative Dinge prognostizieren, können alle diese Gedanken *niemals* den ganzen Göttlichen Plan so beeinflussen, dass er nicht eingehalten werden kann. **Das, was die Göttliche Liebe will, wird geschehen.** Die Liebe Gottes lässt keinen absoluten Verfall in seiner Schöpfung zu. Die Liebe beinhaltet Ordnung und nicht Unordnung und Ordnung bedeutet das Wirken von Gesetzen. Da der Kosmos und seine Gesetze nicht statisch sind, werden wir uns von dem Satz trennen müssen: *„Das war schon immer so."*

„Eine notwendige Voraussetzung für Frieden
und ein friedvolles Dasein besteht in der
Erkenntnis, dass Frieden und Freude erhältlich ist!"
                                    Thich Nhat Hanh

Die vier Kasten

Das Vier-Kasten-System wird sehr oft falsch interpretiert und nur der *indischen Glaubenslehre* zugeordnet. In Wirklichkeit *beruht es auf den Eigenschafts-Lehren* und darf nicht zu Diskriminierungen führen. Die vier Kasten-Lehre ist für die ganze Menschheit gültig und anwendbar. Das Kastensystem symbolisiert die Glieder bis hin zum Gemeinwesen, durch die der Wohlstand aller Wesen und der des Planeten Erde gewährleistet ist.

Die Brahmanen sind geistige Führer und Lehrer von heiligen Schriften, sind inspiriert und kontemplativ und wirken auf andere Menschen sehr motivierend. Sie haben oft mediale Fähigkeiten und helfen so ihren Schülern, mit ihren *starken Schwingungsenernien* Probleme zu verändern. Es sind Mönche, Priester und Gelehrte.Sie gehören oft einer gebildeten Klasse an. *Ein Brahmane* ist ein Mensch, der sein Leben Gott weiht und Ihn anbetet. Er will Gott verwirklichen, er dient seinem Nächsten und er lehrt auch eventuell. Er hat sich von allem weltlichen Denken und Wünschen befreit und geht den Weg der Entsagung.

Die Kshatriyas sind Krieger, Könige und Herrscher auf dem Gebiet der Verwaltung, der Regierung und der öffentlichen Sicherheit. *Ein Kshatriya* ist ein Mensch, der erkannt hat, daß das Leben einen tieferen Sinn hat und der sich um Selbstbeherrschung bemüht. Er will im Kampf über seine Sinne und seine schlechten Gewohnheiten Sieger bleiben. Er hat schon genügend Erfahrungen im Geschäftsleben und Geldverdienen gemacht. Als Krieger opfert er – im Falle eines Krieges – für sein Volk, für seine Mitmenschen, sein Leben. Er kämpft für die Wahrheit sowie für die moralische Grundordnung des Volkes. Er bemüht sich um gerechte politische Gesetze, die zum Wohlstand des Landes führen.

Die Vaishyas sind Unternehmer, die ihre Geschicklichkeit als Kaufleute, Bauern und im Geschäftsleben einsetzen. Sie bemühen sich ernsthaft, das Wahre vom Falschen zu unterscheiden. *Ein Vaishya* ist ein Mensch, der im Leben viel zustande bringt. Er denkt an Geschäfte und ans Geld, das er dann verschwenderisch für sich selbst ausgibt. In einer höheren Grad-Entwicklung hat er schöpferische Fähigkeiten und unterstützt tatkräftig humanitäre Institutionen.

Die Shudras sind fleißige Arbeiter und Produzenten. Sie besitzen Stärke und Nervenkraft und bilden die Grundlage für menschliches Wohlergehen durch ihre Aktivitäten. *Ein Shudra* ist ein Mensch, der keine spirituellen Ziele anstrebt. Er lebt für seinen Körper und seine materiellen Wünsche sind essen, schlafen und sich vermehren. Er arbeitet für seine sinnlichen Vergnügungen aller Art. Er kann aber ebenso wie andere zur Wahrheit und Erleuchtung finden.

Das Kastensystem symbolisiert die Glieder eines Körpers. Jedes Glied muß eine Aufgabe erfüllen, auf die es spezialisiert ist und die seiner Fähigkeit entspricht. Wir können nicht auf dem Kopf gehen oder mit den Füßen denken. Jeder Mensch entspricht – mehr oder weniger – einem dieser vier Grundtypen. Das Kastensystem ist *ein kooperatives Gemeinwesen.*

Der Mensch gehört nicht zu der Kaste, in der er geboren wurde, sondern er gehört zu der Kaste, dessen Geisteskind er ist und wie er sein Leben gestaltet, unabhängig von seiner Geburt. Jeder Mensch ordnet sich selbst gemäß seiner Eigenschaften in eine Kaste ein.

„Man darf kein Gefühl der Überlegenheit
oder gönnerhaftes Benehmen aufkommen
lassen. Der größte Erfolg von selbstlosem
Dienen ist das Ausmerzen des Egoismus!"
                                            Sri Sathya Sai Baba

Das Opfer – Der Verzicht, aus spiritueller Sicht

Warum reagieren wir so negativ auf die Worte *Opfer und Verzicht*? Haben wir falsche Erziehungsanleitungen und Denkmuster gespeichert? Etwas zu opfern und auf etwas zu verzichten – ohne zu leiden – ist eine menschliche Stärke. Doch auf was müssen wir verzichten, was muss geopfert werden? Spontan denken wir immer an Geld und Sachwerte. Vom Geld trennt sich der Mensch am schwersten, da er sich dauernd einredet, wie schwer dieses zu verdienen ist. Im spirituellen Unterricht lernt man andere Dinge, auf die verzichtet oder die geopfert werden müssen.

Das wahre Opfer, der wahre Verzicht ist, zu erkennen, dass wir *nicht individuell, sondern universell sind.* Zu erkennen, dass es keine Individualität gibt, sondern dass alles Gott ist. Das Ego-ich aufzugeben ist wahrlich das größte Opfer, der größte Verzicht, zu dem ein Mensch fähig ist. Danach beginnt die Übung, sich der Erkenntnis gemäß zu verhalten. Wir müssen auf schlechte Eigenschaften, Vorlieben, Abneigungen, Emotionen, Ego und das Tierische im Menschen verzichten. Das müssen wir opfern, ablegen und aufgeben.

„Es ist Diebstahl, wenn dich jemand durch
sanfte Worte am hellichten Tag überzeugt,
dich von deinen Wertsachen zu trennen!"
Sri Sathya Sai Baba

Alle *Opfer-Rituale,* bei denen Menschen oder Tiere geopfert werden, sind *falsche und dämonische Opfer.* Wer soll daran Freude haben, Gott? Und dann glaubt der Mensch auch noch, dass dadurch seine Wünsche erhört werden. Das ist Aberglauben, Unwissenheit und Bösartigkeit. Tieropfer sind im Laufe der Jahrtausende falsch interpretiert worden. Ursprünglich hatte man unter Tieropfern etwas anderes verstanden und es wurde so gelehrt:

Man suchte sich ein besonders schönes Tier aus, das dann bis zu seinem natürlichen Tode gehegt und gepflegt wurde.

Wir müssen Gott unser Untugenden opfern und Ihm unsere Liebe schenken und die fünf menschliche Werte Friede, Wahrheit, Liebe, Rechtschaffenheit, Gewaltlosigkeit leben. Wir müssen auf unsere menschliche Würde achten wie zum Beispiel: Treue, Pflicht, Disziplin und Hingabe zur ganzen Schöpfung. und unsere animalischen Triebe umwandeln und unsere dämonischen Einstellungen opfern, die Bösartigkeit aufgeben.

Wir gehen zuerst nur von Geld aus, das wir opfern müssen, dabei hat es das Geld nicht immer gegeben. Wir müssen das opfern, was wir haben, Zeit, Energie, Nahrung, Geld. Alles andere ist Ego-Verhalten. Gott geht es niemals um Geld und Wohlstand, Ihm geht es um ***die Reinheit des Geistes und um die Liebe des Herzens.*** Im Göttlichen Spiel muss alles vom ***Nicht-Bewusstwerden*** z.B. Stein, Mineralien, in das ***Absolute Bewusstsein***, *alles ist Gott* transzendieren und dieses kann sich im Menschen verwirklichen. Dazu müssen *keine Körper geopfert werden,* sondern *falsche Einstellungen und die Unwissenheit* im menschlichen Geist. Das heißt nicht, dass wir kein Geld oder Sachwerte opfern können, *das auch.*

Die menschliche Unkenntnis über die Schöpfung und über den Sinn des Lebens ist wirklich ein Greuel, wenn man bedenkt, wieviel Leid dadurch über Mensch und Tier hereingebrochen ist.

> „Opferhandlungen sind: Die Erde für die Verehrung Gottes zu nutzen. Friede und Gerechtigkeit in der Gesellschaft zu erreichen und die Funktionen des Körpers zu koordinieren und zu kontrollieren!"
> Sri Sathya Sai Baba

Haben Tiere eine Seele?

Es wird gefragt, ob Tiere eine Seele haben. Sie werden immer noch als eine Sache angesehen – und das im 20. Jahrhundert. Was ist eine Sache, ein unbeweglicher Gegenstand? Auch eine Sache besteht aus Atomen und hat eine Atma-Seele.
Die Atma-Seele ist das universelle Bewusstsein als Lichtfunken in allem. Wenn wir schon nicht glauben, was die Weisheitslehren seit Jahrtausenden lehren, könnten wir doch das anerkennen, was die Wissenschaft berichtet und bestätigt. Alles, was aus Atomen besteht, hat eine Seele = ein universelles Bewusstsein = den Atman. So fragt man sich nicht mehr, ob etwas eine Seele hat, sondern wie weit ist die Bewusstheits-Entfaltung, diese individuelle Form mit der unveränderbaren Atma-Seele vorangekommen. Welche Grad-Entwicklung hat das Tier?
Die Seele = Atman ist Gott, unveränderbar in Ihrem Sein. Nun umgibt Sie sich mit Formen, um am Schöpfungsspiel in einer sichtbaren Form teilzunehmen. *Im Tier* ist die Seele wieder erwacht und hat in dieser Form eine höhere Empfindungs- und Gefühlsebene erreicht als die Pflanzen. Mit dieser erwachten Bewusstheit kann das Tier schon Verhaltensmuster erlernen und es hat schon ein Erinnerungsvermögen. *Im Menschen* lebt die Seele und die erkennende Bewusstheit offenbart sich. Die Tiere sind unterschiedlich in ihrer Gradentwicklung, so wie der Mensch auch. Die weiter entwickelten Tiere haben ein sichtbares Herz und Blut im Körper. Doch trotz alledem hat jedes Tier von der Ameise bis zum Elefanten und vom Fisch bis zum Vogel unsere Achtung und Fürsorge verdient. Sie sind nicht zum Abschlachten bestimmt. Im Gegenteil: Denken wir an die Kuh, die mit ihrer Milch uns ein wichtiges Nahrungsmittel liefert, die im Notfall sogar unsere Babys ernähren kann. Den Eskimos jedoch, die keinerlei Nahrung anbauen können, ist es nach geistigen Gesetzen erlaubt, auf Tiere zurückzugreifen.

Wenn wir noch nicht fähig sind, vegetarisch zu leben, sollten wir doch über diese Wahrheit nachdenken. Was nicht ist, kann ja noch werden. Ein negatives Verhalten festzustellen und zu rechtfertigen macht dieses Verhalten nicht wahrer. Zuerst sollten die Wahrheit erkannt und angenommen werden, dann wird sie geübt und dann kann sie gelebt werden.

Stellen wir einmal die Theorie auf, daß alle Tiere tot wären. Somit wäre der Evolutionsweg gestoppt und es gäbe irgendwann keine Menschen mehr. Die Tiere haben genauso wie der Mensch eine Daseinsberechtigung und sie sind sogar *eine Notwendigkeit im Evolutionsprozess.* Es ist sehr unklug, nicht für die Erhaltung der Tiere zu sorgen, das ist Egoismus pur. Es ist auch nicht nur eine Tat der Liebe, sondern eine Tat der Vernunft, eine Tat des im Menschen lebenden Intellekts.

Jesus fragte den Bauern: „Warum schlägst du deinen Bruder Esel?" Müsste man fragen: „Warum frisst du deine Schwester Kuh?" Für manche Menschen ist es gar nicht leicht, vegetarisch zu leben und aus der Gewohnheit des Fleischessens auszusteigen. Es geht beim Zubereiten von Fleischspeisen viel schneller, etwas auf den Tisch zu bekommen, als wenn wir uns vegetarisch ernähren. Es wäre falsch, *sich Schuldgefühle zu machen,* wenn wir Fleisch essen. Es ist jedoch ebenso falsch, das Essen von Fleisch *zu rechtfertigen* und es als eine höhere Form der Kultur darzustellen. Das spirituelle Ziel ist, dass sich der Mensch von seinen animalischen Eigenschaften befreit, indem er sie überwindet. Wenn er jedoch viel Fleisch-Nahrung zu sich nimmt, wird er nicht weniger, sondern immer mehr animalische Eigenschaften erhalten. Kein Fleisch zu essen, wird für den Menschen sehr wichtig, der in die Einheit zurück will.

„Was du denkst, das bist du.
Was du isst, das wirst du!"
                                        Buddha

Tierisch zu sein bedeutet, nur an Essen, Trinken, Schlafen und Sex zu denken und das Leben nach diesen Bedürfnissen auszurichten. Anderen Wesen Schaden zuzufügen, das sind dämonische Eigenschaften.

Wenn Tiere in der Freiheit leben und eventuell zur Nahrung geschossen werden, hatten sie jedoch bis dahin ein schönes Leben. Was sich der heutige Mensch mit seinen Tiertransporten, den Tötungsarten in den Schlachthöfen und bei der Jagd leistet, um das Tier zu töten, *ist dämonisch*. Die ganze Angst und der Stress des Tieres geht in sein Fkeisch über, was dann die gleichen Auswirkungen bei uns entstehen lässt. Es gibt erst seit ungefähr 5.000 bis 7.000 Jahren Schlachthäuser. So begann das Eiserne Zeitalter. Davor hatten die Menschen Tiere sehr selten gegessen, sie gingen ab und zu auf die Jagd, da man noch keine Treibjagden kannte. Noch vor 50 Jahren aßen und sprachen wir vom Sonntagsbraten, während der Woche gab es kein Fleisch. Vor 5.000 Jahren sprach man nicht einmal vom Sonntagsbraten, wenn überhaupt, dann nur vom Jahresbraten. Gehen wir 8.000 bis 10.000 Jahre zurück, also *vor die Sintflut,* da aßen wir noch kein Fleisch. Es gab genügend andere Nahrungsmittel, derer wir uns bedienten. Es wurden keine Tiere gezüchtet, um sie dann zu essen und es war *kein Privileg des Reichtums,* Fleisch zu essen. Heute sagen wir: Ich kann mir Fleisch leisten.

Wir werden deshalb immer mehr Menschen, nicht weil es immer mehr Tiere gibt, die gegessen werden, sondern, weil es immer mehr Amöben gibt, die nach dem Gesetz der Evolution zu Menschen werden. Doch jedes Tier, das wir zum Essen töten, sollten in seiner nächsten Wiedergeburt Mensch werden. Jetzt könnten wir sagen, so tun wir doch etwas Gutes, indem wir sie essen, wir verhelfen doch dem Tier schneller dazu, Mensch zu werden. Es ist Gesetz, dass das verspeiste Tier Mensch werden sollten, doch die meisten Tiere, die wir essen, sind in der Tierentwicklung noch nicht so weit, um nach dem Tode Mensch zu werden. Auch kann ich versichern, dass wir auf der spirituellen Ebene dafür keinen Orden erhalten werden und wenn wir noch so vielen Tieren auf dieseArt zur Menschwerdung verholfen haben.

Die Tiere, die mit uns Menschen leben, werden somit für eine menschliche Reinkarnation vorbereitet. Wir haben deshalb die ethische und sittliche Pflicht, sie fürsorglich und artgerecht zu halten. Die Tierversuche, für was auch immer, sind abscheulich und die Menschheit ist durch sie nicht zu retten, sondern nur durch rechtes Handeln und durch einen guten Charakter. *Tierschänder,* in welchem Metier sie es auch ausführen, werden sich nach ihrem Tod wundern, welche Konsequenzen das für sie haben wird. In ihrer nächsten Wiedergeburt werden sie sich über nichts mehr wundern, weil sie keine erkennende Bewusstheit mehr haben. Was jedoch Schmerzen sind, das werden sie ganz bestimmt erfahren. Was manche Menschen mit ihren Haustieren anstellen, ist so grausam, dass eine Tötung des Tieres als eine humane Tat angesehen werden kann.

Im Tier haben sich die fünf menschlichen Werte noch nicht entfaltet, diese sind noch verhüllt. Wird diese Verhüllung hinweggenommen, geht der Mensch daraus hervor.

Im Menschen ist das Göttliche noch durch Nichtwissen verhüllt. Wird im Geiste durch die höhere Intelligenz diese Verhüllung hinweggenommen, wird Gott = Atman im Geist sichtbar. Nun kann der Mensch an seiner Göttlichen Verwirklichung arbeiten, was dem Tier noch nicht möglich ist, obwohl es eine Seele hat. Dem Tier fehlt also nicht die Seele, sondern nur ein entwickeltes Denkorgan, welches der Mensch besitzt.

„Jeder Mensch sollten so leben, dass er
keinem Lebewesen Schmerz zufügt.
Das ist seine höchste Verpflichtung!"
                                Shakespeare

„Spiritualität bedeutet kosmisches Erfassen
= *Einheits-Bewusstwerdung*
Der Begriff *Spiritualität* wird heute sehr leichtfertig ausgesprochen und angewandt und wird oft *mit Spiritismus verwechselt.* Die Entwicklung auf dem spirituellen Weg kann niemandem eingetrichtert oder anerzogen werden. Wir können informieren und die Rituale sowie geistige Gesetze vorleben, aber es ist gut, wenn wir keine Erwartungen damit verknüpfen. Es kommt auf die jetzige Disziplin, auf die Erfahrungen aus den Vorleben und auf den Entwicklungsgrad an, wie schnell und interessiert oder wie langsam und unregelmäßig der Einzelne an die Wahrnehmung der inneren Göttlichkeit herangeht.

Spirituelles Leben bedeutet nicht, ein isoliertes Leben zu führen. Es ist kein Zurückziehen aus der Gesellschaft und der individuellen Verantwortung, was das eigene Leben und die Familie betrifft. Im Gegenteil, es bedeutet da, wo wir leben und arbeiten, Frieden, Harmonie und Gerechtigkeit zu vertreten und entstehen zu lassen. Wenn das jeder in seinem Umfeld tun würde, *wäre die Welt bald in einem paradisischen Zustand.* Doch was ist aus dieser schönen Welt geworden und aus den darauf lebenden Menschen mit ihren ängstlichen Egoisten? Rücksichtslosigkeit und Armut, Unordnung und Gewalt. Jetzt wird behauptet, daß Gott dafür verantwortlich sei und die Frage gestellt, warum Er so etwas zulasse. Es ist nicht Gott, der diese Abnormitäten entstehen lässt, sondern der kleinliche Mensch. Ich denke, daß der Mensch gar kein Paradies will, weil es ihm dort wahrscheinlich zu langweilig wäre. Würde der Mensch sonst nicht daran arbeiten, wie auch an den anderen Dingen, die er sich wünscht?

Das Glück gibt es nur im Großen, im Grenzenlosen, in der Liebe, die zur Ausdehnung führt und nicht im Geringen, Begrenztem, im Kleinen, das zum Hass, Neid und zur Enge wird, das alles zusammenzieht. Stolz, Beherrschen, Genießen, Essen und Sex sind in der Tierwelt auch vorhanden. Doch der Mensch ist ausgestattet mit Intelligenz, Unterscheidungsvermögen, Gerechtigkeitssinn und der Fähigkeit, Wissen zu speichern und dies durch die Sprache an die nachfolgende Generation weiterzugeben. Der Mensch muss sein Bestes geben und zum Glück anderer beitragen, damit er selbst glücklich sein kann. Das unterscheidet ihn vom Tier.

„Ein Leben, das allein auf den Körper und die
Sinne gerichtet ist, ist eine tierische Existenz.
Jemand, der allein von den Gedanken und
Spielereien des Geistes und des Gemüts
beherrscht wird, ist ein Dämon. Der Mensch,
der die Verlockungen des Körpers und des
Geistes ignoriert und dem Ruf des inneren
Selbst folgt, ist Göttlich!"
          Sri Sathya Sai Baba

Vivekananda sagte einmal: „Ich kann nicht von jedem Menschen erwarten, vollständig selbstlos zu sein. Das ist nicht möglich. Aber wenn du nicht an die Menschheit als Ganzes denken kannst, denke wenigstens an dein Land; falls du nicht an dein Land denken kannst, denke an deine Gemeinde; falls das nicht möglich ist, denke an deine Familie. Geht das auch nicht, denke doch wenigstens an deine Frau und denke um Gotteswillen *nicht nur an dich selbst!"*

Der Mensch, der täglich morgens und abends zu Gott betet und Ihn liebt, der täglich seine Pflicht erfüllt, die Schöpfung verehrt und achtet, mit sich und seinem Umfeld in Freude lebt, ist so heilig wie ein Mönch = Brahmane, der den ganzen Tag nur Gott anbetet. Verschieben wir nicht die spirituelle Disziplin auf das Alter. Beginnen wir jetzt damit, wo wir jung und tatkräftig sind und wo die Motivation und die Ausdauer noch so groß sind, um mitzuwirken. Als Erbe – von unserer Göttlichen Abstammung her – ist der Mensch für hohe und edle Aufgaben zuständig, die er zu erfüllen hat. Spirituelles Verhalten bedeutet nicht nur, religiöse Lieder zu singen, Rituale auszuführen, zu meditieren, zu beten, Pilgerfahrten zu unternehmen und Mantras zu wiederholen, sondern *spirituelles Leben im tiefsten Sinne* strebt nach der Vereinigung mit Gott und dem Auflösen von animalischen Eigenschaften.

„Spiritualität bedeutet, die Göttlichen
Eigenschaften, die in uns angelegt sind,
zur Entfaltung zu bringen!"
Sri Sathya Sai Baba

Im Jahr 1980 hatte ich ein wunderschönes Erlebnis und da es in meinem Inneren stattfand, nenne ich es eine spirituelle Erfahrung. Ich will versuchen, diese Erfahrung so gut es geht zu beschreiben, doch für manches, was ich erkennen durfte, fehlen mir noch immer die richtigen Worte. Heute weiß ich, daß ich mich damals in einem *Teil-Samadhi-Zustand* befand. In dieser Bewusstheitsebene war ich sehr leistungsfähig. Ich benötigte nur vier Stunden Schlaf und hatte kaum Hunger, doch trotz wenigem Essen nahm ich an Gewicht nicht ab. Meine Konzentration war stärker als sonst und manchmal wusste ich schon im voraus, was in der nächsten unmittelbaren Zeit geschehen würde. Ich verrichtete meine gewohnte Tätigkeit, doch ich empfand es nicht mehr als Pflicht oder alsArbeit.Alles war selbstverständlich und ging wie von selbst. Ich war ohne Druck- und Zeitgefühl und trotzdem wurde alles pünktlich fertig. *Ich musste nichts mehr tun*, ich war ganz *frei von „ich muss"* bei allem, was ich tat. Da ich nicht mehr in gut und böse, in richtig und falsch dachte und fühlte, konnte ich auch nicht mehr analysieren, was besser oder schlechter war. *Diese polare Denkweise ist wie gelöscht.* Ich musste keine Gedanken mehr umwandeln und ins Reine bringen, weil ich in zwei Möglichkeiten gar nicht mehr denken konnte. Ärger und Leid konnte ich auch nicht mehr empfinden, denn ich befand mich ständig in einem *Gemütsfrieden zu* allem, was geschah und ich war glücklich und zufrieden.

Mein Bekanntenkreis nahm meine Veränderung mehr wahr als ich selbst. Ein Freund fragte bei einem Spaziergang meinen Mann: „Sag mal, was ist mit deiner Frau passiert?" Ich hörte die Frage sehr wohl und doch fühlte ich mich nicht angesprochen noch verändert. Denn in dieser Schwingungsebene waren mir diese Vorgänge nicht bewusst. Da ich ab und zu aus diesem Bewusstsein wieder herausfiel, konnte ich klar erkennen, wie ich mich in dem anderen – mir völlig unbekannten Zustand – fühlte und ich fing wieder an, unter den Umständen zu leiden und mich über sie zu ärgern. Plötzlich, am elften Tag, knallte es in meiner Brustgegend, etwa so, wie wenn man einen Korken aus einer Flasche herauszieht. Heute würde ich sagen, dass sich mein Herz-Chakra wieder verändert hat. Das war das Ende meines Samadhi-Bewusstseins. Als ich dieses bemerkte und feststellen musste, daß es kein Zurück mehr gab *in dieses Sein-Bewusstsein,* habe ich eine ganze Stunde lang geweint. Der Kontrast von meinem geistigen Erlebnis zum Jetzt war so enorm für mich und ich empfand es als einen so großen Verlust, dass ich alles dafür getan hätte, nur um diese Bewußtseinsebene wieder zu erreichen.

Es ist wie bei einem Traum. Erst nach dem Erwachen *können wir analysieren,* was wir fühlten und wie wir uns dabei verhielten. So ist es mit diesem *Sahaja-Samadhi-Bewusstsein* ebenfalls. Ich konnte erst meine wunderbaren, ausgeglichenen Gefühle, das Wohlgefühl und den Frieden wahrnehmen, – in dem ich keine Angst- oder Verlustgefühle hatte – als diese Bewusstseinsebene sich wieder aufgelöst hatte und ich mich in meiner alten Gradentwicklung wiederfand. Es fehlte mir damals jede Voraussetzung zu erkennen, was mit mir geschehen war. Nach Befragen einiger Personen erhielt ich auch keine befriedigenden Antworten. Die einen zuckten mit den Schultern, die anderen hielten mich für ein bisschen seltsam und unglaubwürdig. Darauf sandte ich meine Frage nach innen zu Gott mit der Bitte, mir das Erlebnis zu erklären. Bald darauf bekam ich ein Buch geschenkt, in dem alles genauestens beschrieben stand und ich wurde zum ersten Mal mit dem Wort *Samadhi,* sanskrit = reines Bewusstsein, bekannt gemacht.

„Wenn man die Ewigkeit in Dingen sieht,
die vorübergehen und die Unendlichkeit
in endlichen Dingen wahrnimmt, dann hat
man reine Erkenntnis!"
　　　　　　　　　　　　　　Bhagavad Gita

In diesen wunderschönsten Tagen meines Lebens hatte ich noch ein anderes Phänomen erlebt, das mich damals mehr erschreckte als glücklich gemacht hatte. Ich befürchtete, geisteskrank zu werden und schob alles auf meine Probleme, in denen ich steckte. Heute wäre ich sehr erfreut, diesen Zustand noch einmal über längere Zeit erleben zu dürfen. Damals saß mein Mann an seinem Schreibtisch und telefonierte. Ich wollte etwas Geschäftliches mit ihm besprechen, als sich plötzlich alle Konturen für etwa 5 bis 6 Sekunden auflösten. Mein Mann, der Schreibtisch, das Telefon, der Gesprächspartner am anderen Ende des Telefons und ich *waren eine Einheit.* Alles, was und wie es geschah, war für mich vollkommen in Ordnung. Normalerweise hätte mich der Vorgang sehr geärgert und mitgenommen, doch alles war ich selbst. Die Menschen, die Dinge und das Gespräch, es war kein Unterschied mehr wahrzunehmen. *Alles war und tat ich selbst.* Viele Jahre später las ich in einem Buch von *Viveka-*

nanda, daß sein *Meister* **Ramakrishna** ihn durch Anfassen für längere Zeit *in diesen Zustand des Einheits-Erlebens* versetzt hatte, den er nun beschrieb. Es war für Vivekananda das gleiche Erlebnis und die gleiche Erfahrung, die ich auch machen durfte.

Die einzelnen spirituellen Erlebnisse, die man erfahren darf, sind immer *für den Einzelnen bestimmt* und helfen ganz besonders *ihm selbst* auf seinem Entwicklungsweg weiter. Es ist noch nicht die gesamte Wahrheit, sondern es sind erst Teilstücke von Erkenntnissen, die sich mitunter in neuen Wahrnehmungen verändern und verbessern, indem man sie genauer und detaillierter erleben darf. Deshalb dürfen sie **nicht zum Prinzip erhoben** und als Lehrmeinung weitergegeben werden. Man muss abwarten, bis sich ein vollkommeneres Bild ergibt.

Alle Wahrnehmungen sind Tätigkeiten des Geistes und deshalb noch polar, in welcher Tiefe wir auch meinen, sie empfangen zuhaben. EineAusnahme macht die Inspiration, sie kommt direkt von Gott, wie das Samadhi-Bewusstsein, wo das Empfinden der Polarität aufgelöst ist. In dieser Bewusstseinsebene können wir nicht mehr analysierend denken, sondern nur neutral wahrnehmen und feststellen, unterschieds- und bindungslos. Es wäre natürlich eine große Gnade, diesen Samadhi über längere Zeit *in seiner ganzen Vollkommenheit* erleben zu dürfen.

„Eine Zurschaustellung von Spiritualität ohne
Berücksichtigung des vedischen Wissens ist für
die Gesellschaft lediglich eine Störung!"
Srila Rupa Cosvami

Spirituelle Übungen müssen im Menschen zu einem friedvollen und rücksichtsvollen Erkennen führen, das er dann innerhalb seiner Familie und in seinem Arbeits- und Freundeskreis *vorleben kann.* Ein spirituelles Leben zu führen hat eine sehr hohe Rang-Ordnung, **aber nur dann,** wenn die Familie nicht darunter leidet und keinen Mangel hat. **Der spirituelle Weg ist dafür da,** um in ein kosmisches Bewusstwerden zu kommen, um mitfühlende Liebe zu leben und Rechtschaffenheit sowie Charakter zu entwickeln.

Auf dem geistigen Entwicklungsweg müssen wir zuerst einmal erkennen lernen: Wer bin ich? Wo komme ich her? Wo gehe ich hin? Was heißt Leben? Bin ich der Körper? Bin ich der Geist? Bin ich die Seele? Was bin ich, sterblich oder unsterblich? Bin ich unvollkommen oder vollkommen? Fragen über Fragen.

Der Jnana-Yoga-Weg fördert die Erkenntnis und Unterscheidungsfähigkeit sowie die Liebe zu Gott. Das Selbstwertgefühl im Menschen wird dadurch enorm gestärkt und seine Stabilität im Umgang mit den Menschen nimmt zu. Heutige Menschen sind schnell dabei, andere zu kritisieren, zu beurteilen, abzuwerten, zu bekämpfen und sich zu rächen. Gegenwärtig findet dieser Kampf in allen Bereichen statt, in der Familie, am Arbeitsplatz und im Freundeskreis. Wo soll der Mensch hin? Wo wird er geliebt und angenommen? Das ist auch ein Grund, warum immer mehr Menschen in Sekten flüchten.

Die Lösung ist: Mensch erkenne dich selbst. Gehe in dich und lerne, wer du wirklich bist! Haben wir die *wahre Wirklichkeit* erkannt, die der Jnana-Yoga, sanskrit = Weg der Erkenntnis lehrt, lassen Schwäche und Ängste schneller nach und wir leiden nicht mehr so lange wie zuvor an ausgeteilten Ungerechtigkeiten. Wer erkannt hat, *was er ist,* erkennt auch seine Mitmenschen, was sie sind und was nicht. Beurteilen und Bewerten von Dingen, Menschen und Situationen ist nicht negativ. Es muss aber in der Wahrheit und Liebe, in der Gerechtigkeit und Fürsorge und nicht übereilt getan werden. Eine Beurteilung, über was es auch immer sei, darf nur aus der eigenen Erfahrung heraus erfolgen und nicht auf Meinungen anderer aufgebaut sein. Denn so gehandelt, vermisst jede Beurteilung die Grundsubstanz der Wahrheit und Fürsorge. Es würde zu einer negativen Schwingung = Handlung = Karma werden, was dann auf den Beurteilenden wieder zurückschwingt.

Der Jnana-Yoga öffnet Wege zur Selbstbemeisterung. Er ist voller Liebe und Achtsamkeit. Selbstbemeisterung hat immer etwas mit Beherrschung der Gedanken und Sinne zu tun. Er führt weiter in die Lehre des Monismus = Einheitslehre = Advaita, wo wir lernen, uns nicht nur polar auszurichten. Da gibt es kein mehr oder weniger, kein klein oder größer, kein schwach oder stärker, kein schön oder hässlich mehr. Da wollen wir nicht mehr bedeutsamer sein als die anderen. Das Unterschiedsdenken hört auf. Da ist Frieden, weil wir keine Vergleiche mehr anstellen können. Da gibt es keine sich bekämpfenden Gegensätze mehr, nur *Einheit aller Dinge.* Frieden entsteht, wenn es dem Menschen gelingt, auf sein egoistisches Verhalten zu verzichten und ab und zu monistisch zu denken.

Diese Gedanken sind uns ja nicht mehr fremd, denn die Wissenschaft beweist die Einheit aller Dinge immer umfassender und ausführlicher. Es ist nur noch eine Frage der Zeit, bis sie ganz und gar mit der *Lehre der Advaita* übereinstimmt. Öffnen wir uns für die Neuentdeckungen der Wissenschaft, die nur daraufwarten, dass sie den Menschen mehr bewusst gemacht werden. Lassen wir die Skepsis zu den neuen Erkenntnissen fallen, damit sich alles schneller zur Harmonie entwickeln kann.

Menschen fragen immer wieder, warum sie so viele Schwierigkeiten oder Unglück haben. Macht man ihnen die Schwingungsgesetze klar, sind sie darüber oft böse und fühlen sich angegriffen. Dass der Mensch sein eigenes Schicksal bildet, hört er nicht gerne, doch ist diese Lehre ein Weg, um aus den Schwierigkeiten herauszukommen. Da der Mensch sich aber jetzt selbst bemühen muss und auf seine Eigenleistung angewiesen ist, ist er für diese Information nicht dankbar, ganz im

Gegenteil, sie ist ihm unsympathisch. Der Mensch, der einem anderen einen Rat gibt, muss deshalb in erster Linie selbst stark sein, sonst wäre es besser, er würde seine Ratschläge für sich behalten. Betrachten Sie einmal das Wort Rat-Schläge. Man berät guten Gewissens und bekommt dafür Schläge – in Form von Schwingungen, aber auch in Form von Worten – zurück.

Ich wurde in meinem ganzen Leben sehr viel kritisiert und was noch schlimmer war, ich bekam dauernd meine Fähigkeiten und Stärken abgesprochen, so dass ich mich im Laufe der Jahrzehnte immer schlechter und wertloser fühlte. Ich war nahe daran, mich aufzugeben und mich als einen wertlosen Menschen zu betrachten. Aber ich hatte nicht mit meinem Lebensprogramm gerechnet, das anders programmiert war. So bekam ich Eingebungen, womit ich mich selbst am eigenen Schopfe herausziehen konnte. Als erstes wurde ich wieder bestärkt, meine Einstellungen in Handlungen umzusetzen. Wie mir das alles gelang und das auch noch mit Anstand, lehre ich noch heute. Denn, was mir half, hilft auch anderen.

Aufgewacht aus meiner Vernebelung, betrachtete ich dann, wie weise Menschen und Heilige sich verhielten und ich stellte fest: Sie sehen sehr wohl die Fehler eines Menschen, die aus seinem freien Willensanteil und seinen Eigenschaften entstanden sind, doch sie beurteilen uns nicht negativ und abwertend. Sie sind sachlich und neutral und wissen, dass jeder auf dem Weg der Weiterentwicklung ist, was ein Naturgesetz ist. Sie kennen und respektieren den Evolutionsweg aller Dinge, angefangen von der Amöbe bis hin zum Mensch-Werden. Die Weisen sehen den Menschen wie ein kleines Kind, das noch in eine höhere Bewusstheitsebene vordringen muss. Sie vermitteln wertvolle Lehren, die uns auf dem Pfad der Erkenntnis weiterhelfen.

Die Weisen sind voller Liebe und Kraft zu sich selbst. Sie haben ihr **Wahres Sein** erkannt und es ist schon so weit entfaltet, dass sie es auch leben können. Deshalb können sie ihre Kraft in einem bindungslosen Schwingungsaustausch weitergeben und ihre Kraft nimmt dadurch nicht ab, sie bleibt immer gleich stark. Sie sind frei von Vorurteilen und Begrenzungen, denn sie haben die einzige Wahrheit, die frei macht, erkannt. Ich habe persönlich erfahren, dass verurteilende Gedanken, Worte und Taten von schwachen Menschen kommen, die selbst noch nicht viel Stärke in sich tragen. Je weiter entwickelt die Persönlichkeit jedoch ist, desto mehr weicht die Unsicherheit von ihr und die Unwissenheit löst sich immer mehr auf. Mit der Erfahrung wächst die Toleranz und lässt die Liebe zu allem entstehen, die nun aus dem Menschen herausströmt und alles einschließt, was ihm begegnet.

Wir können eine negative Handlung jederzeit beurteilen und verurteilen, aber nicht den Menschen an sich, der die Tat veranlasst hat. Die menschliche Form ist angefüllt mit Göttlichen Aspekten, wovon die meisten ruhen und schlafen. Gut, wecken wir sie auf. Sind sie dann lebendig geworden, sprechen wir von einem erwachten Menschen. Das neue Zeitalter wird jetzt immer mehr Menschen mit solchen Göttlichen Energien und Fähigkeiten reinkarnieren. Das lässt hoffen, daß sich das jetzige Lebensniveau – vom Charakter her – verbessern wird. Erst, wenn die Menschheit wieder mehr Tugenden lebt, das heißt, die fünf menschlichen Werte entwickelt und achtet, wird der Kosmos sich erholen können. Humanität in jeder Hinsicht wird dann sichtbar, was dringend notwendig ist.

„Bist du beschränkt, das neue Wort dich stört.
Willst du nur hören, was du schon gehört.
Dich störe nichts, so seltsam es auch klinge, schon längst gewohnt der wundersamsten Dinge!"
       Johann Wolfgang von Goethe

Gewahrsein und Bewusstsein

Alles in der Schöpfung ist polar, das heisst, es gibt immer zwei Energien und zwei Möglichkeiten, die jedoch nicht als gegensätzlich anzusehen sind, zum Beispiel Tag und Nacht, groß und klein, mein und dein usw. Eines entsteht aus oder durch das andere und wird so zur Vielfalt, zur Vielfältigkeit. Gehen wir vom Menschen aus, dann hat er zwei ichs, ein persönliches ich und ein unpersönliches Ich. Das eine ist das *ich der Maya = Illusion = jiva* und das andere ist das *Ich der absoluten Wirklichkeit = Atman.*

„Wir haben zwei Seelen in unserer Brust!"
Johann Wolfgang von Goethe

Wir sind im Moment zwei Seelen, eine universelle, *ewig lebende Seele = Atman* – absolut und die einzige Realität – und eine individuelle, *vergängliche Seele = Jiva,* ein Spiegelbild der Atma-Seele und relativ. Wir sind *Bewusstsein und Bewusstheit,* wir leben in zwei Welten = Ebenen = Seinsformen, in einer universellen und in einer individuellen Ebene. Wir sind nicht entweder-oder – geben wir diese Einstellung auf. Wir sind beides gleichzeitig.

Das Gewahrsein ermöglicht das Bewusstein, Gott träumt von der Ausdehnung der Liebe. Aus dem Bewusstsein entfaltet sich der Geist, das Ego = der Jiva. Jetzt sind wir zwei Ichs, das absolute, reine, ewige, unveränderbare, liebende und allwissende *Bewusstsein = Gewahrsein* und das wechselhafte, veränderbare, individuelle und unwissende *Teil-ich,* der Geist. Wäre der Urgrund = das Gewahrsein nicht vorhanden, gäbe es kein Bewusstsein und keinen Geist. Das Gewahrsein bekommt einen anderen Namen, weil das Bewusstsein eine andere Funktion hat. Es kann dies und das wahrnehmen, das es im Gewahrsein nicht gibt. Tritt das Bewusstsein in Handlung, nennen wir es Geist.

Um es in unserer Sprache zu erklären, könnte man sagen, der Geist ist ein Topf und dessen Inhalt sind die Gedanken. Das Gemüt ist ein Topf und der Inhalt sind die Gefühle. Doch alles ist vom Bewusstsein durchdrungen, nicht vergessen. Das eine existiert nicht ohne das andere.
Der Geist ist der Diener des Bewusstseins und er schafft die Körper. Bewusstsein und Gott sind ein und dasselbe ***Ich***. Gewahrsein ist monistisch und bindungslos. Bewusstheit ist polar und mit Bindungen behaftet. Im Tiefschlaf ist keine Bewusstheit und kein Geist mehr anwesend, jedoch ist das absolute Bewusstsein immer anwesend. Es ist das Wahre Selbst. ***Gewahr-sein und Sein ist dasselbe.*** Das Gewahrsein besitzt keinen Mittelpunkt und keine Identität.

>   Die Bewusstheit kommt und geht,
>   Das Bewusstsein strahlt unwandelbar.
>   Im Gewahrsein gibt es kein Ich Bin.
>   Sri Nisargadatta Maharaj

Der Geist hat zwei Aspekte = zwei Möglichkeiten. Wenn er sich nach innen richtet, geht **der denkende Geist** in die Erinnerung, woraus er Vorstellungen und Konzepte schafft, die aus dem Jetzt und aus vergangenen Erfahrungen bestehen. Diese projiziert er jetzt als *Vorstellung von Angst oder Freude* in einen selbstgestaltenden Zukunftsplan. Wenn jetzt *unsere Intelligenz* nicht wachsam ist, das Produkt des Geistes nicht analysiert und es mit der Unterscheidungsfähigkeit begutachtet, kann mitunter eine leidvolle Situation entstehen. *Man ist wieder einmal mit den Vorsorge-Ängsten beschäftigt*, was den ganzen Tag vermiest – oder Wochen, Monate? Wir müssen lernen, uns nicht mehr vom Geist denken zu lassen, was er soeben wieder zu-sammenspinnt.
Die andere Funktion des Geistes ist, sich auf das Jetzt zu kon-

zentrieren. Hier nennen wir ihn **den arbeitenden Geist**. Er ist wie eine Nabelschnur, nur eine Verbindungsenergie zwischen dem universellen Bewusstsein und der Materie = Körper, der empfindungslos ist. Denken wir an unser Auto, das träge, unbewegliche Materie ist, bis der Fahrer = Geist es in Bewegung versetzt, wodurch es zu einem nützlichen Objekt wird. Steigt der Fahrer am Ende der Reise aus, fällt das Auto in seine Unbeweglichkeit und Intelligenzlosigkeit zurück. Das, was alles bewegt und in Schwingung versetzt und in Schwingung hält, ist das Bewusstsein = der Geist, in dieser Reihenfolge. Der Geist kann ohne Bewusstsein nicht existieren aber das Bewusstsein kann ohne Geist existieren. *Es ist der Urgrund selbst, ohne Anfang und Ende, unveränderlich.*

Der Intellekt und das Erinnerungsvermögen sind Aspekte des Geistes und der Geist ist ein Aspekt des Bewusstseins. Das, was war und was kommen könnte, lebt nur im Geiste. Im Bewusstsein gibt es weder Zukunft noch Vergangenheit. Der Geist produziert unentwegt Gedanken, viele davon werden uns nicht bewusst und doch sind sie vorhanden. Bemerken wir, was im Geiste vor sich geht, nennen wir das Bewusstheit, besser gesagt, Bewusstwerden. Doch zuerst müssen wir ein Wesen werden, dem bewusst geworden ist, *was das Menschsein bedeutet,* das Denken, Sprechen und Handeln überwacht, das seine Sinne kontrolliert und nach Wissen strebt, um dann allmählich zum universellen Bewusstwerden heranzureifen. Am Ziel steht die Befreiung von Ursache und Wirkung = *das All-Sein.*

> „Der Geist ist ein Teil der Natur. Ängste und
> Begierden werden vom Geiste erschaffen. Was
> für eine Welt kann jemand erschaffen, der
> dumm, gierig und herzlos ist?"
> Sri Nisargadatta Maharaj

Non-Dualismus, monistische Denkweise

Die Advaita-Philosophie ist die einzige Nur-Sichtweise, **die** höchste Philosophie, in der die einzige Realität gelehrt und beschrieben wird und das *ist Gott = alles ist Gott.*

Der Mensch wird verstehen lernen, dass er sich *dual oder mo-nistisch* verhalten und denken kann. So kann er dann situationsgerecht das eine oder das andere einsetzen. Man kann nicht generell sagen, dass die eine Sichtweise richtig oder falsch sei, es kommt auf die Umstände an. Wir müssen auch hier im spirituellen Denken lernen, in verschiedenen Bewusstheitsebenen und Dimensionen zu denken und zu leben = zu Sein. Wir können uns in unserem Auto oder in unserer Wohnung aufhalten, doch im Auto leben wir ein anderes Verhalten als in der Wohnung und wir können nie beides gleichzeitig sein oder leben. Aber deshalb kann nicht gesagt werden, das eine sei richtig und gut und das andere sei falsch und schlecht. Von einem hohen Berggipfel aus wird die Aussicht anders beschrieben als vom Tal aus gesehen. Keine Beschreibung ist falsch oder richtig. Sie ist *eben anders.*

Wenn wir alles – nur von einem Punkt oder einer Sichtweise ausgehend in der polaren Welt – beschreiben wollen, macht das eng und alles wird begrenzt gesehen. Es gibt viele Möglichkeiten, die Schöpfung zu beschreiben. Ebenso sind die Erfahrungen und die Erlebnisse in spiritueller Hinsicht individuell ganz verschieden. Dieses anzuerkennen, auch wer dasselbe noch nicht erlebt hat, ist tolerantes Verhalten. Doch in der heutigen Zeit werden solche Erlebnisse und Betrachtungsweisen verspottet und verunglimpft. Das ist leider eine traurige Tatsache.

Vom *polaren stofflichen Denken* ausgehend müssen wir besser für das Alter vorsorgen oder ein Haus bauen, Kinder bekommen, einen Beruf erlernen, ein Geschäft aufbauen und vieles mehr. Dabei lernen wir ganz nebenbei eine wichtige Tugend, *den Verzicht.* Verzichten zu können macht frei und es ist besser, wir üben es freiwillig, als vom Schicksal dazu gezwungen zu werden.

Vom monistischen, spirituellen Denken ausgehend hören viele Vorplanungen auf, ebenso das Denken an das Morgen oder Gestern. Man lebt im *absoluten Jetzt*.

Der polar denkende Mensch betrachtet alles, was ist, als *Vielfalt und voneinander getrennt existierend.* Für ihn ist alles individuell und die Einheit eine Täuschung.

Der monistisch denkende Mensch betrachtet alles, was ist, als *Einheit und daß nichts voneinander getrennt existiert.* Für ihn ist alles universell und die Vielfalt eine Täuschung des Geistes = der Maya.

Polares Denken ist ein kindhaftes Denken. Erwachsen zu werden ist ein Entwicklungsprozess, der mit viel Üben und Disziplin verbunden ist.

Monistisches Denken ist ein reifes Denken und es muss nichts erwachsen werden in seiner Entwicklung. Das sind nur Namen und Formen, die kommen und gehen. Die wahre Wirklichkeit des Menschen ist *derAtman = das Ich Bin = der Christusfunken.* Er ist unveränderbar, allwissend und ewig.

Polar gesehen habe ich einen Körper, aber ich bin nicht dieser Körper. *Monistisch* gesehen bin ich nicht dieser Körper, ich bin reines, ewiges Gewahrsein.

Polar gesehen entsteht aus dem Bewusstsein der Geist. Anfänglich war der Geist rein und jungfräulich. In der Zwischenzeit ist der Geist unrein geworden. Jetzt muss alles wieder in die Reinheit zurückgeführt werden.

Monistisch gesehen war nie etwas unrein und wird es auch nicht werden.

Wir leben in zwei Welten, in einer relativen Welt und in einem Sein der absoluten Realität und zwar gleichzeitig. Das darf uns nicht verwirren. Menschsein bedeutet, diese beiden Möglichkeiten zu verstehen. Einmal sind wir in einem Traum in der relativen Welt, dann sind wir im Bewusstsein in der absoluten Realität. Wir dürfen es jedoch nicht als gegensätzlich ansehen. Das eine nennen wir Schöpfung, das andere Göttliche Einheit. Doch die Schöpfung ist ebenso Gott, alles ist Gott, auch der Traum, den Gott träumt, ist Gott. Der Träumer ist *die Realität, das was Er träumt, ist relativ* und alles hat seine Berechtigung. Ich, der Atman, kann mich als der Träumer empfinden oder als der sich im Traum Befindende. *Nicht nervös werden, lass los.* Jeden Tag ein bisschen monistisches Denken üben, bis es selbstverständlich geworden ist.

Der weise Mensch offenbart, *dass er alles ist,* das höchste himmlische Wesen und die kleinste Form, *dieAmöbe,* alles ist er. Was in der Zwischenzeit geschah, das kümmert ihn nicht. Es genügt ihm zu wissen, daß er alles ist. Obwohl er sich in der Welt befindet und sie wahrnimmt, bleibt er in der Gelassenheit, weil er weiß, außer dem *Wahren Selbst* gibt es *keine Existenz.* Denken wir an den Ausspruch von *Jesus:* „Ich bin nicht von dieser Welt."

Polar gesehen geschieht jetzt ein Sinneswandel. Wir bleiben in unserer Pflicht, im stofflichen Geschehen verändert sich nichts. Nur arbeiten wir nicht mehr für unsere Körperbedürfnisse, die Firma, die Familie und die Sinne, sondern wir arbeiten und leben für Gott.

Monistisch gesehen ist die Familie, die Firma, dieArbeit usw. alles Gott. Da es ausser Gott nichts gibt, tun wir alles für Gott., im Endeffekt tun wir alles für uns selbst.

Denken wir jetzt nicht an das Geld, das wir nicht haben oder dringend benötigen, denken wir vom Prinzip ausgehend, *nicht individuell sondern universell.* Das Geld gibt es nicht schon immer, aber jetzt gibt es genug davon auf der Welt. Jedoch ein paar Egoisten, die sich in Machtpositionen befinden, bringen es fertig, den größten Teil für sich zu organisieren. Es ist möglich geworden, daß ein Diktator Millionen in die Schweiz auf sein Konto verschiebt, während sein Volk verarmt und verhungert. Wir haben nicht zu wenig Geld, sondern wir haben zu wenige rechtschaffene Menschen mit Charakter. Vor 7.000 Jahren hätten wir diese Lehre bestimmt besser verstanden, denn da gab es keine so großen Unterschiede zwischen reich und arm. Man arbeitete um der Arbeit willen und arbeiten war selbstverständlich. Wenn wir Mensch geworden sind und wir uns über das Tierreich erhoben haben, wird es gleichzeitig unsere Pflicht zu arbeiten. Eine höhere Entwicklung bringt eine höhere Verpflichtung und mehr Verantwortung mit sich.

Polar gesehen sind wir uns des Träumens nicht bewusst, erst wenn der Traum beendet ist, werden wir uns des Traumes bewusst und eine andere Wirklichkeit beginnt. Doch diese Denkweise ist für uns ganz neu und muss deshalb geübt werden, dann kann sie in Teilbereichen verwirklicht werden und wir werden ihre Nützlichkeit erkennen und erfahren.

Monistisch gesehen befinden wir uns in einem Traum.

Der *polar* denkende Mensch will Gutes tun, um Glück zu bringen, er handelt noch in einer Absicht. Er will dem Negativen ausweichen, das auf ihn zukommen könnte.

Der *monistisch* denkende Mensch tut die Dinge um des Tuns willen und nicht, weil es einen Vorteil oder Nachteil bringen könnte. Er ist frei von Bindungen, die in Absicht handeln. Er denkt nicht dauernd an die Konsequenzen, die entstehen könnten, wenn er das eine tut und das andere unterlässt. Wir müssen jetzt zum Beispiel jemanden anrufen, aber es wird Krach geben. Wenn wir später anrufen oder gar nicht, gibt es auch Ärger. Was nun? Mitunter haben wir Schuldgefühle, nicht richtig zu handeln. Doch wenn wir das Ego-Verhalten eines anderen Menschen immer gewähren lassen und die Fehler von anderen Menschen rechtfertigen, führt das zum eigenen negativen Karma, für die wir dann einzustehen haben. Deshalb ist es wichtig für den Menschen, die Gesetze der Ethik, der Moral und der Rechtschaffenheit = dharma zu studieren.

Wir müssen uns *in der Unterscheidungsfähigkeit üben,* um herauszufinden, wie wir uns am besten nach dem Göttlichen Willen verhalten können. Haben wir die Gesetze, die zur dualistischen Welt gehören, gelernt, dann lernen wir, das monistische Denken zu verstehen. **In dieser Reihenfolge** und nicht umgekehrt muss vorgegangen werden. Bevor wir das Einmaleins nicht beherrschen, werden wir keine größere Rechenaufgabe in Zufriedenheit lösen können.

Die Heiligen haben aus diesem Grunde ein so zufriedenes Leben und strahlen eine starke Liebe aus, weil sie monistisches Denken nicht nur erkannt haben, sondern weil sie es schon leben können. Sie sagen zu uns: *Wacht auf aus eurem Traum!* Sie wollen uns sagen: *Ihr seid nicht relativ, polar und vergänglich,* schon gar nicht in Sünde geboren, sondern *ihr seid Ewiges Sein, das Wahre Selbst = Atman.* Die Gegensätze von gut und böse, von Freud und Leid, von Sympathie und Antipathie sind einem dauernden Wechsel unterstellt, nichts bleibt wie es ist in der Polarität. Es sind die **Gunas,** sanskrit = Bindungen, die autonom kommen und gehen und für den Wechsel sorgen.

Der weise, befreite Mensch = Meister ist mit seinen Gedanken nicht mehr mit Tun und Nicht-Tun beschäftigt, er will nichts mehr festhalten oder loslassen. Er hat keine Sorge, etwas richtig oder falsch zu tun. Er tut in der Liebe zu Gott spontan das, was auf ihn zukommt. Er denkt nicht mehr über Gesetze = Ordnung nach, er ist zur Ordnung geworden.

Der noch im Ego verhaftete Mensch wird sich immer wieder gedanklich mit Handeln beschäftigen. Er muss noch seine Sinne und Gedanken kontrollieren und analysieren, steuern und umwandeln. Er sehnt sich nach Frieden und Freiheit. Solange wir noch in diese Bewusstheit sind, können wir keinen **andauernden Frieden erreichen,** wir erhalten ihn nur zeitbedingt, denn er kommt und geht. Erst wenn wir keinen Frieden und keine Freiheit mehr haben wollen oder anstreben, weil wir erkannt haben, dass wir alles schon sind und uns immer mehr von dem Gedanken lösen, etwas tun zu müssen, werden wir Frieden und Freiheit *Sein*. Welche Namen wir auch verwenden, sie gehören zur polaren Welt und sind von Eigenschaften durchdrungen. Nur das *Wahre Selbst* ist unpolar, eigenschaftslos, namenlos. *Es ist Vollkommenes Sein, absolutes Bewusstsein.*

Meine persönliche Erfahrung ist die: Sobald ich bemerke, dass ich jetzt zufrieden bin, hört das Gefühl auf und ich bin es nicht mehr. Da wir aber noch am Lernen sind, dürfen wir nicht denken – ich will meinen Frieden –, sondern *ich bin der Frieden selbst*. Sei Frieden = Sein. Denken wir nicht, ich bin gesund, glücklich und wohlhabend, denn so können wir auch das Gegenteil denken. Besser ist zu denken, *ich bin Vollkommenes Sein,* ewige Glückseligkeit.

> „Der Mensch muss Gott werden! Das ist seine
> Bestimmung, das ist der Schöpfungsplan. Deshalb
> ist er – wie kein anderes Wesen – mit dem Schwert
> des Unterscheidungsvermögens und dem Schild
> der Entsagungsfähigkeit ausgerüstet!"
> Sri Sathya Sai Baba

Alles ist Gott, alles ist vollkommen, ausser Gott ist nichts. Diese Erkenntnis üben wir in der Meditation – weil wir immer noch denken, es noch nicht zu sein und weil wir vergessen haben, was wir sind – dann werden wir Momente, Minuten, Stunden, Tage oder Wochen erfahren, wie es ist, im Sein zu sein und wie es ist, in dieser Liebe eingehüllt zu leben, ganz selbstverständlich, leicht und mühelos. So lange wir üben und wollen, wird unsere Disziplin und Ausdauer gestärkt und unsere Bemühungen werden belohnt werden durch ein *Aha-Gefühl* und ein neues uns unbekanntes Bewusstsein, das schon immer anwesend war, wird sichtbar und erfassbar. Werden wir jetzt nicht ungeduldig oder verzagt. *Wir sind ja schon auf dem richtigen Weg.* Ganz plötzlich können wir loslassen und haben kleine erkennende Lichtblicke, wie es sein könnte und wissen ganz genau, ***ich bin das Ist, das Sein, der Atman, das Wahre Selbst***. Wir sehen die Vielfalt und wissen, dass alles – einzig und allein – Gott ist. Es gibt keine Individualität, *nur universelles Sein*. Im Sein hören alle Gegensätzlichkeiten auf zu existieren. ***Das Sein ist monistisch***.

> „Wenn ihr euch selbst in allen Wesen und
> alle Wesen in euch selbst seht, dann habt ihr
> die Wirklichkeit erkannt!"
> Sri Sathya Sai Baba

Da wir noch keine befreiten Wesen sind, sind wir noch am Üben und Bewusstmachen der Realität. Doch was müssen wir üben? Das ist die Frage. Rituale, die uns immer wieder an die Polarität binden oder Übungen, die uns die Einheit aller Dinge bewusst werden lassen? Wenn wir ausserhalb von uns noch etwas Existierendes anerkennen – also noch etwas erreichen wollen oder werden könnten – wenn wir nur lange genug üben würden, ist **noch polares Denken**. Man übt, die Untugenden loszuwerden, fühlt sich schuldig und unwohl, wenn man nicht genug meditiert hat oder fühlt sich schwach und unbeständig und macht sich Vorwürfe, nicht besser zu sein, denn man muss ja immer besser werden. Solche Gedanken schwächen das Wesen viel mehr als sie ihm nützen. In der Zeit, wo wir uns mit unseren Fehlern kritisierend herumschlagen und viel unnütze Energie vergeuden, können wir dieselbe Energie *für monistische Übungen einsetzen,* zum Beispiel: durch Beten oder den Namen Gottes so schnell zu wiederholen, daß sich keine negativen Gedanken mehr dazwischen schieben können.

Ich sage zu meinem Geist, dass seine alten, unrichtigen Gedanken, Gewohnheiten überholt sind und dass meine Bewusstheit sich erweitert hat und zu neuen Erkenntnissen vorgedrungen ist. Ich sage zu meinem unwissenden Geist: Wahrlich ich sage dir, Gott ist in mir und ich bin in Gott, alles ist Gott, alles ist vollkommen. Ich sage ihm, daß er meine neuen Erkenntnisse für seine künftigen Planungen verwenden soll und seine alten, falschen Strukturen aufgeben muss.

Das Böse und Unvollkommene sind nicht in der menschlichen Natur zu finden, sondern in der Art und Weise, wie der Mensch seinen Geist gebraucht. Die Form Mensch ist gut und vollkommen, jedoch sein Geist kann in Böse und in Unvollkommenheit denken. Wenn die Höhere Intelligenz im Menschen schläft, führt der Geist schlafwandlerisch das aus, was die Sinne ihm eingeben. Wenn der Mensch mit seinem erwachten Bewusstwerden das herausfindet, wird er aufhören, Böses zu tun und sich nicht mehr für unvollkommen halten. Nur weil der Mensch seinen Geist falsch anwendet und ihn nicht bremst, kann man deshalb nicht sagen, der Mensch sei böse. Es ist richtig zu sagen, dieser Mensch hat einen bösen Charakter, hat böse Eigenschaften oder er hat einen bösen Geist.

Das Tier wird von der Natur gelebt und ist für seine Handlungen nicht verantwortlich. **Der Mensch** hat in diesem Entwicklungsgrad einen freien Willen und ist somit für seine Gedanken und seine Handlungen verantwortlich. Mit seinem Intellekt und seinem Unterscheidungsvermögen kann er Positives und Negatives erkennen. Es kommt jetzt darauf an, wie weit er schon seinen Geist und seine Gefühle beherrschen kann und wie weit *der Atman in ihm schon lebt*.

Buddha wurde einmal von jemandem gefragt: Was ist der Unterschied zwischen uns beiden? *„Keiner"*, antwortete Er spontan. „Doch halt, einer ist da. Ich weiß, daß ich Göttlich bin und verhalte mich Göttlich. Du weißt nicht, daß du Göttlich bist und deshalb verhältst du dich nicht Göttlich!"

Wacht auf aus eurem Traum und erkennt euch selbst! Wir müssen nicht unsere Untugenden bekämpfen, wir müssen unsere Unwissenheit bekämpfen und die Untugenden haben *keine Basis = keine Grundlage mehr zu gedeihen.* Doch wir zäumen das Pferd am Schwanz auf. Wir wiederholen, ich bin gesund, zufrieden, ordentlich, pünktlich usw. Von allen diesen Eigenschaften machen wir Suggestivsätze, die wir dann mit Ausdauer und Geduld üben. Ich selbst habe ebenso begonnen, bis ich bemerkte, daß eine Energie, die voller Kraft ist, fehlte – ***Gott.*** Ich begann, diese Kraft meinen Suggestionen hinzuzufügen und siehe da, es stellten sich ganz langsam Erfolge ein. Ich formulierte dann so: *„Durch dich, Gott Vater in mir, bin ich tatkräftig und in Harmonie."* Untugenden zu bekämpfen, mit der Absicht sie aufzulösen, sind noch polare Übungen. Wir identifizieren uns täglich mit der Polarität und die Erfolge lassen auf sich warten.

Wenn wir mit dem ***Göttlichen Licht*** arbeiten und *Es* in unserer Vorstellung durch unseren ganzen Körper fließen lassen, muss die Dunkelheit = Unwissenheit weichen, alles wird erhellt und klar. Die Göttliche Wahrheit teilt sich unserem Geist mit und wir benötigen nicht mehr so viele Suggestivsätze. Es wird nicht mehr überlegt, welche Untugenden abzubauen, umzuwandeln oder aufzulösen sind, sondern wir machen uns ***die Ursubstanz bewusst.*** Wir üben uns im Einheitsdenken und dabei werden Probleme und Untugenden nicht berücksichtigt. Wir lösen uns von den Bindungen, von negativen Eigenschaften und der polaren Sichtweise. Wir verinnerlichen uns die einzige wahre Wirklichkeit, zum Beispiel:

„ Ich bin Göttliche, liebende Lichtenergie. Meine wahre Wirklichkeit, meine Ursubstanz ist Atman. Ich bin ewiges vollkom-

menes Sein, ewige Glückseligkeit und unsterblich."

Das sind Übungen, die uns aus der Polarität herausentwickeln, die uns den Monismus bewusst machen und unsere Unwissenheit zum Verdampfen bringen. Identifizieren wir uns noch mit unseren Untugenden und dem Körper, stärken wir *die Polarität und das Getrenntsein*. Erkennen wir, daß die ganze Schöpfung Gott = Atman ist, stärken wir *den Einheitsgedanken = den Monismus*.

Doch trotz aller Erkenntnisse, wie es sein könnte oder sein müsste und wie sich befreite Wesen verhalten und denken, muss jeder *seinem Reifegrad entsprechend* anfangen zu üben und an sich arbeiten. Die schöpferischen Gesetze nicht nur zu erkennen, sondern sie auch anzuwenden, ist das, was wir üben müssen. Das Erkennen ist nicht so schwer zu erlernen, doch das Anwenden muß erarbeitet werden. Deshalb müssen wir noch lesen und Naturgesetze lernen, beten und meditieren. Wir müssen die Liebe kultivieren, um das Wahre Selbst zu erfassen. Erst wenn wir das Höchste Sein, das *Ich Bin* geworden sind, hören alle Wünsche auf. Alle stofflichen und spirituellen Anstrengungen, Übungen und Unterscheidungsfähigkeiten werden überflüssig und der Geist wird frei sein von der Vorstellung, handeln zu müssen.

Es ist selten möglich, dieses Ziel in einem Leben zu erreichen. Sind wir zufrieden mit dem, was wir bis jetzt erreicht haben, das ist doch auch eine ganze Menge. Auf dem spirituellen Weg kann uns, ebenso wie im weltlichen Wettbewerb, *der Größenwahn –* was wir sind oder werden wollen – sehr zu schaffen machen. Wir müssen so, wie wir sind, glücklich und zufrieden sein und in aller Ruhe und mit Geduld weiter üben. *Wir werden das Ziel in Gleichmut erreichen.* Mehr sein zu wollen, als was wir im Moment sind, ist Ego-Verhalten. Nicht erkennen zu wollen, was wir wirklich sind, *Atman*, ist ebenso Ego-Verhalten. Wir können uns erst wie ein Meister benehmen, wenn wir ein Meister geworden sind. Wir können jedoch ein Meister-Verhalten erforschen und üben, um ein Meister-Denken, -Sprechen und -Handeln zu zeitigen. Doch alles benötigt Zeit.

„Eins ist in Allem und alles in Einem.
Indem man allein darauf achtet, enden alle
Sorgen, nicht vollkommen zu sein!"
Der Dritte Patriarch des Zen

Alles ist Brahman, um diese Seins-Energie, dieses Bewusstsein erleben zu dürfen, darum müssen wir beten. Ohne spirituelle Erfahrungen werden wir immer wieder große Zweifel und Schwächen erleben. ***Die Erfahrung stabilisiert*** den Menschen und gibt ihm Kraft, seinen Entwicklungsweg nicht zu verlassen oder lange anzuhalten. Die Trägheit sagt, mache ein andermal weiter oder das ist nutzlos, lass es sein. Spirituelle Erfahrungen stärken und verändern uns schneller als jahrelange mentale Rituale. Sie lassen uns ahnen, was ***Sein = Gott*** bedeutet. In negativen Situationen werden wir an diese Erlebnisse erinnert, wodurch die Angst zurücktritt und das Vertrauen in die Wahrheit hervorkommt. So können wir in kürzerer Zeit die Lebensbedingungen besser einordnen und bewältigen. Es geht meist darum, *die Angst und den Zweifel* in den Griff zu bekommen, ohne sie zu verdrängen. Angst ist ein Gefühl der inneren Unruhe und negativer Ahnungen, oft sind es nur Vorurteile bis hin zur Panik.

Mit dem Unterscheidungsvermögen werden wir herausfinden, dass alles *Gott = Atman = das Wahre Selbst* ist. Danach brauchen wir keine Unterscheidungsfähigkeit mehr. *Was könnte jetzt noch untersucht und unterschieden werden?* Solange wir uns jedoch noch nicht **als das Eine** sehen und empfinden können, benötigen wir die Unterscheidungsfähigkeit als Hilfsmittel, die Einheit zuerkennen. Wenn wir ein Schmuckstück betrachten, ist es nicht so wichtig festzustellen, ob es ein Armband, ein Ring oder eine Kette ist. Wichtig ist zu erfahren, aus welchem Metall es hergestellt wurde, nur das zählt. Es ist unwichtig, zu unterscheiden, ob es eine große oder eine kleine Welle ist, ob sie schäumt oder nicht. *Alles ist das Meer,* das allein zu wissen, ist ausreichend und wichtig. Das Meer lässt die Welle entstehen, erhält sie und lässt sie wieder zurückfließen. Die Form ist nicht so interessant wie der Ursprung. Sobald wir uns *als das Meer, als die Einheit und als den Atman* erkennen können, brauchen wir uns nicht mehr um *die Form und das Teil zu* bemühen, denn die Form und das Teil ist ebenso nur individuell und zeitlich begrenzt. Ich, der Mensch = Welle, bin individuell, das ist **polares** Denken. Ich, der Mensch = Meer, bin universell, das ist **monistisches** Denken.

Die Advaita will uns das wieder in unsere Bewusstheit rufen, was der schlafende, sich im Traum befindende Mensch *vergessen hat.* Werden wir wach und erkennen, daß wir nie etwas anderes waren als das *Wahre Selbst,* dass wir nichts werden und nichts vollbringen müssen, weil wir alles schon sind, alles schon vollbracht ist und es nie anders war oder sein wird. Alles, was wir glauben, noch zu werden und vollbringen zu müssen, *ist eine Illusion des Geistes.* Wir **waren** nichts anderes, wir **sind** nichts anderes und wir **werden** nichts anderes als *das Wahre Selbst = Gott,* das unsere Ursubstanz ist. **Das ist moni-stische Philosophie = Advaita.**

„Die Erlösung findet statt, wenn die Urenergie
= Atman Ihr eigenes Licht erstrahlt. Sie ist der
Zustand *des Einzelwesens = Jiva,* welches
die Täuschung abgeschüttelt hat!"
        Sri Sathya Sai Baba

Wenn wir in der polaren Welt etwas müssen oder eine Aufgabe haben, dann ist es, **Gott zu lieben,** alles andere ist nur Beiwerk, bis wir dieses vollbracht haben. Gott zu lieben ist der wichtigste und der einzig richtige Gedanke beim Sterben.

Bitte denken wir jetzt nicht, daß das ein Freibrief ist für die Untätigkeit. Auszusteigen aus allen Verpflichtungen ist nicht das Ziel. Noch sind wir in einer Körperverdichtung, die verhindert, uns auszudehnen, jedoch unser Geist kann auf Ausdehnung trainiert werden und muß sich nicht statisch, begrenzt verhalten. Eine Nur-Einstellung aus der Sichtweise der *Polarität* macht kleinlich, begrenzt, dogmatisch und fanatisch. Die ganze Schöpfung zieht sich bei diesem engen Denkvermögen zusammen. Und wo bleibt da Gott in seiner unendlichen und unbegrenzten Allwissenheit? Um das Karma-Rad anzuhalten, sind monistisches Denken und Erfahren auf polarer Ebene wichtige Zweige am Baum der Erkenntnis. Wenn wir die Formen, Namen und Eigenschaften betrachten, wenden wir die **polare Denkweise** an. Wenn wir die allem zugrunde liegende Ursubstanz = Atman erkennen, wenden wir die **monistische Denkweise** an. Wir müssen uns von der Ebene des polaren Denkens auf die Ebene des monistischen Denkens weiterentwickeln.

Brahman = Gott, **Atman** = göttlicher Lichtfunken, **Anu** = Atom, sind Sanskrit-Wörter und alles ist dasselbe. Drei Wort-Bedeutungen für **das eine Prinzip**. Monistisches Denken ist wie folgt:

> „Der Weise besiegt seine Vergangenheit, indem
> er sich nicht länger zur Schöpfung, sondern nur
> noch zum Schöpfer bekennt. Je mehr er sich
> seiner Einheit mit Gott bewusst wird, umso
> weniger Macht wird die Materie über ihn haben!"
>
> Paramahansa Yogananda

Ich erzähle Ihnen ein Erlebnis von mir, das ich dank monistischer Übungen erfahren durfte. Eines Abends, als ich von zu

Hause wegfuhr, war mit meinem Auto irgend etwas nicht in Ordnung. Immer, wenn ich auf 5 km/h Geschwindigkeit herunterkam, setzte der Motor aus. Ich musste an diesem Abend ins Bühlertal und spät in der Nacht wieder nach Baden-Baden zurück. Da ich immer wieder langsamer fahren musste, ging ständig der Motor aus. Beim zweiten Mal sagte ich laut in meinem Auto zu mir: *Lieber Gott Vater in mir,* Du fährst jetzt bitte das Auto ins Bühlertal und heute Nacht wieder zurück nach Hause und morgen früh in die Autowerkstatt. Dann kann geschehen, was will. Diese Worte zweifelte ich nicht an und ich bekam keineAngst, wenn der Motor wieder ausging.An diesem Abend fragte mich eine Schülerin, ob sie bis nach Bühl mitfahren könnte. Als sie in Bühl ausstieg, sagte sie zu mir: „Glauben Sie, dass Sie mit diesem Auto nach Hause kommen?" Ich antwortete ganz bestimmt und selbstsicher, „Ja natürlich." Kaum war ich zu Hause, rief sie an und wollte wissen, ob ich schon angekommen wäre. Sie meinte, da haben Sie aber Glück gehabt. Das Glück, das ich hatte, war mein monistische Bewußtheit, in welchem *ich mich befand und blieb*. Ich war im absoluten Vertrauen zu Gott und meine Denkweise veränderte sich nicht. Als ich am anderen Tag in der Werkstatt ankam, zeigte mir der Automechaniker zwei Drähte, die nicht mehr zusammen waren und fragte mich: "Wie sind Sie hierher gekommen?" Ich antwortete: *fahrenderweise*. Ich stand noch mit einem anderen Herren, der bedient werden wollte, vor der Garage und wir hörten, was der Mann in der Werkstatt zu seinem Kollegen sagte: „Du, da draussen steht eine Frau, die fährt ohne Kontakt mit ihrem Auto herum!" Der Herr, der neben mir stand, sah mich mit einem langen Blick an, der besagte, wo kommen Sie denn her. Dann wandte er sich kopfschüttelnd von mir ab.

Als ich wieder zu Hause war und klar denken konnte, wurde mir erst deutlich bewusst, was in dieser Auto-Situation vor sich gegangen war. Ich befand mich in einem unpolaren Zustand. Ich überlegte, wie hätte ich noch vor ein paar Jahren in der gleichen Situation gedacht. Es wurde mir klar, ich hätte nur negative Befürchtungen gehabt. Angst, daß ich nachts mit meinem Auto auf der Straße stehenbliebe, weit und breit kein Mensch wäre, der mir helfen könnte und daß ich kilometerweit zu Fuß gehen müsste. So war es aber nicht mehr.

Dieses Erlebnis war ein Ergebnis von jahrelangem monistischen Training, das besagt, dass alles Gott ist und alles in der Göttlichen Liebe geschieht. Leider kann ich das unpolare Seins-Bewusstsein nicht immer heranholen, wie ich will. Ich kann nur geschehen lassen, was geschieht und hoffen, dass, wenn ich in einer schwierigen Lage bin, in diesen erleuchteten Zustand wieder hineinfallen darf. Hinterher zählt nicht mehr die Situation, die gemeistert wurde, sondern nur der friedvollen Stimmung und die Freude, so etwas erlebt zu haben. Es ist wie eine Droge, eine *Droge der Seligkeit.* Man fühlt sich so mit Gott verbunden und Ihm so nah, daß für ein anderes Denken und Fühlen kein Platz mehr ist. Das Geschehnis selbst tritt in den Hintergrund und wird *ganz unwichtig, total unwichtig.*

Es ist nicht so, dass wir jetzt nur noch monistisch denken und polares Denken als falsch betrachten dürfen. Nein, monistisches Denken *ist ein erweitertes Denken.* Wir müssen es zum polaren Denken hinzunehmen, denn so können wir von Fall zu Fall entscheiden, welche Denkweise jetzt in dieser Situation am effektivsten wäre.

„Da gibt es diejenigen, die meinen, die Welt
existiere und sei Wirklichkeit. Da gibt es
diejenigen, die meinen, die Welt existiere nicht
und sei keine Wirklichkeit. Nur wenige
Gesegnete gibt es, die darüber nicht nachdenken,
sondern immer still im absoluten Sein ruhen!"

Astavakra Gita

Was ist das Ich im Menschen?

Der Mensch von heute erforscht alle möglichen Bereiche und Zustände, erforschen wir einmal *das Ich*. Unser spiritueller Fortschritt und Wandel sind auf diese *Selbsterforschung und Selbsterkenntnis* angewiesen, wollen wir aus dem Leiden und dem Rad der Wiedergeburt aussteigen.

Ist das Ich unser Körper? Denn wir sagen, *ich* bin ganz gesund oder *mein* Körper ist krank. Wir sagen, *mein* Fuß tut mir weh oder *meine* Nerven sind stark. Ist es also etwas, was ich besitze? Wir sagen ebenfalls mein Haus, mein Betrieb, mein Auto, mein Chef, meine Mitarbeiter, meine Kinder, mein Hund, mein Urlaub und meine Möbel. Doch zu allen Arten von **Mein** haben wir unterschiedliche Einstellungen und Besitz-Empfindungen. Und wir wissen ganz genau, dass wir alle diese *Mein's* nicht sind und sie nicht uns gehören, denn sie kommen und gehen. Dies bedeutet, dass sie von uns verschieden sind.

Wenn wir aber doch *mein Körper* sagen, dann denken wir, ***das bin ich***. Dieser Körper ist nicht das ***Ich Bin***, denn er ist unbeständig, dem Wandel unterstellt und von mir verschieden. Er ist nicht *das Wahre Ich*. Wenn der Körper das *Wahre Ich* wäre, könnte dann das *Wahre Ich* vom Körper getrennt werden? Das *Ich* kann nur von etwas getrennt werden, wenn es das *Wahre Ich* nicht ist. Das *Wahre Ich* ist unverwandelbar und von nichts getrennt. **Ego** = **ich** ist subjektiv und wandelbar.

Trennen wir uns gedanklich von dem *falschen ich*, dem individuellen ich, dem Körper-ich und erkennen wir durch Selbsterforschung das *Wahre Ich*, das universelle Ich, das **Atman Ich**. Dieses *Wahre Ich* umgibt sich vorübergehend mit Namen und Formen, um am Göttlichen Spiel teilzunehmen. ***Das Wahre Ich ist absolutes Bewusstsein*** und Glückseligkeit. In der Hingabe und Liebe = Prema zu Gott ist Es ab und zu wahrnehmbar.

„Die ich-Bewusstheit kann nicht die Gesamtheit des Individuums ausmachen, denn es verschwindet täglich im Tiefschlaf, dennoch erfährt die Kontinuität des individuellen Seins keine Unterbrechung!"

Sri Ramana Maharshi

Mensch erkenne dich selbst ist ein Aufruf zur Selbsterforschung *des Ichs,* um die absolute Wahrheit zu erfassen. Mit unserer erkennenden Bewusstheit ist das gar nicht so schwer zu erreichen. Viel schwerer ist es, in dieser Erkenntnis fest verankert zu bleiben. Die Welt in ihrer Faszination, in ihrem geschickten Manöver, die Sinne zu reizen und zu täuschen, lässt durch das *Ego ich das Wahre Ich* in Vergessenheit geraten. Doch bleiben wir täglich im Gespräch mit Gott und umgeben uns mit den Menschen, die das gleiche Ziel anstreben, dann werden wir erfahren, daß das *Wahre Ich* die innere Führung übernimmt, den Willen stärkt und die Selbstbewusstheit entfaltet. Dadurch wird das *Ego ich* harmonisiert und ruhiger.

Alles, was sich verändert in Form und in Namen, ist an die Zeit gebunden und hat somit eine relative Beständigkeit. Der Mensch ist Geist, Name, Form, Unterbewusstheit und Eigenschaften und sagt zu dieser Ansammlung von Dingen– *ich.* Da diese Dinge nach dem Tod für die Hinterbliebenen nicht mehr sichtbar sind, sagt der Mensch, ich muss sterben. Das *Wahre Ich,* das alle diese Dinge erschaffen hat und erhält, stirbt nicht. Es ist unveränderbar und dem Wechsel und der Zeit nicht unterstellt. Wenn das *relative ich* stirbt, stirbt auch hier nicht alles. Es verändert im Jenseits nur Strukturen wie Körper und Namen. Das *ich =jiva,* die individuelle Persönlichkeit lebt im Jenseits weiter als Energieerscheinung mit allen Eigenschaften, Einstellungen und Gewohnheiten, die im feinstofflichen Körper gespeichert sind, um auch dort seine individuellen Erfahrungen zu machen, bis die Persönlichkeit wieder reinkarnieren muss.

Wenn wir in Zukunft ich sagen, müssen wir erkennen, dass damit nicht der Körper mit seinen Eigenschaften = Naturanteilen gemeint ist, sondern die Ursubstanz, das Wahre Sein, der unveränderbare Anteil, *Atman Ich,* im veränderbaren Naturanteil *Mensch = ich.* Wer sich aus der Unwissenheit über sich selbst – *dem falschen ich* – herausarbeitet und zur absoluten Wahrheit – dem *reinen Ich* – durchbricht, wird frei von Wiedergeburt werden. Der Göttliche Segen kann dann ungehindert fließen. Das ist ein Versprechen von hoher Qualität, das Lord Krishna Arjuna gab. Bemühen wir uns, es einzulösen.

Der Mensch hat die Fähigkeit zu analysieren, zu unterscheiden, zu urteilen und zu synthetisieren. Um das alles in Harmonie zutun, ist es wichtig, *drei Dinge zu entwickeln:* Reinheit der Bewusstheit, moralische Bewusstheit und spirituelle Unterscheidungsfähigkeit. Mit diesen Fähigkeiten ausgestattet, kann der Mensch seine eingeborene Göttlichkeit = den Atman, sein *Wahres Ich* erkennen.

> „Solange man nicht weiß, wer man ist, nicht die
> Gegenwart Gottes in allem und jedem erkennt
> und nicht versteht, dass das Geborenwerden und
> Sterben nur einem Zweck dient, das Wesen des
> Selbst zu erkennen, kann man dem Leid und
> dem Kummer nicht entkommen!"
> Sri Sathya Sai Baba

Verschiedene Übungsprogramme

Anleitung zur Eigenanalyse:

Legen Sie fünfzehn Blätter an mit der jeweiligen Überschrift von 1 bis 15. Dahinter setzen Sie das Datum, wann Sie begonnen haben. Nehmen Sie dazu unliniertes Papier und schreiben Sie langsam und schön, damit sich die Intuition entfalten kann. Bei Punkt 5 beantworten Sie bitte die Frage genauestens und schreiben Sie nicht nur *negative Gedanken* auf, sondern auch, von welchen negativen Gedanken Sie sich trennen wollen. Verfahren Sie bitte mit den anderen Punkten in der gleichen Genauigkeit. Nach meinen Erfahrungen kann es Monate dauern, bis man eine übersichtliche Analyse erstellt hat.

Eigenanalyse:

1. Was will ich erreichen?
2. Was will ich ändern?
3. Wann will ich es ändern?
4. Was habe ich schon als richtig erkannt?
5. Von welchen Gedanken muss ich mich trennen?
6. Welche Gespräche darf ich auf keinen Fall mehr führen oder anhören?
7. Welche Handlungen muss ich ablegen?
8. Wann lege ich diese Handlungen ab?
9. Von welchen Menschen muss ich mich trennen?
10. Wofür muss ich in Zukunft mehr Zeit aufwenden?
11. Was ist noch notwendig zu lernen?
12. Fehlt mir auf diesem Weg noch mehr Praxis?
13. Habe ich zu wenig Stehvermögen oder Disziplin?
14. Wie setze ich meine Erkenntnisse in die Tat um?
15. Meine drei wichtigsten persönlichen und finanziellen Ziele feststellen!

Wie steigern wir unser Selbstbewusstsein?
1. Freundlich sein zu unserer Umwelt.
2. Die allumfassende Liebe entwickeln.
3. Denken, Sprechen und Handeln müssen eine Einheit sein.
4. Unsere Mitmenschen bestätigen und loben.
5. Mitgefühl empfinden, aber nicht aus Mitleid leiden.
6. Legen Sie sich Disziplinen und Rituale zu.
7. Den Mitmenschen und der ganzen Schöpfung dienen.
8. Erstellen Sie sich Ihr eigenes Programm, das Sie täglich über Monate hinweg üben.

Sie werden mit Freude erkennen, daß durch konsequentes Üben einer Sache oder eines Gedankens sich Ihre Selbstbewusstheit = Selbstwertgefühl enorm steigert. Sie bilden Standhaftigkeit in der Persönlichkeit heran, was zum Charakter wird.

Autogenes Training:
Autogenes Training ist ein konzentriertes Loslassen in der Wachheit.

Sei still   (ich atme sanft)
Lass los   (alle Muskeln sind entspannt)
In mir ist Frieden   (mein Gemüt ist ruhig)

Man beginnt mit den Sätzen: Sei still, lass los, in mir ist Frieden. Ich atme ganz sanft und langsam, kein Geräusch kann stören. Alle Muskeln sind entspannt und gelöst. Nun lenke ich meine Konzentration nach innen.

    Meine Stirn glättet sich. Ich fühle deutlich,
      wie sie sich löst und entspannt.
    Meine Augenlider sind schwer, ganz schwer.
    Mein Unterkiefer ist wohlig entspannt.
    Alle Muskeln sind gelöst und gelockert.
    (Ab hier alles zwei bis dreimal wiederholen)

Beide Schultern sind ganz schwer, zentnerschwer, bleischwer.
Beide Arme sind ganz schwer, zentnerschwer, bleischwer.

Beide Beine sind ganz schwer, zentnerschwer, bleischwer.
Beide Füße sind ganz schwer, zentnerschwer, bleischwer.
Mein ganzer Körper ist ganz schwer,
zentnerschwer, bleischwer.
Dann gehe ich an den Ort, wo ich mich wohlig warm und geborgen fühle. Lass los. (Inneren Rückzugsort vorstellen)
Meine Arme sind ganz warm, strömend fließend warm.
Meine Beine sind ganz warm, strömend fließend warm.
Ich fühle deutlich einen warmen Blutstrom meine Arme durchströmen, prickelnd bis in die Fingerspitzen und meine Beine durchströmen, prickelnd bis in die Zehenspitzen. Mein Bauch ist ganz gelöst und gelockert und strömend fließend warm.
Mein ganzer Körper ist warm, strömend fließend warm und wohlig entspannt.
Ich bin ganz gelassen. Frieden durchzieht mein Gemüt.
Es atmet mich, ganz von selbst, ganz sanft,
ganz langsam und gleichmäßig.
Jetzt individuelle Suggestionen programmieren. Suggestionen zwanzigmal in Gedanken wiederholen. Dann erfolgt die Rücknahme. Muskeln anspannen, sich strecken und tief einatmen.

Alphatraining I
Man beginnt mit der Wiederholung der Sätze:
Sei still, lass los, in mir ist Frieden.
Ich atme ganz sanft und langsam, kein Geräusch kann stören.
Alle Muskeln sind entspannt und gelöst.
Ich fühle ganz deutlich, wie mein Körper schwer und warm ist.
Ich lasse innerlich los und konzentriere mich
mit meinen Gedanken nach *Innen.*
Alle Aussengeräusche werden schwächer und schwächer.
Ich gehe jetzt sieben Stufen immer tiefer und tiefer
in mein Unterbewusstsein hinein.

Ich gehe langsam auf Stufe eins
und atme sanft und gleichmäßig.
Ich gehe tiefer auf Stufe zwei und lasse innerlich los.
Ich gehe immer tiefer und tiefer auf Stufe drei
und fühle mich wohlig entspannt und gelöst.
Ich gehe tiefer auf Stufe vier,
meine Nerven sind ruhig und stark.
Ich gehe tiefer auf Stufe fünf,
mein Gemüt ist ruhig und ausgeglichen.
Ich gehe immer tiefer und tiefer auf Stufe sechs,
Zufriedenheit durchdringt mein Gemüt
und ich fühle mich frei und wohl.
Ich gehe tiefer auf Stufe sieben, mein Ego löst sich auf.
Jetzt bin ich unten angekommen und fühle mich
wohlig entspannt, gelöst und ruhig.
Ich öffne meine Bewusstheit für alle Weisheiten,
die mir wohlgesonnen sind und mich zur Harmonie führen.
Ich weiß, ich bin lebendige, fließende,
liebende, Göttliche Lichtenergie.
Ich bin aus Göttlicher Substanz und trage
alle Vollkommenheit in mir.
Ich bin *Eins mit Gott* und der ganzen Schöpfung.
Diese innere Vollkommenheit teilt sich
meinem Intellekt = meinem Geist mit.
Meine Göttliche Heilkraft in mir
spricht zu allen Zellen, Organen und Energien:
Sei still und wisse, dass ich Gott bin.
Durch diese Göttliche Kraft in mir bin ich fähig,
meine Untugenden zu erkennen und abzulegen.
Ich gebe alle Machtansprüche auf,
dadurch werde ich ruhig und ausgeglichen.
Ich schlafe gut und tief.
Gerechtigkeit und Wahrheit durchdringen meinen Geist

und fließen in mein Gemüt ein.
Dies alles dient zu meinem inneren Frieden
und zu meiner Ausgeglichenheit.
Meine geistige Heilkraft in mir sagt mir
immer wieder und wieder:
Ich bin ganz gesund.
Meine Göttliche Weisheit in mir macht mir
Fehlverhalten und Blockaden bewusst, die ich dann
leicht ablegen kann, denn ich bin ein Kind Gottes
und ein riesiges Kraftfeld an Energie, Harmonie und Fülle.
In meiner Seele ist alles vorhanden, was
mein stofflicher Körper zur Fülle und Harmonie benötigt.
Ich öffne mich für diese Schatzkammer, die ich in mir trage,
damit ich sie mit meinem Verstand erkennen kann.
Ich beginne meine Erkenntnisse immer besser und besser
in mein tägliches Leben einfließen zu lassen.
Ich beginne, meine Mitmenschen und alles, was lebt,
Tiere und Vegetation, in Liebe anzunehmen.
Dadurch werde ich ein friedliebender Mensch,
dadurch lasse ich los und alle lebenswichtigen Energien
in meinem Körper haben freie Bahn, freien Fluss.
Somit bringen sie mir die Fülle und den Ausgleich
in mein Leben. Eine Veränderung meiner Disharmonien
gibt es dann, wenn ich eine Veränderung
in meinem Denken einleite.
Bewusstheits-Erweiterung ist mehr Informationsfluss.
Diese Informationen dienen mir dazu,
sie im täglichen Leben praktisch anzuwenden.
Ich atme ganz sanft und langsam und erkenne immer mehr, daß
mein Gemüt ruhig ist.
Vater in mir, ich danke Dir für jede Erkenntnis,
die mir zugeführt wird,
wodurch ich Deine Gesetze erkennen und leben kann.

Durch Dich, Vater in mir, ist alles möglich.
Durch Dich in mir führt alles, was ich tue, zur Harmonie.
Ich habe Erfolg in all meinen Bemühungen,
weil Deine Vollkommenheit – ab heute –
meine Intelligenz lenken und leiten wird.
Leben ist Energie, Freude, Liebe und Harmonie.
Ich nehme jede Entwicklung willig an,
weil ich weiß, daß sie mich zur Vollkommenheit führt.
Je mehr Vollkommenheit ich erkennen und leben kann,
desto ruhiger wird mein Gemüt und je ruhiger
mein Gemüt ist, desto weniger Ego kann ich leben.
Ohne Ego lasse ich los und lebe in Frieden
mit allem, was ist.
Ich fühle ganz deutlich, dass ich eine Einheit bin
mit Dir, Vater, und mit der ganzen Schöpfung.
Dieser Einheitsgedanke, in dem Fülle und Harmonie sind,
macht mich glücklich, ruhig und sanftmütig
allem Fehlverhalten meiner Umwelt gegenüber.
Diese Erkenntnisse dienen mir zum Loslassen
und zeigen mir, dass Friedfertigkeit
zur Glückseligkeit führt.
In der Glückseligkeit ist alles vorhanden,
was mir in diesem Leben an Weisheit
und Entwicklung zugeführt wird.
Ich übe mich täglich im Erkennen und Handeln
und ich weiß, ich werde mein Ziel erreichen.
Vater in mir, ich lasse mich liebend gerne in Dein Kraftfeld
hinein fallen, denn Dein Kraftfeld ist Liebe,
Harmonie und Beständigkeit.
Nun beende ich diese Übung. Ich bleibe noch ein bisschen liegen und genieße diese positiven Einstellungen und Erkenntnisse, die mir soeben bewusst geworden sind. Diese Erkenntnisse und das Göttliche Kraftfeld, das ich in mir trage, werden mich

den ganzen Tag begleiten und in Weisheit führen.
Rücknahme wie beim autogenen Training.

Alphatraining II

Man beginnt mit der Wiederholung der Sätze:
Sei still, lass los, in mir ist Frieden.
Ich atme sanft und langsam, kein Geräusch kann stören.
Alle Muskeln sind entspannt und gelöst.
Ich fühle ganz deutlich, wie mein Körper schwer und warm ist.
Ich lasse innerlich los und konzentriere mich
mit meinen Gedanken nach innen.
Ich gehe jetzt 7 Stufen hinunter, damit ich ganz langsam
immer tiefer und tiefer ins Unterbewusstsein hineinsinke.
Ich beginne bei Stufe 7.
Ich stehe an einer Treppe und sehe die breiten Stufen hinunter.
Ich gehe jetzt auf Stufe 7 und sehe eine rote Tomate,
es ist ein *kräftiges Rot*, ich rieche den Duft,
der von dieser Tomate ausgeht, ganz deutlich und fühle,
wie ihre Haut glatt und fest ist.
Ich gehe jetzt tiefer auf Stufe 6 und sehe eine Orange,
es ist ein *kräftiges Orange,* ich rieche den Duft,
der von dieser Orange ausgeht, ganz deutlich und fühle,
wie ihre Schale rauh und unregelmäßig ist.
Ich gehe jetzt tiefer auf Stufe 5 und sehe eine gelbe Banane,
es ist ein *leuchtendes Gelb,* ich rieche den Duft,
der von dieser Banane ausgeht, ganz deutlich
und fühle ihre Form und ihre Kanten.
Ich gehe jetzt tiefer auf Stufe 4 und sehe
einen grünen Tannenzweig, es ist ein wohltuendes,
kräftiges Grün, ich rieche den Duft,
der von diesem Zweig ausgeht, ganz deutlich
und fühle ihre spitzen Nadeln.
Ich gehe jetzt tiefer auf Stufe 3 und sehe eine rosa Rose,
es ist ein *kräftiges Altrosa,* ich rieche den herrlichen Duft,

der von dieser Rose ausgeht, ganz deutlich
und fühle ihre samtweichen Blätter.
Ich gehe jetzt tiefer auf Stufe 2 und sehe
viele blaue Vergißmeinnichten,
sie schimmern in einem schönen,
klaren Himmelblau und ich fühle ganz deutlich
ihre samtigen Blätter und Stengel.
Ich gehe jetzt tiefer auf Stufe 1 und sehe
ein violettes Alpenveilchen,
es ist ein beruhigendes *kräftiges Violett*
und ich fühle die kleinen, zarten Blätter
ganz deutlich zwischen meinen Fingern.
Jetzt bin ich unten angekommen.
Ich fühle mich wohlig entspannt.

Ich betrete jetzt einen wunderschönen Garten mit Blumen, Bäumen und einer saftigen grünen Wiese. Ich bleibe stehen und lasse das wunderbare Bild dieser schönen Landschaft tief in mich einwirken. Es erfüllt mich eine innere Ruhe und Gelassenheit. Unter einem Baum sehe ich eine weiße Parkbank stehen, die mich zum Sitzen einlädt. Ich gehe hin und setze mich. Ein angenehmes, behagliches Gefühl der Entspannung und Zufriedenheit durchdringt mich. Die Sonne scheint warm vom blauen Himmel herab. Ihre warmen Strahlen durchströmen meinen ganzen Körper, *meine Arme, meine Beine, meinen Leib.*

Ich genieße das Gefühl der wohligen Wärme und der tiefen Entspannung. Ich atme ganz sanft ein und aus. Ein angenehmes Lüftchen streichelt über meine Stirn und meine Gedanken sind frei und klar. Nun konzentriere ich mich auf meine geistige Bewusstheit. Ich weiß, daß meine geistige Bewusstheit eine unendliche, schöpferische Energiequelle ist, die jedes Vorstellungsbild verwirklichen kann.

Ich beginne jetzt, das Vorstellungsbild von meinem Körper entstehen zulassen. Ich bin mein eigener Modelleur und berücksichtige alle Einzelheiten in meinem Vorstellungsbild. Ich lasse mir Zeit, ich habe Geduld für mein kreatives Schaffen. Ich sehe jetzt das Wunschbild meines Körpers in allen Einzelheiten ganz deutlich vor meinem geistigen Auge. Ich fühle mich wohl, befriedigt und harmonisch. Alles geschieht unter Gnade und auf vollkommene Weise. Mein Wunschbild prägt sich tief mit allen Einzelheiten in mein Unterbewusstsein ein.

Ich liebe meinen Körper, ich liebe mein Selbstbild, *ich liebe mich, ich nehme mich an, ich sage ja zu mir. Ich achte mich selbst.* Ich empfinde eine angenehme, wohltuende Ruhe, Wärme und Gelassenheit in mir. Ich bin lebendige Energie, vital, gesund und kraftvoll. Der Geist der Jugend ist in meinem Körper und alles ist gut. Eine starke Lebenskraft erfüllt mich.

Ich denke an die Rücknahme, meine Muskeln nehmen langsam ihre Tätigkeit wieder auf. Ich atme tief durch.

Meditationstext I
Man beginnt mit den Sätzen:
Sei still, lass los, in mir ist Frieden. Ich atme sanft
und langsam, kein Geräusch kann stören,
alle Muskeln sind entspannt und gelöst.
Ich bin lebendige, fließende, liebende.
göttliche Lichtenergie. Das Licht in mir wächst
und wird immer größer und größer,
mein ganzer Körper ist ein großes Lichtfeld,
das immer größer und größer wird und nach aussen tritt.
Ich bin ein strahlendes Kraftfeld an Energie und Liebe.
Dieses Kraftfeld wird immer größer und größer
und dehnt sich aus. In dieses Kraftfeld nehme ich jetzt
alle meine Freunde und Feinde mit hinein und
es umschließt meine Stadt, in der ich lebe.
Es wird immer größer und größer und umschließt mein Land.
Dieses Energiefeld der Liebe beschützt die Pflanzenwelt,
die Tierwelt und alle Menschen.

Es wird immer und größer und umschließt die ganze Welt.
Alles, was ist, ist Energie, ist Licht, strahlendes,
fließendes Licht. Dieses große Lichtfeld
verbindet sich mit dem Kosmos,
alles ist ein Lichtmeer, alles ist eins
mit dem Göttlichen, liebenden Energiefeld.
Ich bin ein Göttliches Energiefeld *der Liebe*
und deshalb bin ich barmherzig zu allem, was lebt.
Ich bin ein Göttliches Energiefeld *der Harmonie*
und deshalb habe ich Geduld und Ausdauer,
ich bin Beständigkeit.
Ich bin ein Göttliches Energiefeld *der Kraft*
und deshalb bin ich mutig in der Wahrheit.
Ich bin ein Göttliches Energiefeld *der Weisheit*
und deshalb höre ich auf mein Gewissen.
Vater in mir, ich danke Dir für diese Erkenntnisse,
daß ich weiß, meine Substanz, all das, was mich lebt,
was ist und immer sein wird in mir,
ist Göttliche, geistige, liebende Energie.
Ich bin Licht, fließendes, hell goldenes Licht.
Aus jeder Zelle meines Körpers strahlt Lichtenergie.
ich bin ein unendliches Kraftfeld der Harmonie.
Ich bin ein Kraftfeld – Ich bin ein Kraftfeld.
Alles ist Gott und Gott ist in allem.
Alles, was ist, ist Gott.
Alles, was ist, ist. Und alles, was ist, ist alles, was Ist.
Ich bin göttliche Natur, ich bin göttliche Energie,
ich bin lebendiges Bewusstsein – Weisheit, Kraft,
Liebe und innerer Friede sind mein Eigentum.
Ich empfinde ganz deutlich, wie mein fließender Lichtkörper
in Dein göttliches Energiefeld einfließt, Vater,
und eins ist mit Deiner Allmacht und Allweisheit
des unendlichen Seins.
Alles, was ist, ist. Und alles, was ist, ist alles, was Ist.

Ich bin göttliche Natur, ich bin göttliche Energie,
ich bin lebendiges Bewusstsein – Weisheit, Kraft,
Liebe und innerer Friede sind mein Eigentum.
Ich empfinde ganz deutlich, wie mein fließender Lichtkörper
in Dein göttliches Energiefeld einfließt, Vater,
und eins ist mit Deiner Allmacht und Allweisheit
des unendlichen Seins.
Vater in mir, ich liebe Dich und meine Sehnsucht nach Dir
wächst von Tag zu Tag immer mehr.
Ich komme Dir in jeder Sekunde näher und näher.
Ich empfinde es ganz deutlich:
Ich bin Du und Du bist Ich, wir beide sind Eins.
Ich Bin.

Meditationstext II

Lieber Vater in mir, ich bitte Dich um Deinen Schutz, dass er mich umschließt. Ich bitte Dich um Deine Liebe, dass sie mich durch und durch erfüllt. Alles in mir ist jetzt voller Frieden und Gleichmut. Ich lasse los, ich lasse mich in Dein blaues violettes Lichtermeer hineingleiten.

Es gibt nichts auf der Welt, das nicht durch Schwingungen beeinflusst wird. Alles schwingt in einem lebendigen Bewusstsein. In der ganzen Schöpfung gibt es keinen Stillstand, kein Ruhen in dem Sinne, alles ist immer in Bewegung – in Schwingung. *Auch ich bin fließende Schwingung, erkennende Bewusstheit,* mit ethischen und moralischen Grundsätzen gespeichert. Ich habe eine Willens- und Wahlfreiheit mitbekommen, die jedoch in die Göttliche Ordnung der Kausalität eingebunden ist.

Ich bin verdichteter Geist, ich bin verdichtetes Licht,
ich bin ein *Lichtwesen*.
Ich bin lebendige, fließende Lichtenergie,
durchdrungen von einem liebenden Bewusstsein,
immer fließend, immer seiend.
Das, was mich lebt und erhält,

ist das Göttliche, liebende Licht,
das ich in mir trage und aus dem ich bestehe.
Alles ist Licht. Jedes Atom,
jede Form ist verdichtetes Licht und **Licht ist Gott.**
Ich bin Licht, lebendiges Licht,
fließendes Licht, liebendes Licht, Göttliches Licht.
Dieses Licht brennt in meinem Herzen.
Durch dieses Göttliche Licht in mir bin ich fähig,
meine Untugenden zu erkennen und sie abzulegen.
Ich bin aus Göttlicher Ursubstanz
und trage alle Vollkommenheit in mir.
Diese Vollkommenheit teilt sich jetzt meinem Geist
und meiner Intelligenz mit.
Das Göttliche Licht in mir dehnt sich jetzt aus
und fließt ganz bewusst in alle meine Zellen und Organe
und versorgt sie mit Kraft und Liebe.
Es fließt in mein Gemüt und macht es ruhig und beständig.
Es fließt in meine Nerven und macht sie stark.
Meine ganze Individualität öffnet sich dieser
universellen Lichtenergie und saugt sie auf,
wie ein Schwamm das Wasser,
denn *ES* ist das lebendige Wasser.
Weisheit, Kraft, Liebe und Frieden sind mein Ur-Sein
und dringen verstärkt in meinen Geist ein.
Jede Angst, jede Enge in mir löst sich auf.
Jeder Zweifel zu meinem Sein schwindet.
Jedes Vorurteil wird abgebaut.
Ich bin frei und fühle mich wohl.
Ich bin erwacht zum fröhlichen Leben.
Durch den Göttlichen Lichtfunken – Atman – in mir
ist alles vorhanden, was der Körper
auf Erden zur Harmonie benötigt.
Ich bin Licht – hellgoldenes, strahlendes Licht.
Das Licht in mir fließt jetzt aus mir heraus

in die Welt, in den Kosmos,
um sich mit allem, was ist, zu verbinden.
Alles ist Licht, ein Lichtermeer.
Alles ist **Eins**, eine Einheit.
In der Einheit zerfällt jede Polarität,
ich empfinde **Eins-sein** mit allem.
Ich empfinde in der Einheit die allumfassende Liebe.
Ich bin Glückseligkeit.
Ich bin das **Ich-bin** in allem,
frei von Ego und Dualität, frei von Zweiheit.
Ich bin Einheit!
In diesem Gedanken fühle ich mich wohl und geborgen.
Ich fühle mich beschützt und angenommen.
Ich bin nach Hause zurückgekehrt, in des Vaters Schoß.
Ich erkenne nun ganz leicht
meinen Göttlichen Lichtfunken
in meinem Herzzentrum und ER wird dort
in seiner absoluten Beständigkeit weiterbrennen,
bis ER wieder in die Einheit zurück kann.

Nun beende ich die Übung und genieße diese Erkenntnis, die mir soeben bewusst geworden ist. Es ist mir auch klar, dass ich diese Erkenntnis *jetzt* in die Tat, in mein tägliches Leben umsetzen werde. Auch bin ich mir bewusst, dass der Göttliche Lichtfunken = Atman – in mir mich immer begleitet und in Weisheit führen wird.

Meditationstext III

Liebe Leserinnen und Leser, üben Sie diesen Text bitte täglich und solange, bis Sie sich Ihrer wahren Identität bewusst geworden sind. Lesen Sie mit Liebe im Herzen und guten Willens, um die Wahrheit und den Sinn des Lebens zu finden. Bitte nehmen Sie jetzt eine bequeme Sitzhaltung ein und halten Sie den Kopf gerade.

Ich öffne mich nun für den nachfolgenden Text und lasse los. Alles in mir ist gelöst und gelockert, in mir ist Frieden. Meine

Stirn glättet sich, meine Augenlider sind schwer, mein Unterkiefer ist ganz entspannt. Es atmet mich ganz sanft und langsam. Ich fühle mich losgelöst vom Alltag.
Lieber Gott – Vater in mir,
ich bitte Dich jetzt um Deinen Schutz, dass er mich umgibt.
Ich bitte Dich um Deine Liebe, dass sie mich durchströmt.
Dein bläulich-violettes Licht umströmt mich.
Ich fühle mich wohl und behütet in Deinem Schutz.
Ich danke Dir dafür von ganzem Herzen
und sende Dir all meine Liebe.
Da ich mich jetzt in Deinem Schutz befinde,
kann ich mich ungestört öffnen und keine
negative Energie hat Zutritt zu meinem Energiefeld.
Ich bin ein menschliches Wesen,
das denken, sprechen und handeln kann.
Durch meine Intelligenz kann ich erkennen
das und was ich bin.
Ich bin verdichtetes Licht, eingeschlossen in eine Form.
Ich bin ein Lichtwesen. Ich bin lebendiges Bewusstsein,
das eine Form und einen Namen angenommen hat.
Je mehr mir diese Wahrheit bewusst wird,
desto mehr suche ich nach dem Sinn der Dinge,
ich suche nach dem Sinn des Lebens.
Ich suche nach dem Prinzip, auf dem alles aufgebaut ist,
das alles Leben lenkt, erhält und ordnet.
Auf der Suche nach der Wahrheit,
mit Sehnsucht im Herzen nach Weisheit
stoße ich auf das Wort **Gott.**
Was, wer und wo ist Gott?
Gott ist geistige Energie,
ist lebendiges Licht, ist alles durchdringend.
Das, was mich lebt und atmet, ist Gott.
Das *Ich Bin* in mir ist Gott.
Gott ist in mir und ich bin in ***Ihm.***

Ich erkenne, dass in mir eine Lichtenergie
der Freude und der Liebe ist, immer jung, immer schön.
Ich besitze den Körper des Göttlichen Kindes,
der vollkommen ist.
Ich öffne mich in hingebungsvoller Liebe
diesem Göttlichen Energie-Kraftfeld
und halte mein Herz rein
von negativem Denken, Sprechen und Handeln.
Diese Herzensreinheit entwickelt sich in mir
zu einem Lichtfeld, das immer größer und größer wird.
Dieses Lichtfeld tritt dann aus mir heraus
und umhüllt mich ganz.
Es wird immer größer und größer
und umhüllt die ganze Familie,
die Freunde, die Nachbarn und die Haustiere.
Das Lichtfeld wird immer größer und größer
und umhüllt das Dorf, die Stadt und das ganze Land.
Es umhüllt die Welt und das ganze Universum.
Alles ist ein Lichtmeer, eine Einheit, alles ist Eins.
Dieses Lichtmeer ist die allumfassende,
lebendige, liebende Göttliche Licht-Energie.
Es ist das *Ich Bin* in allem.
Dieses *Ich Bin,* das Göttliche Bewusstsein,
das Christus-Bewusstsein, das Buddha-Bewusstsein
spricht jetzt zu mir, dem Kind Gottes.
Ich Bin das Sein, das alles lebt.
Ich Bin das Licht, das alles durchdringt.
Ich Bin die Liebe, die nie versiegt.
Ich Bin die Wahrheit. *Ich Bin* die Gnade.
Ich Bin die Gerechtigkeit und die unendliche Vergebung.
Ich Bin die Fülle in meiner nie versiegenden Kraft.
Ich Bin die Reinheit und die Weisheit.
Ich Bin die Glückseligkeit.
Ich Bin allwissend, allmächtig, ewiges Sein.

Ich Bin unwandelbares Sein, absolutes Sein.
Ich Bin alles, was ist, in Form und Namen, Bin Ich.
Ich erkenne immer mehr, ich bin ein Göttlicher Lichtfunke
und lebe durch Seine Liebe, in Seiner Fülle.
Ich bin ein Kind Gottes und das, was Gott ist,
ist auch in mir vorhanden.
Ich bin Mensch als Form, ein Ausdruck Gottes.
Alles ist Gott und außer Ihm ist nichts.
Lieber Vater in mir, ich liebe Dich.
Ich öffne mich für alle Weisheit,
die ich durch Dich in mir trage,
dass ich sie mit meinem Geist erkennen
und mit meinem Herzen leben kann.
Lieber Vater in mir,
ich danke Dir für alles, was ich bin.
Ich danke Dir für Deine Führung.
Ich danke Dir für mein spirituelles Erkennen,
das mich immer näher und näher zu Dir zurückführt.
Ich danke Dir für Deine Fülle an Möglichkeiten,
die mir gegeben sind, um Dich zu erfahren.
Ich danke Dir von ganzem Herzen
und mit all meiner Liebe.
Meine Hingabe zu Dir ist grenzenlos.
Eine tiefe Freude erfüllt mich.
Ich liebe Dich.

Das Gayatri Mantra

OM – der Ton als Grundlage der Schöpfung = Brahman.
Bhur ist die grobstoffliche Welt der Materie, ist Körper, Erde, Schöpfung.
Bhuvah ist die feinstoffliche Welt der Materie, ist Atmosphäre, Äther, Vibration, Lebenskraft = Prana-Shakti, Traumzustand.
Svah ist die kausale Welt, das unstoffliche, geistige Sein und ist mit dem Atman verbunden, ist Strahlung, Erkenntnis = Prajna-

Shakti, Tiefschlaf. Es illustriert den Ruhm, den Glanz und die Gnade, die aus dem Licht fließen. Den Einen Göttlichen Herrscher über alle Lebewesen bete ich an.

Tat ist DAS = Gott, die einzige Wirklichkeit, Realität, die nicht beschrieben werden kann.

Savitur ist das allanwesende, transzendentale Göttliche, aus dem alles geboren wurde, die lebensspendende Kraft, die hinter der Sonne steht, der beweger der Sonne.

Varenyam ist das Anzubetende, zu Liebende, das Verehrungswürdige, alle Vielfalt, alles Erschaffene, alle Arten von Farben.

Bhargo ist Glanz, Strahlen, Leuchtkraft, Erleuchtung, Herrlichkeit. Vor Seinem Göttlichen Glanz, der aus dem Licht fließt und vor Seiner Göttlichen Herrlichkeit verneige ich mich in Demut. ***Devasya*** isr zu Gott gehörig, ist Gnade.

Dhimahi ist Meditation, Versenkung. Ich kontempliere. meditiere. Möge dieses Göttliche Sein meinen Intellekt erleuchten.

Dhiyo ist höhere Intelligenz, Unterscheidungskraft = buddhi, Intuition. Der Singende wird durch das Mantra gereinigt und in einen Weisen verwandelt. der Geist wird von allen Unreinheiten befreit.

Yo ist welcher

Nah ist unser Geist.

Prachodayath in Bewegung setzen, erwecken, ist ein Gebet um endgültige Befreiung durch Erwachen der inneren Intelligenz, die das Universum als Licht durchströmt.

OM als Abschluss

Zusammenfasseung

Das Gayatri-Mantra ist das universellste und wirkungsvollste Gebet! Es geht von den Veden aus. Es ist ein vollständiges Man-tra zur Verehrung Gottes und beinhaltet:

Lobpreisung = **Om bhur bhuvah shvaha, tat savitur varenyam, bhargo devasya**

Medittion = **Dhimahi**

Gebet = **dhiyo yo nah prachodayat**

Anmerkungen
Verwendete Quellen und Zitate:

Sri Sathya Sai Baba

Swami Vivekananda
Jnana-Yoga I und II, Karma- und Bhakti-Yoga, Raja-Yoga

Ramana Maharshi
Gespräche des Weisen vom Berge Arunanchala

Sri Nisargsdatha Maharaj
Ich Bin

Michael Talbot
Das holographische Universum

Aus allen Büchern, die vom Sathya Sai Verlag, Dietzenbach verlegt werden.

Paramahansa Yogananda
Autobiographie eines Yogi, Religion als Wissenschaft, Meditation zur Selbstverwirklichung, Wissenschaftliche Heil-Meditation, Worte des Meisters

www.ingramcontent.com/pod-product-compliance
Lightning Source LLC
Chambersburg PA
CBHW061422300426
44114CB00014B/1494